D1827725

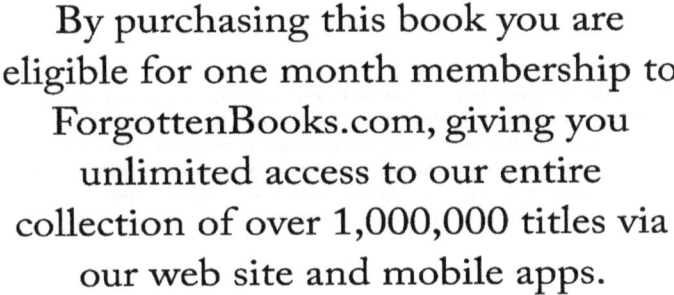

ISBN 978-0-364-71173-6
PIBN 11049541

This book is a reproduction of an important historical work. Forgotten Books uses
state-of-the-art technology to digitally reconstruct the work, preserving the original format
whilst repairing imperfections present in the aged copy. In rare cases, an imperfection in
the original, such as a blemish or missing page, may be replicated in our edition. We do,
however, repair the vast majority of imperfections successfully; any imperfections that
remain are intentionally left to preserve the state of such historical works.

Lehrbuch

der

Maschinenkunde

nach einem neuen umfassendern Plane,

und

ohne Voraussetzung höherer analytischer Kenntnisse,

hauptsächlich

für

angehende Kameralisten, Oekonomen, Baumeister und
jeden Liebhaber der Mechanik bearbeitet

von

D. Johann Heinrich Moritz Poppe,

ordentlichem Professor der Technologie auf der Königl. Würtembergischen Universität zu Tübingen, Hofrath und mehrerer gelehrten Gesellschaften theils ordentlichem, theils correspondirendem, theils Ehren-Mitgliede.

. . . .

Mit 6 Steintafeln.

. . . .

Tübingen,
bey C. F. Osiander.
1821.

Seinem verehrten Freunde und Landsmann

H e r r n

D. Johann Georg Ludolph Blumhof

Großherzogl. Hessischem Hoffammerrath und
Profeffor zu Gießen

w i d m e t

dieses Lehrbuch der Maschinenkunde

als ein Zeichen seiner innigen Verehrung
und Freundschaft

der Verfasser.

Vorrede.

Unter den mir bekannten Werken über Maschi=
nenlehre und Mechanik überhaupt, fand
ich keines, das, bey dem gehörigen Umfange der
Materie, für solche angehende Kameralisten und
andere Studirende, sowie für solche Liebhaber der
Mechanik brauchbar wäre, die nicht mehr, als
blos die Elemente der reinen Mathematik ver=
stehen. Manche von diesen Werken fassen nur
die Hauptgrundlehren der Mechanik zusammen

und handeln die Maschinen selbst, und zwar gewöhnlich nur die am meisten vorkommenden,
kurz ab; andere sind zwar über einzelne Maschinen, besonders in Hinsicht der Theorie derselben,
ausführlich; aber diese sind es vorzüglich, welche von jenen Anfängern nicht verstanden werden,
zumal wenn sie viele Formeln enthalten, welche
den die nöthigen Vorkenntnisse nicht besitzenden
Leser abschrecken.

Dem Manne vom Fach ist es freylich bekannt, daß die Maschinenlehre ohne höhere analytische Kenntnisse, besonders Differenzial- und
Integralrechnung, nicht durchgängig gründlich
studirt werden kann. Indessen möchten doch so
viele Kenntnisse aus der Elementar-Mathematik,
als ich voraussetze, hinreichen, um sich wenigstens sehr brauchbare Kenntnisse in der Maschinenkunde zu erwerben.

Ich hoffe daher, daß das vorliegende Lehrbuch, welches keine höhere analytische Kenntniß
voraussetzt, manchem nützlich seyn werde und
besonders auch zu einer zweckmäßigen Vorberei-
tung für diejenigen dienen könne, welche Lust
haben, hernach weiter zu gehen. Die Erfahrung hat es mir bewiesen, daß ein Unterricht
auf die Art, wie das Lehrbuch ihn darstellt, bey
manchem erst die Neigung erweckt hat, sich mit
den verschiedenen Theorien der Maschinenlehre
genauer bekannt zu machen und in der Mathematik weiter fortzuschreiten, um die Werke des
du Buat, des Bossut, des Langsdorf u. a.
verstehen zu lernen. Diejenigen, welche eine solche Neigung nicht bekamen, oder die sonst wie
hindert wurden, die Maschinenlehre weiter zu
studiren, erlangten doch immer durch obigen Unterricht eine Summe von Einsichten, die ihnen in
ihrem Wirkungskreise recht zu statten kam. —

Wer würde es mir auch wohl absprechen können, daß zu seiner Zeit z. B. die Schriften von
Mönnich und von Horwath, welche eine
ähnliche Tendenz wie das vorliegende Lehrbuch
hatten, ja selbst die noch viel weniger voraus-
setzenden mechanischen Werke von Eberhard
und van Büsch manche nützliche Kenntnisse verbreitet haben?

Allerdings sind die Klagen, welche man so
oft hört, gerecht, daß die mathematischen Kenntnisse selbst von solchen vernachläßigt werden, denen sie durchaus nicht mangeln sollten. Man
muß froh seyn, wenn man nur gründliche Kenntnisse der Elementar-Mathematik findet. Vielen
fehlt selbst dazu, wo nicht das Talent, doch die
Lust und Ausdauer. Freylich sind an einer solchen Vernachläßigung des mathematischen Stu-
diums nicht selten die Lehrer selbst Schuld. Oft

fehlt den berühmtesten Gelehrten die Gabe der deutlichen Mittheilung, und oft fehlet diese Männer in der Methode des Unterrichts. Zuweilen hält sich der Lehrer bey den leichtesten Sätzen zu lange auf; bey andern schwerern verweilt er zu kurze Zeit. Nicht selten überspringt er manches, was einer größern Erläuterung bedurft hätte.

Daß ich mein Buch, welches ich auf unserer Universität bey meinem mündlichen Vortrage über Maschinenlehre zum Grunde lege, nach einem erweiterten Plane ausgearbeitet und manches aufgenommen habe, was andere ähnliche Werke über Maschinenkunde nicht enthalten, z. B. die Fuhrwerke und Uhrwerke (deren Kenntnisse nicht blos dem Staatsbeamten, sondern auch jedem andern sehr wichtig sind) und daß ich zugleich eine eigne Ordnung mit den abgehandelten Gegenständen beobachtet habe, ersieht man schon

aus dem Inhalte des Buchs. Die unter jedem
Abschnitte beygebrachte Literatur möchte wohl
für diejenigen hinreichend seyn, welche die Maschinenlehre für sich weiter studiren wollen.

Tübingen,
im April 1821.

J. H. M. Poppe.

Inhalt.

Erster Theil.
Vorbereitende Lehren zur Maschinenkunde.

Zweyter Theil.
Die eigentliche Maschinenlehre.

Zweyter Theil.
Die eigentliche Maschinenlehre.

Erster Theil.
Vorbereitende Lehren zur Maschinenkunde.

Erster Abschnitt.
Einleitung in die Maschinenlehre überhaupt.

§. 1.

Maschinen nennen wir alle die künstlichen Vorrichtungen, durch welche sich Bewegungen mit Vortheil hervorbringen, unterhalten und nach bestimmten Richtungen hin verpflanzen lassen. Durch Maschinen wissen wir die große Zahl von Naturkörpern, welche unsere Erde liefert, zum Vortheil des Lebens und zur Erleichterung gar vielfacher menschlicher Beschäftigungen anzuwenden. So dienen manche Maschinen, Körper mit Kraft- und Zeitersparniß zu irgend einem Zweck von einer Stelle zur andern zu bewegen, seitwärts, aufwärts und niederwärts; andere dienen, Körper in einen neuen Zustand zu versetzen, sie z. B. zu zerkleinern, ihnen eine bestimmte Form zu geben ꝛc., um sie zu veredeln oder zu irgend einer Veredlung vorzubereiten; wieder durch andere sucht man zu einem nützlichen Behuf blos einen starken Druck hervorzubringen; endlich noch bey andern bringt man eine gleichförmige zur Zeitbestimmung nothwendige Bewegung hervor.

1

Die Maschinenlehre oder Maschinenkunde giebt Kenntniß von den Bewegungs-Gesetzen der Maschinen, wenigstens der nutzbarsten und gebräuchlichsten im Leben; sie zeigt die aus jenen Gesetzen entspringenden vortheilhaftesten Einrichtungen für alle Arten von Kräften; sie lehrt Maschinen gehörig beurtheilen, auch für die Ausübung brauchbar berechnen, giebt Anleitung neue Maschinen zu irgend einem Gebrauch vortheilhaft zu erfinden, neu erfundene zu prüfen, zu verbessern; u. d. gl. Ihr Nutzen für Kameralisten, Baumeister und andere Staatsbeamte ist daher unverkennbar.

§. 2.

Die verschiedenen Körper der Erde sind in Hinsicht ihrer Struktur, in Hinsicht der an ihnen wirksamen Kräfte oder ihres Vermögens gewisse Effekte auszuüben und ihrer sonstigen Eigenschaften oft unendlich verschieden. Jeder Körper besteht aus materiellen Theilchen, die mit gar verschiedener Stärke an einander hängen. Bey den sogenannten festen Körpern, deren es wieder unzählig viele Arten giebt, erfordert die Trennung der Theilchen immer eine merkliche Kraft oder Gewalt; auch lassen sich die Theilchen dieser Körper nicht so an einander verschieben, daß nach dem Verschieben noch ein Zusammenhang unter ihnen bliebe. Bey den flüssigen Körpern hingegen lassen sich die Theilchen mit einer sehr geringen Kraft entweder blos an einander verschieben oder von einander absondern; schon durch bloßes Anliegen an Wänden wird die Gestalt des flüssigen Körpers abgeändert, z. B. in Gefäßen nimmt jeder flüssige Körper die innere Gestalt des Gefäßes selbst an. Die untern Theilchen jedes flüssigen Körpers weichen,

wenn sie von den obern niedergedrückt werden, dem
Drucke sehr leicht und bewegen sich dann nach derjenigen Richtung hin, nach welcher sie den kleinsten Widerstand finden. Hieraus folgt wohl, daß die untern Theile
eines flüssigen Körpers von den obern Theilen nicht nur
unterwärts, sondern zugleich auch nach allen übrigen
Richtungen hingedrückt werden.

Man theilt alle flüssige Körper oder Flüssigkeiten in
tropfbare (liquide, sogenannte unelastische)
Flüssigkeiten, und in elastische Flüssigkeiten
ein. Zu den tropfbaren Flüssigkeiten, denen man ehedem alle Elasticität (oder Schnellkraft, Springkraft)
absprach, obgleich sie doch immer noch einen, wenn
auch geringen, Grad von Elasticität besitzen, gehört
vorzüglich das Wasser. Die elastischen Flüssigkeiten aber,
welche sich durch einen hohen Grad von Elasticität auszeichnen, d. h. welche in einen bedeutend geringern Raum
zusammengepreßt werden können und bey Nachlassung
der pressenden Gewalt sogleich von selbst wieder in ihren vorigen Raum zurückspringen, theilt man in dampf-
förmige Flüssigkeiten und in luftförmige
(permanent elastische) Flüssigkeiten ein.
Die dampfförmigen Flüssigkeiten oder Dämpfe kann
man wieder in Tropfen verwandeln, folglich in den
sogenannten unelastischen Zustand versetzen; die luftför-
migen Flüssigkeiten hingegen (z. B. unsere atmosphärische Luft) lassen sich auf keinen Fall als Tropfen dar-
stellen.

§. 5.

Die Theilchen der Körper, der festen sowohl, als
der flüssigen, liegen nicht so nahe an einander, daß

1 *

jeder Punkt im Raume des Körpers von der eigenthümlichen Materie des Körpers erfüllt wäre; vielmehr hat
der Körper auch leere Zwischenräume, Poren, worin
von der eigenthümlichen Materie des Körpers nichts zu
finden ist. Je kleiner die Poren des Körpers sind, oder
je näher die Theilchen des Körpers an einander liegen,
desto d i c h t e r ist der Körper. So ist Gold dichter als
Bley, Bley dichter als Eisen, Eisen dichter als Holz,
Quecksilber dichter als Wasser, Wasser dichter als Luft,
u. s. w.

§. 4.

Jeder Körper hat das Bestreben, sich nach dem
Mittelpunkte der Erde hin zu bewegen. Dies Bestreben
wird S c h w e r e genannt. Daher fällt jeder zur Erde
gehörende Körper zur Erde herab, wenn er über der
Oberfläche derselben sich frey überlassen bleibt; oder er
spannt einen Faden senkrecht, wenn er daran hängt;
oder er übt einen D r u c k auf diejenige Masse aus, worauf er liegt. Jedes Theilchen eines Körpers wird gleich
stark von der Schwere afficirt, daher fällt ein Theilchen so schnell, als eine große Summe von Theilchen,
daher fällt ein lockerer Körper so schnell als ein dichter
(z. B. eine Goldkugel so schnell, als eine Korkkugel
oder als eine Pflaumfeder), vorausgesetzt, daß dem
Fallen der Körper kein Hinderniß (z. B. keine Luft)
in den Weg tritt. Dies drückt man so aus: alle Körper
und Körpertheilchen sind g l e i c h s c h w e r.

Sie sind aber nicht von gleichem G e w i c h t. Unter
G e w i c h t versteht man nämlich den Druck, den ein
Körper auf irgend eine Unterlage oder auf eine haltende
Masse ausübt. Dieser Druck beruht natürlich auf der

Summe der drückenden Theilchen (der Theilchen, welche mit gleicher Geschwindigkeit fallen wollen). Ist
die Summe dieser Theilchen größer, so ist auch der
Druck oder das Gewicht größer. Daher hat ein Pfund
ein größeres Gewicht, als ein Loth; ein Centner ein
größeres Gewicht, als ein Pfund ꝛc., wenn auch
alle zusammen gleich schwer sind, d. h. von einer
gewissen Höhe in einerley Zeit, oder in einer gewissen
Zeit von gleicher Höhe herabfallen würden. — Betrachtet man das Gewicht verschiedener Körper unter einerley Raumesinhalte, so bekommt man das Verhältniß
ihrer eigenthümlichen oder specifischen Gewichte.

§. 5.

Bey Körper, deren Theilchen fest an einander hängen, hauptsächlich bey festen Körpern, brauchen nicht
alle Theilchen unterstützt, oder auch von oben gehalten
zu seyn, um das Fallen oder Umsinken solcher Körper
zu verhindern. Man braucht nur einige Theilchen
oder auch nur ein Theilchen an einem gewissen Punkte
zu unterstützen oder von oben zu halten, wenn der
Körper nach keiner Seite zu fallen oder umsinken soll.
Man nennt diesen Punkt Schwerpunkt oder Mittelpunkt der Schwere (Centrum gravitatis); in
ihm kann man sich das ganze Gewicht des Körpers
vereinigt gedenken. Seine Unterstützung bewirkt das
Stehen der Körper. Ist der Schwerpunkt eines Körpers nicht unterstützt, so muß der Körper fallen.

Ein Perpendikel von dem Schwerpunkte eines Körpers herabgelassen oder aufgerichtet, wird Richtungslinie (Directionslinie) der Schwere genannt.

So lange diese Linie die Unterstützungsfläche oder den Aufhängungspunkt des Körpers trifft, so lange ist auch der Körper vor dem Umfallen oder Herabsinken gesichert. Ein Körper steht aber desto fester, oder fällt desto weniger leicht um, je weiter die Gränze der Unterstützungsfläche des Körpers von dem Punkte entfernt ist, wo die Richtungslinie der Schwere hintrifft; da er hingegen durch eine äussere Gewalt leicht zum Umsinken zu bringen ist, wenn die Directionslinie der Schwere nahe an die Gränze der Unterstützungsfläche fällt. Daher steht ein aus einer gleichartigen Materie zusammengesetzter Körper auf einer breitern Basis fester, als auf einer schmälern. Fällt ein Körper, so dauert dies Fallen so lange, biß sein Schwerpunkt wieder eine Unterstützung erhält.

Besteht ein Körper überall aus einer gleichartigen Materie, so fallen Mittelpunkt der Größe und Mittelpunkt der Schwere zusammen. Ist aber der Körper aus verschiedenartigen Materien componirt, so kann er seinen Schwerpunkt nur dann in der Mitte haben, wenn die verschiedenartigen Materien gleichförmig um ihn herum vertheilt sind. Im entgegengesetzten Falle muß der Schwerpunkt mehr nach derjenigen Gegend hin liegen, wo sich die specifisch schwerste Materie befindet.

§. 6.

Alle Körper sind undurchdringlich; d. h. denselben Raum, den schon ein Körper einnimmt, kann nicht zugleich ein anderer einnehmen. Soll ein Körper einen Raum einnehmen, den schon ein anderer erfüllt, so muß dieser erst aus dem Raume entfernt werden. So kann z. B. da kein Wasser seyn, wo Luft ist;

die Luft muß erst dem Wasser Platz machen, wenn das Wasser den Raum erfüllen soll, den sie einnimmt.

Jeder Körper, der durch irgend eine Kraft aus einer Stelle, die er einnimmt, entfernt werden soll, widersteht jener Kraft mit einer Gewalt, die unter sonst gleichen Umständen mit dem Gewicht des Körpers im Verhältniß sich befindet. Vermöge jener Gewalt weigert er sich gleichsam, den Zustand der Ruhe zu verlassen. Man nennt sie Trägheit. Diese Trägheit muß erst durch eine Kraft überwunden werden, welche groß genug ist, den Körper langsamer oder schneller aus der Stelle zu treiben.

Aber auch von selbst in Ruhe kommt der Körper nicht, wenn er sich einmal bewegt. Vermöge seiner Trägheit würde er sich nämlich ohne Ende fortbewegen, wenn ihn keine Kraft, die seine Bewegung entweder sogleich aufhält oder allmälig schwächt, in den Weg käme. Weil auf der Erde solche Kräfte stets da sind, so muß auch jeder Körper, den man aus der Ruhe in Bewegung gesetzt hat, doch immer, wenigstens nach und nach, wieder zur Ruhe kommen.

Beym Anfange der Bewegung jeder Maschine sieht man die Trägheit sehr deutlich; eben so auch bey plötzlicher Trennung der Kraft von den bewegten Theilen.

§. 7.

Alle Veränderungen in der Körperwelt lassen sich auf Bewegung zurückführen, und Kraft ist immer dasjenige, was Bewegung bewirkt und auch Bewegung hemmt. Bewegung entsteht immer, wenn eine Kraft die andere überwindet; alle Hemmung der Bewegung hingegen (Hineinbringen in den Zustand der Ruhe), wenn eine Kraft der andern mit gleicher Stärke entge-

entgegenstrebt, d. h. ihr das Gleichgewicht hält. Die Gesetze des Gleichgewichts werden in derjenigen mechanischen Disciplin untersucht, welche Statik, die Gesetze der Bewegung hingegen in derjenigen, welche Mechanik, im engern Sinne, genannt wird. Je nachdem die Körper fest, tropfbar flüssig und elastisch flüssig sind, zertheilt man die Statik wieder in die Statik im engern Sinne, in die Hydrostatik und in die Aerostatik; die Mechanik aber in die Mechanik fester Körper, in die Hydraulik und in die Aeromechanik oder Pneumatik.

Die sogenannte höhere Mechanik (die Mechanik, wo den höhere Mathematik angewendt wird) zerfällt in die Dynamik, Hydrodynamik und Aerodynamik. Da die Lehre von den Dämpfen in der Maschinenlehre jetzt von so großer Wichtigkeit ist, so habe ich die Lehre von den Dämpfen als eine eigene mechanische Disciplin unter dem Namen Atmometrie aufgenommen.

Von den allgemeinern Werken über die mechanischen Lehren überhaupt und die Maschinenkunde insbesondere, führe ich hier an:

Mariotte, Traité du Mouvement des Eaux et des autres corps fluides. Paris 1686. 8.

Mariotte's Grundlehren der Hydrostatik und Hydraulik; überf. m. Anmerk. von J. C. Meinig. Leipzig 1723. 8.

J. Leupolds, Theatrum machinarum etc. 8 Bände. 1724—1727. Fol.

Machines et Inventions, approuvées par l'Acad. roy. des Sciences. 6 Tom. Paris 1735—1777. 4.

Sammlung nützlicher Maschinen und Instrumenten, nebst deren Erklärung; aus dem Französ., Englischen und andern Sprachen. Nürnberg. Fol. (ohne Jahrzahl).

Belidor, Architecture hydraulique. 4 Vol. Paris 1753. 4.

Belidors Architectura hydraulica, oder die Kunst, die Gewässer zu leiten 2c. 2 Theile. Augsburg 1740—1771. Fol.

— 9 —

H. Calvör, Beschreibung des Maschinenwesens bey dem Bergwerke auf dem Oberharze. 2 Theile. Braunschweig 1763. Fol.

A. G. Kästners Anfangsgründe der höhern Mechanik ꝛc. Göttingen 1766. 8. Neue Aufl. 1793. 8.

A. G. Kästners Anfangsgründe der Hydrodynamik ꝛc. Göttingen 1769. Neue Aufl. 1797. 8.

W. J. G. Karsten, Lehrbegriff der gesammten Mathematik. 3r Theil. Greifswalde 1769. 8. Statik, Mechanik, Hydrostatik, und Aerostatik. — 4r Theil. Weitere Ausführung der Mechanik ꝛc. — 5r Theil. 1770. Hydraulik. — 6r Theil. Fortf. d. Hydraulik und Pneumatik.

F. L. Cancrins, erste Gründe der Berg- und Salzwerkskunde. 7r Theil. Bergmaschinenkunst. Frankfurt a. M. 1773. 8.

W. F. Mönnich, Anleitung zur Anordnung und Berechnung der gebräuchlichsten Maschinen. Augsburg 1779. 8.

Buat, Principes d'Hydraulique. 2 Tom. Paris 1779. 1786. 8.

Büat, Grundlehren der Hydraulik, übers. m. Anmerk. von J. F. Lempe. Leipzig 1796. 8. — Auch von J. W. A. Losmann. Berlin 1796. 8.

J. Horvath, mechanische Abhandlung von der Statik, Mechanik, Hydrostatik, Hydraulik, Pneumatik; aus dem Latein. von J. Pasquich. 2 Theile. Pesth 1785. 1786. 8.

J. Krafts Vorlesungen über die Mechanik. übers. von J. C. A. Ettingräber. 2 Bände. Dresden 1787. 8.

A. Bürja's Grundlehren der Statik, Hydrostatik, Hydraulik. 4 Bände. Berlin 1789—1792. 8.

Bossut, Traité élémentaire de Mécanique, de Dynamique, et Hydrodynamique. 3 Vol. Paris 1775—1777. 8.

Bossut, Lehrbegriff der Hydrodynamik, nach Theorie und Erfahrung; übers. m. Anmerk. von J. C. Langsdorf. Frankfurt a. M. 1791. 1792. 8.

Bernard, Nouveaux principes d'Hydraulique. Paris 1787. 8.

Bernards neue Grundlehren der Hydraulik; überf. von
K. Chr. Langsdorf. Marburg 1790. 8.

J. Pasquich, Verſuch eines Beitrags zur allgemeinen
Theorie der Bewegung und vortheilhafteſten Einrichtung der
Maſchinen. Leipzig 1789. 8.

J. Pasquich, Unterricht in der mathematiſchen Analyſis
und Maſchinenlehre. 3 Theile. 1789 — 1798. 8.

Prony, Nouvelle Architecture hydraulique. Paris 1790. 4.

Prony's neue Architectura hydraulica; a. d. Franzöſ.
überſ. von K. Chr. Langsdorf. 3 Theile. Frankfurt a. M.
1795 — 1801. 4.

K. Chr. Langsdorf, Lehrbuch der Hydraulik. Altenburg
1794. Fortſetzung deſſelben 1796. 4.

Deſſelben, Handbuch der Maſchinenlehre. 2 Bände.
Altenburg 1797. 1799. 4.

Deſſelben Grundlehren der mechaniſchen Wiſſenſchaf-
ten ꝛc. Erlangen 1802. 8.

Deſſelben Handbuch der gemeinen und höhern Mechanik
feſter und flüſſiger Körper ꝛc. Heidelberg 1807. 8.

Deſſelben neuere Erweiterungen der mechaniſchen Wiſ-
ſenſchaften ꝛc. Mannheim und Heidelberg 1816. 8.

J. F. Lempe, Lehrbegriff der Maſchinenlehre, mit Rück-
ſicht auf den Bergbau. 1r Th. in zwey Abtheilungen. Leipzig
1795. 1797. 4.

R. Woltmann, Beyträge zur hydrauliſchen Architektur.
4 Bände. Göttingen 1791 — 1799. 8.

Deſſelben, theoretiſche und praktiſche Unterſuchung über
die Wirkung der Maſchinen. Göttingen 1804. 8.

J. A. Eytelwein, Handbuch der Mechanik feſter Körper
und der Hydraulik, mit Anwendung auf die Baukunſt.
Berlin 1801. 8.

L. N M. Carnot, Principes fondamenteaux de l'Equilibre
et du Mouvement. Paris 1803. 8.

L. N. M. Carnots Grundſätze der Mechanik vom Gleichgewicht und der Bewegung; überſ. von C. S. Weiß.
Leipzig 1805. 8.

C. Nordwalls Maschinenlehre; aus dem Schwed. übers. von J. G. L. Blumhof. 2 Theile, Berlin 1804. 4.

J. H. M. Poppe, Encyclopädie des gesammten Maschinenwesens 2c. 7 Theile. Leipzig 1803—1818. 8. 1r Theil, neue Aufl. 1820. 8.

J. H. M. Poppe, die Mechanik des achtzehnten Jahrhunderts und der ersten Jahre des neunzehnten, oder genaue Bestimmung des Wachsthums und der Erweiterung der mechanischen Wissenschaften 2c. (Preisschrift). Hannover 1807. 8.

Zweyter Abschnitt.
Statische und mechanische Lehren.

I. Verschiedene Arten der Bewegung.

§. 8.

Zu jeder Bewegung, d. h. zu jeder Veränderung des Orts eines Körpers, gehört nicht blos Kraft (§. 7.), sondern auch Zeit. Denn Zeit verstreicht bey jeder Bewegung, weil der Körper unmöglich an zwey Orten zugleich seyn kann. Die Vergleichung dieser Zeit mit dem zurückgelegten Raume giebt die Geschwindigkeit des Körpers. Je größer der zurückgelegte Raum für einerley Zeit ist, desto größer ist die Geschwindigkeit des bewegten Körpers. Gewöhnlich pflegt man den in einer Sekunde durchlaufenen Raum als Maaß der Geschwindigkeit anzunehmen.

Geschieht die Bewegung eines Körpers in einer geraden Linie, so zeigt diese die Richtung seiner Bewegung an. Ist der Weg oder die Bahn des Körpers eine krumme Linie, so wird seine Richtung alle Augenblicke verändert; in demjenigen Punkte des Weges, wo

der Körper sich eben befindet, ist dann die Tangente
oder Berührungslinie seine Richtung.

Die Bewegung des Körpers kann gleichförmig
oder ungleichförmig seyn. Sie ist gleichförmig, wenn der Körper in gleichen Zeiten gleiche Räume
durchstreicht; ungleichförmig, wenn die durchstrichenen Räume in gleichen Zeiten nicht gleich sind. Die
ungleichförmige Bewegung ist entweder beschleunigt
oder verzögert. Beschleunigung und Verzögerung
selbst können wieder gleichförmig oder ungleichförmig
seyn.

Die auf die Erde herabfallenden Körper geben ein Beyspiel
von gleichförmiger Beschleunigung; die von der
Erde in die Höhe geworfenen von gleichförmiger Verzögerung.

§. 9.

Bey jeder Bewegung hat der Raum f, durch welchen ein Körper bewegt wird, ein gewisses Verhältniß
zu der Zeit t, in welcher sie geschieht (§. 8.). Dieses
Verhältniß ist es eben, was man Geschwindigkeit
nennt. Man drückt es aus durch

$$c = \frac{f}{t};$$

d. h. der Raum dividirt durch die Zeit giebt
die Geschwindigkeit. So erhält man immer den
in einer Sekunde durchstrichenen Raum als Maaß
der Geschwindigkeit.

Durchläuft ein Körper in 12 Minuten oder 720 Sekunden
einen Raum von 1440 Fuß, so ist seine Geschwindigkeit
$\frac{1440}{720} = 2$ Fuß.

§. 10.

Bey gleichmäßiger Bewegung verhalten sich die Geschwindigkeiten, wenn die Zeiten gleich sind, wie die Räume, und wenn die Räume gleich sind, umgekehrt wie die Zeiten.

... Nennt man den Raum, durch welchen sich ein Körper bewegt, $= S$, die dazu gehörige Zeit $= T$, die Geschwindigkeit $= C$; bey einem andern Körper den Raum $= s$, die Zeit $= t$, die Geschwindigkeit $= c$, so ist

$$C : c = \frac{S}{T} : \frac{s}{t}.$$

Wenn nun $T = t$, so ist

$$C : c = \frac{S}{t} : \frac{s}{t} = S : s;$$

wenn aber $S = s$, so ist

$$C : c = \frac{s}{T} : \frac{s}{t} = t : T.$$

§. 11.

Bey gleichförmiger Geschwindigkeit verhalten sich ferner die Räume wie die Geschwindigkeiten mit den Zeiten multiplicirt. Weil nämlich $c = \frac{s}{t}$, so ist

$$s = ct.$$

Man findet daher den in einer gewissen Zeit durchstrichenen Raum, wenn man mit dieser Zeit die Geschwindigkeit multiplicirt. Wenn $s = ct$, so ist

$$t = \frac{s}{c},$$

oder der Raum dividirt durch die Geschwindigkeit giebt die Zeit.

Die Geschwindigkeit eines Körpers ist 6 Fuß, heißt so viel: der Körper legt in einer Sekunde 6 Fuß zurück. Daher ist der in 50 Sekunden durchstrichene Raum = 6.50 = 300 Fuß. — Fragt man, wie viele Zeit hat ein Körper nöthig, um mit 5 Fuß Geschwindigkeit einen Raum von 400 Fuß zu durchlaufen? so ist $\frac{400}{5}$ = 80 Sekunden = 1 Minute 20 Sekunden die verlangte Zeit.

§. 12.

Sehr viele Bewegungen entstehen von andern Bewegungen, nämlich durch Mittheilung. Es kann ein Körper einen andern auf seinem Wege treffen und ihn durch Stoß oder Druck vor sich hintreiben; es kann aber auch ein Körper, welcher sich bewegt, so an einem andern haften, daß dieser genöthigt wird, seinem Wege durch Zug zu folgen.

Auf Masse und Geschwindigkeit beruht die Größe oder Stärke einer Bewegung. Bezeichnen C und c die Geschwindigkeit zweyer Bewegungen, A und a ihre Größe, und sind die Geschwindigkeiten gleich, so verhalten sich jene Größen, wie die Massen M und m, oder

$$A : a = M : m.$$

Sind hingegen die Massen gleich, und die Geschwindigkeiten ungleich, so verhalten sich jene Größen, wie die Geschwindigkeiten, oder

$$A : a = C : c.$$

Sind Massen und Geschwindigkeiten ungleich, so verhalten sich die Größen der Bewegungen wie die Produkte der Massen mit den Geschwindigkeiten; oder

$$A : a = CM : cm.$$

Rührt nämlich eine Bewegung A von der Masse M und der Geschwindigkeit C her, eine Bewegung a von der Masse m und der Geschwindigkeit c, und vergleicht man beyde Bewegungen mit einer dritten α, welche die Masse m und die Geschwindigkeit C hat, so ist

$$A : \alpha = M : m$$
$$\alpha : a = C : c$$
$$\overline{A\alpha : a\alpha = CM : cm,}\text{ oder}$$
$$A : a = CM : cm.$$

Man kann daher auch leicht, wenn die Größe einer Bewegung (die bewegende Kraft, aus Masse und Geschwindigkeit bestehend) bekannt ist, aus der Masse die Geschwindigkeit, und aus der Geschwindigkeit die Masse finden. Ist z. B. $A = CM$; so ist

$$C = \frac{A}{M}, \text{ und } M = \frac{A}{C}.$$

§. 25.

Wenn zwey bewegte Körper auf einen andern wirken, und die Produkte der Massen in die Geschwindigkeit, folglich die Bewegungen selbst gleich sind, so heben sie sich gegen einander auf und es entsteht Stillstand oder Gleichgewicht. Das Produkt einer Masse mit ihrer Geschwindigkeit pflegt man daher auch statisches Moment zu nennen.

Gleich sind die statischen Momente zweyer Bewegungen, wenn sowohl die Massen, als auch die Geschwindigkeiten gleich sind. Es ist also $A = a$, wenn $CM = cm$.

Aber auch bey ungleichen Massen und Geschwindigkeiten können die statischen Momente zweyer Bewe-

gungen gleich seyn, wenn nämlich die Massen
sich umgekehrt verhalten wie die Geschwindigkeiten. Wenn

$$M : m = c : C,$$

so ist auch $CM = cm.$

Jeder Körper, der auf die Erde herabfällt, hat
eine gleichförmig beschleunigte Bewegung.
Seine Geschwindigkeit fängt mit 0 an und wächst mit
jedem gleichen Zeittheilchen gleich viel. Man kann bey
jedem fallenden Körper annehmen, die Schwere (§. 4.)
treibe ihn so nach der Erde zu, als wenn er von dieser
Kraft in jedem Augenblicke einen Stoß empfinge. Nun
würde schon der erste Stoß den Körper mit gleichförmiger Geschwindigkeit (vermöge der Trägheit) weiter
treiben; der zweyte Stoß vermehrt die Geschwindigkeit,
der dritte abermals ic., und so muß denn wohl, da
die Stöße ununterbrochen auf einander folgen, die
Geschwindigkeit mit jedem Augenblicke zunehmen.

Aber das Zeittheilchen, worin ein Stoß geschieht,
muß man sich unendlich klein denken. Setzt man den
Raum, durch welchen der Körper auf den ersten Stoß
in einem solchen Zeittheilchen herabfallen würde, $= f$,
so müßte sich der Körper schon vermöge seiner Trägheit
in jedem folgenden gleich großen Zeittheilchen durch
einen Raum $= f$ herabbewegen. Er bekommt aber in
jedem neuen Zeittheilchen einen neuen Stoß; folglich
muß er in dem zweyten durch einen Raum $= f + f = 2f$,
in dem dritten durch einen Raum $2f + f = 3f$, in
dem vierten durch $3f + f = 4f$ u. s. w., also in

n Zeittheilchen durch einen Raum nf herabfallen. Die
Summe der Räume

$$f + 2f + 3f + 4f \ldots + nf$$

giebt daher den ganzen Raum an, durch den sich der
Körper in einer gewissen Zeit herabbewegt hat. Die
Summe jener arithmetischen Reihe ist

$$= \frac{(f + nf)n}{2} = \frac{nf + 1f}{2} n$$

$$= \frac{n(n + 1)f}{2},$$

Stellt man sich unter den n Zeittheilchen eine Sekunde vor, so ist $\frac{n(n+1)f}{2}$ der Raum, durch welchen der Körper in einer Sekunde herabfällt. Folglich
ist sein Fall in zwey Sekunden

$$= \frac{2n(2n + 1)f}{2},$$

in drey Sekunden

$$\frac{3n(3n + 1)f}{2}$$

u. s. w. Weil nun die Schwere ununterbrochen
auf einen Körper wirkt, folglich das Zeittheilchen, worin
man die Geschwindigkeit des Körpers als gleichförmig
ansieht, unendlich klein ist, so müssen auf eine Sekunde unendlich viele solcher Zeittheilchen gehen.
Daher drückt n eine unendlich große Zahl aus. In diesem Falle ist 1 so unendlich gering, daß man es in der
Summe $n + 1$ ohne Fehler weglassen kann. Man darf
mithin n statt $n + 1$, $2n$ statt $2n + 1$, $3n$ statt $3n + 1$
u. s. w. setzen.

Das obige Verhältniß der Fallräume war, (wenn

gungen gleich seyn, wenn nämlich die Massen sich umgekehrt verhalten wie die Geschwindigkeiten. Wenn

$$M : m = c : C,$$

so ist auch $\quad CM = cm.$

§. 14.

Jeder Körper, der auf die Erde herabfällt, hat eine gleichförmig beschleunigte Bewegung. Seine Geschwindigkeit fängt mit 0 an und wächst mit jedem gleichen Zeittheilchen gleich viel. Man kann bey jedem fallenden Körper annehmen; die Schwere (§. 4.) treibe ihn so nach der Erde zu, als wenn er von dieser Kraft in jedem Augenblicke einen Stoß empfinge. Nun würde schon der erste Stoß den Körper mit gleichförmiger Geschwindigkeit (vermöge der Trägheit) weiter treiben; der zweyte Stoß vermehrt die Geschwindigkeit, der dritte abermals ꝛc., und so muß denn wohl, da die Stöße ununterbrochen auf einander folgen, die Geschwindigkeit mit jedem Augenblicke zunehmen.

Aber das Zeittheilchen, worin ein Stoß geschieht, muß man sich unendlich klein denken. Setzt man den Raum, durch welchen der Körper auf den ersten Stoß in einem solchen Zeittheilchen herabfallen würde, $= f$, so müßte sich der Körper schon vermöge seiner Trägheit in jedem folgenden gleich großen Zeittheilchen durch einen Raum $= f$ herabbewegen. Er bekommt aber in jedem neuen Zeittheilchen einen neuen Stoß; folglich muß er in dem zweyten durch einen Raum $= f + f = 2f$, in dem dritten durch einen Raum $2f + f = 3f$, in dem vierten durch $3f + f = 4f$ u. s. w., also in

n Zeittheilchen durch einen Raum nf herabfallen. Die Summe der Räume

$$f + 2f + 3f + 4f \ldots + nf$$

giebt daher den ganzen Raum an, durch den sich der Körper in einer gewissen Zeit herabbewegt hat. Die Summe jener arithmetischen Reihe ist

$$= \frac{(f + nf)n}{2} = \frac{nf + 1f}{2} n$$

$$= \frac{n(n+1)f}{2}.$$

Stellt man sich unter den n Zeittheilchen eine Secunde vor, so ist $\frac{n(n+1)f}{2}$ der Raum, durch welchen der Körper in einer Sekunde herabfällt. Folglich ist sein Fall in zwey Sekunden

$$= \frac{2n(2n+1)f}{2},$$

in drey Sekunden

$$\frac{3n(3n+1)f}{2}$$

u. f. w. Weil nun die Schwere ununterbrochen auf einen Körper wirkt, folglich das Zeittheilchen, worin man die Geschwindigkeit des Körpers als gleichförmig ansieht, unendlich klein ist, so müssen auf eine Sekunde unendlich viele solcher Zeittheilchen gehen. Daher drückt n eine unendlich große Zahl aus. In diesem Falle ist 1 so unendlich gering, daß man es in der Summe $n + 1$ ohne Fehler weglassen kann. Man darf mithin n statt $n + 1$, $2n$ statt $2n + 1$, $3n$ statt $3n + 1$ u. f. w. setzen.

Das obige Verhältniß der Fallräume war, (wenn

2

man die gleichen Faktoren f und die gleichen Diviso-
ren 2 wegläßt)

$$= n(n+1) : 2n(2n+1) : 3n(3n+1) \ldots$$

Dieses verwandelt sich nun, wenn 1 wegbleibt, in
folgendes:

$$n.n : 2n.2n : 3n.3n \ldots$$
$$= 1n^2 : 4n^2 : 9n^2 \ldots$$
$$= 1 : 4 : 9 \ldots$$

Das heißt: die Räume der fallenden Körper
verhalten sich wie die Quadrate der Zeiten
(z. B. der Anzahl von Sekunden), die er zu seinem
Falle anwendet. Daher müssen sich die Zeiten fallender Körper wie die Quadratwurzeln aus
den Räumen verhalten.

Dieses Gesetz des Falls der Körper, im Jahr 1602 von
Galilei zuerst entdeckt, läßt sich auch geometrisch beweisen
und durch Experimente mit der Fallmaschine (des At-
wood) darthun.

§. 15.

Fällt der Körper in der ersten Sekunde durch einen Raum, den wir 1 nennen, so fällt er in zwey
Sekunden durch den Raum $2^2 = 4$, in drey Sekunden
durch den Raum $3^2 = 9$, in vier Sekunden durch den
Raum $4^2 = 16$, in zehn Sekunden durch den Raum
$10^2 = 100$ u. s. w. Erfahrungen haben gelehrt, daß
in nicht zu großen Entfernungen über der Erde und in
Gegenden unserer Zone jeder Körper in der ersten Sekunde durch einen Raum von 15,094 Pariser oder 15,625
Rheinländische Fuß herabfällt. (In Gegenden, welche
von dem Mittelpunkte der Erde merklich entfernter sind,
wirkt die Kraft der Schwere schwächer auf die fallenden

Körper, so wie sie da stärker wirkt, wo die Entfernung vom Mittelpunkte kleiner ist.) Der Körper fällt also in zwey Sekunden durch einen Raum von 4.15,094 Pariser Fuß; in drey Sekunden durch 9.15,094, in vier Sekunden durch 16.15,094 Pariser Fuß rc. Es wächst also des fallenden Körpers Geschwindigkeit in jeder folgenden Sekunde eben so wie das Quadrat der Zeit wächst. Die Quadratzahlen

1 4 9 16 25 36 49 64 u. s. w.

wachsen aber wie die ungeraden Zahlen

1 3 5 7 9 11 13 15 u. s. w.

Daher fällt der Körper in jeder nachfolgenden Sekunde um 2.15,094 Pariser Fuß tiefer, als in der kurz vorhergehenden.

Durch den Widerstand der Luft, in welcher die Körper herabfallen, werden jene Gesetze sehr merklich abgeändert; hauptsächlich wenn die Körper sehr locker sind, wie Kork, Federn rc. Denn an der Ueberwindung jenes Widerstandes verlieren sie immer einen Theil der Gewalt, womit sie sonst fallen würden, und zwar verlieren sie desto mehr, je mehr die materiellen Theilchen in einen grosen Raum ausgebreitet sind.

§. 16.

Wenn ein Körper von einer einzigen Kraft bewegt wird, so kann er nur nach einer Richtung hingehen, und zwar, so lange keine zweyte Kraft auf ihn wirkt, immer nach derselben Richtung mit einer Geschwindigkeit, welche jener Kraft gemäß ist.

Der Körper kann aber auch von zwey Kräften zugleich getrieben werden, und dann ist der Erfolg verschieden, je nachdem die Richtungen und Geschwindigkeiten der Kräfte verschieden sind. Wenn nämlich beyde

Kräfte nach einer und derselben Richtung auf den Körper wirken, so wird auch der Körper nach derselben Richtung hin bewegt werden und zwar mit der Summe der Geschwindigkeiten beyder Kräfte. Wirken aber beyde Kräfte nach entgegengesetzter Richtung auf den Körper, so muß dieser nach der Richtung der stärkern Kraft sich hinbewegen und zwar mit der Differenz der Geschwindigkeiten beyder Kräfte. Sind beyde Kräfte gleich, so ist die Differenz $= 0$; alsdann kann sich der Körper gar nicht fortbewegen, sondern er muß ruhen. Wirken endlich zwey Kräfte nach zwey verschiedenen Richtungen, die einen Winkel mit einander bilden, auf den Körper, so muß der Körper nach einer Richtung sich hinbewegen, welche zwischen jenen Richtungen liegt, und zwar mit einer Geschwindigkeit, welche sowohl von der Geschwindigkeit der einzelnen Kräfte, als auch von jenem Winkel abhängt.

§. 17.

Wenn zwey Kräfte zu gleicher Zeit auf einen Körper (z. B. auf eine Kugel) wirken, wovon die eine Kraft den Körper nach der Richtung xa, die andere nach der Richtung ya Fig. 1. Tafel I. treiben will, so kann der Körper weder nach der Richtung xad, noch nach der Richtung yab sich fortbewegen; er muß vielmehr eine Richtung nehmen, die zwischen beyden jenen Richtungen liegt. Wirkten die beyden von x und y herkommenden Kräfte gleich stark auf den Körper a, so müßte dieser eine Richtung nehmen, welche genau mitten zwischen den Richtungen ad und ab liegt, d. h. er müßte die Diagonale ac des gleichseitigen Parallelograms $abcd$ durchlaufen.

Das Parallelogram, deſſen Diagonale der Körper durchläuft, iſt immer durch die beyden Seiten *ab* und *ad*, die ſogenannten äußern Kräfte oder Seitenkräfte gegeben. Das Verhältniß der Längen dieſer Seiten wird durch das Verhältniß der Stärke der beyden Kräfte, d. h. durch ihre Geſchwindigkeiten und durch den Winkel *xay* = *bad* ausgedrückt, der von den beyden Richtungen der Kräfte beſtimmt wird. Die beſchriebene Diagonale heißt mittlere Kraft oder Diagonalkraft. Da die Seiten *ab* und *ad* des Parallelograms ſich wie die Räume verhalten, durch welche jede Kraft für ſich allein den Körper in einerley Zeit würde hingetrieben haben, ſo muß wohl bey gleichen Kräften, die den Körper *a* mit gleicher Geſchwindigkeit treffen, *ad* = *ab*, folglich das Parallelogram *abcd* gleichſeitig ſeyn. Bey ungleichen Kräften aber muß der Körper in einer Richtung gehen, welche der Direction der ſtärkern Kraft näher iſt. Soll z. B. der Körper *a* in derſelben Zeit von der Kraft *y* durch *af* getrieben werden, in welcher die Kraft *x* ihn durch *ab* forttreiben will, ſo iſt *ae* die zu durchlaufende Diagonale; für den Weg *ab* und *ah* iſt es *ag* u. ſ. w.

Durch ſogenannte Diagonalmaſchinen kann man das Parallelogram der Kräfte und die darin vorkommende zuſammengeſetzte Bewegung anſchaulich darſtellen; und im gemeinen Leben ſowohl, als bey manchen Natur-Ereigniſſen ſieht man oft Beyſpiele von ſolchen Bewegungen.

Wirken drey, vier und mehr Kräfte nach verſchiedenen Richtungen auf den Körper, ſo kann man erſt zwey Kräfte zu einer mittlern Kraft vereinigen, dann wieder zwey, u. ſ. w. um zuletzt diejenige Richtung zu bekommen, in welcher der Körper ſich fortbewegen wird.

§. 18.

Soll die Bahn eines bewegten Körpers eine krumme Linie seyn, so müssen wenigstens zwey Kräfte nach verschiedenen Richtungen so auf ihn wirken, daß die Richtung des Körpers in jedem Augenblicke verändert wird. Wenn *ab* und *ad* Fig. 2. Taf. I. die Richtungen und Größen zweyer Kräfte vorstellen, welche zu einer gleichen und bestimmten Zeit *t* auf den Körper *a* wirken, so muß der Körper *a* in der Zeit *t* die Diagonale *ae* des Parallelograms *abcd* beschreiben. Wirkte nun auch weiter keine Kraft in ihm, so würde er doch, vermöge seiner Trägheit, mit der erlangten Geschwindigkeit in der folgenden Zeit *t* den Weg *ef* = *ae* zurücklegen. Soll er aber von dieser Richtung nach *eg* abgelenkt werden, so muß beym Anfange der zweyten Zeit *t* eine Kraft *eh* so in ihn wirken, daß sie, mit *ef* verbunden, den Körper die Diagonale *eg* durchlaufen läßt. — Auf dieselbe Art müßte beym Anfange der dritten Zeit *t* eine Kraft *gl* so auf den Körper wirken, daß er, mit *gi* = *ef* vereinigt, während der dritten Zeit *t* die Diagonale *gk* beschriebe; u. s. w. Nimmt man nun die Zeit *t* unendlich klein an, d. h. läßt man den Körper in jedem Augenblicke von seiner Richtung *ab*, *ef*, *gi* u. s. w. ablenken, so werden die Diagonalen unendlich klein, und bilden dann in der Zusammensetzung eine stetige krumme Linie.

Die Ablenkungen von *ab*, *ef*, *gi* ꝛc. durch *ad*, *eh*, *gl* ꝛc. können nach einem gemeinschaftlichen Mittelpunkte *c* geschehen, so, daß die ganze Bahn des Körpers mit diesem Punkte, dem sogenannten Mittelpunkte der Bewegung oder Mittelpunkte der Kräfte, in einer Ebene liegt. Die nach c hinlenkende Kraft heißt dann Centripetalkraft oder Normalkraft; die andere von c abtreibende Kraft, welche im Anfange der Bewegung (in dem ersten unendlich kleinen Zeittheilchen) den Körper nach der Richtung einer geraden Linie treibt, heißt Tangentialkraft. Letztere liegt entweder selbst in einer Tangente der krummen Linie *aegk*, oder sie kann doch in zwey Kräfte zerlegt werden, wovon die eine mit der Richtung der Tangente *ab*, die andere mit einer auf der Tangente senkrechten Linie zusammenfällt. Beyde Kräfte zusammen, die Tangentialkraft und die Centripedalkraft, nennt man Centralkräfte; die Größe aber, um welche die Tangentialkraft den Körper von dem Mittelpunkte der Bewegung zu entfernen strebt, heißt Centrifugalkraft, Fliehkraft, Schwungkraft. Diese Kraft kann mit der Centralkraft in einem solchen Verhältniß stehen, daß der Körper eine in sich selbst zurückkehrende krumme Linie (einen Kreis, eine Ellipse u. d. gl.) beschreibt.

§. 19.

Die krumme Linie, welche ein Körper durch die Wirkung zweyer Centralkräfte beschreibt, fällt natürlich desto gekrümmter aus, je stärker die Centripetalkraft gegen die Tangentialkraft ist; denn das Verhältniß dieser beyden Kräfte bestimmt die Beschaffenheit der um c beschriebenen krummen Linie. Nach Vollendung eines ganzen Umlaufs kann der Körper wieder in den Punkt a treffen, von welchem er ausging, wo dann die krumme Linie in sich selbst zurückkehrt, z. B. ein Kreis oder eine Ellipse ist; oder die Bahn des Körpers kann eine Spirallinie seyn, die sich entweder in immer engern oder in immer weitern Gängen um den Mittelpunkt dreht.

Wenn man einen Körper mittelst eines Fadens im Kreise herumschwingt, so zeigt die Gewalt, womit der Körper bey der Umdrehung den Faden spannt, die Schwungkraft an. Ist sie sehr stark, so kann der Faden zerreißen und dann fliegt der Körper bald aus seiner kreisförmigen Bahn heraus.

§. 20.

An einer Schwungmaschine kann man die Wirkung der Schwungkraft sehr deutlich sehen. Eine solche Schwungmaschine besteht gewöhnlich aus drey horizontalliegenden Scheiben, zwey größern und einer kleinern, die durch Schnüre, welche um ihren Peripherien liegen, mit einander verbunden sind. Kugeln, welche man central, d. h. in einem Durchmesser durchbohrt hat, schiebt man auf eine glatte stählerne Stange, die horizontal über einem Durchmesser der kleinern horizontal laufenden Schwungscheibe liegt. Befindet sich die Kugel genau im Mittelpunkte der Schwungscheibe, so bleibt sie bey der schnellsten Umdrehung desselben ruhig. Liegt sie außerhalb dem Mittelpunkte, so wird sie beym Umlaufen der Scheibe vermöge der Trägheit bald eine beschleunigte Bewegung und endlich ein Bestreben zu einer größern Geschwindigkeit erhalten, als die Geschwindigkeit der in der Umdrehung einigermaßen gehinderten Scheibe ist. Durch den Stab wird sie freylich gehindert, der ganzen Tangentialkraft, oder der Schwungkraft allein zu folgen. Sie wird aber auf dem Stabe nach dem Umfange der Scheibe hingleiten, also nach der Richtung der Centrifugalkraft sich hinbewegen.

Befestigt man die Kugel mit einem Faden an die Achse der Scheibe, so zerreißt sie diesen Faden, sobald die Centrifugalkraft größer wird, als die Cohäsion des Fadens.

Schiebt man zwey Kugeln von gleicher Masse auf die Stange, nachdem man sie mittelst Häkchen durch einen horizontal liegenden Faden verbunden hatte, und stellt man sie in gleiche Entfernung vom Mittelpunkte, so erlangen sie bey der Umdrehung der Schwungscheibe gleiche Geschwindigkeit; keine von beyden wird nachgeben, bis endlich die Summe beyder Bewegungen stärker wird, als die Cohäsion des Fadens; die Kugeln werden dann den Faden zerreißen und mit gleicher Geschwindigkeit auseinander schießen. Stellt man von zwey Kugeln, die gleiche Masse besitzen, die eine entfernter vom Mittelpunkte, so erhält die entferntere eine größere Geschwindigkeit, und deswegen wird sie nach Außen fahren und die nähere nach sich reißen. Stellt man zwey Kugeln von ungleicher Masse in gleiche Entfernung vom Mittelpunkte, so bekommen beyde zwar einerley Geschwindigkeit; aber die Kugel von größerer Masse wird nach Außen fahren und die kleinere nach sich reißen. Hat man zwey Kugeln von ungleicher Masse, und stellt man die kleinere um so viel entfernter vom Mittelpunkte wie die größere Masse, daß sie eine um so größere Geschwindigkeit erhält, folglich bey beyden Kugeln die Produkte der Massen mit den Geschwindigkeiten gleich sind, so werden beyde Kugeln einander hemmen, endlich aber, wenn sie die Cohäsion des Fadens überwinden können, diesen zerreißen und beyde werden auseinander fahren. Nimmt man

zwey Kugeln von ungleicher Maſſe und ſtellt man die
kleinere ſo viel entfernter, daß ihr Moment größer wird
als das der größern, ſo wird die kleinere Maſſe die
größere überwinden und nach ſich ziehen.

Bey manchen Maſchinen ſieht man die Schwungkraft zu
weſentlichen Einrichtungen benutzt, z. B. bey Dampfmaſchinen, bey dem Uhlhornſchen Geſchwindigkeitsmeſſer ꝛc. —
Schwungräder und Schwungflügel gehören gleichfalls hierher.

Das Getraide, welches bey Mahlmühlen durch das Läuferauge zwiſchen die Zermalmungsflächen der beyden Mühlſteine
fällt, wird durch die von der Umdrehung der Steine erhal-
tene Schwungkraft nach dem Umfange der Steine getrieben. — Vermöge ſeiner Schwungkraft zerberſtet oft ein dünner Läufer und fällt neben dem Bodenſteine nieder. — Vermöge der Schwungkraft drücken auch Räder, deren Maſſe nicht
gleichförmig am Umfange vertheilt iſt, die Wellzapfen auf
eine nachtheilige Weiſe. — Das Emporſchleudern des Koths
durch die Wagenräder rührt auch von der Schwungkraft her,
u. d. gl. m.

§. 21.

Bey der Wurfbewegung und Pendelbewe-
gung kommen gleichfalls zwey nach verſchiedenen Richtungen wirkende Kräfte vor. Wird ein Körper mit einer
gewiſſen Kraft in die Höhe geworfen, ſo wirkt dieſer
Kraft die Schwere (§. 4. 14.) entgegen, die ihn wieder auf die Erde zurückzuziehen ſtrebt. Dieſe Schwere
raubt ihm in jedem Zeittheilchen eben ſo viele Geſchwindigkeit, als er beym freyen Falle gewonnen
hätte. Die Schwere wirkt nämlich auf den in die Höhe
geworfenen Körper, als eine gleichförmig verzögernde
Kraft nach demſelben Geſetze, wie es beym Fall der
Körper ſtatt findet. Daher kann ein mit einer gewiſſen

Geschwindigkeit vertikal in die Höhe geworfener Körper
keine größere Höhe erreichen, als diejenige ist, von welcher er beym freyen Falle herunter müßte, um jene Geschwindigkeit zu erlangen. Folglich gehört auch eben
so viele Zeit zum Steigen auf eine gewisse Höhe, als
zum freyen Falle von dieser Höhe erfordert wird.

Wirft man den Körper unter einem gegen den Horizont spitzigen Winkel von der Erde hinweg oder auch
in einer mit dem Horizont parallelen Richtung, so kann
der Körper nicht in der von der anfänglichen Kraft erhaltenen Richtung fortfliegen, sondern er wird von der
Schwerkraft allmälig mehr und mehr nach der Erde
hingelenkt und kommt (wie dies bey Bomben, Kano-
nenkugeln, aus horizontalen und andern Röhren und
Rinnen schießenden Wasserstrahlen 2c. der Fall ist) in
einer krummen Linie, der Parabel, zur Erde herab.

§. 22.

Ein an einem Faden z. B. an *ca* Fig. 3. Taf. I.
hängender schwerer Körper *a* (z. B. eine Metallkugel)
wird so lange in Ruhe bleiben, als *ca* senkrecht herabhängt. Bringt man aber den Körper in die Lage *m*,
so will ihn die Schwerkraft der Erde nach *f* herabziehen,
während der Faden ihn nach der Richtung *mc* zurück
hält. Beyde Kräfte suchen ihn also in jedem Augenblicke nach verschiedenen Richtungen hinzubewegen und
deswegen muß er wohl alle Augenblicke einer mittlern
Richtung folgen, d. h. er muß sich durch den Bogen *ma*
bewegen. Vermöge seiner Trägheit geht er nun aber
über *a* hinaus bis nach *n*, wo er eben so weit entfernt ist,
wie in *m*. Der Bogen *an* ist also dem Bogen *am* gleich.

Ist der Körper in *n* angekommen, so muß er, von denselben Kräften wie vorhin getrieben, wieder zurück durch den Bogen *nm* bis nach *m*; und diese gleichförmige hin - und hergehende Bewegung würde er unaufhörlich fortsetzen, wenn kein Hinderniß seine Bewegung aufhielte oder schwächte.

Eine solche Vorrichtung heißt ein **Pendel**, die Bewegung desselben **Schwungbewegung**. Eine Bewegung hin und her nennt man **Schwung, Schwingung, Oscillation, Vibration.** Der feste Punkt *c* heißt **Aufhängungspunkt.** Statt des Fadens kann man sich auch eine dünne gerade Stange (von Eisen oder Stahl) denken; das Ende *c* kann dann doch ein Faden, oder auch eine dünne Uhrfeder, oder auch eine kleine glatte Metallkugel (eine Nuß) seyn, die sich auf einer harten blanken Ebene hin und her bewegt.

Wenn man den Faden oder die Stange *ca* als eine Linie ganz ohne Schwere und den Körper *a* selbst bloß als einen schweren Punkt ansieht, so ist *ca* ein einfaches **Pendel.** Im entgegengesetzten Falle, wo *ca* eine wirkliche Stange oder ein Faden und *a* ein Körper von bestimmter Größe ist, heißt das Pendel ein **zusammengesetztes.** In jedem solchen Pendel giebt es einen Punkt, worin man sich die ganze schwere Masse des Pendels vereinigt gedenken kann, und wo das Pendel nach denselben Gesetzen schwingen würde, nach welchen es in dem einfachen Pendel schwingt. Ein solcher Punkt wird **Mittelpunkt des Schwunges** oder **Schwingungspunkt** genannt.

§. 23.

Die Anzahl der Schwingungen, welche das Pendel in einer gewissen Zeit macht, beruht auf der Länge des Pendels; ein längeres Pendel macht in einer gewissen Zeit weniger Schwingungen; ein kürzeres macht deren mehr. Je länger ein Pendel ist, desto geringer ist die Anzahl seiner Schwingungen in einer gewissen Zeit, d. h. desto langsamer vibrirt es. Ein Pendel, welches zweymal so schnell schwingen soll, muß viermal kürzer, ein solches, welches dreymal so schnell schwingen soll, neunmal kürzer; ein solches, welches viermal so schnell schwingen soll, sechszehn mal kürzer ꝛc. gemacht werden, folglich nach den Quadratzahlen der Zeiten immer kürzer. Im Gegentheil nach gleichen Verhältnissen länger, wenn es langsamer schwingen soll. Die Länge des Sekundenpendels oder desjenigen Pendels, welches in jeder Sekunde einmal hin- und hergeht, folglich in einer Stunde 3600 solcher Schwingungen macht, beträgt bey uns 3 Fuß 8½ Linien, Pariser Maaß. Sollte das Pendel in der Stunde halb so viele, nämlich 1800 Schwingungen machen, so müßte es viermal länger gemacht werden; sollte es zweymal so viele, nämlich 7200 Vibrationen machen, so müßte es viermal kürzer gemacht werden; u. s. f. Folgendes Täfelchen zeigt die Länge einiger Pendel von verschiedenen Schwingungsanzahlen:

Anzahl der Schwingungen in einer Stunde.	Länge des Pendels.			
	Fuß.	Zoll.	Linie.	Zwölftheile einer Linie.
21000	0	1	0	11
16000	0	1	5	7
16900	0	1	8	0
15400	0	2	0	1
14000	0	2	5	2
12500	0	3	0	6
11800	0	3	5	0
10900	0	4	0	1
10300	0	4	5	10
9700	0	5	0	8
8800	0	6	1	9
8600	0	6	5	3
8200	0	7	0	11
8000	0	7	5	2
7500	0	8	5	6
7200	0	9	2	2
6500	0	11	3	2
5200	1	5	7	3
5000	1	7	0	6
4400	2	0	7	1
4000	2	5	9	0
3600	3	0	8	10
3000	4	4	10	9
2600	5	10	5	0
2200	8	2	5	4
1800	12	2	11	4
1400	20	2	10	10
1200	27	6	6	8
1000	39	8	1	2
800	61	11	10	10
700	80	11	7	7

Das Pendel ist hier als ein einfaches betrachtet, oder als ein solches, dessen Stange ohne Schwere, und dessen Linse (linsenförmiges Gewicht) blos ein schwerer Punkt wäre. Die wahre Länge des Pendels wurde da von dem Aufhängepunkte an bis an jenen Punkt (den Mittelpunkt des Schwunges) gerechnet. Bey einem wirklichen physischen oder zusammengesetzten Pendel ist der Mittelpunkt des Schwunges nicht in der Mitte der Pendellinse zu suchen, sondern, wegen der Materie der Pendelstange, etwas höher hinauf nach dem Aufhängepunkte zu.

Das Pendel wird vornehmlich bey Uhren gebraucht; man wendet es aber auch noch auf andere Weise an, z. B. als hydraulisches Pendel, als Pendelsäge ꝛc. Widerstand der Luft und Reibung ist dabey, als Hinderniß der Bewegung, recht wohl zu beachten.

§. 24.

Wenn ein bewegter Körper auf seinem Wege einen andern trifft, so übt er auf diesen eine Wirkung aus, welche Stoß genannt wird. Trifft der bewegte Körper den andern so, daß die Richtungen, worin sich beyder Schwerpunkte bewegen, in einer und derselben geraden Linie liegen, und die auf einander stoßenden Flächen auf dieser Linie zugleich senkrecht sind, so nennt man den Stoß gerade oder central. Im Gegentheil ist er schief oder eccentrisch.

Die stoßenden Körper können von verschiedener Art seyn. Sie sind hart, wenn sich ihre Gestalt durch den Stoß und Druck nicht ändert; weich, wenn sie ihre Gestalt durch den Stoß verändern und nach dem Stoße nicht eigenmächtig wieder annehmen; elastisch, wenn sich zwar ihre Gestalt durch den Stoß ändert, aber auch sogleich wieder von selbst so herstellt, wie sie vor dem Stoße war.

§. 25.

Hat von zwey gleichen Massen die eine eine größere Geschwindigkeit als die andere, so besitzt sie in demselben Verhältnisse auch mehr Bewegung. Bewegen sich ungleiche Massen mit einerley Geschwindigkeit, so hat die größere Masse in dem Verhältniß mehr Bewegung, als sie mehr materielle Theile wie die kleinere Masse besitzt. Daher verhalten sich bey zwey ungleichen mit verschiedenen Geschwindigkeiten sich bewegenden Massen die Summen der Bewegungen aller materiellen Theile dieser Massen, oder die Größen der Bewegungen (die statischen Momente), wie die Produkte der Massen mit ihren Geschwindigkeiten. Bezeichnet man die Massen zweyer Körper mit M, m, ihre Geschwindigkeiten mit C, c, so verhalten sich die Größen ihrer Bewegungen wie $CM : cm$.

§. 26.

Wenn zwey harte unelastische Körper, deren Massen und Geschwindigkeiten gleich sind (wo also $M = m$, $C = c$, folglich $CM = cm$), central auf einander los sich bewegen und sich stoßen, so müssen beyde nach dem Stoße ruhen. Denn gleiche entgegengesetzte Kräfte, die sich auf gleiche Art treffen, heben einander auf und geben O zum Resultate ihres Aufeinanderwirkens. Ist aber CM größer als cm, so muß cm so viel, als es selbst beträgt, von der Bewegung CM aufheben. Der Ueberrest $CM — cm$ vertheilt sich dann

in beyden Maſſen M und m, und die gemeinſchaftliche
Geſchwindigkeit der Körper nach dem Stoße iſt nun

$$\frac{CM - cm}{M + m}.$$

Wenn beyde Maſſen gleich ſind, folglich $M + m = 2M$,
ſo iſt jener Ausdruck

$$= \frac{CM - cm}{2M} = \frac{M(C - c)}{2M}$$
$$= \frac{C - c}{2};$$

d. h. die gemeinſchaftliche Geſchwindigkeit nach dem
Stoße iſt die halbe Differenz der Geſchwindigkeit beyder
Körper vor dem Stoße. Das Ruhen der Körper bey
gleichen Momenten, wo alſo auch $C = c$, folglich
$C - c = 0$ wäre, zeigt

$$\frac{M(C - c)}{2M} = \frac{0}{2} = 0.$$

§. 27.

Bewegen ſich beyde Körper nach einerley Richtung
hin und folgen ſie ſich ſo einander, daß der ſchnellere
den langſamern einholt und ſtößt, ſo iſt die Bewegung
nach dem Stoße $= CM + cm$, folglich die gemeinſchaftliche Geſchwindigkeit beyder Körper

$$= \frac{CM + cm}{M + m}.$$

Die Summe beyder Momente vertheilt ſich gleichſam in
beyde Maſſen. Was die ſtoßende dabey verliert, gewinnt die geſtoßene. Sind beyde Maſſen gleich, ſo verwandelt ſich jener Ausdruck in dieſen:

$$= \frac{M(C + c)}{2M} = \frac{C + c}{2};$$

d. h. die gemeinschaftliche Geschwindigkeit nach dem
Stoße ist die halbe Summe der Geschwindigkeiten beyder Körper vor dem Stoße.

§. 28.

Wenn der gestoßene Körper vor dem Stoße ruhte,
so ist die gemeinschaftliche Geschwindigkeit nach dem
Stoße

$$= \frac{CM}{M+m}.$$

War nämlich $c = 0$, so müßte auch $cm = 0$ seyn;
also

$$\frac{CM+cm}{M+m} = \frac{CM+0}{M+m} = \frac{CM}{M+m}.$$

Jede harte bewegte Masse setzt daher eine ruhende
in Bewegung. Aber die ruhende Masse erhält immer
weniger Geschwindigkeit, je größer ihre Masse gegen
die Masse der stoßenden ist. Wenn demnach der bewegte Körper gegen den ruhenden nur sehr klein ist, so
gehört schon eine beträchtliche Geschwindigkeit dazu,
wenn die Bewegung merklich werden soll.

§. 29.

Sind die Körper elastisch, so fallen die Gesetze
des Stoßes ganz anders aus. Denn bey dem Stoße
solcher Körper leiden diese, der stoßende sowohl, als der
gestoßene, eine Aenderung in der Gestalt, die sie aber
auch vermöge der Schnellkraft augenblicklich wieder her-
stellen. Diese Wiederherstellung der Gestalt durch die
Springkraft hat eine wechselseitige Rückwirkung der
Körper auf einander zur Folge.

Gesetzt, zwey Körper A und B stießen central gegen-
einander. Ist nun die Größe ihrer Bewegung gleich,
oder ist $CM = cm$, so springen sie nach dem Stoße
mit derselben Kraft wieder zurück. Denn A veränderte
durch den Stoß die Form von B an der Berührungs-
stelle; aber vermöge der Elasticität stellte der Körper
daselbst mit derselben Kraft seine Gestalt wieder her;
dadurch wurde A mit derselben Kraft CM wieder zurückgeschnellt. Eben so verhielt es sich mit B, welcher
A traf, und auf dieselbe Art, also mit $cm = CM$
zurückgeschnellt wurde. Ist aber, bey $M = m$, die Geschwindigkeit C größer als c, folglich CM größer als cm,
so springen die Körper A und B beym Gegeneinander-
fahren mit verwechselten Geschwindigkeiten zurück.
Denn die Form von A wurde an der aufstoßenden Stelle
mehr verändert, als die Form von B, folglich schnellte
A den Körper B weiter zurück, als er selbst von B
weiter zurückgetrieben wurde.

Ruht der eine Körper, z. B. B, während A sich
gegen ihn an bewegt, so muß B mit der Geschwindigkeit, welche A vor dem Stoße hatte, fortfliegen; aber
A kommt gleich nach dem Stoße in Ruhe und nimmt
die Stelle von B ein. Denn die Form von A wurde
an der aufstoßenden Stelle verändert, und bey der Wiederherstellung derselben schnellte er B fort; er selbst aber
hatte seine ganze Geschwindigkeit verloren, und em-
pfing von B keine Geschwindigkeit, weil dieser sich ihm
nicht im mindesten entgegenbewegt hatte.

Bey den verschiedenen Naturkörpern leiden diese Gesetze des
Stoßes der unelastischen und elastischen Massen beträchtliche
Abänderungen, weil es weder ganz unelastische, noch ganz

elaſtiſche Maſſen giebt. — Durch die Stoßmaſchine oder Percuſſionsmaſchine (aus einer Reihe elfenbeinerner einander berührender Kugeln beſtehend) ſucht man die Lehre vom Stoße der Körper zu erläutern.

§. 30.

Nur beym ſenkrechten Stoße wirkt der ſtoßende Körper mit ſeinem ganzen Momente. Dies iſt aber nicht der Fall bey dem ſchiefen Stoße, d. h. bey demjenigen, wo die Bahn des ſtoßenden Körpers (des Mittelpunktes ſeiner Maſſe) unter einem ſchiefen Richtungswinkel gegen die Fläche des geſtoßenen Körpers gerichtet iſt. Ein ſolcher ſchiefer Stoß läßt ſich (nach §. 17.) in zwey Kräfte zerlegen, wovon die eine mit der geſtoßenen Fläche parallel iſt und daher verloren geht, die andere wirkſame aber ſenkrecht auf die geſtoßene Fläche. Aus dieſen beyden Kräften iſt die ſchiefe Richtung als entſtanden anzuſehen, und dieſe ſchiefe Richtung kann man nun als Diagonale eines Parallelograms betrachten, deſſen Seiten die zwey Richtungen jener Kräfte ſind.

Geſetzt, ao Fig. 4. Taf. I. bezeichne die Richtung eines ſchiefen Stoßes gegen die Fläche fe. Hier iſt x der Richtungswinkel gegen die Fläche fe. Zieht man ea und cd perpendikulär auf ef, und ad parallel mit ec, ſo iſt ad der unwirkſame, ea der wirkſame Theil der Kraft, und ac, die Richtung des Stoßes, iſt die Diagonale des Parallelograms $aecd$.

Stößt nun ein elaſtiſcher Körper a unter einen ſchiefen Richtungswinkel x gegen eine harte Fläche, ſo prallt er mit der anſtoßenden Geſchwindigkeit und unter dem gleich großen Winkel $y(=x)$ zurück. Iſt er nämlich in der Diagonale ac des Parallelograms $aecd$ bey e

angekommen, so wird er vermöge seiner Trägheit nach *f*
und vermöge der Zurückwerfung nach *d* getrieben; aus
diesen beyden Richtungen *cf* = *ec*, und *cd* = *fb* = *ea*
entsteht die mittlere Richtung *cb*, in welcher der Körper
zurückprallt. Da die Dreyecke *aec* und *bfc* einander
gleich sind, so ist auch der Winkel *y* dem Winkel *x*
gleich, d. h. der Zurückprallwinkel (der Reflex=
rionswinkel) ist dem Einfallswinkel gleich.

Wenn die gestoßene Fläche eines Körpers krumm ist (z. B.
kugelartig, elliptisch ꝛc.), so sieht man den getroffenen Theil
als eine sehr kleine Ebene an und dann verändern sich jene
Gesetze gar nicht.

§. 31.

Bey gestoßenen weichen Körpern findet in so ferne
eine Aenderung jenes Gesetzes statt, daß, je weicher der
Körper ist, desto mehr von dem Momente des Stoßes
darauf verwandt wird, die Gestalt des weichen Körpers
zu ändern. Davon bekommt der stoßende Körper aus
Mangel an Elasticität nichts zurück. Bey sehr weichen
Körpern kann gar wohl das ganze Moment des Stoßes
darauf verwandt werden.

Stößt ein harter Körper gegen eine weiche ru=
hende Masse, welche dem Eindringen gleich stark wider=
steht und ihm in gleichen Zeiten gleiche Geschwindig=
keiten raubt, so bewirkt dieses eine gleichförmig verzö=
gerte Bewegung. Alsdann muß sich der in der weichen
Masse durchlaufene Raum oder die Tiefe des gestoßenen
Lochs, auf eine ähnliche Art, wie beym Steigen der
Körper verhalten, nämlich wie das Quadrat der Ge=
schwindigkeit, mit welcher der Körper einzudringen an=
fängt. Unter übrigens gleichen Umständen wird aber

auch ein fallender Körper von größerm Gewicht verhältnißmäßig tiefer eindringen. Daher verhalten sich, bey
einerley Gestalt der eindringenden Körper, die Tiefen
der Löcher wie die Quadrate der Geschwindigkeiten multiplicirt mit den Gewichten.

Bey den Rammmaschinen findet dieser Satz eine Anwendung.

II. Die mechanischen Potenzen.

1. Der Hebel.

§. 32.

Den in materiellen Hebel, mathematischen
oder idealischen Hebel bildet in unserer Vorstellung
jede unbiegsame gerade Linie, welche in irgend einem
Punkte so unterstützt ist, daß sie sich um diesen Punkt
drehen kann. Liegt jener Punkt, der Unterstützungspunkt oder Umdrehungspunkt, zwischen den beyden Enden der Linie, so hat der Hebel zwey Arme und
dann heißt er zweyarmiger Hebel, Hebel der
ersten Art (Vectis heterodromus); fällt aber der
Unterstützungspunkt in den einen Endpunkt der Linie,
so ist der Hebel ein einarmiger Hebel, ein Hebel
der andern Art (Vectis homodromus). — Von seinem vielfachen Gebrauch zum Lasten-Heben hat der
Hebel seinen Namen bekommen.

§. 33.

Bey einem Hebel der ersten Art kann der Unterstützungspunkt in der Mitte liegen, wie Fig. 5. Taf. !.
und dann ist der Hebel gleicharmig, folglich AC
$= BC$. Zieht man das eine Ende A eines solchen He-

bels nieder, so steigt das andere Ende B eben so hoch empor. Gesetzt, der Hebel AB wäre dadurch in die Lage DE gekommen; alsdann haben die beyden Enden A und B in einerley Bewegungs-Zeit gleich große Bögen $AD = BE$ zurückgelegt; folglich ist auch die Geschwindigkeit der Punkte A und B gleich.

Steht der Hebel AB horizontal und hängt man gleiche Gewichte $P = Q$ an die Enden A und B, so bleibt der Hebel horizontal oder im Gleichgewicht. Das Produkt der Masse mit der Geschwindigkeit bildet auch hier das statische Moment und dieses Moment ist unter jenen Umständen hier gleich. An A und B wirken gleiche Kräfte, wovon die eine den Hebel nach der einen, die andere ihn nach der entgegengesetzten Richtung um den Unterstützungspunkt drehen will; beyde entgegengesetzte Kräfte heben sich gegen einander auf und der Hebel muß wohl in Ruhe bleiben, oder wieder in Ruhe kommen, wenn er durch eine fremde Kraft aus der Ruhe herausgebracht worden ist.

§. 34.

Wenn an dem gleicharmigen Hebel auf beyden Armen mehrere gleiche Gewichte in gleichen Entfernungen vom Unterstützungspunkte, folglich nach einerley Ordnung wirken, so muß das Gleichgewicht ebenfalls bleiben. Ist z. B. Fig. 6. nicht blos $CA = CB$, $P = Q$, sondern auch $Ca = Cb$, $Cd = Ce$, $p = q$, $r = s$, so sind auch die statischen Momente wieder gleich und die gleichen entgegengesetzten Kräfte wieder da, folglich kann der Hebel an keiner Seite das Uebergewicht bekommen.

Befindet sich, statt der herabhängenden Gewichte
P und Q, p und q, r und s, auf der Linie AB überall Materie, so ist der Hebel ein materieller Hebel
oder physischer Hebel. Auch ein solcher physischer
gleicharmiger Hebel wird im Gleichgewicht seyn, wenn
sowohl CA, als CB, in gleicher Entfernung von C
gleich viele Materie enthält, wenn AB etwa eine überall
gleich dichte, gleich breite und gleich dicke Metallstange
ist. Die Unterlage oder Unterstützung des Umbrehungs-
punktes (Hypomochlium) kann aus einer schmalen Fläche bestehen, aber auch aus Zapfen, die in Lagern spielen.
Oft werden diese Lager von oben vermittelst eines Klobens, einer Scheere oder einer Schnur gehalten.

Die Gesetze des mathematischen Hebels gehen begreiflich
auch auf den physischen über. Bey der gleicharmigen
Waage (gemeinen Waage oder Krämerwaage)
sehen wir den Hebel der ersten Art angewandt. — Von den
an dem Hebel wirkenden Gewichten pflegt man das eine Kraft,
das andere Last zu nennen.

§. 35.

Liegt bey dem zweyarmigen Hebel der Unterstützungspunkt nicht in der Mitte, ist folglich die Länge der Arme
ungleich, so können gleiche an den Enden wirkende
Gewichte nicht mit einander ins Gleichgewicht kommen.
Alsdann sind bey der Bewegung des Hebels um seinen
Umbrehungspunkt die in gleichen Zeiten von den Enden
des Hebels beschriebenen Bögen ungleich, folglich ist auch
die Geschwindigkeit der Endpunkte ungleich.

Gesetzt AC Fig. 7. wäre zweymal so lang als BC,
und der Hebel würde aus der Lage AB in die Lage DE
gebracht. Alsdann würde das Ende A des längern

Arms in derselben Zeit den Bogen *AD* beschreiben, in welcher das Ende *B* des kürzern Arms den nur halb so großen Bogen *BE* zurücklegt. Weil nämlich das Dreyeck *ACD* dem Dreyecke *BCE* ähnlich ist und in ähnlichen Dreyecken die ähnlich liegenden Seiten proportional sind, folglich $AC = DC = 2BC = 2EC$, so muß auch $AD = 2BE$ seyn. Da nun der doppelt so große Weg *AD* in derselben Zeit zurückgelegt wird, in welcher *B* den Weg *BE* durchstreicht, so muß auch die Geschwindigkeit des Punktes *A* doppelt so groß als die Geschwindigkeit des Punktes *B* seyn. Ist die Geschwindigkeit einer Masse doppelt so groß, so hat sie auch eine doppelte Wirkung.

Wenn $P = Q$, die Geschwindigkeit von $A = 2$, von $B = 1$, so ist das Moment von $A = 2P = 2Q$, von $B = 1P = 1Q$, folglich verhalten sich ihre Momente wie 2 : 1.

§. 36.

Sollen aber die Momente auf beyden Seiten des ungleicharmigen Hebels gleich seyn, so müssen sich die Gewichte umgekehrt verhalten wie die Längen der Arme. Dann wird

$$P . AC = Q . BC.$$ Es muß also

$$AC : BC = Q : P,$$

wo $P . AC = Q . BC.$

Das heißt: das Gewicht *P* muß so vielmal geringer seyn, als das andere *Q*, so vielmal der Arm *AC* länger ist, als der andere Arm *BC*.

Wenn daher *AC* viermal so lang ist, als *BC*, so muß das an *A* hängende Gewicht $P \frac{1}{4}$ von dem an *B* hängenden Gewicht *Q* betragen oder es muß $= 1$ seyn,

wenn das Gewicht $P = 4$ ist; denn es muß $AC.P$
$= BC.Q$, oder $4.1 = 1.4$, sobald ein Gleichgewicht
statt finden soll. Ist AC achtmal so lang als BC, so
hält ein achtmal geringeres Gewicht P mit dem Gewichte Q das Gleichgewicht ꝛc. Je mehrmal der längere Hebelsarm den kürzern an Länge übertrifft, desto
kleiner braucht das daran hängende Gewicht oder die
daran wirkende Kraft zu seyn, um mit dem am kurzen
Hebelsarme hängenden Gewichte (der Last) das Gleichgewicht zu halten.

Auf diese Art würde, wenn AC zweymal, viermal, achtmal, sechszehnmal ꝛc. länger als BC wäre, ein an A hän-
gendes Gewicht P von 1 Pfunde, mit einem an B hängenden Gewichte von 2, 4, 8, 16 ꝛc. Pfunden das Gleichgewicht
halten.

§. 37.

Ist der ungleicharmige Hebel der ersten Art ein
physischer Hebel, z. B. eine bey C Fig. 7. unterstützte
oder aufgehängte Metallstange; so muß man sich wieder
die Materie selbst, an jeder Stelle vom Unterstützungspunkte als Gewichte denken. Die Wirkung derselben in
unterschiedlichen Entfernungen vom Unterstützungspunkte
fließt dann aus den obigen Gesetzen (§. 35. 36.) ab. Daher muß z. B., schon ehe man Kraft und Last, P und Q,
gehörig mit dem Hebel verbindet, der kurze Hebelsarm
dicker seyn, als der lange, oder es müssen sich bey B
mehr materielle Theile befinden, als bey A, damit der
Hebel schon ohne die Gewichte P und Q das Gleichgewicht habe.

Die Schnellwaage, Schnappwaage oder Römi-
sche Waage ist ein solcher ungleicharmiger physischer Hebel.

An den kurzen Hebelsarm hängt man die zu wägende Waare (die Last); an dem langen Arme aber läßt sich ein Gegengewicht oder Läufer (die Kraft), so lange hin und her schieben, bis das Gleichgewicht statt findet. Der kurze Hebelsarm ist 10, 20, 30, 40, 50, 80 und mehrere Male in dem langen enthalten, je nachdem man mit dem Gegengewichte weniger oder mehr will wägen können. Die Entfernung des Gegengewichts vom Unterstützungspunkte oder Aufhängepunkte der Waage zeigt immer die Länge des langen Hebelsarms an und die mit Ziffern bezeichnete Abtheilung, worin das Gegengewicht hängt, das Vielfache dieser Länge und die Pfundezahl der zu wägenden Waare.

Als ungleicharmige Hebel der ersten Art wirken auch viele unserer gemeinsten Werkzeuge und Geräthschaften, z. B. die Hebebäume, Brecheisen, Schaufeln, Scheeren, Zangen, Bohrer, Schlüssel u. s. w. Der kürzere Hebelsarm ist mit der Last oder mit dem zu überwindenden Widerstande in Verbindung gesetzt; an dem längern aber wird die Kraft applicirt. — Auch beym Tragen von Lasten an Stangen findet dasselbe Verhältniß der Kraft zur Last statt. Man kann daher, wenn zwey Menschen von verschiedener Stärke die Last tragen, leicht die Stelle für die Last finden, wo beyde Menschen gleiche Beschwerden haben werden.

§. 38.

Wenn die Kraft P Fig. 7. Taf. I. an dem Ende A des langen, die Last Q an dem Ende B des kurzen Hebelsarms wirkt, so verhält sich der Weg der Kraft zum Wege der Last wie die Last zur Kraft. Es verhält sich nämlich der

$$\text{Bog. } AD : \text{Bog. } AE = Q : P.$$

Ist daher $AC = 2BC$, folglich auch $AD = 2BE$, so legt P in einerley Zeit einen doppelt so großen Weg als Q zurück. Wäre $AC = 8.BC$, so würde der Weg der

Kraft *P* achtmal so groß seyn, als der Weg der Last *Q*;
u. s. f.

Je länger daher der Hebelsarm der Kraft gegen den
Hebelsarm der Last ist, desto kleiner ist der Weg der Last
bey einem gewissen Wege der Kraft. Dieses muß allerdings beym Heben von schweren Lasten mittelst einfacher
Hebebäume Beschwerlichkeiten in Anbringung der Kraft
nach sich ziehen.

Um mittelst eines Hebebaums, dessen langer Hebelsarm
zwanzigmal länger ist als der kurze, eine Last nur 1 Fuß
hoch emporzuheben, so müßte die Kraft das Ende des langen
Arms 20 Fuß niederdrücken. Die daraus entspringenden Beschwerlichkeiten sind wohl einleuchtend. Durch die Hebladen sucht man diesen Beschwerlichkeiten abzuhelfen.

§. 39.

Ein Hebel der andern Art, oder einarmiger
Hebel, der sich frey um seinen einen Endpunkt dreht,
ist Fig. 8. Taf. I. dargestellt. Der Hebel *CB* hat seinen
Umdrehungspunkt in *C*. Wäre *CB* zweymal so lang
als *CA*, so müßte die Geschwindigkeit des Punktes *B*
auch doppelt so groß seyn, als die Geschwindigkeit des
Punktes *A*, und zwey gleiche Gewichte *Q = P* oder
zwey gleiche Kräfte können an einem solchen Hebel
nur dann das Gleichgewicht bewirken, wenn sie den
Hebel in gleichen Entfernungen *CA* vom Unterstützungspunkte nach entgegengesetzten Seiten zu drehen
sich bestreben, die Kraft z. B. hinaufwärts wirkt, während die gleiche Last ihn herunterwärts zieht. Wirkt
aber eine Kraft *P* in der doppelten Entfernung *CB* vom
Unterstützungspunkte *C*, während die gleiche Kraft (oder
Last) *Q* in der einfachen Entfernung *CA* nach der ent-

gegengeſeßten Richtung wirkt, ſo kann auch beym Hebel
der andern Art kein Gleichgewicht ſtatt finden. Dieſes
erfolgt (eben ſo wie beym Hebel der erſten Art) nur
dann, wenn $Q = 2P$, oder $P = \frac{1}{2}Q$. Denn auch hier
müſſen die Momente am langen Hebelarme den Momenten am kurzen Arme gleich ſeyn; es muß $P.CB$
$= Q.CA$; und dies iſt auch hier der Fall, wenn Kraft
und Laſt (z. B. P und Q) ſich umgekehrt verhalten
wie ihre Entfernungen vom Unterſtützungspunkte. Es
muß alſo

$$P : Q = CA : CB.$$

Alsdann iſt $P.CB = Q.CA$.

Wäre CB Fig. 9. zwölfmal ſo lang als CA, ſo
müßte P für das Gleichgewicht nur $\frac{1}{12}Q$, oder Q
müßte $= 12P$ ſeyn. Alsdann iſt wieder $P.CB = Q.CA$
(1. 12 = 12. 1). Bey A können Muskelkräfte hinaufwärts ziehen, während bey B eine Laſt hinunterwärts
drückt. Es kann aber auch bey A ein Gewicht hinaufwärts wirken, wenn daſſelbe an einer Schnur (an einem
Seile u. d. gl.) hängt, welche um eine Rolle geſchlagen
iſt. — Wie beym Hebel der erſten Art ſind auch beim
einarmigen Hebel die Geſetze des mathematiſchen Hebels
auf den phyſiſchen anzuwenden.

Bey manchen Maſchinerien, z. B. bey Schiebkarren, bey
Roßmühlen, bey Hammerwerken ꝛc. kommt der ein-
armige Hebel vor. Auch die menſchlichen Arme wirken als ſolche, ſowie die Finger und überhaupt die Knochen des menſchlichen Körpers ꝛc.

§. 40.

Oft verbindet man mehrere phyſiſche Hebel ſo mit
einander, daß der Angriffspunkt der Kraft des einen

wieder als Laſt auf den andern wirkt, der Angriffspunkt
der Kraft des andern wieder als Laſt auf den dritten,
u. ſ. f. Eine ſolche Verbindung von Hebeln nennt man
einen zuſammengeſetzten Hebel. Ein ſolcher zu-
ſammengeſetzter Hebel iſt Fig. 10. Taf. I. dargeſtellt. Der
lange Hebelsarm *CB* des Hebels *AB* drückt unter den
kürzen Hebelsarm *FD* des Hebels *DE*; und der lange
Hebelsarm *FE* dieſes Hebels drückt wieder auf den
kurzen Hebelsarm *JE* des Hebels *EH*. Wäre *AB*
allein da und wäre $BC = 4AC$, ſo müßte das an *B*
hängende *P* für das Gleichgewicht $= \frac{1}{4}Q$ ſeyn. Mit
dieſer Gewalt wirkt das Ende *B* dieſes Hebels auf das
Ende *D* des andern Hebels. Man kann ſich alſo an
dieſes Ende eine Kraft $= \frac{1}{4}Q$ hinverpflanzt gedenken.
Iſt nun der lange Arm *FE* dieſes Hebels wieder $= 4DF$,
ſo wird auch wieder das Gleichgewicht ſtatt finden, wenn
die an *E* wirkende Kraft $= \frac{1}{4}$ von der an *D* wirkenden,
folglich $\frac{1}{4} \cdot \frac{1}{4} = \frac{1}{16}$ von der an *A* wirkenden iſt. Bey
zwey ſolchen Hebeln balancirt alſo an *E* eine Kraft
$= \frac{1}{16}Q$ mit dem an *A* hängenden Gewichte *Q*. Dieſelbe Kraft wirkt nun wieder auf das Ende *E* des Hebels *EH* und ſucht dieſes Ende niederzudrücken. Ihr
hält die Kraft *P* am Ende *H* des langen Arms *JH*
das Gleichgewicht. Iſt *JH* wieder viermal ſo lang,
ſo muß $P = \frac{1}{4}$ von der an *E*, folglich $\frac{1}{4} \cdot \frac{1}{16} = \frac{1}{64}$ von
der an *A* wirkenden Kraft oder Laſt *Q* ſeyn. —
Alſo hält bey dieſen drey Hebeln eine Kraft *P* von
1 Pfunde mit der Laſt *Q* von 64 Pfunden das Gleichgewicht.

Betrachtet man dieſes Geſetz am zuſammengeſetzten
Hebel genauer, ſo ſieht man leicht, daß hier die Kraft

im umgekehrten zusammengesetzten Verhältniß der Längen der Hebelsarme steht, oder daß

$$P : Q = \begin{array}{c} 1 : 4 \\ 1 : 4 \\ 1 : 4 \\ \hline 1 : 4^3 = 1 : 64. \end{array}$$

Auf diese Weise könnte also mittelst sechs zusammengesetzter
Hebel, bey deren jedem der lange Hebelsarm zehnmal länger
wäre als der kurze, eine Kraft von 1 Pfunde einer Last von
1 Million Pfunden das Gleichgewicht halten, weil da die Kraft
zur Last sich wie $1 : 10^6 = 1 : 1000000$ verhielte. — Hauptsächlich bey Flaschenzügen und Räderwerken kommt
die Anwendung solcher zusammengesetzter Hebel vor.

§. 41.

Ein Winkel *acb* Fig. 11. Taf. I., welcher sich um
seinen Scheitel *c* dreht, indem an den Enden *a* und *b*
seiner Schenkel Kräfte (oder Kraft und Last) wirken,
bildet den sogenannten Winkelhebel. Die Gesetze
dieses Hebels müssen unter zwey Gesichtspunkten, betrachtet werden: einmal, wenn die Kräfte P und Q
senkrecht, und das anderemal wenn sie schief auf die
Hebelsarme wirken.

Wenn die Kräfte P und Q senkrecht auf die Enden
des Winkelhebels wirken, so muß man, um für den
Zustand des Gleichgewichts das Verhältniß der Kräfte
zu finden, aus dem Scheitel *c* des Winkels Kreise mit
den Schenkeln *ca* und *cb* beschrieben und die Kräfte P
und Q an die Umfänge dieser Kreise übergeführt sich
vorstellen. Wirkte dann in *d* eine Kraft $p = P$ der
Kraft P entgegen, und in *e* eine Kraft $q = Q$ der Kraft Q
entgegen, so muß wohl Alles im Gleichgewicht seyn.

Der Halbmesser *cb* kann nämlich nicht herunterwärts
gedreht werden, ohne daß *cd* hinaufwärts gedreht wird.
Natürlich wirkt deswegen die Kraft in *b* zur Umdrehung
des Kreises eben so, als die Kraft in *f*. Weil nun *f*
mit *d* im Gleichgewicht ist, so muß auch *b* mit *d* im
Gleichgewicht seyn, oder es müssen die an *b* und *d*
wirkenden gleichen Gewichte *P* und *p* mit einander balanciren. Eben so sind unter obiger Voraussetzung auch
e und *a* oder vielmehr die daran wirkenden Gewichte
q und *Q* im Gleichgewicht. Sollen aber *p* und *q* mit
einander im Gleichgewicht seyn, so muß

$$p : q = ce : cd$$

In diesem Falle müßten begreiflich auch *P* und *Q* für
sich im Gleichgewicht seyn, weil alle vier Kräfte im
Gleichgewicht sind. Weil nun $P = p$, $Q = q$, so
hat man

$$P : Q = ce : cd, \text{ folglich auch}$$
$$P : Q = ca : cb.$$

Wenn also an den Armen *ca*, *cb* des Winkelhebels die
Kräfte senkrecht wirken, so findet auch bey dem Winkelhebel dasselbe Gesetz des Gleichgewichts, wie bey dem
geradlinigten Hebel, statt, nämlich die Kräfte (oder
Kraft und Last) verhalten sich umgekehrt wie die Längen
der Hebelsarme.

§. 42.

Gesetzt, zwey Kräfte *P* und *Q* wirken schief auf
einen Winkelhebel *acb* Fig. 12. und zwar so, daß ihre
Richtungslinien in der Ebene *acb* liegen, so hat man
nur folgendes zu bedenken, um das Verhältniß *P* : *Q*
für das Gleichgewicht zu finden.

Begreiflich ist es für die Umdrehung der Ebene *acb*
ganz einerley, in welchem Punkte der Richtungslinien.
ha, *hb* man die Kräfte *P* und *Q* (Kraft und Last)
wirken läßt. Fällt man von dem Umdrehungspunkte *c*
die Perpendikel *ce*, *cd* auf die Richtungslinien der Kräfte
P und *Q*, und denkt man sich die Kräfte in den Punkten *d* und *e* wirkend, so bekommt man in der festen Ebene
hPQ einen andern Winkelhebel *dce*. Auf diesen wirken
nun die Kräfte *P* und *Q* senkrecht. Die Kräfte *P* und *Q*
sind hier mit einander im Gleichgewicht, wenn sie sich
wie *ce* : *cd* verhalten. Daher sind *P* und *Q* auch an
dem Winkelhebel *acb* im Gleichgewicht, wenn sie sich
umgekehrt wie die von dem Umdrehungspunkte auf die
Richtung der Kräfte gefällten Perpendikel verhalten,
folglich

$$P : Q = ce : cd.$$

Denkt man sich *cg* parallel mit *hP* und *cf* parallel mit *hQ*, so bekommt man ein Parallelogram *cghf*.
Die von dem Punkte *h* aus wirkenden Kräfte *P* und *Q*
sind nun mit einander im Gleichgewicht, wenn sie sich
wie die Seiten des Parallelograms *hf* : *hg* verhalten.
Denn diese Seiten geben ihre Richtung an. Weil nämlich die rechtwinklichten Dreyecke *cfd* und *cge* wegen
der gleichen Winkel bey *g* und *f* einander ähnlich sind,
so finden folgende Proportionen statt :

$$cg : cf = ce : cd ; \quad \text{und}$$

im Parallelogramme *cgfh*

$$cg : cf = hf : hg.$$

Daher auch $\qquad ce : cd = hf : hg,$

und weil $\qquad P : Q = ce : cd,$

so auch $\qquad P : Q = hf : hg.$

Einander entgegengesetzt sind die Kräfte P und Q nur in Hinsicht ihres Bestrebens, die Ebene um den Punkt c zu drehen. Aus ihrer vereinten Wirkung entsteht aber ein Druck auf die Unterstützung in c nach der Richtung hc oder nach der Diagonale des Parallelogramms fcgh. Diesen Druck nennt man die mittlere Kraft zum Unterschiede der Seitenkräfte P und Q.

Die einfachste Anwendung des Winkelhebels sieht man bey den Schellenzügen. Sie kommt aber auch bey manchen künstlichen Apparaten, z. B. in Sägemühlen, Drahtmühlen ꝛc. vor; auch bey den Stangenkünsten oder Feldgestängen, wenn diese zum Betrieb von Berg- und Salzwerksmaschinen über einen Berg oder um einen Berg herum schieben müssen.

2. Das Rad an der Welle.

§. 43.

Wenn ein Cylinder an seinen beyden Enden ein Paar kleinere Cylinder, sogenannte Zapfen enthält, welche mit dem Hauptcylinder eine gemeinschaftliche Achse haben und welche, indem sie in Lagern liegen, mit dem Hauptcylinder um ihre Achse sich drehen können, so hat man eine Welle. Ist diese Welle mit einer Scheibe, einem Rade, mit kreuzweisen Stöcken u. d. gl. so verbunden, daß die Welle durch die Mitte der Scheibe, des Rades, des Vereinigungspunktes der Stöcke ꝛc. geht, so bildet sie das Rad an der Welle (Axis in peritrochio). Die Kraft wirkt an dem Umfange der Scheibe oder des Rades, oder an den Enden der Stöcke, die Last hingegen wirkt an dem Umfange der Welle. Sind Stöcke an der Welle, so beschreiben diese bey Umdrehung des Cylinders in der Luft ein Rad, und so rechtfertigen auch sie den Namen der Vorrichtung.

Stellt Fig. 13. Taf. I. das Rad an der Welle vor, so ist *ac* der Halbmesser der Welle, *bc* der Halbmesser des Rades. Gesetzt, um die Peripherie der Welle sey ein Seil geschlagen, wovon eine Last Q herabhängt, und an dem Umfange des Rades ziehe eine Kraft *P*. Wirkten nun Kraft und Last stets nach Tangenten des Rades, so würden sie sich für den Zustand des Gleichgewichts immer verhalten wie *ca* : *cb* oder wie der Halbmesser der Welle zum Halbmesser des Rades. Wenn aber die Kraft nach einer schiefen Richtung *bd* wirkte, so würde ihr Moment *P.ce* kleiner seyn, als *P.cb*, wo sie nach der Tangente wirkte. Denn nun hätte man einen Winkelhebel *ace*, dessen Arme *ac* und *ec* wären (§. 41.). Sehr leicht läßt sich daher die ganze Theorie des Rades an der Welle auf die Theorie des Hebels zurückführen. Man sieht nämlich die Halbmesser des Rades und der Welle, wie *bc* und *ac* Fig. 13., als Arme eines Hebels der ersten Art an, die einen gemeinschaftlichen Umdrehungspunkt *c* haben. Die Anwendung der Gesetze des Hebels (§. 35. 36.) springen dann in die Augen. Man schließt folglich auch hier: So viele Male der Halbmesser des Rades (der lange Hebelsarm) größer ist als der Halbmesser der Welle (der kurze Hebelsarm), so viele Mal geringer braucht die am Umfange des Rades wirkende Kraft gegen die am Umfange der Welle wirkende Last zu seyn, wenn beyde das Gleichgewicht halten sollen. Je größer daher, bey einerley Dicke der Welle, der Halbmesser oder Durchmesser des Rades ist, desto mehr Kraft spart man zur

4 *

Kraft P achtmal so groß seyn, als der Weg der Last Q; u. s. f.

Je länger daher der Hebelsarm der Kraft gegen den Hebelsarm der Last ist, desto kleiner ist der Weg der Last bey einem gewissen Wege der Kraft. Dieses muß allerdings beym Heben von schweren Lasten mittelst einfacher Hebebäume Beschwerlichkeiten in Anbringung der Kraft nach sich ziehen.

Um mittelst eines Hebebaums, dessen länger Hebelsarm zwanzigmal länger ist als der kurze, eine Last nur 1 Fuß hoch emporzuheben, so müßte die Kraft das Ende des langen Arms 20 Fuß niederdrücken. Die daraus entspringenden Beschwerlichkeiten sind wohl einleuchtend. Durch die Hebladen sucht man diesen Beschwerlichkeiten abzuhelfen.

§. 39.

Ein Hebel der andern Art, oder einarmiger Hebel, der sich frey um seinen einen Endpunkt dreht, ist Fig. 8. Taf. I. dargestellt. Der Hebel CB hat seinen Umdrehungspunkt in C. Wäre CB zweymal so lang als CA, so müßte die Geschwindigkeit des Punktes B auch doppelt so groß seyn, als die Geschwindigkeit des Punktes A, und zwey gleiche Gewichte $Q = P$ oder zwey gleiche Kräfte können an einem solchen Hebel nur dann das Gleichgewicht bewirken, wenn sie den Hebel in gleichen Entfernungen CA vom Unterstützungspunkte nach entgegengesetzten Seiten zu drehen sich bestreben, die Kraft z. B. hinaufwärts wirkt, während die gleiche Last ihn herunterwärts zieht. Wirkt aber eine Kraft P in der doppelten Entfernung CB vom Unterstützungspunkte C, während die gleiche Kraft (oder Last) Q in der einfachen Entfernung CA nach der ent-

gegengeſetzten Richtung wirkt, ſo kann auch beym Hebel
der andern Art kein Gleichgewicht ſtatt finden. Dieſes
erfolgt (eben ſo wie beym Hebel der erſten Art) nur
dann, wenn $Q = 2P$, oder $P = \frac{1}{2}Q$. Denn auch hier
müſſen die Momente am langen Hebelarme den Momenten am kurzen Arme gleich ſeyn; es muß $P.CB$
$= Q.CA$; und dies iſt auch hier der Fall, wenn Kraft
und Laſt (z. B. P und Q) ſich umgekehrt verhalten
wie ihre Entfernungen vom Unterſtützungspunkte. Es
muß alſo

$$P : Q = CA : CB.$$

Alsdann iſt $P.CB = Q.CA.$

Wäre CB Fig. 9. zwölfmal ſo lang als CA, ſo
müßte P für das Gleichgewicht nur $\frac{1}{12}Q$, oder Q
müßte $= 12P$ ſeyn. Alsdann iſt wieder $P.CB = Q.CA$
$(1. 12 = 12. 1)$. Bey A können Muskelkräfte hinaufwärts ziehen, während bey B eine Laſt hinunterwärts
drückt. Es kann aber auch bey A ein Gewicht hinaufwärts wirken, wenn daſſelbe an einer Schnur (an einem
Seile u. d. gl.) hängt, welche um eine Rolle geſchlagen
iſt. — Wie beym Hebel der erſten Art ſind auch beim
einarmigen Hebel die Geſetze des mathematiſchen Hebels
auf den phyſiſchen anzuwenden.

Bey manchen Maſchinerien, z. B. bey Schiebkarren, bey
Roßmühlen, bey Hammerwerken ꝛc. kommt der ein-
armige Hebel vor. Auch die menſchlichen Arme wirken als ſolche, ſowie die Finger und überhaupt die Knochen des menſchlichen Körpers ꝛc.

§. 40.

Oft verbindet man mehrere phyſiſche Hebel ſo mit
einander, daß der Angriffspunkt der Kraft des einen

wieder als Last auf den andern wirkt, der Angriffspunkt der Kraft des andern wieder als Last auf den dritten, u. s. f. Eine solche Verbindung von Hebeln nennt man einen zusammengesetzten Hebel. Ein solcher zusammengesetzter Hebel ist Fig. 10. Taf. I. dargestellt. Der lange Hebelarm CB des Hebels AB drückt unter den kurzen Hebelarm FD des Hebels DE; und der lange Hebelarm FE dieses Hebels drückt wieder auf den kurzen Hebelarm JE des Hebels EH. Wäre AB allein da und wäre $BC = 4AC$, so müßte das an B hängende P für das Gleichgewicht $= \frac{1}{4}Q$ seyn. Mit dieser Gewalt wirkt das Ende B dieses Hebels auf das Ende D des andern Hebels. Man kann sich also an dieses Ende eine Kraft $= \frac{1}{4}Q$ hinverpflanzt gedenken. Ist nun der lange Arm FE dieses Hebels wieder $= 4DF$, so wird auch wieder das Gleichgewicht statt finden, wenn die an E wirkende Kraft $= \frac{1}{4}$ von der an D wirkenden, folglich $\frac{1}{4} \cdot \frac{1}{4} = \frac{1}{16}$ von der an A wirkenden ist. Bey zwey solchen Hebeln balancirt also an E eine Kraft $= \frac{1}{16}Q$ mit dem an A hängenden Gewichte Q. Dieselbe Kraft wirkt nun wieder auf das Ende E des Hebels EH und sucht dieses Ende niederzudrücken. Ihr hält die Kraft P am Ende H des langen Arms JH das Gleichgewicht. Ist JH wieder viermal so lang, so muß $P = \frac{1}{4}$ von der an E, folglich $\frac{1}{4} \cdot \frac{1}{16} = \frac{1}{64}$ von der an A wirkenden Kraft oder Last Q seyn. — Also hält bey diesen drey Hebeln eine Kraft P von 1 Pfunde mit der Last Q von 64 Pfunden das Gleichgewicht.

Betrachtet man dieses Gesetz am zusammengesetzten Hebel genauer, so sieht man leicht, daß hier die Kraft

im umgekehrten zusammengesetzten Verhältniß der Längen der Hebelsarme steht, oder daß

$$P : Q = \begin{array}{c} 1 : 4 \\ 1 : 4 \\ 1 : 4 \\ \hline 1 : 4^3 = 1 : 64. \end{array}$$

Auf diese Weise könnte also mittelst sechs zusammengesetzter
Hebel, bey deren jedem der lange Hebelsarm zehnmal länger
wäre als der kurze, eine Kraft von 1 Pfunde einer Last von
1 Million Pfunden das Gleichgewicht halten, weil da die Kraft
zur Last sich wie $1 : 10^6 = 1 : 1000000$ verhielte. — Hauptsächlich bey Flaschenzügen und Räderwerken kommt
die Anwendung solcher zusammengesetzter Hebel vor.

§. 41.

Ein Winkel acb Fig. 11. Taf. I., welcher sich um
seinen Scheitel c dreht, indem an den Enden a und b
seiner Schenkel Kräfte (oder Kraft und Last) wirken,
bildet den sogenannten Winkelhebel. Die Gesetze
dieses Hebels müssen unter zwey Gesichtspunkten, betrachtet werden: einmal, wenn die Kräfte P und Q
senkrecht, und das anderemal wenn sie schief auf die
Hebelsarme wirken.

Wenn die Kräfte P und Q senkrecht auf die Enden
des Winkelhebels wirken, so muß man, um für den
Zustand des Gleichgewichts das Verhältniß der Kräfte
zu finden, aus dem Scheitel c des Winkels Kreise mit
den Schenkeln ca und cb beschrieben und die Kräfte P
und Q an die Umfänge dieser Kreise übergeführt sich
vorstellen. Wirkte dann in d eine Kraft $p = P$ der
Kraft P entgegen, und in e eine Kraft $q = Q$ der Kraft Q
entgegen, so muß wohl Alles im Gleichgewicht seyn.

Der Halbmesser *cb* kann nämlich nicht herunterwärts gedreht werden, ohne daß *cd* hinaufwärts gedreht wird. Natürlich wirkt deswegen die Kraft in *b* zur Umdrehung des Kreises eben so, als die Kraft in *f*. Weil nun *f* mit *d* im Gleichgewicht ist, so muß auch *b* mit *d* im Gleichgewicht seyn, oder es müssen die an *b* und *d* wirkenden gleichen Gewichte *P* und *p* mit einander balanciren. Eben so sind unter obiger Voraussetzung auch *e* und *a* oder vielmehr die daran wirkenden Gewichte *q* und *Q* im Gleichgewicht. Sollen aber *p* und *q* mit einander im Gleichgewicht seyn, so muß

$$p : q = ce : cd$$

In diesem Falle müßten begreiflich auch *P* und *Q* für sich im Gleichgewicht seyn, weil alle vier Kräfte im Gleichgewicht sind. Weil nun $P = p$, $Q = q$, so hat man

$$P : Q = ce : cd, \text{ folglich auch}$$
$$P : Q = ca : cb.$$

Wenn also an den Armen *ca*, *cb* des Winkelhebels die Kräfte senkrecht wirken, so findet auch bey dem Winkelhebel dasselbe Gesetz des Gleichgewichts, wie bey dem geradlinigten Hebel, statt, nämlich die Kräfte (oder Kraft und Last) verhalten sich umgekehrt wie die Längen der Hebelsarme.

§. 42.

Gesetzt, zwey Kräfte *P* und *Q* wirken schief auf einen Winkelhebel *acb* Fig. 12. und zwar so, daß ihre Richtungslinien in der Ebene *acb* liegen, so hat man nur folgendes zu bedenken, um das Verhältniß *P* : *Q* für das Gleichgewicht zu finden.

Begreiflich ist es für die Umdrehung der Ebene acb ganz einerley, in welchem Punkte der Richtungslinien ha, hb man die Kräfte P und Q (Kraft und Last) wirken läßt. Fällt man von dem Umdrehungspunkte c die Perpendikel ce, cd auf die Richtungslinien der Kräfte P und Q, und denkt man sich die Kräfte in den Punkten d und e wirkend, so bekommt man in der festen Ebene hPQ einen andern Winkelhebel dce. Auf diesen wirken nun die Kräfte P und Q senkrecht. Die Kräfte P und Q sind hier mit einander im Gleichgewicht, wenn sie sich wie ce : cd verhalten. Daher sind P und Q auch an dem Winkelhebel acb im Gleichgewicht, wenn sie sich umgekehrt wie die von dem Umdrehungspunkte auf die Richtung der Kräfte gefällten Perpendikel verhalten, folglich

$$P : Q = ce : cd.$$

Denkt man sich cg parallel mit hP und cf parallel mit hQ, so bekommt man ein Parallelogram cghf. Die von dem Punkte h aus wirkenden Kräfte P und Q sind nun mit einander im Gleichgewicht, wenn sie sich wie die Seiten des Parallelograms hf : hg verhalten. Denn diese Seiten geben ihre Richtung an. Weil nämlich die rechtwinklichten Dreyecke cfd und cge wegen der gleichen Winkel bey g und f einander ähnlich sind, so finden folgende Proportionen statt:

$$cg : cf = ce : cd ; \text{ und}$$

im Parallelogramme cgfh

$$cg : cf = hf : hg.$$

Daher auch $\quad ce : cd = hf : hg,$

und weil $\quad\quad P : Q = ce : cd,$

so auch $\quad\quad P : Q = hf : hg.$

Einander entgegengeſetzt ſind die Kräfte P und Q
nur in Hinſicht ihres Beſtrebens, die Ebene um den
Punkt c zu drehen. Aus ihrer vereinten Wirkung entſteht aber ein Druck auf die Unterſtützung in c nach der
Richtung hc oder nach der Diagonale des Parallelogramms fcgh. Dieſen Druck nennt man die mittlere
Kraft zum Unterſchiede der Seitenkräfte P und Q.

Die einfachſte Anwendung des Winkelhebels ſieht man
bey den Schellenzügen. Sie kommt aber auch bey
manchen künſtlichen Apparaten, z. B. in Sägemühlen,
Drahtmühlen ꝛc. vor; auch bey den Stangenkünſten
oder Feldgeſtängen, wenn dieſe zum Betrieb von Berg-
und Salzwerksmaſchinen über einen Berg oder um einen
Berg herum ſchieben müſſen.

2. Das Rad an der Welle.

§. 43.

Wenn ein Cylinder an ſeinen beyden Enden ein
Paar kleinere Cylinder, ſogenannte Zapfen enthält,
welche mit dem Hauptcylinder eine gemeinſchaftliche
Achſe haben und welche, indem ſie in Lagern liegen,
mit dem Hauptcylinder um ihre Achſe ſich drehen können, ſo hat man eine Welle. Iſt dieſe Welle mit
einer Scheibe, einem Rade, mit kreuzweiſen Stöcken
u. d. gl. ſo verbunden, daß die Welle durch die Mitte
der Scheibe, des Rades, des Vereinigungspunktes der
Stöcke ꝛc. geht, ſo bildet ſie das Rad an der Welle
(Axis in peritrochio). Die Kraft wirkt an dem Umfange der Scheibe oder des Rades, oder an den Enden
der Stöcke, die Laſt hingegen wirkt an dem Umfange
der Welle. Sind Stöcke an der Welle, ſo beſchreiben

diese bey Umdrehung des Cylinders in der Luft ein Rad, und so rechtfertigen auch sie den Namen der Vorrichtung.

Stellt Fig. 13. Taf. I. das Rad an der Welle vor, so ist ac der Halbmesser der Welle, bc der Halbmesser des Rades. Gesetzt, um die Peripherie der Welle sey ein Seil geschlagen, wovon eine Last Q herabhängt, und an dem Umfange des Rades ziehe eine Kraft P. Wirkten nun Kraft und Last stets nach Tangenten des Rades, so würden sie sich für den Zustand des Gleichgewichts immer verhalten wie ca : cb oder wie der Halbmesser der Welle zum Halbmesser des Rades. Wenn aber die Kraft nach einer schiefen Richtung bd wirkte, so würde ihr Moment P.ce kleiner seyn, als P.cb, wo sie nach der Tangente wirkte. Denn nun hätte man einen Winkelhebel ace, dessen Arme ac und ec wären (§. 41.). Sehr leicht läßt sich daher die ganze Theorie des Rades an der Welle auf die Theorie des Hebels zurückführen. Man sieht, nämlich die Halbmesser des Rades und der Welle, wie bc und ac Fig. 13., als Arme eines Hebels der ersten Art an, die einen gemeinschaftlichen Umdrehungspunkt c haben. Die Anwendung der Gesetze des Hebels (§. 35. 36.) springen dann in die Augen. Man schließt folglich auch hier: So viele Male der Halbmesser des Rades (der lange Hebelsarm) größer ist als der Halbmesser der Welle (der kurze Hebelsarm), so viele Mal geringer braucht die am Umfange des Rades wirkende Kraft gegen die am Umfange der Welle wirkende Last zu seyn, wenn beyde das Gleichgewicht halten sollen. Je größer daher, bey einerley Dicke der Welle, der Halbmesser oder Durchmesser des Rades ist, desto mehr Kraft spart man zur

4 *

Ueberwältigung einer vom Umfange der Welle herabhängenden Last oder eines andern daselbst zu überwäl-
tigenden Widerstandes.

§. 44.

Ist beym Rade an der Welle die Richtung der Kraft
gegen das Rad schief, d. h. macht diese Richtung mit
dem Ende des Rad-Halbmessers einen schiefen Winkel, so geht immer ein Theil der Kraft ganz unnütz
verloren. Dies sieht man deutlich an der Richtung
ds der Kraft **P.** Alsdann ist ja der Hebelsarm cs der
Kraft kürzer, als cb, oder als der Halbmesser des
Rades, wie es bey dem senkrechten Zuge der Fall war.
Man muß daher immer, wo es nur möglich ist, eine
solche schiefe Richtung vermeiden, wenn man mit der
zu Gebote stehenden Kraft den größtmöglichen Effekt
hervorbringen will. Ist die Dicke des Seils, woran
die Last hängt, gegen den Halbmesser der Welle nicht
unbeträchtlich, so muß man die halbe Dicke des Seils
zu dem Halbmesser der Welle addiren, um den Hebelsarm der Last genauer zu erhalten. Dieses wird um
desto nöthiger, je mehr die Dicke des Seils durch wiederholte Umwickelungen zunimmt.

Bey Umwickelungen von Seilen um Wellen hat auch die
Beschaffenheit des Seils und die Dicke der Welle selbst ohne
Rücksicht auf die Geseze des Hebels, vielen Einfluß auf die
Ersparniß und vortheilhafteste Anwendung der Kraft, welches
späterhin erläutert werden soll.

§. 45.

Man darf den Halbmesser des Rades im Vergleich
gegen den Halbmesser der Welle aus folgendem Grunde

nicht zu groß machen. Wenn das Rad einmal herumgekommen ist, so hat begreiflich die Kraft den Umfang
des Rades, die Last den Umfang der Welle zurückgelegt. Daher verhält sich der Weg der Kraft
zum Wege der Last wie der Umfang des Rades zum Umfange der Welle, oder wie der
Durchmesser des Rades zum Durchmesser
der Welle. Nun wird zwar allerdings durch Vergrößerung des Rad-Halbmessers Kraft gespart; aber
nach dem eben angeführten Gesetze wird dadurch auch
der Weg der Kraft vergrößert; oder, welches einerley
ist, bey dem größern Wege der Kraft wird der Weg
der Last verkleinert. Was man also an Kraft gewinnt,
verliert man wieder an Geschwindigkeit der Last, oder
an Zeit, weil nun das Emporheben der Last auf eine
gewisse Höhe um so länger dauert; die Unbequemlich-
keiten in Applicirung der Kraft ꝛc. nicht mitgerechnet.

Die verschiedenen Arten von Winden, Haspeln und
Göpeln, wie man sie hauptsächlich auf Bergwerken findet,
geben die deutlichsten Beyspiele vom Rade an der Welle ab.
Da man aber überhaupt schon ein Rad an der Welle hat,
wenn eine in einer gewissen Entfernung von der Welle angebrachte Kraft die Welle umdreht und während dieser Umdrehung immer einerley Entfernung von der Welle behält,
so finden die abgehandelten Gesetze bey allen denjenigen Maschinen Anwendung, wo die bewegende Kraft (sowohl die
Kraft lebendiger, als lebloser Wesen) eine Welle stets um
ihre Achse herumtreibt, wie bey Treträdern, gezahnten
Rädern, Schwungrädern, Wagenrädern, Windflügeln u. s. w.

§. 46.

Mehrere gezahnte Räder verbindet man oft so mit

einander, daß die Zähne in einander greifen und dann
alle in Bewegung kommen, wenn auf das eine die
bewegende Kraft wirkt. Eine solche Verbindung von
gezahnten Rädern nennt man ein Räderwerk. Gewöhnlich greift ein größeres Rad immer in ein kleineres, welches den Namen Getriebe oder Trilling
führt. Dadurch bezweckt man allerley Vortheile für
die Kraft und Geschwindigkeit. Denn eine solche Verbindung von Rädern wirkt ganz wie ein zusammengesetzter Hebel (§. 40.), auf dessen Theorie auch die
Gesetze des Räderwerks sich gründen.

Wenn A Fig. 14. Taf. I. Rad oder eine Scheibe ist,
an dessen Peripherie eine Kraft P wirkt, wenn die Achse
dieser Scheibe ein Getriebe enthält, welches in ein zweytes
Rad B eingreift, wenn an dieses zweyten Rades Achse
wieder ein Getriebe festsitzt, das in ein drittes Rad C
eingreift und wenn um die in der Mitte dieses Rades
befindliche Welle ein Seil geschlagen ist, woran eine
Last Q hängt, so wird das Gesetz für das Gleichgewicht der Kraft und Last aus folgender Darstellung einleuchtend werden.

Denkt man sich blos das Rad C mit seiner Welle
und stellt man sich vor, an dem Ende e des Rad-Halbmessers ef wirke die Kraft, von dem Ende g des Halbmessers fg der Welle hänge die Last herab, so würde
man einen ungleicharmigen Hebel eg der ersten Art haben, dessen Umdrehungspunkt sich in der Achse f be-
fände. Daher verhielte sich dann für das Gleichgewicht
die Kraft zur Last wie gf : ef. Nun zieht aber an e
keine Kraft, welche mit P das Gleichgewicht hält, sondern Zähne greifen da in Zähne. Die zur Erhaltung

des Gleichgewichts an den Zähnen des Rades nöthige Kraft kann man begreiflich an den Umfang des Getriebes hinverpflanzt sich denken; alsdann hat man den zweyten Hebel *be*, woran der Halbmesser *bd* des Rades *B* der lange, der Halbmesser *ed* des Getriebes der kurze Hebelsarm ist. Mit der an *e* wirkenden Kraft balancirt nun an *b* eine so viele Mal geringere Kraft, so viele Mal *bd* größer ist als *ed*. Die Zähne des Rades *B* greifen in das Getriebe des Rades *A*. Man kann also die an *b* wirkende Kraft wieder an den Umfang des Getriebes hinverpflanzt sich vorstellen, folglich an das Ende *b* vom kurzen Arme *cb* des dritten Hebels *ab*. Mit dieser Kraft balancirt endlich eine an *a* wirkende Kraft, welche so viele Mal geringer ist als die Kraft an *b*, so viele Mal die Länge *ac* des großen Hebelsarms die Länge *bc* des kurzen übertrifft.

Wenn daher $ef = 10.gf$, $bd = 10.de$, $ac = 8.bc$, so verhält sich

$$P : Q = \begin{matrix} 1 : 10 \\ 1 : 10 \\ 1 : 8 \\ \hline 1 : 800. \end{matrix}$$

Die Kraft *P* von einem Pfunde könnte daher mit der Last *Q* von 800 Pfunden das Gleichgewicht halten. Zur Bewegung der Last durch die Kraft ist natürlich immer ein gewisser Ueberschuß nöthig. Dieser Ueberschuß könnte äußerst geringe seyn, wenn sich der Bewegung weiter kein Hinderniß entgegensetzte.

5. Die Rolle.

§. 47.

Unter Rolle versteht man eine um ihren Mittelpunkt bewegliche kreisrunde Scheibe, deren Peripherie

ein Seil enthält. An dem einen Ende des Seils hängt
eine Last, auf der andern Seite zieht eine Kraft an dem
Seile, um die Last zu überwältigen. Läßt sich die Rolle
um ihre Achse drehen, ohne daß die Achse selbst aus ihrer
Stelle rückt, so ist die Rolle eine feste, unbewegliche, einfache Rolle oder Rolle des ersten Art,
wenn sie aber mit ihrer Achse und mit der an ihr hängenden Last zugleich bewegt werden kann, so ist sie eine
lose Rolle, bewegliche Rolle, Zugrolle oder
Rolle der andern Art.

Die Rolle ist entweder von Holz oder von Metall gemacht.
Oft ist sie massiv, zuweilen aber auch durchbrochen. Im
letztern Falle bildet ein hinlänglich starker Ring oder Kranz
ihre Peripherie mit einer Rinne, worin das Seil liegt. Ein
runder eiserner Bolzen macht die Achse aus, in den Löchern
eines Klobens oder einer Scheere, welche die Rolle umschließt,
läuft dieser Bolzen.

§. 48.

Die Theorie der Rolle läßt sich gleichfalls auf die
Theorie des Hebels zurückführen. Die einfache Rolle
Fig. 15. Taf. I. bildet einen Hebel der ersten Art *ab*,
der seinen Umdrehungspunkt *c* im Mittelpunkte der
Rolle hat. An einer solchen Rolle stehen daher nur gleiche von den Enden *a* und *b* herunterhängende Gewichte
P und Q im Gleichgewicht. Zur eigentlichen Ersparr-
niß von Kraft kann daher die einfache Rolle nicht dienen, sondern nur zur bequemern Anbringung der Kraft
und zur bessern Leitung der Last. Aus diesem Grunde
wendet man auch häufig die einfache Rolle an, um
Lasten senkrecht in die Höhe zu ziehen. Das um die
Rolle geschlagene Seil hängt auf der einen Seite mit.

der Laſt herab; an der andern Seite überzieht die Kraft
an dem Seile. Gewöhnlich iſt es die Kraft des Menſchen, welche man bey ſolchen Rollen anwendet; und
für dieſe Kraft wird die Richtung des Zuges immer
vortheilhaft von oben nach unten zu geleitet, weil dann
das Gewicht des ganzen Körpers bey in den Armen
liegenden Kraft zu Hülfe kommt.

§. 49.

Ganz anders wirkt die bewegliche Rolle
Fig. 16. Taf. I. Wenn nämlich an dem Mittelpunkte
einer ſolchen Rolle eine Laſt Q hängt, wenn unterwärts
um die Rolle eine Schnur geſchlagen iſt, woran die
gleichen Kräfte A und P nach den Tangenten aA und
bP wirken, ſo kann man die beyden Kräfte A und P
als gleiche Seitenkräfte, die Kraft Q als mittlere Kraft
betrachten, und dann müſſen die Winkel caa, cab gleich
ſeyn, folglich muß auch ca die Linie ab in d halbiren.
Geſetzt nun, die Schnur ſey in A an einem feſten Punkt
(etwa an einen Nagel) geknüpft und die Kräfte P und Q
wirkten noch wie vorhin, ſo kann man ab als einen
Hebel betrachten, welcher von den Kräften P und Q,
nach entgegengeſetzten Richtungen um den Punkt a bewegt werden ſoll. Daher iſt a als der Umdrehungspunkt eines Hebels der andern Art anzuſehen.
Fällt man von a auf die Richtungslinie der Kraft P
das Perpendikel af, ſo bekommt man hier einen Winkelhebel daf, an deſſen einem Arme ad die Laſt Q,
und an deſſen anderm af die Kraft P ſenkrecht wirkt.
Da hat man denn für den Zuſtand des Gleichgewichts.

$$P : Q = ad : af; \text{ oder}$$
$$P : Q = \tfrac{1}{2}ab : af; \text{ oder}$$
$$2P : Q = ab : af.$$

Es ist nämlich $P. af = Q. \tfrac{1}{2}ab$, folglich $2(P. af)$ $= 2(Q. \tfrac{1}{2}ab)$, oder $2P. af = Q. ab$. Der $\angle baf$ $= \angle cbd$ (Wechselwinkel); daher sind die Dreyecke abf und bcd einander ähnlich. Es verhält sich demnach

$$ab : af = bc : bd = r : \tfrac{1}{2}ab,$$

wenn r den Halbmesser der Rolle bedeutet. Man kann also auch setzen

$$2P : Q = r : \tfrac{1}{2}ab.$$

Nun ist r so lange größer als $\tfrac{1}{2}ab$, so lange ab kein Durchmesser ist. Unter derselben Bedingung ist auch $2P$ größer als Q, oder P größer als $\tfrac{1}{2}Q$. Und dieses ist eben der vortheilhafteste Zug für die Kraft P an der Rolle. Fig. 17. Taf. I. zeigt ihn. Weil hier die Kräfte P, A, Q alle senkrecht auf ab wirken, so folgt schon aus der Lehre vom geradlinichten Hebel, daß $P = A = \tfrac{1}{2}P$. Bringt man statt A, eine feste Unterstützung an, so wird dadurch nichts geändert. Also verhält sich an der beweglichen Rolle, wo Kraft und Last nach senkrechten Directionen wirken, die Kraft zur Last wie 1 : 2.

§. 50.

Da es natürlich sehr unbequem wäre, die aufwärts wirkende Kraft P unmittelbar an dem Seile anzubringen, so läßt man das Seil noch um eine feste Rolle Fig. 18. Taf. I. gehen, von welcher das Seilende herabhängt. Nun kann man bey p herunterwärts ziehen. An Kraft gewinnt man durch diese Rolle eigentlich nichts, weil sie als gleicharmiger Hebel der ersten Art wirkt. Die an e wirkende Kraft P balancirt an dem Hebel de, der seinen Unterstützungspunkt in f hat, mit der an d beschäftigten gleichen Kraft p. Aber der Vortheil des bequemen Zuges ist von nicht geringer Bedeutung.

Auf dieselbe Art verbindet man oft mehrere lose und feste Rollen so mit einander, daß man die vierfache, achtfache ꝛc. Kraft gewinnt. Die Rollen müssen sich, wie bey Fig. 19. in einem Gehäuse, einer Flasche oder einem Kloben, ohne Klemmen und ohne Reiben um ihre Achse drehen. Die ganze Vorrichtung nennt man dann einen Flaschenzug. Die obere Flasche heißt die feste, die untere die bewegliche Flasche. Letztere bewegt sich zugleich mit der Last und ihr Gewicht muß daher bey Bestimmung des Verhältnisses der Kraft zur Last mit in Anschlag gebracht werden.

§. 51.

Gesetzt, der Flaschenzug hätte, wie bey Fig. 19. vier Rollen, zwey lose und zwey feste, und an den Haken des untern Klobens wäre eine Last von 100 Pfunden gehängt. Gesetzt ferner, das Seil sey bey d an den obern Kloben befestigt, gehe von da unter der Rolle ab hinweg, alsdann um die Rolle fe, unter der Rolle hi hin und zuletzt über die Rolle lm. So sieht man leicht, wie jene Last von 100 Pfunden mit einer Kraft von 25 Pfunden erhalten werden kann. Die Rolle ab ist nämlich als ein Hebel der andern Art anzusehen, der seinen Umdrehungspunkt bey a hat. Die Last hängt von c herab und bey b, in der doppelten Entfernung vom Umdrehungspunkte wirkt die Kraft aufwärts. Diese Kraft braucht also nur 50 Pfund zu betragen, um mit der Laſt von 100 Pfunden das Gleichgewicht zu erhalten. Nun aber iſt zur beſſern Leitung der Kraft die feſte Rolle *fe*, ein gleicharmiger Hebel der erſten Art da. Die Kraft kann alſo bequemer nach der Richtung *fh* herunterwärts ziehen. Bey *h* geht aber das Seil wieder um eine loſe Rolle, die ihren Umdrehungspunkt bey *h* hat. Die Kraft von 50 Pfunden iſt demnach als nach *h* hinverpflanzt anzuſehen. Zieht nun wieder eine Kraft bey *i* in der Richtung *il* hinaufwärts, ſo braucht dieſe, wegen der doppelten Entfernung ($2. hk = 2. ki$) von *h* nur 25 Pfund zu betragen, um mit der von *k* herabhängenden Laſt das Gleichgewicht zu erhalten. Die zweyte feſte Rolle *ml* dient wieder blos zur bequemern Leitung der Kraft, die nun in der Richtung *mo* wirkt. Man kann alſo mit einem ſolchen Flaſchenzuge, aus zwey loſen und zwey feſten Rollen beſtehend, durch den Zug an *o* mit einer Kraft von 25 Pfund eine Laſt von 100 Pfunden erhalten.

Ein Ueberſchuß an Kraft gehört immer dazu, um die Laſt wirklich in Bewegung zu ſetzen. Die Kraft, welche dies thun ſoll, hat aber noch andere Hinderniſſe zu überwältigen, hauptſächlich die Steifigkeit oder Unbiegſamkeit der um die Rollen zu krümmenden Seile und die Reibung der Rollen um ihre Bolzen. Daher muß die Kraft immer größer ſeyn, als obige Berechnungen angeben.

§. 52.

Beſteht der Flaſchenzug aus noch mehr Rollen, loſen und feſten, ſo iſt der Gewinn an Kraft noch größer.

— 61 —

Bey drey losen und drey festen Rollen ist das Verhältniß der Kraft zur Last (für das Gleichgewicht) wie

$$1 : 2$$
$$1 : 2$$
$$\underline{1 : 2}$$
$$1 : 8$$

bey vier losen und vier festen Rollen wie 1 : 16 u. s. w.
Denn für jede hinzugefügte lose Rolle wird die Kraft
um die Hälfte kleiner; folglich findet hier das Gesetz
der zusammengesetzten Hebel (§. 40.) gleichfalls eine
Anwendung. Man bekommt daher die mit der Last das
Gleichgewicht haltende Kraft, wenn man die Zahl 2 so
viele Mal mit sich selbst multiplicirt, als lose Rollen
da sind und mit diesem Produkte in die Last dividirt.

Beym Bau- und Seewesen ist der Flaschenzug von großem
Nutzen. Oft ist er mit andern Maschinen (z. B. mit Krahnen
und andern Winden) verbunden. Man macht auch Verbin-
dungen von blos losen Rollen ohne Kloben. Eine solche Verbindung pflegt man Rollenzug zu nennen. Bey ihnen
findet eine geringere Friktion und eine geringere Biegung der
Seile, folglich eine bedeutende Ersparniß von Kraft statt,
namentlich wenn die Seiltrümer, welche Rolle mit Rolle
verbinden, parallel gehen. Jede schiefe Richtung im Zuge
raubt Kraft und sollte immer so viel wie möglich vermieden
werden.

§. 53.

Wenn eine durch den Flaschenzug zu hebende Last
einen gewissen Weg, z. B. einen Fuß, zurücklegen soll,
so muß sich begreiflich jedes der tragenden Seiltrümer
um den zurückzulegenden Weg, z. B. um 1 Fuß, verkürzen; folglich muß das letzte Seiltrum, woran die

Kraft wirkt, um so viele Fuß fortgezogen werden, als
tragende Seiltrümer vorhanden sind. So mußte bey
Fig. 19. Taf. I. das Ende des Seils, woran die Kraft
wirkt, 4 Fuß weit fortbewegt werden, um die Last
nur 1 Fuß hoch emporzubringen. Folglich steckt die
Kraft in der Last so viele Mal, als der Weg der Last
in dem Wege der Kraft, welchen beyde in gleicher Zeit
zurücklegen; oder auch: so viele Mal die Last größer
ist als die Kraft, so viele Mal ist auch die Geschwindigkeit der Kraft größer, als die Geschwindigkeit der
Last.

Soll daher die Last vermittelst des Flaschenzuges
nur zu einer etwas ansehnlichen Höhe emporgehoben
werden, so muß die Kraft einen beträchtlichen Weg zurücklegen. Allerdings schränkt dies den Gebrauch des
Flaschenzuges überhaupt und insbesondere die Vervielfältigung der Rollen ein.

Auch der durch die Steifigkeit der Seile erzeugte Widerstand vergrößert sich, wenn die Zahl der Rollen zunimmt.
Denn das Seil wird so viele Mal gebogen, als Rollen da
sind und jede Biegung des Seils ist ein Widerstand, den
die Kraft mit zu überwältigen hat. Die Reibung wird durch
Vervielfältigung der Rollen nicht beträchtlich vermehrt; denn
bey mehr Rollen wird die Last mehr vertheilt und dann können die Achsen der Rollen schwächer gemacht werden.

4. Die schiefe Ebene.

§. 54.

Ein Körper, der auf einer horizontalen oder waagrechten Ebene liegt, ist auf derselben so unterstützt, daß
er nicht fallen kann; ein Körper, den man an einer

vertikalen oder lothrechten Ebene sich selbst überläßt,
fällt an derselben ungehindert herab. Daher muß wohl
auf einer schiefen oder geneigten Ebene (Planum
inclinatum) d. h. auf einer solchen, welche mit den
horizontalen einen spitzigen Winkel (Neigungswinkel) macht, weder eine völlige Unterstützung, noch
auch ein ungehindertes Fallen statt finden; das Fallen
muß natürlich mit verminderter Geschwindigkeit geschehen. Je größer der Neigungswinkel der schiefen Ebene
ist, desto schneller wird sich ein Körper von derselben
herabbewegen, aber auch desto größer muß die Kraft
seyn, welche den Körper in dieser Bewegung aufhalten
will; je kleiner im Gegentheil dieser Winkel ist, desto
langsamer bewegt sich der Körper auf der Ebene herab,
desto geringer braucht aber auch die Kraft zur Aufhal-
tung des Körpers zu seyn.

Bedeutet *ac* Fig. 1. Taf. II. eine schiefe Ebene oder
vielmehr einen Durchschnitt derselben; macht diese schiefe
Ebene den Winkel *c* mit der Horizontalfläche und befindet sich auf ihr eine Last *Q*, die ihren Schwerpunkt in *e*
hat, so kann man folgendes Gesetz daraus ableiten.

Man denkt sich die ganze Kraft, womit *Q* wirkt,
in dem Schwerpunkte *e* vereinigt. Alsdann ist die lothrechte Linie *ek* die Directionslinie der Schwere. Denkt
man sich *ed*, die Größe jener Kraft, als zwey Theile
eh, *el*, wovon der eine senkrecht auf die schiefe Ebene,
der andere mit dieser Ebene parallel ist, so wird begreiflich der senkrechte Theil *eh* von der Festigkeit der schiefen Ebene überwunden, folglich kann blos der parallele
Theil *le* zur Bewegung der Last *Q* wirken. Soll nun
die Bewegung nicht erfolgen, so muß eine Kraft *P*,

welche der Kraft *le* gleich iſt, nach der Richtung *eP* entgegenwirken. Man pflegt dieſe Kraft die **relative Kraft** der Laſt auf der ſchiefen Ebene zu nennen, da hingegen *Q* oder *ed* die **abſolute Kraft** heißt.

Die Ebene *edk* ſteht ſenkrecht ſowohl auf der ſchieſen, als auf der horizontalen Ebene. Denn *eh* iſt lothrecht auf *ac*, und *ed* lothrecht auf *bc* oder auf einer durch den Punkt *d* mit *bc* parallelen Linie. In dem rechtwinklichten Dreyecke *abc* iſt *acb* der **Neigungswinkel**, *ac* die **Länge**, *ab* die **Höhe** und *bc* die **Grundlinie** der ſchiefen Ebene. Weil nun die rechtwinklichten Dreyecke *abc*, *ehd* und *dkc* einander ähnlich ſind, ſo verhält ſich

$$ed : hd = dc : dk; \text{ ferner}$$
$$ed : hd = ac : ab; \text{ folglich}$$
$$Q : P = ac : ab.$$

Das heißt: die abſolute Kraft verhält ſich zur relativen, wie die Länge der ſchiefen Ebene zur Höhe derſelben.

Die relative Kraft iſt alſo begreiflich gegen die Laſt deſto kleiner, je kleiner die Höhe gegen die Länge oder je kleiner der Neigungswinkel *c* der ſchiefen Ebene iſt.

§. 55.

Trigonometriſch läßt ſich dies auch ſo darthun: Für

$$Q : P = ac : ab$$

kann man auch ſetzen

$$Q : P = r : \sin. c; \text{ folglich iſt}$$
$$P = \frac{Q. \sin. c}{r}.$$

Hieraus ergiebt sich nun, daß die Kraft, welche eine
Last auf der schiefen Ebene in paralleler Richtung ers
hält, eben so zunehmen muß, wie der Sinus des Neis
gungswinkels und daß sich bey jeder Neigung der schies
fen Ebene die Kraft zur Last verhält, wie der
Sinus des Neigungswinkels zum Halbmess
fer. Man kann daher jenes Verhältniß aus den gemeis
nen Sinustafeln für jeden gegebenen Winkel gleich sehr
genau in Zahlen finden.

Wäre $c = 30$ Grad, so würde, bey $r = 1$, der sin.
$c = \frac{1}{2}$ betragen, folglich würde dann P halb so groß als Q
seyn müssen. Bey einem Reigungswinkel von 45 Graden
werden schon mehr als $\frac{7}{10}$ der Last für die Kraft erfordert,
weil der Sinus des Winkels von 45 Graden 70710 solcher
Theile hat, wovon auf den Halbmesser 100000 kommen.
Bey einem Reigungswinkel von 60 Graden ist das Verhält=
niß der Kraft zur Last wie 0,866 : 1; bey einem Winkel
von 80 Graden wie 0,985 : 1; u. s. w. Die Kraft kommt
also der Last immer näher, je größer der Reigungswinkel
wird.

§. 56.

Die mit der schiefen Ebene parallele Richtung der
Kraft ist nicht blos die vortheilhafteste von allen, welche
es giebt, sondern wirklich kommt sie im gemeinen Leben
und in den Künsten auch am häufigsten vor. Indessen
giebt es auch Fälle, wo die Richtung der Kraft nicht
parallel mit der schiefen Ebene ist. Wenn z. B. die Kraft
P von e aus nach jeder beliebigen Richtung eR nicht
parallel mit ac wirkt, so kann man das Verhältniß
der Kraft R zur Last Q für den Zustand des Gleich=
gewichts auf folgende Art bestimmen.

5

Beyde Kräfte R und Q müssen begreiflich so nach
ef und ed wirken, daß aus ihnen eine mittlere Kraft
nach eg entsteht. Diese muß senkrecht auf der schiefen
Ebene seyn, damit der vereinte Effekt der beyden Kräfte
von der Festigkeit der schiefen Ebene erhalten werde.
Bildet man nun aus der gegebenen Last $Q = ed$ und
den Winkeln deg, deR das Parallelogram defg, so
stellen de, ef die Kräfte Q und R, eg aber stellt die
mittlere Kraft vor. Hieraus kann man nun die Proportion ableiten:

$$R : Q = ef : ed;$$

oder, da $gd = ef$, $de = fg$,

$$R : Q = gd : fg; \text{ oder}$$
$$R : Q = \sin. ged : \sin. gef.$$

Bezeichnet α den Winkel Rei, welchen die Richtung der
Kraft mit der Richtung der Last macht, und ist $ged = c$,
so ist

$$\angle gef = \alpha - c$$

und die zuletzt aufgeführte Proportion verwandelt sich
in die:

$$R : Q = \sin. c : \sin. (\alpha - c).$$

Man sieht leicht ein, daß Q gegen R, bey einerley
Neigung c der schiefen Ebene, desto größer wird, je
größer der $\sin. (\alpha - c)$ ist. Am größten ist Q, oder
R ist am kleinsten, wenn der Neigungswinkel c ein
Rechter wird.

§. 57.

Auf folgende Art läßt sich dasselbe Gesetz (§. 56.)
noch einfacher darthun. Bey jedem mit ac nicht parallelen Zuge wirkt nur ein Theil der Kraft P gegen die
relative Kraft el der Last Q. In diesem Falle muß das

her die Kraft P wohl größer seyn, als da, wo sie ganz
zur Erhaltung der relativen Kraft verwandt wird. Zieht
die Kraft R von ac aus nach unten hin, so drückt die
Last gegen die schiefe Ebene an. Zieht aber die Kraft
aufwärts von ac, so wird die Last gehoben.

Geht der Zug der Kraft mit der Grundlinie der
schiefen Ebene parallel, so wird a ein rechter Winkel und
die Proportion

$$R : Q = \sin. c : \sin. (a - c)$$

sich in folgende:

$$R : Q = \sin. c : \cos. c,$$

d. h. die Kraft verhält sich zur Last wie die Höhe der
schiefen Ebene zur Grundlinie derselben.

Fig. 2. wird dies noch deutlicher machen. Daselbst
ist nämlich

$$P : Q = fg : fe$$
$$= de : fe$$
$$= ab : bc.$$

d. h. die Kraft zur Last, wie die Höhe der
schiefen Ebene zur Grundlinie der schiefen
Ebene. Die Anwendung dieses Satzes zeigt sich z. B.
da, wo eine feste schiefe Ebene unter der Last Q nach
der Richtung bc fortgeschoben wird, um dadurch die
Last emporzuheben.

Die Gesetze der schiefen Ebene kann man bey Fuhrwerken anwenden, womit Lasten auf Berge und andere An-
höhen gebracht oder von denselben heruntergeschafft werden
sollen. Beym Heraus = und Hineinschleifen großer schwerer
Fässer in Keller, beym Hinauf= und Herabbewegen schwerer
Blöcke, Waarenballen u. b. gl. bildet die Schrotleiter
eine schiefe Ebene. Eine vorzüglich wichtige Anwendung der
schiefen Ebene kommt in den schiffbaren Kanälen Eng-

5 *

lands vor, wo mit Beyhülfe des Haspels und Flaschenzugs schwere Fahrzeuge an der schiefen Ebene emporgewunden werden, um diese Fahrzeuge aus tiefer liegenden Kanälen in höher liegende zu bringen. In England laufen auch beladene Wagen auf eigends dazu eingerichteten schiefen Ebenen mit Leichtigkeit hinauf und herab. Die schwedischen Mechaniker Scheldon und Polhem wandten die schiefe Ebene zum Rechtstellen gesunkener Balken in Gebäuden an, und mit einer ähnlichen Vorrichtung wurde auch der Katharinenthurm in Hamburg wieder gerade gerichtet. Es giebt eine Wasserkunst, bey welcher die Pumpstangen der in einem Kreise stehenden Pumpen mittelst eines horizontalen Rades, auf dessen Flächenringe schiefe Ebenen befestigt sind, hinter einander gehoben werden, um dadurch eine auf- und niederspielende Bewegung hervorzubringen.

Nicht blos eine gegen den Horizont geneigte Fläche ist eine schiefe Ebene zu nennen, sondern eigentlich jede Fläche ist als eine schiefe Ebene anzusehen, welche vermöge ihrer Lage dem auf sie drückenden Körper keine andere Bewegung erlaubt, als die seiner Schwere entgegen. Dies sieht man beym Bau unserer Wagen mit niedern Vorder- und höhern Hinterrädern.

5. Der Keil.

§. 58.

Der Keil besteht aus zwey mit ihren Grundflächen so verbundenen schiefen Ebenen, daß sie in eine Spitze zusammenlaufen und dann ein dreyeckigtes Prisma bilden. So hat man gleichsam eine doppelte schiefe Ebene, und diese bewegt sich beym Gebrauch fast immer gegen die Last, statt daß sonst die Last meistens auf der Ebene bewegt wird. Denkt man sich den Keil mit einer Ebene in der Richtung der Achse senkrecht durchschnitten, so hat dieser Schnitt die Gestalt eines spitzwinklichten Dreyecks *abc* Fig. 3. Taf. II. Die Seite *ab* dieses Dreyecks bildet den Rücken des Keils, *ac* und *bc* sind seine Seiten, das Perpendikel *cd* von der Spitze bis auf den Rücken ist seine Höhe, der Winkel *c* aber ist seine Schärfe. Meistens ist das Dreyeck *abc* gleichschenklicht, weil fast immer die Seiten *ac* und *bc* des Keils gleich sind, und dann nennt man den Keil selbst gleichschenklicht. Er kann auch gleichseitig seyn, wenn nämlich *ac* = *bc* = *ab*.

Sehr nützlich wendet man den Keil zum Spalten des Holzes, der Steine und anderer fester Körper an. Man bedient sich desselben aber auch zum Pressen, zur Erhebung und Befestigung von Lasten, u. s. w. Beym Gebrauch desselben wirkt eine äußere Gewalt durch Druck oder Schlag auf seinen Rücken.

Gewöhnlich macht man die Keile von Holz, oder von Eisen oder von Stein. Bey der Oehllade in Oehlmühlen sind Keile die Haupttheile zum Auspressen des Oehls aus den zerstampften Saamen und Früchten. Der zugespitzte Pfahl, den bey Rammmaschinen der Rammklotz in die Erde treibt, ist ein Keil. Bey der Treiblade der Zimmerleute zum Geraderichten der ausgewichenen Wände und Säulen rührt die Wirkung von mehreren Keilen her. Fast alle unsere gebräuchlichsten Handwerkzeuge, wie Messer, Meisel, Aexte, Säbel, Scheeren, Nadeln, Nägel, Schaufeln ꝛc sind Keile, die theils mit zwey, theils mit mehr Flächen sich wirksam zeigen. Selbst die Bohrer sind Keile, aber mit gekrümmten Flächen; auch die Gewölfsteine, welche sich wechselseitig festhalten. Auf letztere wirkt freylich nur eine todte Kraft.

§. 59.

Das Gesetz, welches darthut, daß zur Erhaltung einer Last auf einer schiefen Ebene (folglich auch zur Hinaufbewegung auf dieselbe) desto weniger Kraft gehört, je weniger geneigt sie ist (§. 56.), läßt sich auch auf den Keil (einer sogenannten doppelten schiefen Ebene) anwenden. Man wird nämlich leicht begreifen, daß ein Keil zum Spalten oder zur Ausübung eines Drucks desto weniger Kraft erfordert, je dünner er ist, oder je mehrmal seine Dicke von seiner Länge übertroffen wird.

Gesetzt, die Kraft P Fig. 3. Taf. II. wirke nach der Richtung *dc*, der Widerstand Q nach den Richtungen *ge*, *gf*, senkrecht auf die Direction der Kraft. Gesetzt ferner, der Widerstand wäre auf der einen Seite des Keils so groß, als auf der andern; alsdann ist es nicht schwer, das Verhältniß der Kraft zum Widerstande zu finden.

Natürlich braucht man blos das Verhältniß der halben Kraft zum Widerstande auf einer Seite zu suchen, um die verlangte Größe zu erhalten. Wenn man nämlich den Keil als eine doppelte schiefe Ebene, *dbo* und *dac* ansieht, so verhält sich nach (§. 56. f.)

$$P : Q = db : da$$

d. h. die Kraft zur Last, wie der halbe Rücken des Keils zur Höhe des Keils. Die Kraft des Keils muß also wohl desto wirksamer seyn, je größer die Höhe desselben gegen den Rücken oder gegen die Dicke desselben, folglich je dünner der Keil selbst ist.

Dünnere Messer, dünnere Scheeren ꝛc. schneiden besser, als dickere. Ein dünneres Beil haut besser, als ein dickeres. Je spitziger die Gewölbsteine sind, desto stärker wird ihr Druck gegen die Widerlagen; u. s. w.

§. 60.

Wenn der Widerstand Q senkrecht auf die Seiten des Keils nach den Richtungen ki, ki wirkt, so kann man diese Richtungen als Richtungen zweyer Seitenkräfte betrachten, aus welchen eine mittlere Kraft il nach id entsteht. Dieser mittlern Kraft muß nun P gleich seyn, oder mit gleicher Kraft muß P nach der Richtung di entgegenwirken, wenn ein Gleichgewicht statt finden soll. Alsdann muß sich die halbe Kraft zum Widerstande auf der einen Seite oder auch die ganze Kraft zum gesammten Widerstande wie in zu ik verhalten, oder

$$P : Q = in : ik$$

Das Dreyeck nik ist aber dem Dreyecke bdc ähnlich, folglich muß auch

$$P : Q = bd : bc.$$

d. h. die Kraft verhält sich zum Widerstande, wie der halbe Rücken zur Seite des Keils.

Setzt man den Winkel dcb an der Spitze des Keils $= \tfrac{1}{2}c$, so verwandelt sich die Proportion $P : Q = db : dc$ in folgende:

$$P : Q = tang. \tfrac{1}{2}c : r, \text{ also wäre}$$

$$P = \frac{Q. \, tang. \tfrac{1}{2}c}{r}$$

Statt $P : Q = bd : bc$ hätte man

$$P : Q = sin. \tfrac{1}{2}c : r; \text{ alsdann wäre}$$

$$P = \frac{Q. \, sin. \tfrac{1}{2}c}{r}$$

Da aber die außerordentlich starke Reibung an den Seiten des Keils einen sehr großen Theil der Kraft gleich-

fam verschluckt, so werden obige Gesetze in der Praxis
bedeutend abgeändert.

Um die Reibung des Keils so viel wie möglich zu verringern, so bestreicht man die Seiten desselben beym Gebrauch
gern mit Seife oder mit anderm Fett. Bey mancher Anwendung (z. B. in Oehlmühlen) hat man aus derselben Ursache Friktionsrollen vorgeschlagen, die man an den Seiten
anbringt.

6. Die Schraube.

§. 61.

Unter Schraube versteht man einen Cylinder,
um den eine schiefe Ebene sich gleichmäßig immer höher
und höher windet. Eine solche Schraube, auch Schraubenspindel oder Vaterschraube genannt, dreht
sich immer in einer völlig gleichen cylindrischen Höhlung, an deren Wänden herum eine eben solche schiefe
Ebene auf dieselbe Art sich herumwindet. Letztere nennt
man Schraubenmutter oder Mutterschraube.
Bey beyden stets zusammengehörigen Arten von Schrauben (Schraubenspindel und Schraubenmutter) nennt man
die gewundene schiefe Ebene Schraubengänge, oder
Schraubengewinde. Die Schraubengänge der Vaterschraube passen immer genau zwischen die Schraubengänge der Mutterschraube und drehen sich dazwischen
aufwärts oder niederwärts, je nach der Richtung, nach
welcher die Kraft darauf wirkt.

Die Gewinde der Schrauben sind entweder nach der
Kante zu keilförmig abgeschärft, auch wohl an der äußer-
sten Fläche etwas abgerundet, oder sie sind parallelepi-
pedalisch (flach, bis an die Kante von gleicher Breite

und Dicke). Letztere wendet man hauptsächlich da an,
wo ein nachtheiliges Einschneiden der scharfen Kanten
schlechterdings vermieden werden muß.

Um die Schraube in Bewegung zu setzen, wird
entweder die bewegliche Spindel in der unbeweglichen
Mutter, oder die bewegliche Mutter um die unbewegliche Spindel in horizontaler Richtung gedreht. Nur
bey kleinern Schrauben, die etwas festhalten oder ohne
bedeutende Gewalt etwas zusammendrücken sollen, wird
die bewegende Kraft unmittelbar an dem einen Ende,
dem sogenannten Kopfende (welches zuweilen die Gestalt
zweyer Flügel hat), angebracht. Bey größern hingegen wirkt sie vermöge eines Hebels auf die Schraube.

Ungemein groß ist der Nutzen der Schraube in so vielen
Künsten und Vorfällen des Lebens. Namentlich dienen sie
zu allerley Arten von Pressen (z. B. Druckerpressen, Mühl-
pressen, Mostpressen oder Keltern, Papierpressen, Schraub-
stöcken 2c.), ferner zur Befestigung mancher Sachen (z. B.
verschiedener Theile an Uhren, Schlössern 2c.), zur Hebung
von Lasten (z. B. als Schraubensatz der Zimmerleute zum
Emporschrauben von Dächern, Wänden, Stockwerken 2c.)
Auch kommt sie in Verbindung von manchen zusammengesetzten Maschinen, namentlich von Räderwerken z. B. als
Schraube ohne Ende vor.

§. 62.

Recht gut kann man sich die Entstehungsart der
Schraube so denken: Wenn der senkrechte Durchschnitt
einer schiefen Ebene *abc* Fig. 4. Taf. II. so herumgebo-
gen wird, daß die Grundlinie *cdb* einen Kreis bildet,
so entsteht aus der ebenen Fläche *abc* die krumme Seitenfläche eines senkrechten Cylinders. In dieser krum-

men Seitenfläche beschreibt der Durchschnitt *ac* der
schiefen Ebene eine Schraubenlinie. Geht um die
Schraubenlinie eine wirkliche Erhabenheit herum, so
macht diese einen Schraubengang aus. Nun können die Windungen der Schraubenlinie (die Schraubengänge) um den senkrechten Cylinder mehrmals wiederholt werden, wie *f i k*, *k l m* u. s. w. und zwar um so
mehr, je länger die Schraube seyn soll.

Der von der Grundlinie *bc* der schiefen Ebene beschriebene Kreis *fgh* bildet den Umfang der Schraubenspindel; die Höhe eines Schraubengangs wird
durch die Höhe *ab* der schiefen Ebene ausgedrückt.

§. 63.

Wenn man von einem willführlichen Punkte *d* in
der Grundlinie der schiefen Ebene Fig. 4. eine Linie *de*
parallel mit *ab* zieht, so ist wegen der Aehnlichkeit der
Dreyecke *abc*, *edc*

$$cd : cb = de : ab$$

Dasselbe Verhältniß ist auch für die Schraube richtig.
Es verhält sich nämlich die Höhe eines beliebigen Punktes *e* (oder *i*) der Schraubenlinie zur ganzen Höhe
des Schraubengangs, wie der Theil *cd* (oder *fg*) des
Umfangs zum ganzen Umfange der Spindel.

Obgleich der Widerstand der Schraubenmütter gegen die Schraube (welchen man als Last der Schraube
ansieht) über der ganzen Oberfläche des Schraubengangs vertheilt ist, so kann man sich diesen Widerstand doch, zur Bestimmung des Verhältnisses von Kraft
und Last, in einer einzigen Schraubenlinie beysammen
gedenken. Sind die Schraubengänge nicht keilförmig,

sondern parallelepipedisch oder sonst von merklicher Breite an der Kante, so nimmt man die Mittellinie, welche genau zwischen diese Breite fällt, als Schraubenlinie an. Wenn nun vermöge der Schraube eine Last parallel mit der Achse der Spindel bewegt werden soll, indem die Kraft am Umfange der Spindel nach einer Tangente wirkt, so kann man wieder alles auf die schiefe Ebene zurückbringen, wo die Last nach *ba*, die Kraft nach *bc* wirkt. Alsdann findet wieder die Proportion statt:

$$P : Q = ab : bc,$$

d. h. die Kraft verhält sich zur Last, wie die Höhe des Schraubengangs zum Umfange der Schraubenspindel. Da nun zur Erhaltung einer Last auf der schiefen Ebene desto weniger Kraft erfordert wird, je weniger schief sie ist oder je mehr ihre Höhe von ihrer Länge übertroffen wird, so muß auch die Schraube bey einer und derselben Dicke der Spindel desto wirksamer seyn, je enger die Schraubengänge sind oder (welches einerley ist) je geringer die Höhe eines jeden einzelnen Schraubenganges ist.

Zu eisernen Schrauben (die oft 2 Zoll dick sind) nimmt man gern recht zähes geschmeidiges Eisen. Zu hölzernen wählt man das festeste Holz, z. B. das Holz des Hagedorns, der Hagebuche, des wilden Apfelbaums, des Birnbaums ꝛc. Um die Schraubengänge möglichst zu conserviren, so verfertigt man bisweilen Schrauben mit doppelten Gängen. Die Gänge dieser Schrauben stehen dann nur die Hälfte des Drucks aus.

§. 64.

Ist die Kraft nicht unmittelbar an dem Umfange der Spindel, sondern an dem Ende *a* eines Hebelsarms *ac* Fig. 5. wirksam, so muß man den von diesem Arme *cd* beschriebenen Kreis für den Umfang der Schraubenspindel annehmen. Dadurch wird das Moment der Kraft in dem Verhältnisse wie *cb* : *ca* verstärkt, und, dies um so mehr, je mehr die Länge *ca* des Hebelsarms die halbe Dicke *cb* der wirklichen Schraube übertrifft.

Wenn z. B. die Höhe oder Weite eines Schraubengangs ½ Zoll, der Halbmesser *oa* aber 12 Zoll betrüge, so hätte man (nach §. 63.)

$$P : Q = \tfrac{1}{2} : 2.12.3,14\ldots \text{ oder}$$
$$= 1 : 48.3,14\ldots \text{ oder}$$
$$= 1 : 150,72\ldots$$

(wofür man wohl 1 : 151 setzen darf.) Da nämlich der Halbmesser zu 12 Zoll angenommen wurde, so war der Durchmesser = 2.12 = 24, und der Umfang = 24.3,14 ... Also: Kraft zur Last wie die Höhe ½ des Schraubengangs zum Umfange 24.3,14 ... der durch den Hebelsarm *ca* verstärkten Schraubenspindel; oder

$$P : Q = \tfrac{1}{2} : 24.3.14\ldots$$
$$= 1 : 48.3,14\ldots$$
$$= 1 : 150,72\ldots$$

Auf genaue Verfertigung der Schrauben kommt viel an. Natürlich werden die Schraubengänge desto weniger gepreßt, je genauer ein Schraubengang in den andern paßt. Sobald sich aber einige Theile allein an einander klemmen, ohne daß die übrigen sich zugleich eben so genau berühren, so stehen jene allein den ganzen Druck aus und müssen abspringen, wenn sie nicht hinreichende Stärke besitzen. Daher muß stets für eine gleiche Vertheilung des Drucks über die Fläche aller Schraubengänge gesorgt werden.

Die Reibung, welche bey der Schraube einen so großen
Theil der Kraft gleichsam einschluckt, ist zugleich wieder von
vielem Nutzen, weil schon sie allein oft die Last erhält. Ohne
die Reibung würde oft ein sehr nachtheiliges Zurückweichen
der Schraube beym Gebrauch derselben statt finden.

§. 65.

Wenn man eine Schraube (eigentlich ein Paar
Schraubengänge) in ein Stirnrad eingreifen läßt, so
kann sie nicht, wie die gemeine Schraube, nur bis auf
einen gewissen Punkt, sondern ohne Ende fort gedreht werden, weil alle Zähne des Rades, worauf sie
wirkt, immer wieder zurückkommen. Daher wird eine
solche Schraube mit dem Stirnrade eine Schraube
ohne Ende genannt.

Fig. 6. Taf. II. zeigt eine solche Schraube ohne
Ende. Die Schraubenspindel *cd* greift hier in ein Stirnrad, von dessen Welle ein Seil mit der Last Q herabhängt. Die Schraubenspindel hat Zapfen, wie eine
Welle; diese Zapfen drehen sich auch eben so in Lagern.
An der Verlängerung des einen Zapfens *d* ist eine Kurbel *def* befestigt, an deren Griffe *ef* die Kraft P wirkt.
Wenn nun die Kurbel an ihrem Griffe *ef* umgedreht
wird, so schieben die Schraubengänge bey *h* einen Zahn
des Stirnrades nach dem andern fort und setzen dadurch
das Rad in Umdrehung. Ist es einmal herumgekommen, so hat sich das Seil einmal um die Welle gewickelt und die Last ist so weit emporgestiegen als die
Länge des einmal um die Welle gewickelten Seils beträgt.

§. 66.

Um das Verhältniß der Kraft zur Last an der Schraube ohne Ende zu finden, so nehme man einmal erst das Rad und die Welle allein an, nenne die am Umfange l der Welle beschäftigte Last $= Q$, die an der Peripherie i des Rades wirkende Kraft $= \mathfrak{P}$; alsdann ist

$$\mathfrak{P} : Q = kl : ki$$

oder Kraft zur Last wie der Halbmesser der Welle zum Halbmesser des Rades. Also ist

$$\mathfrak{P} = \frac{Q.kl}{ki}$$

Da das Stirnrad bey h in die Schraubengänge der Schraubenspindel cd greift, so kann man sich $\mathfrak{P}$ daselbst als Last beschäftigt gedenken. Es kommt dann darauf an, noch das Verhältniß der Kraft P, welche an dem Ende e der Kurbel wirkt, zu der Kraft $\mathfrak{P}$ zu finden. Setzt man die Höhe oder Weite des Schraubengangs $= \alpha$, so ist (nach §. 64.)

$$P : \mathfrak{P} = \alpha : 2.de.3{,}14.$$

(wo 3,14 wieder das Peripheriverhältniß bedeutet). Schiebt man nun statt des $\mathfrak{P}$ den vorhin gefundenen Werth desselben $\frac{Q.kl}{ki}$ in die Proportion, so erhält man

$$P : \frac{Q.kl}{ki} = \alpha : 2.de.3{,}14$$

Folglich ist

$$P = \frac{Q.kl.\alpha}{ki} : 2.de.3{,}14$$

$$= \frac{Q.kl.\alpha}{ki.2.de.3{,}14}.$$

Setzt man $kl = 1''$, $ki = 6''$, $Q = 100$ ℔, $de = 4''$, $\alpha = \frac{1}{2}''$, so ist

$$P = \frac{100 \cdot \frac{1}{2}}{6.2.4.3,14}$$

$$= \frac{50}{48 \cdot 3,14}$$

$$= \frac{50}{150,72} = 0,33 \ldots$$

Hätte man erst die am Umfange des Stirnrades wirkende Kraft P gesucht, so wäre, weil $P : Q = kl : ki$,

$$P : 100 = 1 : 6; \text{ also}$$

$$P = \frac{100}{6} = 16,66 \ldots$$

Daraus ergäbe sich

$$P : 16,66 = \frac{1}{2} : 2.4.3,14;$$

also

$$P = \frac{16,66 \cdot \frac{1}{2}}{2.4.3,14}$$

$$= \frac{8,33}{8.3,14} = \frac{8,33}{25,12} = 0,33 \ldots$$

Es würden demnach an dieser Schraube ohne Ende ohngefähr mit ⅓ Pfund Kraft die 100 Pfund Last im Gleichgewicht erhalten werden können. Hieraus sieht man schon, wie viele Kraft man sparen kann, wenn man sich zur Hebung von Lasten der Schraube ohne Ende bedient. Sie leistet auch, nicht blos einzeln zum Heben von Lasten gebraucht, sondern auch unter andern als Wagenwinde, oder als andere Kunstwinde und in Verbindung mit Haspel, Flaschenzug, gezahnten Räderwerk ꝛc. großem Nutzen. Das Vermögen der zuletzt genannten Rüstzeuge verstärkt sie in einem außerordentlichen Grade. Man wendet sie ferner an, um durch sie manche gleichförmige, langsam fortschreitende Bewegungen hervorzubringen, z. B. bey Garnhaspeln, Stroh= und Tabacksschneideladen, Lumpenschneidemaschinen, bey Uhren ꝛc.

§. 66.

Um das Verhältniß der Kraft zur Last an der Schraube ohne Ende zu finden, so nehme man einmal erst das Rad und die Welle allein an, nenne die am Umfange l der Welle beschäftigte Last $= Q$, die an der Peripherie i des Rades wirkende Kraft $= \mathfrak{P}$; alsdann ist

$$\mathfrak{P} : Q = kl : ki$$

oder Kraft zur Last wie der Halbmesser der Welle zum Halbmesser des Rades. Also ist

$$\mathfrak{P} = \frac{Q.kl}{ki}$$

Da das Stirnrad bey h in die Schraubengänge der Schraubenspindel cd greift, so kann man sich $\mathfrak{P}$ daselbst als Last beschäftigt gedenken. Es kommt dann darauf an, noch das Verhältniß der Kraft P, welche an dem Ende e der Kurbel wirkt, zu der Kraft $\mathfrak{P}$ zu finden. Setzt man die Höhe oder Weite des Schraubengangs $=a$, so ist (nach §. 64.)

$$P : \mathfrak{P} = a : 2.de.3,14.$$

(wo 3,14 wieder das Peripheriverhältniß bedeutet). Schiebt man nun statt des $\mathfrak{P}$ den vorhin gefundenen Werth desselben $\frac{Q.kl}{ki}$ in die Proportion, so erhält man

$$P : \frac{Q.kl}{ki} = a : 2.de.3,14$$

Folglich ist

$$P = \frac{Q.kl.a}{ki} : 2.de.3,14$$
$$= \frac{Q.kl.a}{ki.2.de.3,14}.$$

Setzt man $kl = 1''$, $ki = 6''$, $Q = 100$ ℔, $de = 4''$, $\alpha = \frac{1}{2}''$, so ist

$$P = \frac{100 \cdot \frac{1}{2}}{6.2.4.3,14}$$

$$= \frac{50}{48.3,14}$$

$$= \frac{50}{150,72} = 0,33 \ldots$$

Hätte man erst die am Umfange des Stirnrades wirkende Kraft ℘ gesucht, so wäre, weil ℘ : Q = kl : ki,

$$℘ : 100 = 1 : 6; \text{ also}$$

$$℘ = \frac{100}{6} = 16,66 \ldots$$

Daraus ergäbe sich

$$P : 16,66 = \tfrac{1}{2} : 2.4.3,14;$$

also

$$P = \frac{16,66 \cdot \frac{1}{2}}{2.4.3,14}$$

$$= \frac{8,33}{8.3,14} = \frac{8,33}{25,12} = 0,33 \ldots$$

Es würden demnach an dieser Schraube ohne Ende ohngefähr mit $\frac{1}{3}$ Pfund Kraft die 100 Pfund Last im Gleichgewicht erhalten werden können. Hieraus sieht man schon, wie viele Kraft man sparen kann, wenn man sich zur Hebung von Lasten der Schraube ohne Ende bedient. Sie leistet auch, nicht blos einzeln zum Heben von Lasten gebraucht, sondern auch unter andern als Wagenwinde, oder als andere Kunstwinde und in Verbindung mit Haspel, Flaschenzug, gezahnten Räderwerk ec. großem Nutzen. Das Vermögen der zuletzt genannten Rüstzeuge verstärkt sie in einem außerordentlichen Grade. Man wendet sie ferner an, um durch sie manche gleichförmige, langsam fortschreitende Bewegungen hervorzubringen, z. B. bey Garnhaspeln, Stroh- und Tabacksschneideladen, Lumpenschneidemaschinen, bey Uhren ec.

§. 67.

Wird bey jeder Umdrehung der Schraubenspindel ein Zahn des Stirnrades weiter geschoben, so kommt das Rad mit seiner Welle einmal herum, wenn so viele Kurbel-Umdrehungen erfolgt sind, als das Rad Zähne hat. Bey 80 Zähnen des Stirnrades würden daher 80 Kurbel-Umdrehungen zu einem Umgange des Rades und der Welle gehören. Wäre der Umkreis der Welle 1 Fuß, so betrüge auch die Länge des einmal umgewickelten Seils 1 Fuß, folglich würde die Last bey 80 Kurbel-Umdrehungen 1 Fuß hoch emporgehoben.

Natürlich muß sich die Feinheit der Schraubengänge an der Schraubenspindel nach der Größe des Stirnrades und der Anzahl seiner Zähne, oder umgekehrt diese Größe und Anzahl der Zähne des Rades muß sich nach der Feinheit jener Schraubengänge richten. Ein größeres Rad mit einer größern Anzahl Zähnen gehört zu feinern Schraubengängen. Denn die Zwischenweite (oder Höhe) der Schraubengänge, von der Mitte eines Gewindes bis zur Mitte des nächstfolgenden, muß so groß seyn, als die Entfernung der Mitte zweyer zunächst auf einander folgenden Zähne des Stirnrades, weil sonst kein ordentlicher Eingriff und kein ordentliches Weiterschieben statt fände. Setzt man den Durchmesser des Rades = d, das Verhältniß des Durchmessers zum Umfange = $1:3,14$, die Weite der Schraubengänge = a, so giebt $\frac{d.3,14}{a}$ die Zahl der Zähne an, welche man dem Stirnrade zu geben hat. Da nun bey jedem Umlaufen der Spindel ein Zahn fortgeschoben werden muß, so zeigt $\frac{d.3,14}{a}$ zugleich die Anzahl der Umläufe der Spindel, während einem Umgange des Rades und der Welle.

Bey jedem Umlaufe der Welle legt die Last Q den Weg $2r.3,14$, und die Kraft P einen Weg

$$= \frac{d.3,14}{a} \cdot 2de.3,14$$

zurück (wo r den Halbmesser der Welle, d den Durchmesser des Rades bedeutet). Es verhält sich daher der Weg der Last zum Wege der Kraft

$$= 2r.3,14 : \frac{d.3,14}{a} \cdot 2de.3,14$$

$$= r : \frac{d.de.3,14}{a}$$

$$= P : Q.$$

D. h. die Wege verhalten sich umgekehrt wie die Kräfte. Es geht also hier wieder dasjenige am Raume oder an der Zeit verloren, was an der Kraft gewonnen wird.

Ist $a = 2''$, $d = 12'' = 144'''$, so gäbe $\frac{144'''.3,14}{2''} = 226,08$ (wofür man 226 annehmen kann) die Anzahl der Zähne des Stirnrades, und die Zahl der Umläufe der Spindel während einem Umgange des Rades.

Verbindet man die Schraube ohne Ende noch mit andern Rädern und Getrieben, so kann man dadurch außerordentlich an Kraft sparen. Aber in demselben Verhältnisse verliert man wieder an Zeit oder an Geschwindigkeit der Last.

Den Hebel, das Rad an der Welle, die Rolle, die schiefe Ebene, den Keil und die Schraube begreift man zusammen unter dem Namen einfache Maschinen, einfache Rüstzeuge, mechanische Potenzen. Aus ihnen sind alle,

6

auch die allerkünstlichsten Maschinen, zusammengesetzt. Da aber die Theorie des Rades an der Welle und der Rolle sich auf die Gesetze des Hebels, die Theorie des Keils und der Schraube sich auf die Gesetze der schiefen Ebene gründet, so brauchte man eigentlich nur zwey einfache Maschinen, den Hebel und die schiefe Ebene, anzunehmen.

Einleitung zur Erkenntniß der einfachen Maschinen und deren Zusammensetzung. Petersburg 1738. 8.

A. G. Kaestner, Vectis et compositionis virium theoria evidentius exposita. Lips. 1753. 4.

J. Horvaths mechanische Abhandlungen ꝛc. Pesth 1785. 8. S. 7 f. 37 f.

J. Pasquich, vom Gleichgewicht der Kräfte am Hebel; im Leipziger Magazin für reine und angewandte Mathematik. 1786. St. 1; 1787. St. 1.

J. F. Lempe, Lehrbegriff der Maschinenlehre. Th. I. Abth. I. Leipzig 1795. 4. S. 91 f.; 130 f.

K. Chr. Langsdorf, Grundlehren der mechanischen Wissenschaften. Erlangen 1802. 8. S. 63 f.; 353 f.

De la Hire, du plan incliné et de la vis; in den Mémoires de l'Acad. roy. des Sciences à Paris. Tom. IX. p. 199.

P. Elvius, von der Bewegung auf schiefliegenden Flächen, wenn das Reiben mit in Betrachtung gezogen wird; in den Abhandlungen der Kön. Schwed. Akad. d. Wissensch. Bd. V. Hamburg 1751. 8. S. 93 f.

A. G. Kästner, Untersuchung über die schiefe Ebene, mit Betrachtung der Friktion; im Leipziger Magazin für Naturkunde, Mathematik ꝛc. 1782. St. 1.

W. Chapman, on the various systems of Canal navigation etc. London 1798. 4. (Anwendung der schiefen Ebene bey der Kanalschiffahrt.)

Transactions of the Society for the encouragement of arts etc. Vol. XVIII. London 1800. 8. p. 265 f. Egerton, über unterirdische schiefe Ebenen zur Schiffahrt ꝛc.

Mémoires de l'Acad. roy. des Sciences à Paris. Tom. II.
p. 189; Tom. IX. p. 184. Varignon und de la Hire
über die Kräfte des Keils und der Schraube.

G. F. Baermann, Dissertatio de Cuneo. Witenb. 1751. 4.

A. Tillochs Philosophical Magazine. Vol. I. London
1798. 8. S. 316 f. P. Nicholson über die mechanischen
Kräfte des Keils.

F. W. Gerlach, von der Schraube ꝛc. Wien 1801. 8.

J. H. M. Poppe, Encyclopädie des gesammten Maschinenwesens. Th. II. III. IV. VI. Artikel: Einfache Maschinen, Hebel, Rad an der Achse, Schiefe Ebene,
Keil, Schraube.

III.

Mittel zum Fortpflanzen und Reguliren einer Bewegung.

1. Die Räderwerke.

§. 68.

Zur Einrichtung von Maschinen sind diejenigen
Mittel, wodurch man eine Bewegung von einem gewissen Orte aus nach andern Orten hin, und zwar in
mancherley Richtungen, fortpflanzen kann, von höchster
Wichtigkeit. Ohne diese Mittel könnten die allermeisten
Maschinen gar nicht existiren. Besonders nützlich zu
solchen Fortpflanzungen sind die Seilräder und die
gezahnten Räder (Zahnräder).

Seilräder sind Räder, um deren Peripherie (auf
ähnliche Art wie bey den Rollen §. 47 f.) straffe Seile,
Schnüre oder Riemen geschlagen sind, um dadurch die
Bewegung des einen Rades nach dem andern und nach

mehreren hin fortzuleiten. Oft geht das Seil oder die Schnur von einem Rade hinweg um eine Rolle oder um eine Walze und dann werden diese dadurch auf gleiche Art in Bewegung gesetzt.

Fig. 7. Taf. II. zeigt eine solche Verbindung von zwey Rädern, oder auch eines Rades und einer Rolle mittelst eines Seiles. Wird *A* bewegt, so läuft wegen der Reibung, die das Seil auf der Peripherie der Räder bewirkt, auch *B* um. Ist *B* so groß als *A*, so läuft es begreiflich mit derselben Geschwindigkeit wie *A* um; ist es aber kleiner, so verhält sich die Zahl seiner Umläufe zur Umwälzung des *A* umgekehrt wie die Peripherie des *A* zu seiner Peripherie oder wie der Durchmesser des *A* zu seinem Durchmesser. So würde demnach *B* vier Umläufe während einer Umdrehung des *A* machen, wenn sich der Durchmesser des *B* zum Durchmesser des *A* wie 1 : 4 verhält.

Solche Seilräder findet man unter andern bey Schleifmaschinen, Polirmaschinen, Spinnmaschinen, Krempelmaschinen ꝛc. angewandt. — Unter Seilrad kann man aber auch eine liegende Winde verstehen, deren Wellbaum ein ungezahntes Rad enthält, über dessen Stirn ein Seil ohne Ende gelegt ist. Eiserne Gabeln neben der Spur oder Rinne des Seils verhindern dessen Abrutschen.

§. 69.

Ungleich nutzbarer zum Fortpflanzen der Bewegung sind allerdings die gezahnten Räder oder Zahnräder (§. 46.). Um eine verschiedene Umlaufsgeschwindigkeit zu erhalten, so greift gewöhnlich ein Rad in ein verhältnißmäßig kleineres Rad ein, welches man

Getriebe oder Trilling nennt. Die Zähne dieser
Trillinge, denen man den Namen Triebstöcke giebt,
sind oft nur runde Stöcke, die in gleicher Entfernung
von einander zwischen zwey kreisförmigen Scheiben in
kreisförmiger Runde befestigt sind. Gehen die Zähne
eines Rades mit dem Halbmesser nach einerley Richtung hin, so heißt es Stirnrad; stehen aber die Zähne
auf der Peripherie des Rades senkrecht, folglich parallel mit der Welle des Rades, so wird es Kammrad
oder Kronrad genannt. Ein solches Kammrad dient,
um eine horizontale Bewegung in eine vertikale, oder
umgekehrt, eine vertikale Bewegung in eine horizontale
zu verwandeln. — So ist *A* Fig. 8. Taf. II. ein Stirnrad, welches in ein liegendes (horizontales)
Getriebe *a* eingreift. Die Welle dieses Getriebes enthält ein Kammrad *B*, dessen Zähne in ein stehendes (vertikales) Getriebe *b* eingreifen. Hier sieh-
man also deutlich die Verwandlung der horizontalen
Bewegung in die vertikale.

Alle Arten von Mühlen, die Uhren und mancherley
Arten von Hebzeugen bewähren unter andern die hohe
Nützlichkeit der Räderwerke.

§. 70.

Wenn ein Rad ein Getriebe in Bewegung setzt,
so schiebt begreiflich jeder Zahn des Rades einen Triebstock des Getriebes weiter, folglich wird das Getriebe
einmal herumgekommen seyn, wenn so viele Triebstöcke von eben so vielen Zähnen fortgeschoben sind, als
das Getriebe in seinem ganzen Umkreise Triebstöcke enthält. Hat das Rad *A* Fig. 8. Taf. II. 80 Zähne und

das Getriebe *a* 8 Triebstöcke, so schieben 8 Zähne des Rades das Getriebe einmal herum, folglich werden die 10mal 8 oder alle 80 Zähne des Rades das Getriebe 10mal herumdrehen. Man findet daher die Anzahl der Umläufe des Getriebes während einem Umgange des in das Getriebe greifenden Rades, wenn man die Anzahl der Zähne des Rades durch die Anzahl der Triebstöcke des Getriebes dividirt. So giebt in jenem Beyspiele $\frac{80}{8} = 10$ die Anzahl der Umdrehungen des Getriebes *a* während einem Umgange des Rades *A*.

Das Rad *B*, welches an der Welle des Getriebes *a* festsitzt, kommt mit dem Getriebe begreiflich zu gleicher Zeit herum. Gesetzt, das Rad *B* habe 60 Zähne und griffe in das Getriebe *b* von 6 Triebstöcken. Alsdann schieben wieder 6 Zähne des Rades die 6 Triebstöcke des Getriebes weiter, folglich das Getriebe einmal herum. Das Getriebe *b* kommt daher während einem Umlaufe des Rades *B* $\frac{60}{6} = $ 10mal herum.

Da nun das Rad *B* selbst 10 Umläufe während einer Umdrehung des Rades *A* macht, so ist die Zahl der Umläufe des Getriebes *b* = 10 . 10 = 100 während einem Umgange des Rades *A*. Um also bey einem Räderwerke die Anzahl der Umläufe des letzten Getriebes oder Rades während einem Umgange des ersten zu finden, so braucht man blos das Produkt der Zähne der Räder durch das Produkt der Triebstöcke der Getriebe zu dividiren; alsdann giebt der Quotient das verlangte Resultat. In dem obigen Beyspiele wäre es

$$= \frac{80 . 60}{8 . 6} = 100.$$

Hätte von drey Rädern das erste 100, das zweyte 80, das dritte 60 Zähne und von drey damit durch den Eingriff verbundenen Getrieben das eine 10, das andere 8 und da dritte 6 Triebstöcke, so wäre die Zahl der Umläufe de letzten Getriebes während einer Umdrehung des ersten Rades

$$\text{des} = \frac{100 \cdot 80 \cdot 60}{10 \cdot 8 \cdot 6} = 10 \cdot 10 \cdot 10 = 1000.$$

Bestände ein Räderwerk aus fünf Rädern und fünf Getrieben und hätte das erste Rad 120, das zweyte gleichfalls 120, das dritte 100, das vierte 80 und das fünfte 48 Zähne, die ersten drey Getriebe jedes 10, das vierte und fünfte jedes 8 Triebstöcke, so machte das letzte Getriebe

$$\frac{120 \cdot 120 \cdot 100 \cdot 80 \cdot 48}{10 \cdot 10 \cdot 10 \cdot 8 \cdot 8} = 86400 \text{ Umläufe}$$

während einer Umdrehung des ersten Rades. Brauchte nun das erste Rad 24 Stunden zu einem Umgange, so ließ das letzte Getriebe in einer Sekunde einmal herum (weil 86400 Sekunden = 24 Stunden.

§. 71.

Begreiflich darf man das Verhältniß des Rad-Durchmessers zum Getriebe-Durchmesser nicht willkührlich annehmen, vielmehr muß es sich nach der Anzahl Zähne und Triebstöcke richten, wenn der Eingriff ordentlich von statten gehen soll; und zwar muß sich der Durchmesser des Rades zum Durchmesser des Getriebes eben so verhalten wie die Anzahl der Zähne des Rades zur Anzahl der Triebstöcke des Getriebes. Nur so kann die Entfernung der Zähne und der Triebstöcke von einander passend eingerichtet werden. Greift ein Rad von 60 Zähnen in ein Getriebe von 10 Triebstöcken ein, und

nennt man den Durchmeſſer des Rades D, des Getriebes d; ſo verhält ſich

$$D : d = 60 : 10 = 6 : 1.$$

Es ergiebt ſich alſo immer aus der Anzahl Zähne des
Rades und der Triebſtöcke des Getriebes das Verhältniß des Rad-Durchmeſſers zum Getriebe-Durchmeſſer;
ſo wie ſich umgekehrt aus dieſem Verhältniſſe das
Verhältniß der Anzahl Zähne des Rades zur Anzahl
Triebſtöcke des Getriebes ergiebt. Daſſelbe Verhältniß
findet auch (nach §. 46.) für Laſt und Kraft ſtatt.

§. 72.

Iſt das Verhältniß der Umläufe des letzten Rades
oder Getriebes zu einem Umgange des erſten gegeben,
ſo kann man daraus die Anzahl Räder und Getriebe
ſelbſt, ſammt der Anzahl ihrer Zähne und Triebſtöcke
finden. Man zerfällt nämlich den Exponenten jenes
Verhältniſſes, der ein Bruch mit dem Nenner 1 iſt,
in ſo viele Faktoren, als man Räder und Getriebe haben will, oder als man ihre Anzahl für gut hält;
multiplicirt man dann Zähler und Nenner jedes einzelnen dieſer Brüche mit einerley (für die Triebſtöcke
des Getriebes gewählten) Zahl, ſo verändert ſich dadurch der Werth dieſer Brüche oder Faktoren, folglich
auch das angenommene Verhältniß nicht, und man
bekommt dann die richtige Anzahl von Zähnen und
Triebſtöcken.

Nimmt man z. B. das Verhältniß der Umdrehungen des erſtern zum letzten Rade wie 1 : 80 an, ſo iſt
$\frac{80}{1}$ der Exponent dieſes Verhältniſſes. Dieſen Exponen-

ten kann man in die Faktoren $\frac{10}{1} \cdot \frac{8}{1}$ zerfällen. Multiplicirt man nun Zähler und Nenner des ersten Bruchs
mit 8, des andern mit 6, so erhält man die Faktoren
$\frac{80}{8} \cdot \frac{48}{6}$. Man bekäme alsdann ein Rad mit 80 und
ein anderes mit 48 Zähnen, so wie ein Getriebe mit
8 und ein anderes mit 6 Triebstöcken. Diese geben
das aufgegebene Verhältniß 1 : 80 wieder; denn
$\frac{80}{8} \cdot \frac{48}{6} = 80.$

Hätte man den Zähler und Nenner sowohl des ersten als auch des andern Bruchs mit 10 multiplicirt,
so hätte man die Faktoren $\frac{100}{10} \cdot \frac{80}{10}$, folglich ein Rad
mit 100 und ein anderes mit 80 Zähnen, und jedes
der zwey Getriebe mit 10 Triebstöcken erhalten. Das
Resultat der Umläufe des letzten Getriebes zu einem
Umgange des ersten Rades wäre dann dasselbe gewe-
sen, nämlich $\frac{100}{10} \cdot \frac{80}{10} = 80.$ — Man hat also die
Wahl unter mehreren Zahlen, die zu einerley Resultat
führen. Welche zu irgend einer Maschine die zweck-
mäßigsten sind, wird man vorzüglich in Hinsicht des
zu Gebote stehenden Raumes aus dem Verhältniß der
Durchmesser für die Räder und Getriebe beurtheilen.

Soll das Verhältniß der Zahl der Umdrehungen des ersten
Rades zu derjenigen des letzten wie 1 : 240 seyn, so kann
man $\frac{240}{1}$ in die Faktoren $\frac{24}{1} \cdot \frac{10}{1}$ zerfällen und wenn man
dann zwey Getriebe jedes mit 10 Triebstöcken wählte, so be-
käme man ein Rad von 240 und ein anderes von 100 Zäh-

nen; denn $\frac{240}{10} \cdot \frac{100}{10} = 240$. Da würde aber das erste Rad gar groß ausfallen. Deswegen nimmt man lieber drey Räder und drey Getriebe, indem man den Exponenten $\frac{240}{1}$ in die Faktoren $\frac{10}{1} \cdot \frac{6}{1} \cdot \frac{4}{1}$ zerfällt. Nimmt man nun drey Getriebe jedes zu 10 Triebstöcken, so bekommt man drey Räder von 100, 60 und 40 Zähnen; denn

$$\frac{100}{10} \cdot \frac{60}{10} \cdot \frac{40}{10} = 240.$$

§. 73.

Zuweilen kann man den gegebenen Exponenten nicht in solche Faktoren zerfällen, woraus sich paßliche Räder bilden laßen, zuweilen kann man ihn auch gar nicht in Faktoren zerlegen, (wenn er nämlich eine Primzahl ist). Alsdann bildet man durch Probiren solche Brüche, welche paßliche Räder und Getriebe geben und deren Produkt dem gegebenen Exponenten gleich ist. Wäre z. B. der Exponent $\frac{117}{1}$, so könnte man die Faktoren $\frac{91}{9} \cdot \frac{81}{7}$ wählen, weil $\frac{91 \cdot 81}{9 \cdot 7} = 117$.

Um zu keiner übermäßigen Reibung Anlaß zu geben, so macht man Räder, Getriebe, Wellen und Zapfen nicht stärker, als ihr auszuhaltender Druck erfordert. Die Triebstöcke muß man immer etwas stärker machen, als die Zähne, weil die Triebstöcke wegen ihrer geringern Anzahl den Druck öfter ausstehen. Auch sind kürzere Zähne besser als längere, weil sie nicht so leicht abbrechen, so wie am Rade eine größere Anzahl verstatten. Geht die Zahl der Triebstöcke nicht in der Zahl der Zähne des eingreifenden Rades auf, sind diese Zahlen also Primzahlen unter sich (wie bey $\frac{91}{9}$, $\frac{81}{7}$ u. s. w.), so berührte einerley Zahn nicht so oft denselben Triebstock, es würden Zähne und Triebstöcke besser an einander abgeschliffen und die Gestalt derselben würde übereinstimmender. Aber besser ist es allerdings, den Zähnen gleich eine ursprünglich regelmäßige Gestalt zu geben, dadurch, daß man die Zähne der Kammräder nach der Cycloide, diejenigen der Stirn-räder nach der Epicycloide abründet. Man macht Zähne und Triebstöcke am liebsten aus recht harten dichten Materien und zwar die Zähne aus andern als die Triebstöcke, weil dadurch die Reibung beym Eingriff vermindert wird. Bey kleinern Räderwerken (zu Uhren ꝛc.) macht man die Räder gern von Messing, die Getriebe von Stahl; bey größern (zu Mühlen ꝛc.) macht man z. B. die Zähne aus Weißbüchen-holz, die Triebstöcke aus Weißdorn, wilden Apfelbaum ꝛc. Aber auch Räder großer Maschinen macht man nicht selten aus Eisen. Die eisernen, recht glatten und cylindrischen Wellzapfen läßt man in messingenen, oder noch besser in glockenmetallenen, oder auch in harten steinernen Lagern oder Pfannen laufen.

L. Euler, de aptissima figura rotarum dentibus tribuenda; in den Comment. nov. Acad. scient. imper. Petropol. Tom. V. ad an. 1754. 1755. Petrop. 1760 4. p. 299 f.

A. G. Kaestner, de rotarum dentibus, in den Comment. Soc. reg. scient. Goetting. ad 1781 et 1782.

J. Gerstner, Vergleichung der Kraft und Last beym Rä-derwerk, mit Rücksicht auf die Reibung; in den Neuern Abhandlungen der Kön. Böhm. Gesellsch. der Wissensch. Bd. I. S. 266 f.

J. G. Hofmann, Anleitung zur Verzeichnung der Käm-me des Räderwerks in Mühlen. Königsberg 1802. 8.

Beyträge zur Verbesserung des Mühlenbaues, zwey von der Hamburg. Gesellschaft zur Beförderung der Künste und nützlichen Gewerbe gekrönte Preisschriften (von Uhlhorn und Meißner). Hamburg 1804. 4.

2. Krummzapfen, Kunstkreuze und Stangen-künste.

§. 74.

Unter den Mitteln, eine Bewegung nach verschiedenen Richtungen, und zwar oft mit Ersparniß von vieler Kraft, fortzuleiten, sind in der Maschinenlehre auch
die Krummzapfen oder Kurbeln, die Kunstkreuze und die Stangenkünste oder Gestänge
von großer Wichtigkeit. Der Krummzapfen oder die
Kurbel ist ein gebogener Hebel, wovon das eine Ende
mit der Achse einer Welle in Verbindung gebracht ist,
an dem andern aber die Kraft so wirkt, daß dadurch
der Hebel in die Runde bewegt wird. Mittelst der
Stangenkünste kann das Fortleiten der Bewegung
selbst auf eine große Entfernung hin geschehen. Durch
Krummzapfen oder auch durch Kunstkreuze macht
man die Bewegung der Gestänge hin und her gehend;
man verwandelt durch sie eine kreisförmige Bewegung
in die geradlinichte, oder umgekehrt die geradlinichte in
die kreisförmige. Oft macht man durch Krummzapfen
eine Bewegung recht schnell auf- und niedersteigend.
Durch die Kunstkreuze wird hauptsächlich auch eine horizontale Bewegung in die vertikale und umgekehrt eine
vertikale in die horizontale verwandelt.

Die vornehmste Anwendung findet die Stangenkunst
auf Berg- und Salzwerken, wo sie ihre Bewegung
durch Wasserräder (Kunsträder) mittelst des Krummzapfens erhält. Sie muß da Pumpen betreiben, welche
die Wasser (in Bergwerken das Grubenwasser, auf
Salzwerken die Soole) in die Höhe fördern. Steht die

Stangenkunst frey im Felde, so nennt man sie auch
Feldgeſtänge. Ein ſolches Feldgeſtänge ſchiebt oft
über Berg und Thal, über Chauſſeen und unter Brücken
hin. Iſt das Geſtänge nur kurz (wenn nämlich Kunſt-
räder und Pumpen nahe beyſammen ſtehen), ſo giebt
man ihm den Namen Feldgeſchleppe.

Die Anwendung von Kurbeln ſieht man auch häufig an
allerley Handmühlen, an Haſpeln, an Schleifmaſchinen, an Sägemühlen, an Spinnrädern, Spinnmaſchinen u. ſ. w. Bey Tretſpinnrädern und ähnlichen kleinen Maſchinen, die durch Treten in Bewegung
geſetzt werden, iſt die Kurbel mit einer Stange (einem Arme,
Knechte ꝛc.) verbunden, welche durch ihre auf- und niedergehende Bewegung das Umdrehen der Kurbel und des Rades
bewirkt, an deren Achſe die Kurbel ſitzt. Zuweilen wird
durch Umdrehung der an einer umlaufenden Welle angebrachten Kurbel ein kleines Geſtänge oder eine ähnliche kleine
Vorrichtung ſchnell auf- und nieder bewegt, oder hin und
her geſchoben, wie man unter andern an dem Gatter der
Sägemühlen, an dem Abſtreifekamme der Krempelma-
ſchine, an dem Hin- und Hergange der Siebe in Grützmühlen und des Rechens in Papiermühlen, an dem
Auf- und Zuſchließen der Schenkel einer Scheere bey Tuchſcheermaſchinen, bey Blechſchneidemühlen, Drath-
mühlen ꝛc. und bey ähnlichen Veranlaſſungen ſieht.

§. 75.

Die Geſtalt der gewöhnlichen Kurbel zeigt Fig. 9.
Taf. II. Sie beſteht aus dem Eiſen cb, welches mit
ſeinem viereckigten Ende feſt in die Achſe der Welle ab
getrieben iſt, aus dem Kurbelarme oder dem Theile
cd, gewöhnlich als Hebelsarm der Kraft wirkſam, und
aus dem Handgriffe oder der Warze de. Bey großen

Maſchinen iſt das Ende des Eiſens cb, welches in die Welle kommt, der größern Haltbarkeit wegen noch mit einem Blatte oder einer Art Schaufel verſehen. Der Hebelsarm cd iſt meiſtens gerade; zuweilen wird er aber auch krumm gemacht, wie Fig. 10. Bey vielen Maſchinen, namentlich bey den Handmühlen, wirkt am Kurbelgriffe die Kraft und treibt die Kurbel in die Runde und mit derſelben die Welle ſammt den übrigen Theilen der Maſchine herum. Zuweilen iſt aber auch die Laſt oder der zu überwältigende Widerſtand an dem Kurbel= griffe angebracht (z. B. bey den Tretſpinnrädern, bey dem Gatter der Sägemühlen, bey den Stangenkünſten der Berg= und Salzwerksmaſchinen). Alsdann kommt die bewegende Kraft von der Kurbel=Welle her.

Wird die Kurbel durch eine an ihrer Warze beſchäf= tigten Kraft in Bewegung geſetzt, ſo iſt bey jeder ein= zelnen Umdrehung die Wirkung der Kraft auf die Kur= bel ſehr ungleich. Zieht ein Menſch die Kurbel von oben nach unten zu gegen ſich, ſo kann er, außer ſei= ner Muskelkraft, mit einem großen Theile des Gewichts ſeines Körpers darauf wirken; ſtößt er ſie aber von ſich von unten nach oben hinauf, ſo übt er gar wenige Kraft auf dieſelbe aus. Indeſſen thut bey einer ſchnellen Um= drehung der Kurbel die Trägheit (§. 6.) das ihrige, beſonders da, wo durch die Kurbel=Welle, mittelbar oder unmittelbar, Räder, Scheiben oder Steine (z. B. Spinnräder, Schleifſteine ꝛc.) in Umlauf geſetzt werden. Man ſucht aber die durch Trägheit erzeugte gleichförmi= gere Bewegung, namentlich bey Handmühlen und ähn= lichen größern Maſchinen, durch ein Schwungrad noch weit vollſtändiger zu bewirken. Man verſteht

nämlich unter Schwungrad jedes ungezahnte Rad
mit schwerem Kranze, welches die Eigenschaft hat,
die einmal empfangene Achsenbewegung eine Zeitlang
ohne neuen Antrieb vermöge seiner Trägheit mit derselben Geschwindigkeit fortzusetzen. Je größer und
schwerer es ist, desto vollkommener erreicht man mit
ihm seinen Zweck (§. 20.). Wird ein solches Schwungrad, wie Fig. 12. Taf. II. mit einer Handmühle verbunden, so enthält es nahe an seinem Kranze bey *a*
einen Griff zum Drehen. Alsdann ist *ca* ein Hebelsarm der Kraft.

Man biegt auch wohl die Kurbel in einen doppelten Winkel, wie *c* und *d* Fig. 11. und bekommt so den
gekröpften Haken oder die gekröpfte Stange.
Alsdann kann (wie man es bey manchen Haspeln sieht)
ein Mensch an *c* und ein anderer an *d* fassen; während
nun der eine hinauf drückt, zieht der andere hinunter. Verbindet man mit *c* und *d* Stangen (z. B.
Hebel mit Pumpenstangen), so wird die eine hinaufbewegt, während die andere herabsteigt.

Eigentlich sind auch alle Wasserräder, Windflügel, Läufer
in Mahlmühlen, Schleifsteine und ähnliche umlaufende Maschinentheile, welche nach Verhältniß ihrer Geschwindigkeit
in Schwung gerathen und dadurch den gleichförmigen Gang
der Maschine mit befördern helfen, als Schwungräder
anzusehen. Zuweilen vertreten auch solche Maschinentheile
ganz allein die Stelle des Schwungrades, wie z. B. die Läufer in Windmühlen.

Recht sehr für manche Zwecke der Anwendung werth, sind,
statt der gewöhnlichen starken Krummzapfen, die englischen
Kurbelscheiben, welche weniger Masse als die Kurbeln
besitzen und sich doch durch größere Stärke, Dauerhaftigkeit,
mehr Gleichförmigkeit im Umdrehen und andere Eigenschaften
auszeichnen.

§. 76.

Iſt die Kurbel zur Ueberwältigung eines Widerſtan-
des, z. B. zur Treibung eines Sägegatters, einer Stan-
genkunſt ꝛc. beſtimmt, ſo kann von wirkſamer Correction
durch Schwungkraft keine Rede ſeyn. In dieſem Falle
muß man folgendes bedenken. Beym höchſten und tief-
ſten Stande der Warze ſteht die Kurbelſtange *cd* Fig. 9.
lothrecht und in dieſen Stellen iſt das Moment der
Laſt = 0. In allen übrigen Stellen weicht die Lage
der Kurbelſtange von der lothrechten um einen gewiſſen
Winkel ab. Am größten iſt dieſer Abweichungswinkel
in der horizontalen Lage des Kurbelarms; folglich iſt
da auch das ſtatiſche Moment am größten. Von da
nimmt bey Drehung der Kurbel, dieſes Moment nach
unten erſt bis auf 0 ab, dann bey der Beſchreibung
des folgenden Viertelkreiſes wieder bis zum horizontalen Halbmeſſer zu, von da bis zum vertikalen Stande
wieder ab; u. ſ. f. Es kann alſo während des Umlaufs
der Warze wegen jenes ſteten Moment-Wechſels keine
recht gleichförmige Bewegung ſtatt finden. — Fig. 10.
Taf. II. ſieht man eine Kurbel (und zwar eine gekrümmte) wo erſt *ca*, dann, bey Umbrehung der Kurbel, *cb* den Hebelsarm der Laſt abgiebt, und wo man
leicht das Abnehmen dieſes Hebelsarms bis 0, dann
wieder das Zunehmen deſſelben begreifen wird.

K. Chr. Langsdorf, Fortſetzung des Lehrbuchs der Hydraulik, welche eine Theorie der Schwungräder und ihre
Anwendung bey Maſchinen enthält. Altenburg 1796. 4.

Deſſen Theorie des Krummzapfens ꝛc. Erlangen 1803. 8.

Deſſen neuere Erweiterungen der mechaniſchen Wiſſen-
ſchaften. Mannheim und Heidelberg 1816. 8. S. 120 f.

H. E. Brodreich, Verſuch einer Theorie des Schwungrades und der Kurbel ꝛc. Frankfurt a. M. 1805. 8.

§. 77.

Durch diejenigen, von Holz verfertigten Winkelhebel, welche man Kunstkreuze nennt, bewirkt man eine auf= und niederspielende Bewegung; auch verwandelt man durch sie auf= und niederspielende Bewegungen in hin= und hergehende, oder umgekehrt hin= und herge= hende in auf= und niedergehende. Meistens sind sie mit der Stangenkunst verbunden.

So ist *dgef* Fig. 13. Taf. II. ein Kunstkreuz. Es bekommt um seinen Mittelpunkt eine in einer vertikalen Ebene liegende Bewegung. Wenn an seinem einen Arme *d* eine vertikale Stange *l* angebracht ist, welche eine auf= und niederspielende Bewegung hat, so wird dadurch das Kunstkreuz in eine auf= und niederwiegende Bewegung versetzt. Sind nun an den vertikalen Ar= men *g* und *f* des Kreuzes gehörig unterstützte horizon= tale Stangen oder Arme angebracht, so kommen diese in eine hin= und herschiebende Bewegung; und ist eine solche Stange mit einer Kurbel *ab* verbunden, so wird diese, folglich auch die Welle, worin sie steckt, sammt dem etwa mit der Welle vereinigten Räderwerke, durch die Bewegung der Stange in Umdrehung gesetzt. Die Bewegung des Apparats kann aber auch von der Welle *a* herrühren. Alsdann bringt umgekehrt die Welle das Gestänge in eine hin= und herschiebende Bewegung; durch das bey *g* oder bey *g* und *f* mit dem Kunstkreuze verbundene Gestänge kommt jenes in ein Auf= und Nie= derwiegen und dadurch können Stangen (z. B. Pumpen= stangen) in eine auf= und niedersteigende Bewegung versetzt werden, so daß von den Stangen *l* und *m* im=

7

mer abwechselnd eine niedersinkt, während die andere
emporsteigt.

Das Kunstkreuz braucht aber nicht immer ein ganzes Kreuz zu seyn, d. h. nicht immer alle vier Arme
zu besitzen. Oft sind nur drey Arme nöthig, wie a,
b und c Fig. 15. und dann ist das Kunstkreuz ein halbes.
Zuweilen sind auch zwey Arme hinreichend und dann ist
das Kreuz ein Viertelskreuz, wie man zwey derselben bey Fig. 16. sieht.

Wenn die von dem Kunstkreuze in Bewegung zu
setzenden Stangen unmittelbar von den Enden der Arme
herabhängen, wie bey d und e Fig. 13., so können sie sich
nicht genau in einer vertikalen Linie auf und nieder bewegen. Dieser Unvollkommenheit hilft man, wie Fig. 15.
und 16. zeigt, durch Gelenkketten und an den Enden
der Kreuzarme angebrachte bogenförmige Theile ab.
An letzteren und an den Stangen, welche auf- und
niederbewegt werden sollen, sind die Ketten befestigt,
die nun, bey der Bewegung der Kreuze und ihrer bogenförmigen Arme, immer von einerley Punkte herabhängen, der stets das Ende eines und desselben horizontalen Halbmessers ausmacht.

§. 78.

Die Haupttheile der Stangenkunst sind fichtene
oder tannene in einander verkammte, oft auch an
ihrer Vereinigungsstelle mit angeschraubten Eisen (Ba-
ckeneisen, Wangeneisen) belegte Schubstangen
(Zugstangen), wie kk Fig. 13., cc Fig. 14., ee Fig. 15.
Da solche Schubstangen auf keine große Länge ganz
frey fortgeführt werden können, so giebt man ihnen

von Strecke zu Strecke Unterstützungen. Diese Unterstützungen müssen aber beweglich seyn, damit die Reibung möglichst verringert werde. Sie bestehen entweder aus bloßen Walzen, auf deren Peripherie die Schubstangen hin- und herrollen können, oder aus geraden Armen, sogenanuten Leitarmen, Lenkern, Schwingen, welche sich in zweckmäßigen Lagern oder Pfannen um cylindrische Zapfen hin- und herwiegen. Die ganze Unterstützungsvorrichtung wird gewöhnlich Kunst-Bock genannt. Je länger das Gestänge ist, desto mehr Kunstböcke sind nöthig. Das Gestänge ist aber desto länger, je weiter die bewegende Kraft (das fließende Wasser mit den Kunsträdern) von denjenigen Theilen entfernt ist, welche eigentlich vermöge des Zwischengeschirrs (des Gestänges) in Bewegung gesetzt werden sollen.

In Fig. 13. stellte cc doppelte Schwingen vor, weil sie ein doppeltes Gestänge halten, d. h. an ihren beyden Enden mit Schubstangen versehen sind. Fig. 14. zeigt eine schwebende Schwinge d, welche auf ähnliche Art wie eine Thür um ihre Angeln schwingt. Fig. 15. sieht man bey de eine stehende Schwinge, welche um eine Welle hin und her schwingt. Denkt man sich de umgekehrt, so hat man eine hängende Schwinge.

Nach Langsdorf kann bey den Schubstangen die Entfernung der Unterstützungen 24 bis 30 Pariser Fuß betragen, die Breite der Stangen 4 bis 6 Zoll, ihre Höhe 5 bis 7 Zoll. Derselbe sehr gelehrte und erfahrne Mann schätzt den Widerstand, den die einzelnen 24 Fuß langen, 6 Zoll breiten und 7 Zoll hohen Schubstangen ertragen können, auf 120 und mehrere Centner.

7 *

§. 79.

Mittelſt der Kunſtkreuze (§. 77.) giebt man den Schubſtangen an der beſtimmten Stelle eine neue Richtung. Ständen auf d und e Fig. 13. ein Paar Stangen (oder auf e auch nur eine), ſo verwandelte man die horizontale Bewegung in eine in die Höhe gehende vertikale. Nun kann man die Enden der vertikalen Stangen wieder mit den Enden der horizontalen Arme eines zweyten Kreuzes verbinden, welches dann wieder in ein ſolches Auf- und Niederwiegen gebracht wird, daß man mit ſeinen vertikalen Armen wieder horizontale Schubſtangen verbinden kann. Und ſo iſt man im Stande, durch eine Verbindung von Schubſtangen mit den dazu gehörigen Schwingen und Kunſtkreuzen eine Bewegung weit hin, bald hinaufwärts, bald ſeitwärts zu verpflanzen.

Aber auch Zwillinge und Wendeböcke oder Werkſtempel ſind ſehr nothwendig, um einer Bewegung eine andere Richtung zu geben, namentlich um eine horizontale Bewegung des Geſtänges theils ſchräg an einer Anhöhe hinaufzuführen, auch wieder von einer Anhöhe ſchräg herabzuleiten, theils ſie unter einem Winkel horizntal zu brechen, dem Wege des Geſtänges eine andere Richtung zu ertheilen, auch daſſelbe etwa um einen Berg herumzuführen. Der Zwilling, zu dem erſtern Zwecke beſtimmt, iſt ein bald mehr bald weniger ſpitziger, zuweilen auch ein rechter Winkelhebel, wie b Fig. 14., der ſeinen Scheitel in einer kleinen horizontalliegenden hin- und herwiegenden Welle hat. Ein ſolcher Zwilling ſchwingt in einer vertikalen Fläche, während der eben ſo geſtaltete Wendebock oder Werk-

stempel an einer vertikal stehenden Welle in einer horizontalen Fläche hin und her sich bewegt. Der Zwilling
steht mit seiner Welle *b* auf dem höchsten Gipfel der
Anhöhe. Kommt die Direction der Bewegung von *a*
schräg herauf, so kann mittelst des Zwillings oben wieder ein horizontales Gestänge betrieben werden. Führte
oben die Richtung der Schubstangen herunterwärts
nach *cf*, so würde ein schräg herunterwärts gehendes
Schieben statt finden. Wo möglich macht man den
Winkel der Zwillinge und Werkstempel von einer solchen
Größe, daß die Schubstangen unter rechten Winkeln
auf ihre Arme losgehen.

§. 80.

In die Warze des Krummzapfens wird, wie man
bey *b* Fig. 13. sieht, eine stärkere Stange gehängt, als
die übrigen Schubstangen sind, nämlich die sogenannte
Bläuelstange oder Korbstange. Das Loch in
ihrem Kopfe, welches die Warze aufnimmt, ist mit
einer eisernen Büchse gefüttert, die auf jeder Seite einen Flügel hat. Eiserne Ringe, welche über jene Flügel gehen, verhindern das Herausrutschen der Büchse.

Wenn nun das Wasserrad oder Kunstrad in Umdrehung ist, so wird das Gestänge Fig. 13—16. hin-
und hergeschoben und die Fortpflanzung der bewegenden
Kraft geschieht auf die bewußte Art. In Fig. 16. sind
die Schubstangen so mit den Viertelskreuzen verbunden,
daß sich, beym Fortschieben des Gestänges *m* nach der
rechten Seite hin, der Arm *o* hinunter-, der Arm *r*
hinaufwiegt, beym Fortschieben nach der linken Seite
umgekehrt der Arm *o* hinauf-, der Arm *r* aber hinunterbewegt.

Hat beym Hin- und Hergange der Schwingen der angegriffene Punkt derselben die Hälfte seines Weges zurückgelegt, so steht die Stangenkunst im Mittel. Alsdann muß jede Stange im angegriffenen Punkte des Lenkers einen rechten Winkel mit derjenigen Linie machen, welche sich von diesem Punkte bis zur Umdrehungsachse des Lenkers ziehen läßt. Alle Schwingen müssen aber auch gleich lang seyn und alle Hauptpfosten (Unterstützungspfosten) müssen, so weit das Gestänge nach einer geraden Linie fortgeführt werden soll, in einer einzigen geraden Linie stehen, oder die Mittelpunkte aller in den Backen liegenden Pfannen, worin die Zapfen der Säulchen sich drehen, müssen insgesammt in einerley Vertikalfläche liegen.

A. G. Kästner, geometrische Betrachtung über das Feldgestänge; in den Nov. Comment. Societ. reg. scientiarum Gotting. Tom. II. Gotting. 1772. 4.

C. T. Delius, Anleitung zu der Bergbaukunst. Wien. 1773. 4. S. 354 f.

L. F. Cancrinus, erste Gründe der Berg- und Salzwerkskunde. Th. VII. Abth. II. Frankfurt a. M. 1773. 8. S. 113 f.

K. Ch. Langsdorf, vollständige Anleitung zur Salzwerkskunde. Altenburg 1784. 4. S. 228 f.

Dessen Lehrbuch der Hydraulik. Altenb. 1794. 4. S. 501 f. Fortsetzung dieses Lehrbuchs. 1796. 4. S. 758 f.

J. Baader, neue Vorschläge und Erfindungen zur Verbesserung der Wasserkünste beym Bergbau und Salinenwesen. Baireuth 1800. 4.

D. Gilly und J. A. Eytelwein, praktische Anweisung zur Wasserbaukunst. Heft 2. Berlin 1803. 4.

h. Gezahnter Rahmen, gezahnte Welle und ähnliche Vorrichtungen.

§. 81.

Folgender gezahnte Rahmen, (gezahntes Gatter) kann in manchen Fällen mit Nutzen ange-

wendet werden. Man giebt der Welle f Fig. 1. Taf. III.
eines Wasserrades, einer Kurbel rc. einige Zähne, welche an zwey gegenüberliegenden Seiten in Zähne eines
Rahmens greifen können, in deſſen Mitte die Welle
umläuft. Die Welle kann vier Zähne und jede innere
Seite des Rahmens ebenfalls vier Zähne enthalten.
Der Rahmen iſt zwiſchen zwey Bäumen in Falzen beweglich; am beſten iſt es, wenn er, um die Reibung
zu verringern, auf Rollen geht. Wenn ſich nun die
Welle umdreht, ſo greifen ſeine Zähne erſt in die obern
Zähne des Rades und ſchieben es, etwa in der Richtung cd, vorwärts. So wie der letzte Zahn der Welle
oben von dem Gatter abgeht, ſo greifen die Wellzähne
in die untern Zähne des Gatters und ziehen es wieder
in der Richtung ab zurück; u. ſ. f. Das Gatter bekommt
alſo dadurch eine hin- und herſchiebende Bewegung.

Allerdings kann dieſe Vorrichtung in manchen
Fällen ſtatt der Kurbel gebraucht werden. Bey Umdrehung der Kurbel (§. 80.) wird die Bläuelſtange unter
einem mit dem Horizonte ſpitzigen Winkel hin- und
hergezogen und bey einer ſolchen ſchiefen Richtung geht
immer ein Theil der Kraft verloren. Bey jenem Gatter
findet dieſer Fehler nicht ſtatt.

Bey Mangen (oder Zeugrollen) iſt eine ſolche Vorrichtung ſchon mit Nutzen angewendet worden. Die Kurbel an
der Welle f braucht dann nur immer nach einerley Richtung
gedreht zu werden, um dem Rollkaſten die hin- und hergehende Bewegung zu geben. Auch bey Spiegel-Schleif-
mühlen möchte dieſe Vorrichtung eine nützliche Anwendung
finden können. Auch zur Bewegung von Pumpen wäre ſie zu
benutzen. Man braucht nur eine daran befeſtigte Stange g
(eben ſo wie kg Fig. 13. Taf. II.) mit einem vertikalen Arme des

Kunstkreuzes zu verbinden, von dessen horizontalen Armen
die Pumpenstangen herabhängen. Selbst in großer Entfernung
könnte diese Vorrichtung durch ein Gestänge fortgesetzt werden.

§. 82.

Eine eigne Art, die auf- und niedergehende Bewegung durch eine gezahnte Welle zu bewirken,
zeigt Fig. 2. Taf. III. Die Welle ist auf einer Seite
oben, auf der andern entgegengesetzten unten in einem
Halbkreise wie ein Getriebe gezahnt. In jede Zahnung
greifen die Zähne einer Stange ac und bd so ein, daß
beym Umlauf der Welle durch den Eingriff abwechselnd
ac herunter- und bd hinauf- und dann wieder bd hin-
unter- und ac hinaufgezogen wird. Sind nun die
Stangen ac und bd mit einem Kunstkreuze verbunden,
so wird dies dadurch in eine auf- und niederwiegende
Bewegung gesetzt.

Wenn eine auf- und niederspielende an einer Seite
gezahnte Stange (wie die Kolbenstange an dem Hauptcylinder der Dampfmaschine) in ein zur Seite angebrachtes Stirnrad greift, so wird dasselbe beym Auf-
und Niedergange der Stange hin- und hergedreht. Ist
nun dieses Rad mittelst eines Gesperres so mit einem
andern concentrischen Stirnrade verbunden, daß beym
Aufgange der gezahnten Stange blos das in dieselbe
greifende Rad gedreht wird, das an der Achse sitzende
zweyte Stirnrad vermöge des Gesperres aber nur beym
Niedergange der Stange, so bewegt sich das letztere
Rad blos nach einer Richtung herum. Ist nun die
Bewegung der Stange sehr schnell, so wird die Zwischenzeit, welche auf dem Hinaufwegen der gezahnten
Stange verstreicht, als verschwindend anzusehen seyn

und in dieser Zwischenzeit das zweyte Rad, vermöge
seiner Trägheit, sich doch mit der einmal erhaltenen
Geschwindigkeit herumbewegen und nach der gewöhnlichen Art durch den Eingriff auf Getriebe und andere
Räder wirken. — So wäre also dieses eine eigene Methode, die geradlinichte Bewegung in eine kreisförmige
zu verwandeln.

Mittelst eines bloßen Hebels kann das Hin- und Herbe-
wegen gleichfalls geschehen, wenn der eine Hebelsarm von
dem Däumlinge einer umlaufenden Welle zur Seite gedrückt,
und gleich hinter her wieder von einer starken Stahl- oder
Holzfeder in seine vorige Lage geschnellt wird. In Drath-
mühlen sieht man solche Vorrichtungen.

4. Elliptische Scheibe und Herzscheibe.

§. 83.

Elliptische Scheiben werden zuweilen angewandt, um etwas abwechselnd zu heben und wieder
sinken zu lassen. Dreht sich die elliptische Scheibe um
ihren Mittelpunkt, so muß sie das, was auf ihrem
Rande liegt, bey einer Umdrehung zweymal zum
Heben und zweymal zum Niedersinken bringen. Der
höhere Theil der Scheibe, nach dessen Richtung die
größte Achse der Ellipse geht, verrichtet das Heben,
und so wie niedrigere (dem Mittelpunkte der Ellipse
nähere) Theile der Scheibe kommen, so sinkt auch dasjenige wieder, was auf dem Rande liegt.

Solche elliptische Scheiben kann man begreiflich
nur da mit einigem Vortheil anwenden, wo die Größe
der auf- und niedergehenden Bewegung nur gering zu
seyn braucht. Bey manchen Schlagwerken in Uhren hebt eine elliptische Scheibe, indem sie sich herum-

bewegt, einen Arm bald in die Höhe, bald läßt sie ihn sinken, um dadurch das Schlagen des Hammers zu bewirken. Zu Pumpenwerken und andern Heb-werken, wozu man sie in ältern Zeiten gleichfalls anwandte, hat sie andern bessern Vorrichtungen Platz machen müssen.

§. 84.

Wichtiger ist in der neuern Mechanik die Herz-förmige Scheibe geworden, besonders seitdem man sich derselben mit Nutzen bey den englischen Spinn-maschinen und bey dem sinnreichen Spinnrade des Engländers Antis bedient. Bey den Spinnma-schinen muß sie die in lothrechter Stellung herumlau-fenden Spuhlen wechselsweise allmählig immer mehr und mehr erheben und niederlassen; bey Antis Spinn-rade aber muß sie die Spuhle abwechselnd hin- und herschieben, in beyden Fällen, damit sich das Garn gleichförmig neben einander wickele.

Soll z. B. irgend ein Theil g Fig. 3. Taf. III. mittelst der herzförmigen Scheibe ab eine auf- und niedersteigende Bewegung erhalten, so kann dies oft mit Beyhülfe des Hebels gf und dem Röllchen d am Besten geschehen. Gesetzt, der Hebel habe seinen Um-drehungspunkt in f, das Herz aber sey um den Punkt c beweglich und das Röllchen d liege auf der Peripherie der Herzscheibe. Dreht sich nun das Herz in einer ge-wissen Zeit um den Punkt c (um eine Achse) herum, so wird sich d mit g bald heben bald senken. Es ist am höchsten, wenn es auf dem Ende b des längsten Strahls cb liegt; es senkt sich allmählig immer mehr herab, so wie sich die Scheibe von b nach m, n, o

a zu dreht. Ruht das Röllchen in *a*, so hat es sammt
der mit ihm verbundenen Vorrichtung die niedrigste
Stellung erreicht, weil *ca* am kleinsten unter allen
(mit punktirten Linien angedeuteten) Strahlen ist. Nun
aber werden die Strahlen *ep*, *cq* ꝛc. wieder größer, so
wie sich das Herz noch weiter umdreht; folglich nehmen die Erhebungen des Röllchens *d* wieder zu.
Auf *b* hat es wieder seinen höchsten Stand erreicht.

Soll die Herzscheibe eine auf- und niedersteigende
Bewegung bewirken (wie bey den Spuhlen an Spinn-
maschinen), so ruhen die Spuhlen vermöge des unter
ihnen befindlichen Hebels blos durch ihr Gewicht stets
auf dem Rande der Scheibe. Soll die Scheibe aber
eine allmählich hin- und hergehende Seitenbewegung
erzeugen (wie bey der Spuhle von Antis Spinnrade),
so muß das Zurückdrücken des beweglichen Theils an
den Rand der Scheibe durch eine Feder bewirkt werden.
— Uebrigens muß die Form des Herzens so beschaf-
fen seyn, daß ein stets gleichförmiges Steigen und
Sinken, oder ein gleichförmiges Hin- und Hergehen
des auf- oder anlehnenden beweglichen Theils dadurch
zuwege gebracht wird.

Der berühmte Mechaniker, Ritter von Reichenbach in
München hat dieselbe Scheibe auch zur Betreibung eines
Druckwerks angewandt. — K. Chr. Langsdorf, neue
Erweiterungen der mechanischen Wissenschaften. Mannheim
und Heidelberg 1816. 8. S. 224 f.

§. 85.

Zum Reguliren der Bewegung ist die Schnecke
an einigen Maschinen von nicht geringem Nutzen. Man
versteht nämlich unter Schnecke einen mit schnecken-

förmigen Gängen umwundenen abgekürzten Kegel wie Fig. 4. Ju den Schneckengängen liegt ein Seil oder eine Kette, um mittelst derselben durch irgend eine Kraft die Schnecke um ihre Achse zu drehen (wie bey Taschenuhren), oder durch Umdrehung der Schnecke und Umwickelung eines Seils eine Last herbeyzuziehen (wie bey den Pferdgöpeln mit Spiralkorbe).

Gesetzt, eine Kraft wirke, in stets gleicher Entfernung ag von der Achse pq der Schnecke, mittelst eines Seils oder einer Kette auf die Peripherie der Schnecke, und Seil oder Kette wickeln sich dadurch bey Umwälzung derselben von ihr ab. Alsdann wirkt die Kraft erst bey b, später bey d, hierauf bey f, endlich bey h. Die Kraft wirkt folglich bey b in der kleinsten Entfernung von der Umdrehungsachse, hierauf bey d in einer größern, nach und nach immer in einer größern bey f, h u. s. w. Ihre Gewalt, die Schnecke zu drehen, wird also bey den zunehmenden Entfernungen ihres Angriffspunktes von der Umdrehungsachse immer größer. Die Wirkung der Kraft auf die Schnecke kann daher gleich bleiben, wenn auch die Kraft bey c, e, g immer schwächer wird, so bald nur in demselben Maaße, wie die Kraft bey c, e, g abnimmt, die Entfernung der Pheripherie des Schneckenganges von der Umdrehungsachse pq gewachsen ist.

Hieraus leuchtet unter andern die Wirkung der Schnecke in Taschenuhren hervor, wo sie den Zug der Feder (der beym Ablaufen der Uhr immer schwächer wird) in gleichförmiger Wirkung auf das Räderwerk erhalten muß.

Dritter Abschnitt.

Hydrostatische und hydraulische Lehren.

1. Druck des Wassers im Allgemeinen.

§. 86.

Wenn Wasser (sowie jede andere tropfbare Flüssigkeit) in einem Gefäße r u h t, so liegt kein Tropfen auf
der Oberfläche höher als ein anderer, sondern die ganze
Oberfläche ist vollkommen eben und h o r i z o n t a l.
So lange ein Theil Wasser in dem Gefäße noch höher
liegt, als andere Theile, so lange kann das Wasser
nicht ruhen. Denn wegen der leichten Vorschiebbarkeit
der Wassertheilchen an einander würde der höher liegende Theil vermöge der Schwere in die tiefer liegenden
Stellen hinabrollen, und dies Hinabrollen würde so
lange fortdauern, so lange es noch tiefer liegende Stellen giebt, folglich so lange die Oberfläche des Wassers
nicht vollkommen eben und horizontal geworden ist.
Wenn also umgekehrt, die Oberfläche des Wassers vollkommen eben und waagrecht ist, so sind alle Wassertheilchen in Ruhe oder unter ihnen ist ein vollkommenes
G l e i c h g e w i c h t.

Dieser Hauptgrundsatz der Hydrostatik ist in der Erfahrung
durchaus bestätigt. — Daß man hier andere Kräfte, welche
auf das Wasser wirken können (z. B. von den Wänden des
Gefäßes herrührende Ziehkräfte) bey Seite setzt, versteht sich
wohl von selbst.

§. 87.

Steht Wasser in einem Gefäße Fig. 5. Taf. III.
horizontal bis ab, und man könnte aus der Wasser-

masse einen Theil Wasser *c* so herausnehmen, daß um
die Vertiefung herum augenblicklich feste Wände ent-
ständen, so würde sich in dem Stande *ab* des Wassers
nichts verändern; das Wasser bey *b* würde noch eben
so hoch stehen, als bey *a*; und wenn es ja aus dem
Gleichgewicht käme, so würden alle Wassertheile nur
dann wieder ruhen, wenn das Wasser in *a* und in *b*
einerley Höhe erlangt hat. Daher steht in allen Gefäßen, deren innere Räume Gemeinschaft mit einander
haben, das Wasser nur dann in Ruhe, wenn die Höhe
des Wassers in diesen Räumen eine und dieselbe geworden ist, oder wenn die Oberfläche des Wassers in
allen communicirenden Gefäßen in einer und derselben
Horizontalfläche liegt.

Ist eine Röhre *a* mit einem Gefäße *b* Fig. 6. Taf. III.
vereinigt, und man gießt Wasser in das Gefäß, so
steigt das Wasser in der Röhre auf dieselbe Höhe, welche das Wasser in dem Gefäße hat. Bey drey, vier
und mehr mit einander vereinigten Röhren und Gefäßen (wie *a*, *b* und *c* Fig. 7.), findet dasselbe statt.
Gießt man in ein Gefäß Wasser bis zu einer gewissen Höhe, so bewegt sich das Wasser in allen
Gefäßen so lange, bis es in ihnen überall zu gleicher
Höhe gelangt ist. Fließt aus einem Behälter Wasser
in einen andern auch noch so entfernten und noch so
verschieden gestalteten, so muß es, nach erfolgter Ruhe,
in beyden gleich hoch stehen.

Eine geneigte Röhre, oder eine gekrümmte Röhre wirkt
wie eine senkrechte von gleicher Höhe. Hat man eine solche,
so ist ihre Höhe immer ein Perpendikel von ihrer Mündung
bis zu ihrer Grundfläche oder bis zur eingebildeten Verlängerung derselben.

§. 88.

Hat man eine wie Fig. 8. gebogene Röhre, deren einer Schenkel c niedriger ist, als der andere a, worin folglich das Wasser nicht so hoch steigen kann, als in dem andern, hat aber der niedrige Schenkel c oben eine kleine Oeffnung, so springt das Wasser aus dieser Oeffnung bis zu einer Höhe b empor, welche der Höhe des Wassers in dem andern Schenkel a gleich ist. Hat eine Röhre a Fig. 9. mit einem niedrigen verschlosse- nen Gefäße c Gemeinschaft, welches auf seiner Decke eine Menge (vielleicht unzählig viele) kleiner Löcher besitzt, so springt das Wasser aus allen diesen Löchern bis zu einer Höhe empor, die der Höhe des Wassers in der Röhre a gleich ist. (Es sollte wenigstens so hoch springen, wenn nicht gewisse, später zu erörternde Um- stände, diese Höhe etwas verminderten.) Wenn aber das niedrige Gefäß c auf seiner Decke auch keine Löcher enthält, so bleibt doch das Bestreben des Wassers, in dem niedrigen Gefäße bis zu derselben Höhe zu stei- gen, welche das Wasser in der Röhre a hat, und die- ses Bestreben äußert sich nun durch einen Druck, den das Wasser auf die Decke des Gefäßes ausübt. Na- türlich muß dieser Druck dem Gewicht einer Wasser- säule gleich seyn, von einer der Decke des Gefäßes gleichen Grundfläche und (wenn die Röhre a voll Was- ser ist) von einer Höhe cb, zu welcher das Wasser noch emporgestiegen wäre, wenn es gekonnt hätte.

Ist die Röhre, wie Fig. 10. mit dem Gefäße ver- bunden, so wird dadurch jenes Gesetz nicht abgeändert. Der Druck, den (wenn die Röhre f voll ist) die Decke cd erleidet, ist dem Gewicht einer Wassersäule von der

Grundfläche cd und der Höhe ab gleich. — Die Röhre kann übrigens so enge seyn, als sie will. Nur so weit muß sie seyn, daß das Wasser darin frey auf und niederspielen kann. Denn nur auf die Höhe der Röhre oder der darin befindlichen Wassersäule kommt es an, keinesweges auf ihre Weite.

Auf diesen hydrostatischen Grundgesetzen beruht die Wirkung der hydrostatischen Springbrunnen (d. h. derjenigen, welche durch den natürlichen Druck einer hohen Wassersäule springen), des Wolffschen Hebers, des s'Gravesandschen Blasebalgs, der Höllischen Wassersäulemaschine, und der hydrostatischen Presse des Bramah's, des Real und anderer. Schleusenböden, wenn sie nicht recht dicht und gut verwahrt sind, werden oft durch einen solchen Druck einer hohen Wassermasse in die Höhe gehoben, und bey manchen andern Wasserwerken kann unter ähnlichen Umständen gleichfalls mancher Schaden angerichtet werden.

Die Berechnung eines solchen Wasserdrucks ist übrigens leicht. Wäre die Fläche, auf welche der Druck haftet (z. B. e Fig. 9. oder cd Fig. 10.) = 2 Quadratfuß, die Höhe der Röhre über der Decke = 20 Fuß, so wäre der Druck, den die Decke erleidet, gleich dem Gewicht einer Wassersäule von 2 . 20 = 40 Kubikfuß. Nimmt man etwa Pariser Maaß an, und rechnet man den Pariser Kubikfuß Wasser, nach Lavoisier und Brisson, zu 70 Pfund, so betrüge jener Druck 40 . 70 = 2800 Pfund.

§. 89.

Dünne Wassersäulen und dicke Wassersäulen balanciren also mit einander, wenn sie in communicirenden Gefäßen sich befinden. Wenn sie sich aber bewegen, so ist ihre Geschwindigkeit eben so verschieden, als das

Quadrat ihrer Weite im umgekehrten Verhältniß verschieden ist.

Gesetzt, Fig. 6. Taf. III. wären zwey solche, z. B. cylindrische Gefäße; gesetzt, die Weite oder der Durchmesser von *a* wäre 1 Zoll, von *b* 6 Zoll. Alsdann verhält sich die Fläche des Querschnitts von *a* zur Fläche des Querschnitts von *b* wie $1^2 : 6^2 = 1 : 36$. Die Oberfläche des Wassers in *a* wäre also 1, diejenige des Wassers in *b* 36 Quadratzoll groß. Es enthält demnach die 1 Zoll hohe Wassersäule in *a* 1 Kubikzoll, die 1 Zoll hohe Wassersäule in *b* 36 Kubikzoll. Bewegt man nun die Wassersäule in *b* 1 Zoll tief hinunterwärts, so muß die Wassersäule in *b* 36 Zoll hoch aufwärts steigen. Es werden dann nämlich in *b* 36 Kubikzoll Wasser hinunterwärts geschoben; folglich müssen 36 Kubikzoll Wasser auch in *a* eintreten. Da hier auf einem Querschnitt nur 1 Kubikzoll Wasser Raum hat, so müssen die 36 Kubikzoll wohl 36 Zoll hoch emportreten. Dies geschieht nun in derselben Zeit, wo sich das Wasser in *b* nur um 1 Zoll tief hinunterbewegt. — Dasselbe ist begreiflich auch der Fall, wenn das Wasser in *b* steigt; alsdann geschieht die Senkung des Wassers in *a* nach demselben vorhin angegebenen Verhältnisse.

Es findet also hier eine große Aehnlichkeit mit dem Gleichgewicht und der Bewegung des Hebels statt, wo ebenfalls ein großes Gewicht mit einem kleinen balanciren kann, wo aber bey wirklicher Bewegung das kleine Gewicht auch eine um so größere Geschwindigkeit hat, um wie kleiner es gegen das große Gewicht ist.

2. Druck des Wassers gegen Boden und Seiten von Gefäßen.

§. 90.

Der waagrechte Boden eines senkrechten cylindrischen oder prismatischen Gefäßes, wie Fig. 5. Taf. III. wird von dem darin enthaltenen Wasser mit einem Gewichte gedrückt, das der Last des in dem Gefäße befindlichen Wassers selbst gleich ist. Denn alle Wassertheilchen liegen gerade über dem Boden, folglich wirken sie alle vermöge ihrer Schwere mit der Summe ihres Drucks auf den Boden.

Ueberhaupt ist der Druck auf den waagrechten Boden eines Gefäßes gleich dem Gewicht einer Wassersäule von einer der Fläche des Bodens gleichen Grundfläche und von einer der Höhe des Wassers über dem Boden gleichen Höhe. Dies läßt sich aus dem Gesetze vom Druck einer Wassersäule (§. 88.) darthun. Wenn daher ein Gefäß unten am Boden weiter ist, als nach oben zu, so leidet der Boden einen stärkern Druck, als das Gewicht der enthaltenden Wassermasse beträgt, und wenn das Gefäß unten enger ist, so leidet er einen schwächern Druck. Setzt man die Größe des Bodens $= m$ eines Quadratmaßes, die Höhe des Wassers über dem Boden $= n$ des gleichartigen Längenmaßes, so drückt mn die Größe der drückenden Wassersäule in kubischem Maaße aus.

Ist die Größe des Bodens 4 Quadratfuß, die Höhe des Wassers über dem Boden 6 Fuß, so ist der Druck, den der Boden erleidet, dem Gewicht einer Wassersäule von $4 \cdot 6 = 24$ Kubikfußen gleich. Nimmt man Pariser Maaß und den Pariser Kubikfuß Wasser zu 70 Pfund an, so betrüge jener Druck 1680 Pfund.

§. 91.

Wegen der Verschiebbarkeit der Waffertheilchen leidet auch die Seitenwand jedes Gefäßes einen Druck von dem in dem Gefäße enthaltenen Wasser. Dieser Druck steht im Verhältniß mit dem gleichförmig sich ausbreitenden Drucke der Waffertheilchen (§. 2.). Denn wenn man in die Seitenwand eines Gefäßes eine Oeffnung macht, so springt das Wasser augenblicklich in horizontaler Richtung mit einer gewissen Geschwindigkeit hervor. Diese Geschwindigkeit hat mit der Stärke des Drucks, welchen die ausströmenden Waffertheilchen von dem übrigen Waffer erleiden, ein bestimmtes Verhältniß. In jedem Punkte der Seitenwand ist dieser Druck gleich dem senkrechten Drucke (dem Gewichte) eines Wafferfadens von der Höhe des Wafferspiegels über dem bestimmten Punkte, folglich ist der Seitendruck auf eine Fläche der Wand gleich dem senkrechten Drucke (oder dem Gewichte) einer Wassersäule, welche so hoch ist, als die Höhe des Wafferspiegels über dem Mittelpunkte der angenommenen Fläche.

Steht z. B. Fig. 11. Taf. III. das Waffer in dem Gefäße bis a, so leidet die Fläche b an der Wand des Gefäßes einen Druck, welcher dem Gewicht einer Waffersäule von der Grundfläche b und von der Höhe ab gleich ist. Macht man nämlich in b eine Oeffnung und setzt man in dieselbe eine Röhre bcd, so steigt das Waffer in dieser Röhre bis zu einer dem Waffer in dem Gefäße gleichen Höhe; folglich wird der Druck einer Waffersäule, deren Höhe $dc = ab$ ist, diesen Seitendruck aufheben.

8 *

Wäre eine Seitenfläche, welche von ruhendem Waſſer gedrückt wird, 6 Quadratfuß groß, die Höhe des Waſſerſpiegels über dieſer Fläche (immer von dem Mittelpunkte derſelben gerechnet) 8 Fuß, ſo erlitte jene Fläche einen Seitendruck, welcher dem Gewicht einer Waſſerſäule von 48 Kubikfuß, oder dem Gewicht von 48 . 70 = 3360 Pfund gleich
käme, wenn man den Kubikfuß Waſſer (Pariſer Maaß) zu
70 Pfund rechnet.

Eine ſolche Beſtimmung des Seitendrucks iſt hauptſächlich
in der Waſſer-Baukunſt von Wichtigkeit, um darnach
die Stärke von Dämmen, Wehren, Schleuſenwän-
den, Schutzbretern ꝛc. zu beſtimmen. Gewöhnlich macht
man dieſe Sachen, der Sicherheit wegen, noch einmal ſo
ſtark, als nach der Berechnung nothwendig wäre. — Die
Wirkung des Segnerſchen Waſſerrades (der Rück-
würkungsmaſchine, Reaktionsmaſchine), ſo wie
der Barkerſchen Mühle ohne Rad und Trilling
beruht gleichfalls auf dem Seitendrucke des Waſſers.

3. Ausfluß des Waſſers aus Oeffnungen und Durchfluß durch Röhren.

§. 92.

Wenn aus der Oeffnung eines Gefäßes Waſſer fließt,
ſo ſteht die Geſchwindigkeit des herausfließenden Waſſerſtrahls in beſtimmtem Verhältniſſe mit der drückenden
Säule. Je höher die drückende Waſſerſäule iſt, deſto
ſchneller fließt das Waſſer. Vermindert ſich die Höhe
der Säule (oder die Höhe des Waſſerſpiegels über der
Ausflußöffnung), ſo verringert ſich auch die Geſchwindigkeit des ausfließenden Waſſers. Die verſchiedenen
Geſchwindigkeiten des Waſſerſtrahls aus
einerley Oeffnung verhalten ſich nämlich

wie die Quadratwurzeln aus der Höhe des Wasserspiegels über der Ausflußöffnung, so wie die Endgeschwindigkeit bey dem Falle der Körper (§. 14. 15.). Denn der Druck des Wassers durch alle Schichten der Wassersäule wirkt eben so auf die unterste Schicht, als ob diese von der Höhe der Wassersäule herabgefallen wäre. Der seitwärts herausschießende Strahl bleibt nicht geradlinicht, sondern beschreibt wegen der Schwere (eben so, wie die seitwärts geworfenen Körper §. 21.) eine halbe Parabel, deren Gestalt nach dem Verhältnisse jener Geschwindigkeit zur Schwere bestimmt wird.

Setzt man die veränderten Höhen des Wasserspiegels über einer Ausflußöffnung 1, 4, 9 u. s. w.; so verhält sich die Geschwindigkeit des ausfließenden Wassers bey diesen Höhen wie 1, 2, 3 u. s. w. (§. 93.) Der Entdecker dieses Gesetzes war der berühmte Torricelli (S. Kästners Hydrodynamik. Gött. 1797. 8. S. 67 f.). — Ist der Wasserstrahl steigend (wie bey den Springbrunnen), so wird seine Geschwindigkeit geradezu durch die Schwere vermindert.

§. 93.

Auch Newton bewieß es, daß die Geschwindigkeit des aus einer Seitenöffnung schießenden Wassers so groß ist, als die Geschwindigkeit, welche ein von gleicher Höhe, wie die Höhe des Wasserspiegels über der Oeffnung, frey herabfallender Körper erlangen würde. Wenn sich nun die Geschwindigkeiten der aus einerley Oeffnung hervorschießenden, aber verschiedene Wasserspiegelhöhen (Druckhöhen) besitzenden Wasserstrahlen wie die Quadratwurzeln aus diesen

Höhen verhalten (§. 92.), so müssen sich natürlich die Ausflußmengen aus jener Oeffnung (oder überhaupt aus gleichen Oeffnungen) eben so verhalten. Dies beweißt sich dadurch, daß bey einerley Ausflußöffnung zur doppelten Ausflußmenge auch doppelte Geschwindigkeit des auslaufenden Wassers gehört, daß überhaupt die Geschwindigkeit des auslaufenden Wassers der Ausflußmenge proportional seyn muß. Indessen hat schon Newton durch angestellte Versuche gefunden, daß die Erfahrung nicht genau mit jener Theorie übereinstimmt, daß diese nämlich die Geschwindigkeit zu groß angiebt. Denn nicht nur die Friktion, sondern vornehmlich die Biegung der Wassertheilchen, ehe sie die Oeffnung erreichen, und die Zusammenziehung in der Oeffnung selbst, verringern die Geschwindigkeit des ausfließenden Wassers. Dieses ist in der Folge durch Versuche anderer Männer bestätigt worden. Wenn man die berechnete Geschwindigkeit 1 nennt, so war die beobachtete

nach Newton 0,707
: Bossüt 0,615
: Banks 0,750
: Michelotti 0,625
: Helsham 0,705
: Smeaton 0,631

Das arithmetische Mittel hieraus wäre 0,672.

Auch die Versuche des Venturi, Gulielmini, Langsdorf, Eytelwein u. a. stimmen hiermit ziemlich genau überein. (S. Langsdorfs Lehrbuch d. Hydraulik. S. 4 f.; Eytelweins Handbuch der Mechanik und Hydraulik. S. 107 f.)

Nach Boffüt (Lehrbuch d. Hydrodynamik, überſ. von Langsdorf, Bd. II. S. 47.) iſt für eine freisförmige Oeffnung von 1 Zoll Durchmeſſer bey einer Druckhöhe von 1 Fuß die Waſſermenge 2722 Par. Kub. Zoll

"	"	2	"	"	3846	" " "
"	"	4	"	"	5436	" " "
"	"	8	"	"	7672	" " "
"	"	9	"	"	8135	" " "

Weil ſich nun die Waſſermengen wie die Geſchwindigkeiten und dieſe wie die Quadratwurzeln aus den Druckhöhen verhalten, ſo müßte

$$\sqrt{1} : \sqrt{4} = 2722 : 5436$$
$$\sqrt{1} : \sqrt{9} = 2722 : 7135$$
$$\sqrt{2} : \sqrt{8} = 3846 : 7672$$
$$\sqrt{4} : \sqrt{9} = 5436 : 8135$$

Hieraus ſieht man wieder eine ziemlich genaue Uebereinſtimmung der Theorie mit der Erfahrung. Man darf daher jenes Geſetz ohne allen Anſtand als wahr gelten laſſen.

Die Zuſammenziehung (Contraction) des Waſſerſtrahls rührt davon her, daß ſich das Waſſer von allen Seiten nach der Oeffnung bewegt und daß ſich die Waſſertheile von den Wänden der Oeffnung losreißen müſſen. Befindet ſich in der Oeffnung eine kurze cylindriſche Röhre (ſtatt der bisher angenommenen bloßen Oeffnung in der Wand), ſo vermindert die anziehende Kraft der Röhrenwand gegen den ausſtrömenden Waſſerſtrahl die Zuſammenziehung deſſelben und dann kann die Geſchwindigkeit des ausfließenden Waſſers wieder größer werden.

§. 94.

Weiß man, daß die Geſchwindigkeit des aus einer Seitenöffnung fließenden Waſſers wie die Quadratwurzel des Waſſerſpiegels über der Ausflußöffnung ſich verhält, und weiß man, wie die Geſchwindigkeit eines von einer Höhe herabfallenden Körpers zunimmt

Wäre eine Seitenfläche, welche von ruhendem Wasser gedrückt wird, 6 Quadratfuß groß, die Höhe des Wasserspiegels über dieser Fläche (immer von dem Mittelpunkte derselben gerechnet) 8 Fuß, so erlitte jene Fläche einen Seitendruck, welcher dem Gewicht einer Wassersäule von 48 Kubikfuß, oder dem Gewicht von 48 . 70 = 3360 Pfund gleich
käme, wenn man den Kubikfuß Wasser (Pariser Maaß) zu
70 Pfund rechnet.

Eine solche Bestimmung des Seitendrucks ist hauptsächlich
in der Wasser-Baukunst von Wichtigkeit, um darnach
die Stärke von Dämmen, Wehren, Schleusenwän-
den, Schutzbretern ꝛc. zu bestimmen. Gewöhnlich macht
man diese Sachen, der Sicherheit wegen, noch einmal so
stark, als nach der Berechnung nothwendig wäre. — Die
Wirkung des Segnerschen Wasserrades (der Rück-
würkungsmaschine, Reaktionsmaschine), so wie
der Barkerschen Mühle ohne Rad und Trilling
beruht gleichfalls auf dem Seitendrucke des Wassers.

3. Ausfluß des Wassers aus Oeffnungen und Durchfluß durch Röhren.

§. 92.

Wenn aus der Oeffnung eines Gefäßes Wasser fließt,
so steht die Geschwindigkeit des herausfließenden Wasserstrahls in bestimmtem Verhältnisse mit der drückenden
Säule. Je höher die drückende Wassersäule ist, desto
schneller fließt das Wasser. Vermindert sich die Höhe
der Säule (oder die Höhe des Wasserspiegels über der
Ausflußöffnung), so verringert sich auch die Geschwindigkeit des ausfließenden Wassers. Die verschiedenen
Geschwindigkeiten des Wasserstrahls aus
einerley Oeffnung verhalten sich nämlich

wie die Quadratwurzeln aus der Höhe des
Wasserspiegels über der Ausflußöffnung,
so wie die Endgeschwindigkeit bey dem Falle der Körper
(§. 14. 15.). Denn der Druck des Wassers durch alle
Schichten der Wassersäule wirkt eben so auf die unterste Schicht, als ob diese von der Höhe der Wassersäule
herabgefallen wäre. Der seitwärts herausschießende
Strahl bleibt nicht geradlinicht, sondern er beschreibt
wegen der Schwere (eben so, wie die seitwärts geworfenen Körper §. 21.) eine halbe Parabel, deren Gestalt
nach dem Verhältnisse jener Geschwindigkeit zur Schwere
bestimmt wird.

Setzt man die veränderten Höhen des Wasserspiegels über
einer Ausflußöffnung 1, 4, 9 u. s. w.; so verhält sich die
Geschwindigkeit des ausfließenden Wassers bey diesen Höhen
wie 1, 2, 3 u. s. w. (§. 93.) Der Entdecker dieses Gesetzes war der berühmte Torricelli (S. Kästners Hydrodynamik. Gött. 1797. 8. S. 67 f.). — Ist der Wasserstrahl steigend (wie bey den Springbrunnen), so wird seine
Geschwindigkeit geradezu durch die Schwere vermindert.

§. 93.

Auch Newton bewieß es, daß die Geschwindigkeit des aus einer Seitenöffnung schießenden Wassers
so groß ist, als die Geschwindigkeit, welche ein von
gleicher Höhe, wie die Höhe des Wasserspiegels über
der Oeffnung, frey herabfallender Körper erlangen
würde. Wenn sich nun die Geschwindigkeiten der aus
einerley Oeffnung hervorschießenden, aber verschiedene
Wasserspiegelhöhen (Druckhöhen) besitzenden Wasserstrahlen wie die Quadratwurzeln aus diesen

Höhen verhalten (§. 92.), so müssen sich natürlich
die Ausflußmengen aus jener Oeffnung (oder überhaupt aus gleichen Oeffnungen) eben so verhalten.
Dies beweißt sich dadurch, daß bey einerley Ausflußöffnung zur doppelten Ausflußmenge auch doppelte Geschwindigkeit des auslaufenden Wassers gehört, daß
überhaupt die Geschwindigkeit des auslaufenden Wassers der Ausflußmenge proportional seyn muß. Indessen hat schon Newton durch angestellte Versuche gefunden, daß die Erfahrung nicht genau mit jener Theorie übereinstimmt, daß diese nämlich die Geschwindigkeit zu groß angiebt. Denn nicht nur die Friktion,
sondern vornehmlich die Biegung der Wassertheilchen,
ehe sie die Oeffnung erreichen, und die Zusammenziehung in der Oeffnung selbst, verringern die Geschwindigkeit des ausfließenden Wassers. Dieses ist in der
Folge durch Versuche anderer Männer bestätigt worden.
Wenn man die berechnete Geschwindigkeit 1 nennt, so
war die beobachtete

nach Newton   0,707
*   Bossüt   0,615
*   Banks   0,750
*   Michelotti   0,625
*   Helsham   0,705
*   Smeaton   0,631

Das arithmetische Mittel hieraus wäre 0,672.

Auch die Versuche des Venturi, Gulielmini,
Langsdorf, Eytelwein u. a. stimmen hiermit ziemlich
genau überein. (S. Langsdorfs Lehrbuch d. Hydraulik.
S. 4 f.; Eytelweins Handbuch der Mechanik und Hydraulik. S. 107 f.)

Nach Boſſüt (Lehrbuch d. Hydrodynamik, überſ. von Langsdorf, Bd. II. S. 47.) iſt für eine kreisförmige Oeffnung von 1 Zoll Durchmeſſer bey einer

Druckhöhe von 1 Fuß die Waſſermenge 2722 Par. Kub. Zoll

″	2 ″	3846	
″	4 ″	5436	
″	8 ″	7672	
″	9 ″	8135	

Weil ſich nun die Waſſermengen wie die Geſchwindigkeiten und dieſe wie die Quadratwurzeln aus den Druckhöhen verhalten, ſo müßte

$$\sqrt{1} : \sqrt{4} = 2722 : 5436$$
$$\sqrt{1} : \sqrt{9} = 2722 : 7135$$
$$\sqrt{2} : \sqrt{8} = 3846 : 7672$$
$$\sqrt{4} : \sqrt{9} = 5436 : 8135$$

Hieraus ſieht man wieder eine ziemlich genaue Uebereinſtimmung der Theorie mit der Erfahrung. Man darf daher jenes Geſetz ohne allen Anſtand als wahr gelten laſſen.

Die Zuſammenziehung (Contraction) des Waſſerſtrahls rührt davon her, daß ſich das Waſſer von allen Seiten nach der Oeffnung bewegt und daß ſich die Waſſertheile von den Wänden der Oeffnung losreißen müſſen. Befindet ſich in der Oeffnung eine kurze cylindriſche Röhre (ſtatt der bisher angenommenen bloßen Oeffnung in der Wand), ſo vermindert die anziehende Kraft der Röhrenwand gegen den ausſtrömenden Waſſerſtrahl die Zuſammenziehung deſſelben und dann kann die Geſchwindigkeit des ausfließenden Waſſers wieder größer werden.

§. 94.

Weiß man, daß die Geſchwindigkeit des aus einer Seitenöffnung fließenden Waſſers wie die Quadratwurzel des Waſſerſpiegels über der Ausflußöffnung ſich verhält, und weiß man, wie die Geſchwindigkeit eines von einer Höhe herabfallenden Körpers zunimmt

(§. 14 f.); so läßt sich auch die Geschwindigkeit des ausfließenden Wassers für jede Wasserhöhe und jede Zeit finden. Die Schwere muß nämlich den Wasserkörper in derjenigen Zeit, in welcher er mit gleichförmig beschleunigter Bewegung noch weiter hinunter gefallen wäre, horizontal durch eine gerade Linie treiben, welche der doppelten Druckhöhe gleich ist. Denn ein Körper erhält durch den Fall von einer Höhe eine Geschwindigkeit, mit welcher er in der Zeit des Falls einen Weg, doppelt so groß als die Fallhöhe, gleichförmig zurücklegen kann.

Man braucht daher nur, um die bewußte Geschwindigkeit zu finden, den Fallraum des Körpers in einer Sekunde mit jener doppelten Druckhöhe zu multipliciren und aus dem Produkte (oder auch aus jedem Faktor einzeln) die Quadratwurzel zu ziehen; so erhält man die theoretische Geschwindigkeit des Wassers (§. 92. 93.).

Setzt man die Druck- oder Wasserhöhe = q, die Fallhöhe in einer Sekunde = g, so ist die verlangte Geschwindigkeit = $2\sqrt{g} \cdot \sqrt{q} = 2\sqrt{(g \cdot q)}$.

Wäre g = 15,095 Pariser Fuß, q = 4 Fuß, so wäre die theoretische Geschwindigkeit = $2\sqrt{15,095} \cdot \sqrt{4}$ = 2 . 3,87 . 2 = 15,48 Fuß in einer Sekunde.

§. 95.

Es ist demnach leicht, die Menge des fließenden Wassers zu bestimmen, wenn die Größe der Oeffnung und die als unveränderlich angenommene mittlere Tiefe derselben unter dem Wasserspiegel nebst der Zeit des Ausflusses gegeben sind. Man braucht nämlich aus der Tiefe der Oeffnung die Geschwindigkeit (nach §. 94.) zu berechnen, und diese Größe mit der Größe der Oeffnung zu multipliciren, um die in einer Sekunde ausfließende Wassermenge zu erhalten. Multiplicirt man diese Größe wieder mit einer andern Zeit, binnen welcher man die Ausflußmenge haben will, so bekommt man auch für diese Zeit die Ausflußmenge.

Setzt man die Wasserhöhe (oder jene mittlere Tiefe der Oeffnung unter dem Wasserspiegel) $= q$, die Größe der Oeffnung $= f$, die gegebene Zeit $= t$, die Fallhöhe in einer Sekunde $= g$, so ist die Ausflußmenge in einer Sekunde $= 2\sqrt{g} \cdot \sqrt{q} \cdot f = 2f \cdot \sqrt{g} \cdot \sqrt{q}$. Also die gesuchte Ausflußmenge in der Zeit $t = 2f \cdot t \cdot \sqrt{g} \cdot \sqrt{q}$. Wollte man umgekehrt aus der Ausflußmenge die Zeit t bestimmen, so wäre

$$t = \frac{2f \cdot t \cdot \sqrt{g} \cdot \sqrt{q}}{2f \cdot \sqrt{g} \cdot \sqrt{q}}.$$

Um indessen die wahre Ausflußmenge zu erhalten, so muß man die berechnete Geschwindigkeit erst nach der Erfahrung (§. 93.) corrigiren.

Ist $g = 15,095$ Pariser Fuß, $q = 4$ Fuß, $t = 30$ Sekunden, $f = 2$ Quadratfuß, so wäre die theoretische Ausflußmenge in 30 Sekunden

$$= 2 \cdot 2 \cdot 30 \cdot \sqrt{15,95} \cdot \sqrt{4}$$
$$= 120 \cdot 3,87 \cdot 2 = 928,8 \text{ Kub. Fuß.}$$

Hätte man erst die Geschwindigkeit gesucht, so wäre diese (nach §. 94.) $= 15,48$ Fuß. Corrigirt (nach §. 93.) oder 0,672 mal genommen $= 10,40256$. Jene theoretische Wassermenge corrigirt, oder jene Anzahl vom Kubikfuß 0,672 mal genommen, giebt die wahre Ausflußmenge $= 624,1536$ Kubikfuß in 30 Sekunden.

So kann man unter andern die Menge Wasser berechnen, welche durch die Schußöffnung eines aufgezogenen Schutzbretts fließt, z. B. bey Schleusen, Mühlen ꝛc.

4. Druck und Bewegung des Wassers in Röhren insbesondere.

§. 96.

Stehende und liegende Röhren werden oft mit Wasser gefüllt, welches in die Höhe geschafft oder auf eine gewisse Strecke fortgeleitet werden soll. Jede Verbindung von Röhren heißt Röhrenleitung. Schon aus dem Bisherigen (§. 91.) ist es klar, wie man in einer mit Wasser gefüllten Röhre Fig. 12. Taf. III. den Druck jedes kreisförmigen Theils oder Ringes *ab* der Röhrenwand bestimmt. Man muß nämlich das Gewicht des über dem Ringe stehenden lothrechten Wasserfadens *bc* so viele Mal nehmen, als der Ring Punkte in sich enthält, d. h. man muß das Gewicht des Wasserfadens *bc* mit dem ganzen Ringe *ab* multipliciren.

Ist die mit Wasser gefüllte Röhre schief liegend, wie Fig. 15., so ist der auf den Punkt *b* seitwärts wirkende Druck so groß als das Gewicht eines lothrechten bis an den Wasserspiegel gehenden Fadens *bc*. Man erhält also den Druck des Wassers gegen den ganzen Ring einer solchen Röhre (wovon *ab* der Durchmesser ist), wenn man das Gewicht des lothrechten Wasserfadens *bc* mit dem ganzen Ringe multiplicirt.

§. 97.

Weil das in der Röhre Fig. 12. befindliche Wasser den Ring *ab* an allen seinen Punkten hinauswärts drückt, so sucht es ihn da zu zerreißen, und zwar um desto gewaltsamer, je größer der Druck ist, den jeder Punkt des Ringes seitwärts aussteht. Das Produkt des ganzen Ringes mit dem Gewicht des Wasserfadens *bc* kann also auch die Gewalt ausdrücken, womit das Wasser jenen Ring zerreißen will. Auch die Gewalt, womit das Wasser den Ring *ba* Fig. 13. zu zerreißen sucht, kann man dem Produkte gleich setzen, welches entsteht, wenn man das Gewicht eines Wasserfadens *bc* mit dem ganzen Ringe multiplicirt.

Befindet sich Salzwasser in der Röhre, so fällt jenes Produkt größer aus, als bey süßem Wasser, weil Salzwasser specifisch schwerer ist, folglich auch ein Faden Salzwasser mehr wiegt als ein gleich langer Faden vom süßem Wasser. Salzwasser selbst ist wieder bald mehr bald weniger schwer (nach Verschiedenheit seiner Löthigkeit.) Hierauf muß bey der Berechnung des Drucks allerdings Rücksicht genommen werden.

§. 98.

Wenn die Röhre nicht immer gleich viel Wasser enthält, so kann auch der Druck, den ihre Wand aus-steht, nicht immer einerley seyn. Ist z. B. die Röhre Fig. 12. bald bis *c*, bald bis *ef*, mit Wasser gefüllt, so erleidet der Ring *ab* bald einen stärkern, bald einen schwächern Druck. Anfangs war der eine Faktor (die Höhe oder Länge des Fadens) womit man den Ring multiplicirt, = *bc*, also größer; hernach war *fc* die-ser Faktor, also kleiner. Im letztern Falle mußte mit-hin auch das Produkt um so kleiner ausfallen, je klei-ner jener Faktor war. Es verhält sich demnach der Druck, den der Ring *ab* bey jenen verschiedenen Höhen auszustehen hat, wie jene Höhen, oder wie *bc* : *fc*; und der Wasserdruck, welcher an einem und demselben Ringe statt findet, muß wohl um desto stärker seyn, je tiefer der Ring unter dem Wasserspiegel liegt

Hat man zwey ungleich große Ringe (an ungleich weiten Röhren), so ist, bey gleicher Höhe des Wasserstandes über diesen Ringen, der Druck des Wassers auf den größten Ring am stärksten. Dieser Druck nimmt um so mehr zu, je größer der Ring ist. Denn nun ist der andere Faktor größer, während der eine Faktor derselbe bleibt; es muß also auch das Produkt um so größer ausfallen, je größer jener Faktor wird.

Einleuchtend ist hieraus die praktische Vorschrift, daß man die Röhrenwände desto stärker machen muß, je weiter die Röhre ist.

§. 99.

Da sich die Peripherien der Kreise wie ihre Durchmesser verhalten, so kann man in das Verhältniß, welches den Druck des Wassers gegen die Ringe für die verschiedenen Röhrenweiten und Wasserhöhen bestimmt, statt der Ringe, auch Durchmesser der Ringe setzen. Hätte man z. B. zwey Röhren von verschiedener Weite, also zwey Ringe von verschiedenen Durchmessern D und d, und für diese Ringe verschiedene Wasserhöhen H und h, so verhielten sich die Kräfte, welche die Ringe drücken und dieselben zu zerreißen streben, wie $D . H : d . h$.

Bezeichnet man die Festigkeiten oder Dicken, welche die Wände zweyer Röhren nöthig haben, mit A und a, läßt man auch jene Buchstaben für ihre Durchmesser und für die Wasserhöhen und nimmt man an, die Größen A, D und H wären bey einer gewissen Röhre schon bekannt, eben so die Größen d und h für

eine andere zu verfertigende Röhre und man wollte für
letztere die Stärke oder *a* bestimmen; so fände man
diese durch die Proportion

$$A : a = D. H : d. h.$$

Es wäre also $\quad a = \dfrac{A.\, d.\, h}{D.\, H}.$

Der sehr erfahrne Hydrauliker Belidor fand, daß eine
bleyerne Röhre von 1 Fuß Weite (*D*) und 6 Linien
Wanddicke (*A*) für die Lothrechte Wasserhöhe von 60 Fuß
(*H*) stark genug sey. Wollte man nun eine bleyerne Röhre
gießen, bey welcher $b = 80$ Fuß, $d = 8$ Zoll beträgen
müßte, so fände man die Stärke derselben oder

$$a = \frac{6'''.\ 8''.\ 80'}{1'.\ 60'}$$

Alle Fuße und Zolle in Linien verwandelt, gäben

$$a = \frac{6'''.\ 96'''.\ 11520'''}{144'''.\ 8640'''} = 5\tfrac{1}{3}'''$$

Also müßte die Wanddicke der zu gießenden Röhre $5\tfrac{1}{3}$ Linien
betragen.

Weiß man das Verhältniß der Stärke eines andern Ma-
terials zu dem Bley, so kann man jene Formel auch auf
Röhren von solchem Material anwenden. Ist ein solches
Material z. B. dreymal, viermal rc. stärker, so kann man
das Resultat obiger Berechnung dreymal, viermal rc. ver-
kleinern. Da die Röhren gewöhnlich aus mehreren Röhrstücken zusammengesetzt werden, so braucht man bey gerade oder
schräg gestellten Röhren (z. B. Pumpenröhren) den obern
Stücken keine so große Stärke als den untern zu geben,
weil sie von dem darin befindlichen Wasser einen geringern
Druck leiden. Man könnte auch, um recht sicher zu gehen,
die Wanddicke jedes merklich höher stehenden Röhrstücks besonders bestimmen.

Wenn *H* die Druckhöhe in Fußen, *D* den Durchmesser der
Röhren in Zollen, *c* die erforderliche Dicke der Röhrenwand

in Zollen bedeutet, so soll, nach Langsdorfs Erfahrungen
(Erläuterung höchst wichtiger Lehren der Technologie, Bd. II.
Heidelberg 1807. 8. S. 378.) für tannene u. dgl. Röhren

$$a = \frac{H \cdot D}{48} ; \text{ für eiserne}$$

$$a = \frac{H \cdot D}{2400} ; \text{ für bleyerne}$$

$$a = \frac{H \cdot D}{960} \text{ betragen.}$$

§. 100.

Bey der bisher berechneten Stärke der Röhrenwände
war angenommen, daß das Wasser in den Röhren ruhte.
Wird aber das Wasser mit großer Gewalt in stehenden
Röhren hinaufgetrieben, so muß auch der Druck des
Wassers gegen die Röhrenwände stärker seyn. Dies
erfordert daher eine größere Stärke der Röhrenwände
selbst, als das Resultat der Berechnungen angab. Nach
Belidor soll diese größere Stärke noch halbmal so viel
betragen, als das berechnete Resultat.

Man hat übrigens hölzerne, bleyerne, eiserne,
thönerne und steinerne Wasserröhren, sowohl zu Pum=
pen, als zu Wasserleitungen. Unter den hölzernen (gewöhn=
lich auf eignen Bohrmühlen gebohrten) sind die eichenen am
dauerhaftesten, die tannenen aber sind die gebräuchlichsten.
Die gossenen eisernen sind sehr dauerhaft, aber kostspielig.
Die gegossenen oder aus Rollenbley verfertigten bleyernen,
welche sich gleichfalls durch Dauerhaftigkeit auszeichnen,
sollten nie zu solchen Wasserleitungen gebraucht werden,
welche Trinkwasser herbeyführen. Die irdenen (steingutenen)
sorgfältig glasirten sind vorzüglich gut, wenn sie aus einer
dauerhaften Masse bestehen und tief unter die Erde zu lie=
gen kommen. Die steinernen (aus dichten harten Steinen
gebohrt oder vielmehr durchgemeiselt) sind die allerbesten;
aber sie sind schwierig zu verfertigen.

§. 101.

Wenn Waſſer durch geneigte Röhren fließt, ſo beruht die Geſchwindigkeit des Waſſers gleichfalls auf
der Druckhöhe. Aber der Widerſtand in der Röhre vermindert immer ſehr merklich dieſe Geſchwindigkeit. Der
vornehmſte Widerſtand, welcher die Bewegung des
Waſſers verzögert, iſt die anziehende Kraft der Röhrenwände gegen das Waſſer, welche die ſogenannte Adhäſion des Waſſers gegen die Röhrenwände bewirkt.
Man kann die Stärke dieſer anziehenden Kraft auf folgende Art beſtimmen. An einer empfindlichen Waage
bringt man einen prismatiſchen Körper, der eine Grundfläche von beſtimmter Größe (z. B. von 1 Quadratfuß,
1 Quadratzoll ꝛc.) hat, mit Gewichten in der Waagſchaale des andern Arms der Waage ins Gleichgewicht.
Alsdann ſetzt man ein Gefäß mit Waſſer ſo unter jene
Grundfläche des Körpers, daß dieſe Grundfläche genau
mit der Oberfläche des Waſſers in Berührung kommt.
Legt man nun auf der Waagſchaale nach und nach ſo
viele Gewichte zu, daß die Grundfläche des Körpers
von den Waſſertheilen losgeriſſen wird, ſo geben dieſe
Gewichte die Größe der Adhäſion an.

Solche Verſuche haben unter andern Huth, Büat und
Achard angeſtellt. Huth fand die Adhäſion eines rheinl.
Quadratfußes von mehreren Holzarten (die vorher von Waſſer durchdrungen waren), im Mittel = 1 Pfund. Bey verzinntem Eiſenblech beträgt ſie, nach Büat 1,14; bey un-
verzinntem Eiſen nach Achard, 0,935; bey Bley 1,0025;
bey Meſſing 0,99 u, ſ. w. In der Praxis nimmt man gewöhnlich die adhärirende Kraft des Waſſers gegen die verſchiedenen Materien der Röhrenwände gleich groß an.

§. 102.

Schon durch bogenförmige Krümmungen in einer Röhrenleitung entsteht ein Aufenthalt in der Bewegung des Wassers, und dann muß ein Theil der Druckhöhe zur Ueberwältigung des Widerstandes verwandt werden. Denn das Wasser prallt da, wo der Krümmungswinkel ist, gegen die Wand der Röhre und verliert nun um so mehr an seiner Geschwindigkeit, je stärker die Krümmung der Röhre ist.

Noch weit größer ist der Verlust an Geschwindigkeit, wenn die Röhren, statt der Krümmungen, scharfe Ecken haben. Denn nun ist die Veränderung in der Richtung durch das Gegenprallen noch auffallender. Scharfe Biegungen muß man daher in der Röhrenleitung ja vermeiden, wenn man auch Krümmungen (wegen vorzunehmenden Veränderungen in der Richtung) nicht verhüten kann. Rathsam ist es auf jeden Fall, die Röhren da, wo sie gebogen sind, etwas weiter zu machen. Ueberhaupt möchte es wohl zuträglich seyn, den Durchmesser der Röhren etwas größer anzunehmen, als die Rechnung angiebt, weil erdige und andere dem Wasser beygemischte fremdartige Theile, selbst Wassergewächse, die sich in den Röhren erzeugen, die Weite der Röhren mit der Zeit etwas verringern. Plötzliche Verengerungen, wodurch eine Zusammenziehung entsteht, sollten nie statt finden. Dagegen kann beym Eintritt des Wassers in die Röhren die nöthige Erweiterung nach der Gestalt des zusammengezogenen Strahls gemacht werden.

Versuche des Venturi zeigten die Größe des Wasserverlustes oder die Verminderung der Geschwindigkeit in Röhren mit scharfen Biegungen. Von drey 15 Zoll langen und 14,5 Linien weiten Röhren, die er zu den Versuchen nahm, war die erste ganz gerade, die zweyte in der Form eines Quadranten gebogen und die dritte hatte in der Mitte eine scharfe Biegung unter einem rechten Winkel. Die Röhren wurden so an den Behälter gebracht, daß ihre Achsen in einerley Horizontalebene lagen. So fand Venturi bey gleicher Druckhöhe, die Wassermenge in jeder Sekunde

in der geraden Röhre   .   .   153,6 Kub. Zoll

.   .   nach einem Viertelskreis
        gebogenen   .   .   138,2   .   .   .

.   .   nach einem rechten Winkel
        gebogenen   .   .   98,7   .   .

In letzterer wurde also die Wassermenge, gegen die gerade, mehr als um ⅜ vermindert.

Beym Auf- und Absteigen der Röhren sammlet sich in den höchsten Stellen derselben oft Luft an, welche den Durchfluß des Wassers verhindert. Daher giebt man diesen Stellen kleine vertikale Luftröhren, Windstöcke, wodurch die Luft ohne Verlust an Wasser entweichen kann. In den tiefsten Stellen hingegen sammlet sich leicht Schlamm u. d. gl. weshalb man bey langen Röhrenleitungen, etwa alle 25 Ruthen, viereckigte Kästen, sogenannte Wechselhäuschen, zum Absetzen der Unreinigkeit anbringt.

Belidors Architectura hydraulica. Augsburg 1750. Fol. Th. I. Buch 4. Kap. 4.

K. Chr. Langsdorf, über die Festigkeit metallener und hölzerner Röhren; in dessen Beyträgen zur Salzwerkskunde, zweyte Probe. Frankfurt und Leipzig 1779. 8.

Dessen Theorie hydrodynamischer und pyrometrischer Grundlehren. Frankf. u. Leipz. 1782. 8.

Dessen vollständige Anleitung zur Salzwerkskunde. Th. I. Altenburg 1784. 4. S. 243 f.; Th. V. 1796. S. 184 f.

Dessen Lehrbuch der Hydraulik. Altenburg 1794. 4. S. 195 f.

9

Dessen neuere Erweiterungen der mechanischen Wissenschaften. Mannheim und Heidelberg 1816. 8. S. 13 f.

J. E. Silberschlag, physikalische Anmerkungen über die Röhrenleitungen ꝛc.; in den Schriften der Berliner Gesellschaft Naturforschender Freunde. Bd. X. Berlin 1790. 4.

J. L. J. v. Gerstenbergk, theoretisch-praktischer Unterricht, das Wasser durch Röhrwerke zu leiten. 2 Theile. Jena 1796. 8.

J. H. M. Poppe, Encyclopädie des gesammten Maschinenwesens. Art. Röhre Th. IV. Leipzig 1807. 8. S. 128 f., Th. VI. 1816. S. 526 f.

5. Bewegung des Wassers in Kanälen und in Flüssen.

§. 103.

Die Kanäle unterscheiden sich von den Röhrenleitungen dadurch, daß sie oben offen sind, und das in ihnen fließende Wasser nicht von allen Seiten umschließen. Von den Strömen, Flüssen und Bächen sind sie dadurch unterschieden, daß diese nicht Werke der Kunst, sondern der Natur sind. Kanäle legt man entweder für die Schiffahrt an, oder zur Herbeyführung von Wasser, welches zur Betreibung von Maschinen bestimmt ist. In letzterm Falle nennt man sie Maschinenkanäle, welche wieder in Kunstgräben (wenn sie Wasserkünste betreiben), Pochgräben, Mühlgräben, Hüttengräben ꝛc. eingetheilt werden.

Im Ganzen ist die Bewegung des Wassers in Kanälen denselben Gesetzen unterworfen, als die Bewegung des Wassers in Röhrenleitungen. In Röhrenleitungen kann man, wenigstens der Wahrheit ziemlich nahe, allen durch einen Querschnitt fließenden Wasserfåden gleiche Geschwindigkeit zuschreiben. Bey Kanälen hingegen, deren Querschnitte oft von beträchtlicher Größe sind, ist die mittlere Geschwindigkeit der einzelnen Wasserfäden nicht selten sehr merklich verschieden.

Mittlere Geschwindigkeit nennt man diejenige, welche, mit dem senkrechten Querschnitt eines Kanals oder einer Röhrenleitung multiplicirt, die in einer Zeiteinheit, z. B. in einer Sekunde, durch den Querschnitt fließende Wassermenge angiebt. — Dem du Buat verdanken wir besonders viele Aufklärung über diesen wichtigen Zweig der Hydraulik.

§. 104.

Begreiflich fließt das Wasser in einem Kanale, in einem Flusse u. d. gl. desto schneller, je stärker das Gefälle seiner Oberfläche, d. h. der Winkel ist, den die Oberfläche des Wassers mit der Horizontalfläche bildet. Alsdann ist ja die Druckhöhe größer (§. 101.). Fände das Wasser in seinem Bette (in seinem ausgehöhlten Wege) keine Hindernisse, so würde es nach den Gesetzen des Falls der Körper (§. 14 f.) mit beschleunigter Bewegung fließen. Die Hindernisse aber, welche wirklich da sind, heben die Beschleunigung ganz oder doch größtentheils auf. Diese Hindernisse sind vorzüglich Rauhheiten des Bodens und der Seitenwände und Adhäsion der Wassertheilchen an diese Flächen. Dazu kommen oft noch Eisgänge, Stürme, die der Bewegung des Wassers entgegenwirken u. d. gl.; auch Krümmungen.

Nach den Erfahrungen des du Buat verhält sich der Krümmungswiderstand, bey übrigens gleichen Umstän-

gen: 1) wie die Quadrate der Geschwindigkei=
ten; 2) wie die Quadrate der Sinusse der Ein=
fallswinkel; und 3) wie die Anzahl der Rückpral=
lungen. Er kann aber auch im zusammengesetzten Ver=
hältnisse jener drey einzelnen Verhältnisse seyn.

§. 105.

Man hat verschiedene Mittel und Werkzeuge, die
Geschwindigkeit des fließenden Wassers,
namentlich in Flüssen, zu messen. An einer
Stelle, wo die Strombahn gerade ist, steckt man eine
Strecke von 100 und mehreren Fußen ab. An jedes
Ende der abgemessenen Gränzlinie stellt sich ein Beob=
achter mit einer Sekundenuhr. Der oberste wirft in
dem Augenblicke, wo er auf die Uhr sieht, eine Kork=
kugel oder Wachskugel oder einen ähnlichen leichten
schwimmenden Körper in den Strom des Wassers.
Der unterste Beobachter, dessen Uhr mit der Uhr des
obersten völlig gleich geht, sieht in dem Augenblicke
nach der Uhr, wo der schwimmende Körper an das
Ende der gemessenen Linie gekommen ist. So hat man
die Zeit in Sekunden, welche der schwimmende Körper
gebrauchte, um die abgesteckte Länge zu durchschwim=
men. Dividirt man nun die gefundene Zahl von Se=
kunden in die Anzahl von Fußen der abgemessenen
Strecke, so hat man die Geschwindigkeit der Kugel,
folglich auch des fließenden Wassers in einer Sekunde.

Aber, auch abgesehen davon, daß bey dieser Mes=
sung zwey Beobachter nöthig sind, und daß eine Wind=
stille vorausgesetzt werden muß, so findet man nur die
Geschwindigkeit des Wassers an der Oberfläche und
zwar am Stromstriche, wo die Geschwindigkeit am

größten ist; keinesweges erhält man die mittlere
Geschwindigkeit des Wassers, wie sie doch erforderlich ist.

Unter den sogenannten Strommessern bestimmt
das nach Art eines Straubrades gebaute Rädchen
ebenfalls nur die Geschwindigkeit des Wassers an der
Oberfläche. Das Rädchen hat nur dünne blechene
Schaufeln, welche in die Oberfläche des Wassers bis
zu einer solchen Tiefe eingetaucht seyn müssen, daß das
Rädchen gut umläuft. Die Geschwindigkeit des Schwer-
punkts der eingetauchten Schaufeln würde begreiflich der
Geschwindigkeit des Wassers gleich seyn, wenn an dem
Rädchen gar keine Reibung statt fände (die freylich
wohl sehr geringe gemacht, aber nicht ganz hinwegge-
bracht werden kann). Wenn man dann die Zahl der
Umläufe des Rades mittelst einer Sekundenuhr beobachtete, mit dieser Zahl die durch den Schwerpunkt der
Schaufeln gehende Peripherie multiplicirte, und das
Produkt durch die Anzahl der beobachteten Sekunden
dividirte, so würde man jene Geschwindigkeit des Wassers erhalten.

Um nicht nöthig zu haben, die Umläufe zu zählen, so
kann man der Welle des Rädchens ein Paar Schraubengänge geben, die mit möglichst geringer Reibung in ein
Stirnrad greifen, so daß jeder Umlauf des Rädchens und
seiner Welle einen Zahn des Stirnrades weiter schiebt.

§. 106.

Das Strompendel oder der Stromquadrant,
ein in 90 Grade getheilter Viertelskreis ist auf folgende
Art eingerichtet. Von seinem nach oben hingekehrten

Mittelpunkte hängt eine sehr dünne Stange (auch wohl nur ein steifer Faden) mit einer Kugel herab, die etwas specifisch schwerer als Wasser ist. Stellt man den Quadranten so, daß der eine Halbmesser in die lothrechte Lage kommt, so hängt in der Luft auch die Stange mit der Kugel lothrecht herab. Bringt man aber die Kugel unter die Oberfläche von fließendem Wasser, so stößt dieses die Kugel zur Seite; dann steigt die Stange an dem eingetheilten Bogen hinauf und macht folglich einen Winkel mit dem vertikalen Halbmesser des Quadranten, dessen Gräde die Größe dieses Winkels angeben. Je größer nun die Geschwindigkeit des fließenden Wassers ist, desto größer muß auch dieser Winkel seyn.

Senkt man die Kugel in Flüsse von unterschiedenen Geschwindigkeiten (oder auch in verschiedene Tiefen eines und desselben Flusses) so giebt das Verhältniß der Tangenten der von der Stange bemerkten Winkel das Verhältniß der Stöße oder der Quadrate der Geschwindigkeiten an, wenn man diese den Stößen proportional annimmt. Hätte man z. B. die Geschwindigkeit eines Flusses durch schwimmende Körper (wie §. 105.) auf seiner Oberfläche bestimmt und mittelst des Strompendels das Verhältniß der Geschwindigkeiten auf der Oberfläche und in verschiedenen Tiefen gefunden, so ließe sich daraus die Geschwindigkeit des Flusses für jede beliebige Beobachtungsstelle herleiten.

§. 107.

Die Pitotsche Röhre besteht aus einem langen lothrecht gestellten und einem kurzen waagrechten Schenkel. Jener endigt sich oben, so weit er aus dem Wasser hervorragt, in eine durchsichtige Glasröhre; der kurze waagrechte hingegen hat eine erweiterte trompetenförmige Mündung.

Senkt man den waagrechten Schenkel mit dem lothrechten ins Wasser, so daß jener zu einer beliebigen Tiefe unter das Wasser kommt, und kehrt man die trompetenförmige Mündung der Richtung des Stroms entgegen, so steigt das Wasser in der lothrechten Röhre über den Wasserspiegel in die Höhe und zwar um so höher, je größer die Geschwindigkeit des einströmenden Wassers ist. Gewöhnlich setzt man die Höhe des Wassers über dem Wasserspiegel in der Röhre derjenigen Druckhöhe gleich, welche zur Geschwindigkeit des in die trompetenartige Mündung einschießenden Wassers gehört. Nennt man diese Geschwindigkeit c, jene Höhe h, so ist $c = 2\sqrt{g} \cdot \sqrt{h}$ (§. 94.). — Der Gebrauch dieses Instruments wird nur dadurch unsicher, daß das Wasser durch seinen Anstoß und den Widerstand in der Röhre einen Theil seiner Geschwindigkeit verliert.

§. 108.

Die meisten Strommesser geben, wie der Stromquadrant (§. 106.), die Geschwindigkeit nicht unmittelbar, sondern nur die Stärke des Wasserstoßes an, welche freylich auf der Geschwindigkeit beruht. Eine solche Bewandniß hat es auch mit dem Wasserhebel des Lorgna, mit der Wasserfahne des Ximenes, mit dem Tachometer des Brünings und noch einigen andern ähnlichen Instrumenten.

An einem Pfahle, der in das Wasser gelassen wer-

ben kann, ist eine gleichlaufende Röhre befestigt, die
bis über die Mitte des Pfahles reicht. Unten am Ende
der Röhre befindet sich eine Rolle. Um die Rolle ist
eine Schnur geschlagen, die an ihrem untern horizontal
fortgeleiteten Ende eine Halbkugel enthält, deren specifi-
sches Gewicht dem eigenthümlichen Gewichte des Wassers
gleich ist, die folglich an jeder Stelle im Wasser schwe-
ben bleibt. Das andere Ende der in der Röhre hinauf-
geleiteten Schnur ist an das Ende eines kurzen Armes
befestigt, welcher einem horizontal mit dem obern Ende
des Pfahles verbundenen Hebel zugehört. Dieser Hebel
hat in dem obern Ende des Pfahles seinen Umdrehungspunkt. An seinem langen Arme läßt sich ein Gegengewicht (ein Läufer), wie bey der Schnellwaage hin- und
herschieben. Ist nun der Pfahl mit Röhre, Rolle,
Schnur und Kugel bis auf eine gewisse Tiefe so ins
Wasser gesenkt, daß der Strom des Wassers die ebene
Fläche der Halbkugel treffen kann, so wird diese um
desto weiter nach der Richtung des Stroms fortgetrie-
ben, je größer die Geschwindigkeit desselben ist. Die
Schnur zieht sich folglich um die Rolle, und zieht den
kurzen Hebelsarm (wie eine Last) niederwärts. Das
Gleichgewicht des Hebels wieder herzustellen, muß man
daher das Gegengewicht nach dem Ende des langen
Hebelsarms hinschieben. Je näher dieses nun nach dem
Ende hinkommt, desto größer ist die Geschwindigkeit
des fließenden Wassers. — So ist Lorgnas Wasserhebel eingerichtet.

Bey Ximenes Wasserfahne geht eine um ihre
Achse bewegliche Spindel an dem Pfahle heraus. Unten und zwar in der Gegend, wo die Geschwindigkeit

des Wassers untersucht werden soll, enthält die Spindel eine Tafel oder Fahne, deren Fläche vertikal gerichtet ist. Oben über dem Wasser hat die Spindel einen Zeiger, der sich über einem eingetheilten Halbkreise bewegt, wenn die Spindel um ihre Achse sich dreht. Stellt man nun die Spindel so gegen den Strom, daß dieser die Fahne treffen kann, so stößt er sie zur Seite und zwar desto mehr, je stärker der Stoß oder die Geschwindigkeit des Wassers ist. Je mehr sich dann die Fahne nach einer Seite zu hindreht, desto mehr thut dies auch die Spindel und der Zeiger. Letzterer kann also über seinem Halbkreise die Stärke des Stoßes anzeigen. — Die Fahne muß sich übrigens eben so wohl, als die Röhre oder Rolle in Lorgnas Instrumente, auf und niederschieben und in verschiedenen Stellen an die Spindel befestigen lassen, um die Geschwindigkeit in verschiedenen Tiefen zu messen.

Brünings Tachometer hat auch einen Pfahl zur Stütze. Durch ihn geht unten ein Stab mit einer Tafel, die sich gegen den Strom richten läßt. Mit ihrer Mitte ist diese Tafel an den Stab befestigt, den man in dem Loche des Pfahls hin- und herschieben kann. Das gekrümmte Ende des Stabes ist mit einer Schnur verbunden, die von unten um eine Rolle geführt, dann lothrecht in die Höhe geleitet und an den kurzen Arm eines Hebels (wie bey Lorgna's Hebel) befestigt wird. Auf dem langen Arme befindet sich gleichfalls ein verschiebbares Gegengewicht. Zu gleicher Zeit sitzt an der Umdrehungsachse des Hebels ein Zeiger (auf gleiche Art, wie das Zünglein einer Waage). Dieser Zeiger bewegt sich an einem eingetheilten Bogen heraus. Je stärker

nun der Stoß des Wassers gegen die Tafel ist, desto
tiefer schiebt sich der Stab der Tafel durch das Loch des
Pfahls, desto mehr wird daher die Schnur um die Rolle
und der kurze Hebelsarm herunterwärts gezogen, und
desto weiter muß man das Gegengewicht an das Ende
des langen Hebelsarms schieben, um das Gleichgewicht
wieder herzustellen.

§. 109.

Die besten Strommesser sind freylich diejenigen,
welche die Geschwindigkeit des Wassers geradezu anzeigen und nicht das zwischen Geschwindigkeit und Stoß
des Wassers statt findende Gesetz als bekannt voraussetzen. Zu diesen Strommessern gehört vorzüglich
Woltmanns hydrometrischer Flügel.

Der Strom muß zwey kleine Flügel auf ähnliche
Art umtreiben, — wie die Luft die Windmühlenflügel
umdreht. An der Flügelwelle befinden sich ein Paar
Schraubengänge, welche in ein Stirnrad so eingreifen,
daß sich daran die Anzahl der Umdrehungen leicht be-
merken läßt. Mittelst einer Schnur kann man das
Zapfenlager der Stirnrads-Welle, folglich auch die
Achse des Stirnrades so weit erhöhen, daß das Rad
nur so lange in die Schraubengänge der Flügelwelle
greift, als man Sekunden zählt. Alsdann ist man im
Stande, aus der Anzahl der Umläufe und der Umlaufszeit (wie §. 105.) die Geschwindigkeit des Stroms zu
finden.

Flügelwelle, Stirnrad und die übrigen Vorrichtungen sind an einem festen Stative angebracht, welches
man ins Wasser setzt. Bey gehöriger Befestigung die-

ses Stativs kann man das Instrument in allen Tiefen anwenden.

R. Woltmann's Theorie und Gebrauch des hydrometrischen Flügels ꝛc. Hamburg 1790. 8.

Ch. Brünings Abhandlung über die Geschwindigkeit des fließenden Wassers; a. d. Holländ. übers. von Krönke. Frankfurt a. M. 1798. 4.

J. F. Lempe, Lehrbegriff der Maschinenlehre. Th. I. Abth. 2. Leipzig 1797. 4. S. 87 f.

J. A. Eytelweins, Mechanik fester Körper und Hydraulik. Berlin 1801. 8. S. 452 f.

G. G. Schmidts, Mathematik. Th. II. Abth. 2. Frankfurt a. M. 1799. 8. S. 63 f.

6. Die Wasserräder überhaupt und die oberschlächtigen Wasserräder insbesondere.

§. 110.

Die gewöhnliche Art, das fließende Wasser zur Treibung von Maschinen anzuwenden ist die, daß man es auf Räder wirken läßt, welche es in Umdrehung setzt. Entweder fällt es von oben in Kasten, Zellen oder Schaufeln, welche auf der Peripherie des Rades vertheilt sind, und so bewirken die auf der einen Seite mit Wasser gefüllten Schaufeln wegen ihres Uebergewichts die Umdrehung des Rades; oder es stößt von unten gegen gerade Schaufeln, welche sich auf der Peripherie des Rades befinden, schiebt eine nach der andern von sich weg, und setzt dadurch das Rad in Umdrehung. Jenes Rad nennt man ein oberschlächtiges, dieses ein unterschlächtiges. Beyde Arten von Rädern drehen sich in einer vertikalen Fläche nach der Gegend zu um, nach welcher das Wasser hinfließt. Zuweilen ist das Rad auch mittelschlächtig oder halboberschlächtig, wenn das Wasser an einer Stelle auf die Schaufeln fließt, welche zwischen dem obersten und untersten Punkte des Rades liegt. Das Wasser selbst, als bewegende Kraft der Räder betrachtet, wird Aufschlagwasser genannt. Die Räder heißen Mühlräder, wenn sie Mühlen betreiben, Kunsträder, wenn sie Pumpen, Blasebälge und ähnliche Hüttenwerke in Bewegung setzen.

Es giebt auch horizontale Wasserräder, welche sich in einer Horizontalfläche umdrehen. Diese werden, wie die unterschlächtigen Räder, durch den Stoß des herbeyschießenden Wassers in Bewegung gesetzt. Da ihre Schaufeln eine löffel- oder muschelförmige Gestalt haben, um das Wasser besser fangen zu können, so nennt man sie auch wohl Löffelräder oder Muschelräder. Sie sind äußerst selten.

§. 111.

Den Schaufeln oder Zellen des oberschlächtigen Wasserrades giebt man am liebsten eine Gestalt, wie Fig. 14. Taf. III. sie darstellt. Man sucht die Zellen so einzurichten, daß das in denselben aufgefangene Wasser bey der Umdrehung des Rades stets eine vollkommene Uebermucht des Rades auf der einen Seite zuwege bringe, daß daher jede Schaufel ihr Wasser nicht eher verschütte, als bis sie die unterste Stelle erreicht hat, und daß für jede ausgeschüttete Schaufel oben eine unter den Wasserstrom getretene neues Wasser empfangen habe. Ist dies wirklich der Fall, so ist auch das Wasser stets gleichförmig um der Peripherie des Rades verbreitet und die Bewegung des Rades wirkt recht gleichförmig.

Es ist aber unmöglich, den Schaufeln eine solche Vollkommenheit zu geben, daß sie beym Umlauf des Rades von dem aufgefangenen Wasser gar nichts verschütten, bis sie die unterste Stelle erreicht haben. Indessen muß man dieser Vollkommenheit so nahe wie möglich zu kommen suchen.

Jedes Wasserrad besteht aus einem Kranze, welcher mit den Schaufeln die Peripherie des Rades bildet, und aus vier bis acht Armen, welche den Kranz mit der Welle des Rades vereinigen. Die Arme des Rades sind als Halbmesser desselben anzusehen.

§. 112.

Theilt man die Höhe oder Breite Aa Fig. 44. eines Radkranzes in drey gleiche Theile, macht man $ab = \frac{1}{3}Aa$, und zieht man mit Cb auf der Fläche des Kranzes einen Kreis, so hat man den sogenannten Theilriß. Diesen theilt man in so viele gleiche Theile, als das Rad Schaufeln erhalten soll. Zieht man dann aus dem Mittelpunkte nach den Theilungspunkten die geraden Linien ab, fg u. s. w. so erhält man die Lage der innern oder sogenannten Kropfschaufeln, Riegelschaufeln.

Nun kommt es noch darauf an, die Lage der äußern oder sogenannten Stoßschaufeln, Setz- oder Wasserschaufeln zu bestimmen. In dieser Absicht legt man das Linial an die Punkte b und c und zieht die Linie be; dann an h und f und zieht fA; hierauf an i und c und zieht cg; und so fährt man von

Theilungspunkten zu Theilungspunkten fort, um die Lage der Stoßschaufeln zu erhalten. Theilt man einen zweyten gleichen Radkranz auf dieselbe Art ein, und befestigt beyde in vertikalen parallelen Ebenen an einer gemeinschaftlichen Welle C, so kann man zwischen den Kränzen, nach den gezogenen Linien, die Schaufeln einsetzen. Schlägt man dann nur noch den inwendigen Boden des Rades mit Bretern aus, so wird dadurch das oberschlächtige Wasserrad mit seinen Zellen vollendet.

Je kleiner der Raum zwischen zwey Stoßschaufeln ist, desto länger werden die Zellen das Wasser behalten, ehe sie es ausgießen. Indessen hat diese Verengung ihre Gränzen, weil für den einstürzenden Wasserstrahl Raum genug vorhanden seyn muß, um beym Durchgange zwischen den Stoßschaufeln nicht gehindert zu werden.

§. 113.

Den Mühlgraben, welcher das Aufschlagwasser herbeyführt, faßt man kurz vor dem Rade in ein hölzernes Gerinne ein, welches sich über dem Rade in zwey Arme, das Mahl- oder Schußgerinne und das wüste Gerinne (der Freylauf) theilt. Beyde sind mit Schutzbretern versehen. Das wüste Gerinne dient, das Wasser neben dem Rade hinzuführen, wenn letzteres nicht umgetrieben werden soll. Die Oeffnung F des Schußgerinnes, durch welche sich das Wasser auf das Rad stürzt, wird Einschuß genannt.

Der Einschuß kommt nicht gerade über den höchsten Punkt des Rades zu liegen (weil sonst der Stoß des Wassers der Bewegung des Rades nach AG entgegenwirken könnte), sondern über die zweyte oder dritte

Schaufel jenseits des höchsten Rad-Punktes. Zwischen dem Rade A und dem Schußgerinne FF muß ein kleiner Raum ($= b$) von etwa 5 Zoll bleiben. Ein ähnlicher Raum ($= c$) von ohngefähr 12 Zoll ist unter dem tiefsten Punkte des Rades B und dem Mühlgraben nöthig. Zu der Höhe des Wassers im Gerinne ($= h$) sind 6 Zoll hinreichend, weil man dem Wasser die erforderliche Geschwindigkeit durch eine stärkere Neigung des Schußgerinnes (etwa 1 Zoll auf 10 bis 12 Fuß) geben kann. Setzt man das Gefälle vom Wehr bis zum Einschuß $= a$, das Gefälle des Mühlgrabens unter dem Rade $= d$, und zieht man alle bisher aufgeführte Größen von dem gesammten Gefälle $= F$ ab, so bleibt der Durchmesser des Wasserrades $= d$ übrig. Also ist

$$D = F - (a + h + b + c + d).$$

Beträgt das gesammte Gefälle 20 Fuß, die Länge des Mühlgrabens oberhalb des Rades $=$ 1000 Fuß, unterhalb $=$ 600 Fuß, die Länge des Schußgerinnes $=$ 20 Fuß, so hat man $a = 12$ Zoll, $b = 6''$, $b = 5''$, $c = 12''$, $d = 6''$; Folglich ist

$$D = 20' - (12'' + 6'' + 5'' + 12'' + 6'')$$
$$= 20' - (3' \; 5'') = 16' \; 7''.$$

§. 114.

Wenn das Maschinenwerk angelassen wird, so füllt sich erst die Schaufel G mit Wasser; sie sinkt vermöge ihres Gewichts hinab und es kommt eine andere an ihre Stelle, der es wieder eben so, wie jener geht. So füllen sich nach und nach die Zellen des Rades G, A, u. s. w. mit Wasser, indem sich das Rad nach der Gegend *G, E, H* zu umdreht. Gießt die unterste bey *B* ihr Wasser aus, so füllt sich bey *G* zugleich eine neue. Der stets mit Wasser gefüllte Bogen *GH* beträgt ohngefähr ⅔ des halben Umfangs *HEB*. Wie ein Gewicht wirkt das in dem Raume *GEH* enthaltene Wasser auf die Umdrehung des Rades. Das statische Moment desselben kann auf folgende Art bestimmt werden.

Die Wassermenge, welche eine Schaufel faßt, erhält man begreiflich, wenn man die während einer Rad-Umwälzung durch das Gerinne fließende Wassermenge mit der Zahl der Schaufeln dividirt. Das Gewicht der in einer Schaufel enthaltenen Wassermenge multiplicirt man mit dem waagrechten Abstande des Schwerpunktes der Schaufel von dem vertikalen Durchmesser des Rades *AB*. Dies giebt das Moment des Gewichts der Schaufel; und die Summe aller so gefundenen einzelnen Momente von *G* bis *H* giebt das Moment des ganzen Rades.

Man kann auch, um noch bequemer ein hinreichend genaues Resultat zu erhalten, das in den Schaufeln befindliche Wasser als einen cylindrischen Ring ansehen, welcher von *G* bis *H* an dem Umfange des Rades liegt. Er sey Fig. 15. bey *gah* besonders dargestellt. Den Inhalt dieses Ringes findet man, wenn man die Grundfläche *aa* mit der Länge des mittlern Bogens *gh* (etwa dem Bogen des Theilrisses) multiplicirt. Man kann ihn aber auch aus der während eines Rad-Umlaufs durch das Gerinne fließenden Wassermenge und aus dem bekannten Verhältniß des Bogens *gh* zum ganzen Umfange erhalten. Denkt man sich über der Grundfläche *aa* einen senkrechten Wassercylinder von der Höhe cd, so preßt derselbe nach hydrostatischen Grundsätzen die Grundfläche aa senkrecht eben so stark, als die nach dem Umfange des Rades gekrümmte Wassersäule Ga. Blos der senkrechte Druck auf aa kommt bey der Umdrehung des Rades in Betracht; denn nur die senkrechten Pressungen auf den Bogen Ga verursachen einen Druck auf die Achse c. Da nun die Wirkung des Wassers in ah auf das Rad eben so groß ist, als die von ag, so erhält man das ganze Moment der Kraft, wenn man das Gewicht eines Wassercylinders über der Grundfläche aa und von der Höhe ed mit dem Halbmesser des Rades R bis an den Theilriß multiplicirt.

Wenn man aber, statt des Gewichts des oben genannten Wassercylinders, das ganze Gewicht des in Gh enthaltenen Wassers in Rechnung bringen will, so muß man den Halbmesser des Rades R im Verhältniß wie $ga : cd$ vermindern. So bekommt man die Entfernung des Schwerpunktes des ganzen Wasserkörpers von dem lothrechten Durchmesser. Setzt man das Gewicht des Wasserkörpers $= P$, so ist sein statisches Moment

$$= \frac{cd}{ga} \cdot R.P.$$

§. 115.

Indessen wird hier (§. 114.) vorausgesetzt, daß das Wasser mit seiner ganzen Schwerkraft an dem Umfange des Rades wirke. Damit dies geschehe, so müssen die Schaufeln des Rades dieselbe Geschwindigkeit haben, wie das bey G einstürzende Wasser. Nur in diesem Falle kann man Schaufeln und Wasser als ruhend und

10

die Schwere als bewegende Kraft ansehen. Wäre die Geschwindigkeit der Schaufeln größer als die Geschwindigkeit des Wassers, so müßte ein Theil der Schwere des Wassers auf Erzeugung der größern Geschwindigkeit verwendet werden; dieser Theil ginge daher für die bewegende Kraft verloren. Mit der Geschwindigkeit wächst zwar das mechanische Moment der Kräft; was aber hierdurch gewonnen wird, ersetzt jenen Verlust nicht. Wenn nämlich das Rad oder seine Schaufeln noch einmal so geschwind umliefen, als das Wasser bey G einschießt, so würden die Schaufeln ja nur halb so viel Wasser erhalten; hierdurch ginge begreiflich die durch die größere Geschwindigkeit gewonnene Kraft wieder verloren, und obiger Verlust an der Schwere des in den Schaufeln drückenden Wassers bliebe unersetzt. Wäre im Gegentheil die Geschwindigkeit der Schaufeln kleiner, als die Geschwindigkeit des Wassers, so würde wohl das Moment der Kraft durch den hinzukommenden Stoß des Wassers auf die obere Schaufel bey G vermehrt; aber wegen des schiefen Wasserstoßes gegen die Schaufel und wegen des kleinen Hebelarms beym Stoße müßte man besorgen, daß durch die mit einem langsamen Gange verbundenen Ungleichförmigkeiten der Bewegung mehr verloren als gewonnen werde. Es sollte daher die Geschwindigkeit der Schaufeln beym oberschlächtigen Wasserrade entweder gleich, oder nur wenig geringer seyn, als die Geschwindigkeit des einschießenden Wassers.

Hieraus leuchtet es deutlich genug in die Augen, daß hohe und langsam gehende oberschlächtige Wasser-

über für die bewegende Kraft vortheilhafter sind, als
niedrige und schnell laufende. Daher macht man den
Durchmesser des Rades *AB* so groß, als es das Gefälle erlaubt. Für die Höhe des Kranzes bestimmt man,
auch bey den größten oberschlächtigen Rädern, nicht
leicht über 8 bis 12 Zoll, damit der Halbmesser *Ca*
wegen des Moments der Kraft möglichst groß bleibe.
Sollen die Schaufeln nicht zu früh ausgießen, so muß
ihr Raum wenigstens noch einmal so groß seyn, als
die in sie einschießende Wassermenge. Dies zu erhalten, braucht man nur nach den erforderlichen Umständen die Breite des Rades zu vermehren. Die Anzahl
der Schaufeln bestimmt sich aus folgender Regel: Die
Schaufelweite in der Mitte des Kranzes, oder auch auf
dem Theilriß bey *fc* gemessen, muß der Dicke des einschießenden Wasserstrahls bey *fA* gleich oder doch nicht
viel größer seyn.

Im Ganzen genommen sind oberschlächtige Wasserräder vortheilhafter, als unterschlächtige (§. 117 f.), hauptsächlich bey Maschinen, die keinen sehr schnellen Gang erfordern. Denn die oberschlächtigen Räder leisten bey einer
geringen Kraft, die aber länger auf den Umlauf des Rades
wirkt, eben so viel, als die unterschlächtigen Räder mit größerer Kraft, welches auch die Erfahrung längst bestätigt hat.

§. 116.

Wenn das ganze Gefälle weniger als 10 Fuß beträgt, so leitet man das Wasser mit mehr Vortheil von
der Seite *IE* etwas oberhalb der Mitte des Rades in
die Schaufeln. Hier gehen zwar die über *E* liegenden
Schaufeln leer; man gewinnt diesen Verlust aber wieder durch die Vergrößerung des Rad-Durchmessers

10 *

und der Schaufeln. Da nämlich letztere langsam umlaufen, so sorgt man durch ihre Vergrößerung dafür,
daß sie mehr Waffer aufnehmen, daß folglich jede einzelne an Maffe der bewegenden Kraft das erfetzt bekomme, was ihrer Gefammtheit fonft abginge. —
Eine solche Bewándniß hat es mit den halbober-
fchláchtigen Rádern (§. 110.)

Bey dem Bergbau hat man Kehrráder, d. h.
folche Wafferráder nöthig, die bald rechts, bald links
umlaufen, um dadurch Seile, woran Tonnen hängen,
abwechselnd auf- und abzuwickeln. Die Kránze diefer
Ráder enthalten nämlich eine doppelte Reihe Schaufeln
nach entgegengefetzten Richtungen. In jede derfelben
kann durch einen befondern mit einer Schütze verfehenen
Einfchuß Waffer geleitet werden, je nachdem das Rad,
um diese oder jene volle Tonne in die Höhe zu bringen,
rechts oder links umlaufen foll.

7. Die unterfchláchtigen Wafferráder.

§. 117.

Wenn das unterfchláchtige Wafferrad
Fig. 16. Taf. III. nur einen Kranz *edbf* hat, welcher
durch vier bis acht Arme mit dem 18 bis 24 Zoll dicken
eichenen Wellbaume verbunden ist, so wird es Straub-
rad genannt. Die Schaufeln, 12 bis 18 Zoll ins
Geviert haltende Bretchen, find fenkrecht in der Richtung der Rad-Halbmeffer oben auf dem Kranze befestigt.
Zu mehrerer Haltbarkeit find fie auch wohl durch einen
oder zwey dünne Reifen verbunden, die mit dem Rad-
kranze concentrifch laufen. Sollen die Schaufeln des
Rades 2 bis 4 Fuß breit werden, so find zwey parallele

Radkränze nöthig, zwischen denen die Schaufeln ihre
Befestigung haben. Alsdann ist auch eine doppelte
Reihe von Armen an der Welle erforderlich. Solche
Räder nennt man Staberräder. Sind die Schaufeln recht lang und können die Räder sammt ihren
Wellen und Zapfenlagern nach der verschiedenen Wasserhöhe des Stroms emporgehoben und niedergelassen werden, so heißen sie Panzerräder. — Sehr breite unterschlächtige Räder mit 6 und mehr Ellen langen Schaufeln sind die Schiffmühlenräder.

In England kamen schon vor mehreren Jahren ganz eiserne Wasserräder zum Vorschein. Auch in Deutschland
sind schon solche Wasserräder, namentlich auf Schlesischen
Eisenhütten, mit Glück verfertigt worden.

§. 118.

Stößt das Wasser in demjenigen Gerinne, aus
welchem es auf die Räder schießt, senkrecht gegen die
ruhende Schaufel be, und zwar mit einer der Druckhöhe
OC zugehörigen Geschwindigkeit $= C$, so weicht die
gestoßene Schaufel mit einer gewissen Geschwindigkeit
aus und an ihre Stelle kommt eine andere hg, die nun
gleichfalls gestoßen wird. So gelangt eine Schaufel
nach der andern vor das stoßende Wasser und dadurch
erhält das Rad bald die gehörige Umlaufsgeschwindigkeit. Setzt man die Geschwindigkeit des Rades oder
der Schaufeln $= c$, so ist $C — c$ die relative Geschwindigkeit, welche die Größe des Stoßes bestimmt. Nimmt
man an, die Stöße des Wassers verhalten sich wie die
Quadrate der relativen Geschwindigkeiten multiplicirt
mit den Stoßflächen, und setzt man die Fläche der

Schaufel $= B$, so drückt $B(C—c)^2$ das Verhältniß der Größe des Wasserstoßes gegen die Schaufel aus. Diese Größe multiplicirt mit der Geschwindigkeit c giebt das mechanische Moment $= B(C—c)^2 . c$.

Wenn man c aus C durch Beobachtung oder durch Rechnung gefunden hat, so multiplicirt man, um die Kraft des Stoßes zu erhalten, die zur relativen Kraft gehörige Druckhöhe mit der Fläche der Schaufel; man bekommt dann den kubischen Inhalt einer auf der Schaufel als Grundfläche ruhenden Wassersäule, deren Gewicht der bewegenden Kraft gleichgesetzt werden kann.

In der höhern Mathematik (und zwar in der Differentialrechnung) wird gewiesen, daß das Produkt $B(C—c)^2 . c$ am größten wird, wenn $c = \frac{1}{3} C$ ist, oder wenn die Geschwindigkeit der Schaufeln $\frac{1}{3}$ von derjenigen Geschwindigkeit ausmacht, welche das Wasser im Gerinne annehmen würde, wenn es keine Hindernisse fände.

Beträgt die gesammte zur Geschwindigkeit des Wassers bis an die Stoßschaufel gehörige Höhe $= 4$ Pariser Fuß, so ist die Geschwindigkeit $= 2 . \sqrt{15,095} . \sqrt{4} = 15,48$. Hiervon $\frac{1}{3}$ für die Geschwindigkeit der Schaufeln, $= 5, 16$ Fuß abgerechnet, bleibt die zum Stoß gehörige Geschwindigkeit $= 10,32$ Fuß.

§. 119.

Bey dieser Theorie der unterschlächtigen Räder wurde angenommen, die Geschwindigkeit des Wassers in der Schützenöffnung und in dem Gerinne leide gar keine Verminderung, und der schiefe Stoß des Wassers gegen die Schaufel hg, senkrecht auf den Halbmesser des Rades reducirt, gebe ein eben so großes Moment,

als der durch die Schaufel *hg* aufgefangene senkrechte
Stoß auf den Theil *bi* der Schaufel *bc*; ferner, daß
einmal gegen die Schaufeln angestoßene Wasser fließe
frey ab und wirke weiter nicht auf die Schaufeln zurück.
Aber alles dieses, besonders der letztere Punkt, findet
nicht in derjenigen Strenge statt, wie es doch seyn
müßte, wenn die Theorie mit der Erfahrung auf die
erforderliche Weise übereinstimmen sollte.

Wenn das Wasser in einem nach der Krümmung
des Rades gebildeten, sogenannten gekröpften Mahlgerinne auf die Schaufeln fließt, so sind für dasselbe
neben und unter dem Rade nur wenige Zoll Spielraum
vorhanden, worin es den Schaufeln des Rades folgen
kann. Es vermag also da keine andere Geschwindigkeit,
anzunehmen, als die Geschwindigkeit der Schaufeln
selbst. Weil nun diese stets kleiner als die zum Gefälle
des Wassers gehörige Geschwindigkeit bleibt, so ist es
nicht möglich, daß das Wasser auf die Schaufeln eines
solchen unterschlächtigen Rades jeden Augenblick stoßweise wirkt; der Effekt muß vielmehr durch fortwährenden Druck geschehen. Deswegen stimmen auch die
über solche unterschlächtige Mühlräder angestellten Versuche wieder so wenig mit der Theorie überein.

Es fand Bossüt den Stoß des Wassers in Mahlgerin-
nen fast um das doppelte von der gewöhnlichen Theorie verschieden. Schmidt und andere fanden den Unterschied in
der Erfahrung noch größer.

§. 120.

Die Klügelsche Theorie scheint noch am meisten
mit der Erfahrung übereinzustimmen. Gesetzt, die

Schaufel f, Fig. 17. werde zuerst vom Waſſer getroffen. Alsdann leidet dieſe Schaufel einen Stoß, durch welchen die größere Geſchwindigkeit des Waſſers der Geſchwindigkeit der Schaufel gleich wird, und demnächſt einen fortwährenden Druck, bis ſie die tiefſte Stelle d paſſirt hat, wo das Waſſer wieder frey hinwegzufließen anfängt. Folgende Betrachtungen werden dienen, die Größe des geſammten Drucks zu beſtimmen.

Wenn das Rad ruhete und wenn das Waſſer durch den Widerſtand der Schaufeln ſeine ganze Geſchwindigkeit verlöre, ſo müßte begreiflich der ganze Druck auf die Schaufeln des Rades dem Gewicht einer Waſſerſäule gleich ſeyn, welche die Fläche der Schaufel d zur Grundfläche und das Gefälle al zur Höhe hat. Weicht nun das Rad mit einer Geſchwindigkeit $= c$ aus, ſo geht von jenem Drucke ſo viel verloren, als zur Erzeugung der Geſchwindigkeit c erforderlich iſt. Setzt man daher die geſammte Druckhöhe $al = H$; die zur Geſchwindigkeit c der Schaufeln gehörige Höhe $= h$, die Stoßfläche der Schaufeln $= B$, ſo iſt die Kraft des Drucks $= (H - h)B$ und das mechaniſche Moment deſſelben $= (H - h)Bc$. Nimmt man (nach §. 94.) an, daß $c = 2 \sqrt{g} \cdot \sqrt{h}$, ſo bekommt man für das mechaniſche Moment der Kraft

$$(H-h)B \cdot 2\sqrt{g} \cdot \sqrt{h}, \text{ oder}$$
$$2B\sqrt{g} \cdot (H-h)\sqrt{h}.$$

Der Faktor B iſt für einerley Waſſerrad eine beſtändige Größe; der Faktor $H - h$ erhält ſeinen größten Werth, wenn man $h = \frac{1}{3}H$ ſetzt. Hieraus ergiebt ſich die vortheilhafteſte Geſchwindigkeit des Rades

$$c = 2\sqrt{g} \cdot \frac{1}{3}H.$$

Beträge H 4 Parifer Fuß, so wäre $b = \frac{4}{3}$ Fuß, folglich
$$c = 2\sqrt{15,095} \cdot \frac{4}{3} = 2 \cdot 3, 87 \cdot \frac{4}{3}$$
$$= 7,74 \cdot 1,33 = 10, 8$$
während die gewöhnliche Theorie nur 5,16 gab.

§. 124.

Die Größe des unterschlächtigen Wafferrades wird am sicherßen durch die Erfahrung bestimmt. Große Räder vermehren zwar das statische Moment der Kraft; sie vergrößern aber auch die Reibung, verringern die Geschwindigkeit, weil sie langsam umlaufen, und vermehren die Baukosten. Daher macht man sie nicht leicht größer, als 16 bis 18, aber auch nicht kleiner als 10 Parifer Fuß im Durchmeffer.

Die Anzahl der Schaufeln hängt von der Größe des Rades und zwar vom mechanischen Durchmeffer, d. h. von dem Durchmeffer einer Kreislinie ab, welche durch die Mittelpunkte aller Schaufeln geht. Die Zahl der Schaufeln muß nach der Beschaffenheit des Effekts in einem solchen Verhältniffe stehen, daß dadurch die erforderliche größere oder geringere Geschwindigkeit des Rades bezweckt wird. Der Schwede Nordwall, welcher viele Versuche hierüber angestellt hat, empfiehlt folgende aus diesen Versuchen abgeleitete Regel: „Man gebe einem unterschlächtigen Wafferrade nicht weniger Schaufeln, als durch die Ellenzahl der Rad-Höhe multiplicirt mit 5 ausgedrückt wird, aber auch nicht mehr, als dieselbe Ellenzahl multiplicirt mit 6 anzeigt.“

§. 122.

Die zu einem unterſchlächtigen Räde erforderliche
Waſſermenge wird erhalten, wenn man die Fläche einer Schaufel mit ihrer Geſchwindigkeit multiplicirt und
für das neben und unter den Schaufeln vorbey fließende
Waſſer noch etwas zuſetzt. Wendet man das Waſſerrad zu einer Mahlmühle an, ſo beurtheilt man hieraus
und aus der berechneten Waſſermenge eines Fluſſes,
ob man einen Mahlgang oder mehrere neben einander
anlegen könne. Wäre zu zwey oder mehr Mahlgängen
nicht Waſſer genug vorhanden, ſo laſſen ſich bey einem
hinreichend großen Gefälle zwey oder mehr unterſchläch-
tige Räder hinter einander anlegen. Freylich wirkt dann
aber auf die hintern eine geringere bewegende Kraft,
weil das Waſſer, ehe es ſie erreicht, von ſeiner Geſchwindigkeit (durch den erlittenen Widerſtand) verloren
hat. Wenn die Waſſermenge gering iſt, das Gefälle
aber 10, 12 und mehr Fuß beträgt, ſo wählt man lieber oberſchlächtige Waſſerräder.

Die Praktiker fordern zur Betreibung eines Straubrades
4½ Rheinl. Kubikfuß Waſſer in einer Sekunde, für ein
Stabenrad 10⅔ Kubikfuß, für ein Panzerrad 25½ Kubikfuß.

Außer Belidors Hydraulik, Eytelweins Mechanik,
Langsdorfs Hydraulik, Schmidts angewandter Mathematik, meiner Encyklopädie des Maſchinenweſens (Art.
Aufſchlagwaſſer und Waſſerräder) führe ich hier
noch folgende Schriften über Waſſerräder an:

H. Calvör, Beschreibung des Maſchinenweſens auf dem
Oberharze. Bd. 1. Braunſchweig 1763. Fol. S. 70 f.

W. J. G. Karſten, Lehrbegriff der geſammten Mathematik. Th. V. Greifswalde 1770. 8. S. 197 f.

C. T. Delius, Anleitung zu der Bergbaukunst. Wien 1773. 4. S. 359 f.

G. S. Klügel theoria nova motus machinarum in rotam subtus incurrentia movendarum; in den Comment. Soc. reg. Goetting. Tom. IX. P. II. p 26 f.

G. S. Klügel, Anfangsgründe der praktischen Mechanik. Berlin und Stettin 1794. 8.

J. F. Lempe, Magazin für die Bergbaukunde. Th. VI. Dresden 1789. 8. S. 83 f. Maximen für die Erbauung oberschlächtiger Wasserräder. — Th. XI. S. 3 f. Eine neue Theorie der unterschlächtigen Wasserräder.

J. A. Eytelwein, über den Stoß des Wassers an die Schaufeln unterschlächtiger Mühlräder; in den Sammlungen nützlicher Aufsätze und Nachrichten die Baukunst betreffend, Bd. II. Jahrg. 1797. Berlin 1797. 8.

J. C. Eiselen, Beytrag zur Anwendung des Wassers auf unterschlächtige sogenannte Kropfräder. 2 Hefte. Berlin 1800. 1801. 8.

E. Nordwalls Maschinenlehre; a. d. Schwed. überf. von Blumhof. Bd. I. Abth. II. Berlin 1804. 4. S. 158 f.

Vierter Abschnitt.
Aerometrische und atmometrische Lehren.

I.

Compressibilität, Elasticität und Schwere der Luft.

§. 123.

In der Aerometrie (der Aerostatik und Pneumatik) werden die Eigenschaften der atmosphärischen Luft untersucht, welche gleichfalls zur Betreibung so mancher Maschinen dient. Die vornehmsten Eigenschaften, denen viele höchst nutzbare Maschinen ihre Wirkung verdanken, sind Compressibilität, Elasticität und Schwere der Luft.

Die Luft läßt sich in einen beträchtlich engern Raum zusammendrücken; sie ist also compressibel. Bey Nachlassung der drückenden Gewalt dehnt sie sich, wenn sie kann, in ihren vorigen Raum wieder aus; und wenn sie es nicht kann, so äußert sie doch das Bestreben, sich wieder auszudehnen durch eine Gewalt, welche sie auf die ihnen im Wege liegenden Körper ausübt. Mittelst dieser Gewalt treibt sie nicht selten die ihnen im Wege liegenden Körper heftig fort, oder, wenn sie von festen Wänden umgeben ist, so zersprengt sie diese zuweilen. Die Luft ist folglich auch elastisch, und zwar sehr elastisch. — Wie weit sich übrigens die Luft zusammendrücken läßt, weiß man nicht; weil die Festigkeit der Wände des Gefäßes, worin man etwa Versuche über das Zusammenpressen verrichten wollte, dem Grade des Zusammenpressens Gränzen setzen würde, die man nicht ohne die höchste Gefahr überschreiten dürfte.

Die Compressibilität und Elasticität der Luft sieht man bey einer mit Luft versehenen und verschlossenen Blase, wenn man sie zusammendrückt; und bey einem leeren (mit Luft angefüllten) senkrecht ins Wasser gestürzten Trinkglase. Die Blase dehnt sich, wenn die drückende Gewalt aufhört, wieder von selbst in ihren vorigen Raum aus; und das Trinkglas wird ziemlich gewaltsam emporgeschnellt. Taucht man auf dieselbe Art einen Trichter mit seiner großen Mündung ins Wasser, während man die Mündung der Röhre mit einem Finger zuhält, und läßt man dann plötzlich die Hand von ihm los, so wird er von der ausdehnenden Kraft der zusammengepreßten Luft nicht blos eben so wie das Trinkglas emporgeschnellt, sondern auch ein Wasferstrahl wird mit aus der Röhre herausgetrieben. Löschers Trichterspritze gründet sich auf diese Erscheinung. Steht eine Röhre in einem Gefäße unter Wasser und wird über dem Wasser die Luft zusammengepreßt oder verdichtet, so drückt sie vermöge ihrer Elasticität auf das Wasser und treibt dasselbe zu der Röhre empor. Herons Ball, Herons Brunnen, Hölls Luftmaschine und Windkessel der Feuerspritzen gründen sich hierauf. — Hydrostatische Gebläse und andere Gebläse (auf Hüttenwerken) so wie manche Arten von Wettermaschinen (oder Luftreinigungsmaschinen in Bergwerken) Windbüchse und Windpistole ꝛc. verdanken ihre Wirkung gleichfalls der Compressibilität und Elasticität der Luft.

§. 124.

Weil alle Körper auf Erden schwer sind und nach der Mitte der Erde zu hingetrieben werden, so muß begreiflich auch die Luft schwer seyn. Daß die Luft schwer ist, offenbart sich besonders deutlich an manchen Experimenten, wovon die instruktivsten diejenigen sind, welche zugleich die Stärke der drückenden Luft zeigen.

Füllt man eine etliche 30 Zoll lange, an dem einen Ende verschlossene Glasröhre mit Quecksilber, kehrt man sie dann, indem man das offene Ende mit dem Finger verschließt, um, und stellt hierauf dieses Ende unter Quecksilber, welches in einem Gefäße sich befindet, so sinkt das Quecksilber in der Röhre bis auf 27 oder 28 Zoll herab. Auf dieser Höhe bleibt es stehen.

An dem Stehenbleiben des Quecksilbers in der Röhre auf einer Höhe von 27 bis 28 Zoll kann weiter nichts als der einseitige Druck der Luft schuld seyn, indem über dem Quecksilber ein vollkommen luftleerer

Raum ſich befindet. Vermöge ihrer Schwere drückt
nämlich die Luft unten auf das in dem Gefäße enthaltene Queckſilber, welches mit dem Queckſilber in der
Röhre communicirt. Dieſer Druck der Luft iſt im
Stande, eine Queckſilberſäule auf jener Höhe von
27 bis 28 Zoll zu erhalten. Daß nur das Queckſilber allein mit dieſem Drucke der Luft das Gleichgewicht hält, beweißt ſich dadurch, daß über dem
Queckſilber nichts iſt, was jenem Drucke mit entgegen
wirken könnte. Sobald aber das obere Ende der Röhre
geöffnet wird, ſo fällt alles Queckſilber in der Röhre
herab; denn nun drückt die Luft ohngefähr eben ſo ſtark
von oben, als von unten, und da muß denn wohl die
Queckſilberſäule vermöge ihres eignen Gewichts herab-
ſinken.

Wenn der Druck der Luft Queckſilber auf einer
Höhe von 27 bis 28 Zoll erhalten kann, ſo muß er
Waſſer auf einer ohngefähr 13½mal größern Höhe,
folglich auf einer Höhe von 30 bis 32 Fuß zu erhalten
im Stande ſeyn, weil Waſſer ohngefähr 13½mal leichter iſt, als Queckſilber. Daß dies wirklich der Fall iſt,
hat die Erfahrung längſt bewieſen.

Den Verſuch mit Queckſilber hat der berühmte Torricelli
im Jahr 1643 zuerſt angeſtellt. Man nennt daher dieſen
Apparat noch immer Torricelliſche Röhre, den luft-
leeren Raum über dem Queckſilber die Torricelliſche
Leere. Der Verſuch gab zugleich die erſte Veranlaſſung
zu der wichtigen Erfindung des Barometers. — Den
Verſuch mit Waſſer machten die deutſchen Naturforſcher
Sturm und Hauſen zuerſt.

§. 125.

Der Druck der Luft erhält die Quecksilbersäule und die Wassersäule bald auf einer größern, bald auf einer geringern Höhe, z. B. die Quecksilbersäule bald auf 27 bald auf 28 Zoll, die Wassersäule bald auf 30, bald auf 32 Fuß. Der Druck der Luft ist daher veränderlich, zu einer Zeit stärker, zur andern schwächer. Das Steigen und Fallen des Quecksilbers im Barometer zeigt diese Veränderlichkeit des Luftdrucks deutlich genug an.

Befindet sich über Quecksilber oder über Wasser kein vollkommen luftleerer, sondern blos ein luftverdünnter Raum, so hebt oder erhält der Druck der äußern Luft jene Flüssigkeiten auf einer Höhe, die der Quecksilberhöhe von 27 bis 28 Zoll oder der Wasserhöhe von 30 bis 32 Fuß um so näher kommt, je dünner die Luft über den Flüssigkeiten ist. Befindet sich über den Flüssigkeiten zwar Luft von natürlicher Dichtigkeit, aber von keiner Höhe, welche der ganzen Höhe der Atmosphäre gleich ist oder in keiner Verbindung mit dieser Atmosphäre, so können die Flüssigkeiten gleichfalls (wie man an dem nicht ganz vollgefüllten Stechheber sieht) schon auf einer bedeutenden Höhe (die aber immer geringer, als beym luftleeren Raume über der Flüssigkeit ist) erhalten werden. Weil die Atmosphäre bey zunehmender Höhe über der Erdfläche immer dünner wird, folglich immer schwächer drückt, so kann da der Druck der Luft nicht mehr mit einer 27 bis 28 Zoll hohen Quecksilbersäule, oder einer 30 bis 32 Fuß hohen Wassersäule balanciren. Je größer jene Höhe wird, desto schwächer wird dieser Luftdruck, wie die Erfahrung, hinreichend, namentlich an Barometern, womit man auf Bergen stieg, erwiesen hat. In einer nicht gar zu großen Höhe über der Erdfläche kann man annehmen, eine Verminderung der Höhe des Quecksilbers von einer Linie entspreche einer Höhendifferenz von 75 Pariser Fuß.

Die Wirkung der Spritzen, der Saugpumpen, der Heber und vieler anderer Maschinen, wodurch Wasser zum Steigen gebracht wird, gründet sich auf diesen Luftdruck. Die Saugpumpen gaben eigentlich die erste Veranlassung zu Torricelli's Versuchen. Man wußte vorher wohl, daß das Wasser beym Hinaufziehen des Pumpenkolbens in dem luftleeren (oder eigentlich luftverdünnten) Raume der Pumpenröhre emporstieg und zwar nur bis auf 30 bis 32 Fuß; aber man wußte nicht, warum dies geschah. An den einseitigen Druck der äußern Luft, der dies verursachte, dachte man nicht. Daher konnte man auch nicht begreifen, warum man mit einer und derselben auf eine Anhöhe gebrachten Pumpe das Wasser nicht so hoch emporzuheben im Stande war, als in den Thälern. Die Luftpumpen, d. h. diejenigen Maschinen, womit man die Luft in gewissen eigends dazu eingerichteten Gefäßen verdünnen kann, verbreiteten in der Lehre vom Drucke der Luft noch viel mehr Licht.

§. 126.

Aus dem Bisherigen folgt, daß die Größe des jedesmaligen Drucks der Luft auf eine gewisse Fläche gleich ist dem Gewicht einer Quecksilbersäule von einer jener Fläche gleichen Basis und einer Höhe von 27 bis 28 Zoll, d. h. gleich dem jedesmaligen Barometerstande. So wäre z. B. der Druck der Luft auf eine Fläche von 1 Quadratfuß = 144 Quadratzoll, bey einem Barometerstandes von 28 Zoll gleich dem Gewicht einer Queck-silbersäule von 1 Quadratfuß Grundfläche und 28 Zoll Höhe = 28 . 144 = 4032 Kubikzoll. Nimmt man nun Pariser Maaß an, und rechnet man einen Kubik-fuß Quecksilber zu 952 Pfund, folglich einen Kubikzoll zu $\frac{11}{18}$ Pfund, so wäre jener Druck auf einen Quadrat-fuß Fläche = 4032 . $\frac{11}{18}$ = 2217$\frac{1}{3}$ Pfund.

Diese Berechnung kann unter andern bey Kommershau-sens Luftpresse Anwendung finden. — Wie sich der Luft-Druck auf Bergen verhält, findet man nun auch leicht, wenn man daselbst die Höhe des Barometerstandes sieht.

§. 127.

Alle Körper dehnen sich durch Wärme aus und nehmen an Volumen zu, folglich auch die Luft. Sehr stark dehnt sich die Luft durch Wärme aus und dann wird sie sehr dünn oder locker. Durch einen hohen Grad von Wärme kann man die Luft in einem Raume so verdünnen, daß die übrig bleibende fast als Nichts an-zusehen ist.

Wenn die Luft durch Wärme gezwungen wird, sich auszudehnen, so übt sie auf Körper, die ihr im Wege sind, einen Druck aus. Ist eingeschlossenes Was-ser ein solcher Körper, und steht mit diesem Wasser eine ins Freye gehende Röhre in Verbindung, so treibt die ausdehnende Kraft der Luft das Wasser zu dieser Röhre heraus, kann es z. B. ziemlich hoch zum Springen bringen. Kommt ein Gefäß, worin die Luft durch Wärme verdünnt ist, vor dem Wiedererkalten der Luft unter Wasser oder unter eine andere Flüssigkeit, so wird diese durch den Druck der äußern Luft hineingetrieben. So kann man Gefäße mit sehr engen Röhren (z. B. Thermometerröhren) sehr leicht mit Waſſer, Queckſilber ꝛc. füllen, welches man ſonſt auf keine andere Art zu vollbringen im Stande wäre.

Auf eine ſolche Verdünnung der Luft durch Wärme gründet ſich die Wirkung des Lichterbrunnens. Brennende Lichter erhitzen die Luft in einem metallenen Gefäße und treiben ſie durch Röhren auf Waſſer, worin eine Sprungröhre ſich befindet, aus welcher es, wie bey einer Fontaine, herausſpringt.

Montgolfier und Dayme in England haben vor ein paar Jahren eine Maſchine erfunden, welche durch Ausdehnung und Zuſammenziehung erhitzter Luft wirkt und zum Waſſerheben, zur Treibung von Mühlen ꝛc. gebraucht werden ſoll.

II.
Die Waſſerdämpfe, als Maſchinenkraft.

§. 128.

Waſſer kann vom Wärmeſtoffe in ſo feine Theilchen zertheilt werden, daß dieſe, mit dem Wärmeſtoffe verbunden, ein geringeres ſpecifiſches Gewicht bekommen, als die atmoſphäriſche Luft, und dann in derſelben unter dem Namen Dämpfe emporſteigen. Daß dieſe Dämpfe eine große ausdehnende Kraft beſitzen, liegt in der Natur ihrer Entſtehungsart, und iſt auch in der Erfahrung ſchon lange beſtätigt worden. Jede Quantität der gewöhnlichen Dämpfe nimmt einen beynahe fünfzehnhundertmal größern Raum ein, als das Waſſer, woraus ſie entſtanden ſind. Daher muß wohl ihre ausdehnende Kraft (ihre Elaſticität) ſehr groß ſeyn. Dieſe äußern sie dann sehr lebhaft, wenn sie in einen engern Raum gepreßt oder zusammengehäuft worden sind.

Die gewöhnlichen Dämpfe sind also beynahe fünfhundertmal leichter als Wasser. Weil nun die atmosphärische Luft ungefähr 800mal leichter ist, als Wasser, so sind jene Wasserdämpfe beynahe noch einmal so leicht, wie Luft und müssen deswegen wohl von der atmosphärischen Luft in die Höhe gehoben werden. Verlieren die Dämpfe ihren Wärmestoff wieder, z. B. durch Berührung eines kalten Körpers, so verlieren sie auch ihre elastische Kraft; die Wassertheilchen treten dann wieder näher zusammen, entweder in der Form eines sichtbaren Nebels oder auch sogleich in völlig tropfbarer Gestalt.

Die im Wärmestoffe vollkommen aufgelösten Wasserdämpfe sind so durchsichtig wie die Luft. Sie bleiben auch bey der Trennung vom Wasser so lange unsichtbar und elastisch, als sie die dazu erforderliche Quantität Wärmestoff beybehalten, oder nicht durch gar zu gewaltsames Zusammenpressen zersetzt werden. Vermöge einer Aeolipila (einer Dampfkugel, Windkugel), d. h. vermöge einer mit einer engen Dampfausströmungs-Röhre versehenen hohlen kupfernen Kugel, worin durch Sieden Wasser in Dampf verwandelt wird, kann man jene Erscheinungen deutlich wahrnehmen. Das specifische Gewicht des Dampfs läßt sich in einem kugelartigen eine kleine röhrenförmige Oeffnung besitzenden mit Wachs verschließbaren gläsernen Gefäße erforschen, welches man erst mit der in sich enthaltenden Luft wägt, hierauf mit Dampf, den man in dem Gefäße aus hineingebrachtem destillirtem Wasser entwickelt, und der auch die Luft heraustrieb, und zuletzt mit der Luft (die man wieder hineinließ) und dem Dampfe (oder vielmehr dem durch die hineingedrungene kalte Luft aus dem Dampfe wieder hervorgebrachten Wasser). Das

11 *

Gewicht des Gefäßes und der Luft von dem Gewicht des Gefäßes, der Luft und des Dampfs abgezogen, läßt das Gewicht des Dampfs übrig. Eine sehr empfindliche Waage gehört freylich zu diesem Versuche. — So fand Schmidt die Wasserdämpfe 1470mal leichter als Wasser.

§. 129.

Die Kraft der Wasserdämpfe wird zu höchst wirksamen Maschinen, den Dampfmaschinen, benutzt, welche heutiges Tages in der praktischen Mechanik eine höchst wichtige Rolle spielen. Zu einem ungeheuren Grade kann diese Kraft steigen, wie Versuche und Erfahrungen hinreichend gelehrt haben.

Von Betancourt, Schmidt, Dalton, Woolf u. a. stellten über die Kraft der Dämpfe sehr belehrende Versuche an. Nach den Versuchen des Betancourt (womit diejenigen des Schmidt übereinstimmten) besitzen die Dämpfe von 80 Grad Reaumür Wärme, die sich also bey der Siedhitze des Wassers entwickelt hatten, dieselbe Kraft, wie der Druck der atmosphärischen Luft. Es wurde zu diesen Versuchen ein Dampfbarometer angewandt, welches sich von dem gewöhnlichen Barometer blos dadurch unterschied, daß man auf dasjenige Quecksilber, worauf sonst der Druck der Luft wirkt, die entwickelten Wasserdämpfe streichen ließ. Diese erhielten, wenn sie 80 Grad Reaumür heiß waren, die Quecksilbersäule unter der Torricellischen Leere auf derselben Höhe, worauf sie auch der Druck der Luft erhielt. Wurden die Dämpfe durch Abkühlung zersetzt und wieder in Tropfen verwandelt, so sank die ganze Quecksilbersäule in der Röhre herab.

Nun kam es noch darauf an, das Gesetz der Expensivkraft des Wasserdampfs oder die Grade zu finden, nach welchen die Stärke des Wasserdampfs bey zunehmender Hitze wächst. Dazu konnte begreiflich kein gläserner Apparat dienen, sondern man mußte einen starken metallenen wählen, mit einer wohl 4, 5, 6 und mehr Fuß langen Röhre, weil man wohl denken konnte, daß eine größere Hitze der fest eingeschlossenen Dämpfe das Quecksilber über den gewöhnlichen Barometerstand und selbst weit über denselben hinauftreiben würde. So fand denn Betancourt die Gewalt der Dämpfe bey 80 Grad Reaum. dem Druck einer Quecksilbersäule von 28 Zoll (= dem Druck unserer Atmosphäre) gleich; bey 90 Grad von 46,4 Zoll; bey 100 Grad von 71,8; bey 110 Grad von 98 Zoll. So fand er und Schmidt, daß die Dämpfe bey 96 Grad dem doppelten, bey 105 Grad dem dreyfachen, bey 112½ dem vierfachen, bey 160 dem sechsundzwanzigfachen Drucke der Atmosphäre gleich waren. Daher nahm die ausdehnende Kraft des Wasserdampfs mit den höheren Temperaturen nicht gleichförmig, sondern schnell beschleunigend zu.

Der Engländer Dalton, welcher dieselben Versuche mit andern vollkommnern Apparaten wiederholte, fand ganz andere Resultate, als Betancourt und Schmidt. Er fand erst bey 112 Grad Wärme die Dämpfe noch einmal so stark; bey 125 Grad dreymal so stark, bey 130 Grad viermal so stark als den Druck der Atmosphäre. Es hätten also jene beyden verdienten Männer die Kraft der Dämpfe bey zunehmender Hitze viel zu groß angegeben.

In dem Kaiserl. Polytechnischen Institute zu Wien

wurden ähnliche Versuche mit großer Sorgfalt angestellt. Man machte einen eignen Apparat, worin die entwickelten Dämpfe hineinströmten und daselbst auf ein Thermometer, zugleich aber auch auf ein in einer Oeffnung befindliches, mit Gewichten beschwertes senkrecht herabdrückendes Kugelventil wirkten. Der Querschnitt der Ventilöffnung betrug 0,506 Zoll. Da ergab sich denn, daß das auf das Ventil drückende Gewicht bey 89 Grad Reaum. $1\frac{1}{4}$ Pfund betragen mußte, um die das Ventil hebenden Dämpfe so eben zurück zu halten; bey $96\frac{1}{4}$ Grad $2\frac{1}{4}$ Pfund, bey $107\frac{1}{2}$ Grad 5 Pfund, bey 129 Grad $12\frac{1}{4}$ Pfund, bey 151 Grad 25 Pfund, bey 178 Grad 50 Pfund. Die Elasticität des Dampfs, durch Höhen einer Quecksilbersäule ausgedrückt, gab diese nach der aufgeführten Ordnung der sechs Versuche 14,05"; 28,11"; 56,22"; 140,55"; 281,1"; 562,2".

Weiß man die Kraft der Dämpfe auch nur in Höhen von Quecksilbersäulen anzugeben, so kann man auch leicht den Druck der Dämpfe auf irgend eine bestimmte Fläche berechnen (nach §. 126.) und in Pfunden angeben. — Welche Kraft beide Wasserdämpfe auszuüben vermögen, sieht man schon an den bekannten kleinen gläsernen Knallkügelchen (hohle mit etwas Wasser versehene und dann wieder zugeschmolzene Kügelchen, die auf glühenden Kohlen oder in der Achtflamme mit starkem Knalle durch die eingesperrten Dämpfe zersprengt werden), an dem Papinischen Topfe; an dem Schießen mit Dämpfen aus einer Röhre; vorzüglich aber an den Dampfmaschinen, welche oft die Kraft von 80 bis 100 Pferden ausüben.

Mémoire sur la force expansive de la Vapeur de l'eau, par Mr. de Betancourt. Paris 1791. 4. — Uebersetzt in Voigts Magazin für das Neueste aus der Physik ꝛc. Th. IX. St. 2. Gotha 1794. 8. S. 102 f.

F. A. K. Grens neues Journal der Physik. Bd. I. S. 62 f. ; Bd. IV. Heft 2 und 3. Leipzig 1795. 1797 8. Voigts, Grens und Schmidts Abhandlungen über die Kraft der Wasser = Dämpfe.

J. E. Hofmanns allgemeine Annalen der Gewerbskunde. Bd. I. Leipzig u. Wien 1803. 4. S. 554 f. Dalton, über die Kräfte der Wasserdämpfe. — Auch in Gilberts Annalen der Physik. Bd. XVII. und XXV. nebst Formeln dazu von la Place und Soldner.

Jahrbücher des Kays. Königl. polytechnischen Instituts in Wien. Bd. I. Wien 1819. 8. S. 144 f. Arzberger über die im polytech. Institute über die Elasticität der Wasserdämpfe angestellten Versuche.

Zweyter Theil

Die eigentliche Maschinenlehre.

§. 130.

Alle Maschinen bringe ich hier unter folgende dreyzehn Abschnitte:

1. Maschinen zum Heben trockener Lasten.
2. Maschinen zum Wasserheben.
3. Maschinen zum gewaltsamen Forttreiben des Wassers oder Wasserspringwerke.
4. Maschinen zum Fortziehen und Fortschieben von Lasten.
5. Maschinen zum Pressen und Feststampfen.
6. Maschinen zur Erregung eines Luftzugs und Luftwechsels.
7. Maschinen zum Zermahlen.
8. Maschinen zum Zerstampfen.
9. Maschinen zum Zerschneiden.
10. Maschinen zum Bohren.
11. Maschinen zum Schleifen und Poliren.
12. Die Dampfmaschine insbesondere.
13. Maschinen zur Zeiteintheilung.

Außerdem giebt es noch eine Menge Fabrikmaschinen und ökonomische Maschinen, deren Beschreibung der Technologie und der Landwirthschaft überlassen bleiben muß.

Wichtige Fabrikmaschinen sind unter andern: Krempelmaschinen, Spinnmaschinen, Webemaschinen, Scheermaschinen, Drehmaschinen u. s. w.; wichtige ökonomische Maschinen sind: die Dreschmaschinen, Säemaschinen, Erndemaschinen, Buttermaschinen 2c. Die Hauptgrundsätze zu ihrer Zusammensetzung findet man in der Maschinenlehre, sowie durch Kenntniß dieser Wissenschaft die Wirkung derselben leichter in die Augen springt.

Erster Abschnitt.
Die Maschinen zum Heben trockener Lasten.

I.
Die Hebladen.

§. 131.

Da man mit dem bloßen Hebebaume (§. 38.) eine Last nur auf eine sehr geringe Höhe vortheilhaft emporbringen kann, so verband man mit ihm eine solche Vorrichtung, vermöge welcher der Unterstützungspunkt des Hebels, beym Heben selbst, immer höher gebracht wurde. So erhielt man diejenigen Maschinen, welche man Hebladen nennt. Diese Hebladen kann man aber auch nur anwenden, um eine Last wenige Fuß hoch emporzubringen, z. B. sie auf Wagen zu laden, auch Bäume, Wurzeln u. d. gl. aus der Erde zu heben.

Gesetzt, ein starker mit einem schweren Fuße versehener aufrecht stehender Balken, AB (oder eine aus

dicken Bohlen zusammengesetzte Vorrichtung) Fig. 1.
Taf. IV. enthalte mehrere quer hindurch gehende Löcher
a, b, c, d, e u. f. w., die sich im Zickzack die ganze
Höhe des Balkens hinauf erstrecken. Gesetzt ferner,
es lassen sich in diese Löcher starke eiserne Bolzen so
stecken, daß sie an der vordern Fläche des Balkens noch
eine bedeutende Hervorragung lassen; so kann auf diese
Hervorragung des Bolzens ein starker oft viele Ellen
langer Hebel CD gelegt werden. Damit dieses um so
sicherer und mit gleicher Geschwindigkeit geschehen könne, so hat der Hebel auf seiner Unterfläche zwey für
die Rundung der Bolzen passende Einschnitte. Vorn
bey D aber hat der Hebel ein starkes eisernes Band
mit einem starken eisernen Haken, oder auch mit starken
Ketten, woran die emporzuhebende Last gehängt werden
kann. Ruht nun z. B. der Hebel auf dem Bolzen a,
so drückt man das Ende C so weit nieder, daß man
in b den zweyten Bolzen einstecken kann, der nun eine
höher liegende Unterlage bildet. Hierauf drückt man
das Ende C bis über das Loch c hinauf, um wieder
in den Bolzen unter den Hebel stecken zu können. Nun
läßt sich die Last bey Niederdrückung des Hebels bey C
wieder bis über das Loch d emporheben. Man steckt
auch da einen Bolzen hinein, hebt das Ende C abermals über e, bildet da wieder durch den hineingesteck-
ten Bolzen einen Unterstützungspunkt, und geht so immer höher und höher hinauf. Dadurch kann also die
Last bis zu einer Höhe gebracht werden, welche der Höhe
des Balkens AB gleich, oder doch beynahe gleich ist.
Schlingt man starke Ketten, die mit dem Ende D des
Hebels in Verbindung sind, um Wurzeln eines Baums

ſtocks (einer Stube), ſo kann man dieſe vielleicht mittelſt der Heblade aus der Erde reißen.

Es iſt gut, wenn die beyden Bolzen mittelſt einer Kette zuſammenhangen, die beym Hineinſtecken der Bolzen in die Löcher immer ſchlaff bleibt.

§. 132.

Die vertikale Vorrichtung mit den Löchern beſteht auch oft aus zwey ſtarken Bohlenwänden, die, durch Querbalken oder ſtarke Querhölzer verbunden, einen Raum einſchließen, zwiſchen welchen der Hebel hinauf bewegt wird. Dieſelbe Vorrichtung ſteht auch wohl ſchräg und hat dann zwey Balken als Stützen.

Es giebt auch ganz eiſerne Hebladen. Eine dicke und breite eiſerne Stange, oder vielmehr ein eiſerner Balken, ruht ſenkrecht auf einem breiten Fuße. Sie iſt an zwey gegenüber liegenden Seiten wie ein Sperrrad oder wie eine Säge gezahnt. Die Zähne gehen ſchräg hinaufwärts und ſind auf der obern Fläche etwas aus gehöhlt. In dieſe gezahnten Einſchnitte legt ſich der Hebel mittelſt Gabel und Riegel immer höher und höher ein, ſo wie man den Hebel auf und nieder drückt. Die Zähne geben alſo die abwechſelnden Ruhepunkte ab. Die vorn am Hebel ſitzende Gabel umſchließt die ge zahnte Stange und an jeder gezahnten Seite geht von der Gabel ein beweglicher Riegel in die Höhe, der in die Zähne faßt. Der vordere Riegel iſt mit dem Ha ken verbunden, woran die Laſt hängt. Drückt man den Hebel nieder, ſo legt ſich ſein vorderer Riegel in einen höhern Zahn ein, und der hintere Riegel dient während dieſer Bewegung zur Unterlage. — Unter dem Namen Baumhebe ist diese Heblade auch zum Ausheben von Bäumen und Stubben empfohlen worden.

Zu letzterm Zwecke schlug man auch oft sehr complicirte kostspielige Maschinen vor, z. B. die sogenannte Kraftmaschine des Dänen Rieffelsen. Diese waren aber nicht zu einer allgemeinen Anwendung geeignet. Mit mehr Nutzen möchte wohl noch einmal die hydrostatische und hydromechanische Presse dazu angewandt werden können. Was übrigens die Hebladen selbst betrifft, so ist ihr Gebrauch jetzt nicht so häufig mehr, weil sich ihre Stelle durch andere viel wirksamere und bequemere Hebzeuge (z. B. durch verschiedene Arten von Winden) ersetzen läßt.

Außer meiner Encyclopädie des Maschinenwesens Th. II. und VI. Art: Heblade führe ich hier noch an:

J. Leupold, Theatrum machinarum hydrotechnicarum oder Schauplatz der Wasserbaukunst. Leipzig 1724. Fol. S. 65 f. — Dessen Theatrum machinarum oder Schauplatz der Hebzeuge. Leipzig 1725. Fol.

G. C. Silberschlag Kloster Bergische Versuche. Berlin 1768. 8. S. 169 f.

J. Bösens verbesserte von Peter Sommer in der Schweiz erfundene Hebmaschine, womit man Bäume sammt ihrer Wurzel aus der Erde reißen kann. Göttingen 1771. 8.

J. P. Eberhard, Beyträge zur Mathesi applicata. Halle 1771. 8. S. 29 f.

Beschreibung einer neu erfundenen Hebmaschine zum Ausrotten der Stöcke in den Waldungen. Mannheim 1780. 8.

J. F. Lempe, Lehrbegriff der Maschinenlehre. Th. I. Leipzig 1795. 4. S. 104 f.

Saint Victor Beschreibung einer Maschine zum Ausroten der Baumstöcke. Leipzig 1803. 4.

p. Rieffelsens große Kraft- oder Hebmaschine Bäume aus der Erde zu schaffen und ungeheure Lasten zu heben. Hamburg 1810. 4. — Auch im neuen Magazin der Erfindungen. Bd. II. S. 26 f.

H.
Die einfachen und verstärkten Winden.
§. 133.

Die einfache Winde ist ein Rad an der Welle (§. 43.), welches zum Emporheben von Lasten gebraucht wird, die an einem um die Welle (den Rundbaum) gelegten Seile hängen. Oft geschieht damit das Emporheben der Lasten auf eine sehr beträchtliche Höhe, z. B. in Bergwerken.

Ist die Welle liegend, so wird die Winde ein Haspel genannt; ist sie stehend, so heißt die Winde ein Göpel. Der Haspel ist entweder ein Kreuzhaspel, oder ein Hornhaspel, oder ein Seilrad (Seilradhaspel) oder ein Hornrad (Hornradhaspel) oder ein Spillrad (Spillradhaspel), oder ein Laufradhaspel, oder ein Tretradhaspel, auch wohl ein Wasserradhaspel. Mit gezahntem Räderwerk, mit Schrauben ohne Ende, mit Flaschenzug u. s. w. verbunden, verwandeln sich alle diese Arten von Winden in verstärkte oder zusammengesetzte.

1. Die Haspel.
§. 134.

Bey dem Kreuzhaspel Fig. 2. Taf. IV, gehen im rechten Winkel kreuzweise Arme oder Speichen

durch die Welle oder den Rundbaum, um den das
Seil geschlagen ist. An die Enden der etwa 6 Fuß
langen Speichen fassen die Arbeiter und drehen den
Baum um. Ein zweckmäßiges festes Gestelle (aus dem
Geviere oder der Basis, aus Stützen und Streben bestehend) dient dem Rundbaume zum Lager.
Die eisernen Zapfen des Baums laufen auf dem Lager in
messingenen Pfannen. Der Haspel wird am meisten auf
Dachböden, vor Kellertreppen, auf Schiffen, beym
Bauwesen, bey Feuerrettungsmaschinen, bey Rammen ꝛc.
gebraucht, wo man mit ihm Lasten in mehr oder
weniger abgesetzten Zeitpunkten bewegt. Zuweilen giebt
man dem Rundbaume ein Sperrrad, in dessen Zähne
ein Sperrhaken fällt. Dadurch erhalten die Arbeiter
allerdings viele Erleichterung.

Wichtiger ist der durch eine Kurbel, das sogenannte
Haspelhorn, oder ein Paar Kurbeln bewegte Hornhaspel, welcher vorzüglich in Bergwerken gebraucht
und daher auch Berghaspel genannt wird. Er ist
entweder einmännisch, oder zweymännisch oder
dreymännisch oder viermännisch, je nachdem
er von ein, zwey, drey oder vier Arbeitern, den Ha-
spelknechten, betrieben wird. Der zweymännische hat
an beyden Enden der Welle ein Haspelhorn, wie Fig. 3.
Taf. IV.; der viermännische hat an jedem Ende eine
doppelte Kurbel, wie man eine solche bey bcd Fig. 11.
Taf. II. sieht; der dreymännische hat an dem einen Ende
eine einfache und an dem andern eine doppelte Kurbel.
Das Seil ist übrigens so um den Rundbaum des Horn-
haspels geschlagen, daß von zwey daran hängenden
Gefäßen (Kübeln, Tonnen ꝛc.) das eine leer herabgeht,

wenn das andere voll hinaufsteigt. Der leichtern und gleichförmigern Bewegung halber giebt man dem Rundbaume zuweilen ein Schwungrad.

Eine bequeme Stellung des Haspelknechts ist zur Betreibung des Haspels durchaus nothwendig. Daher müssen sich die senkrecht stehenden Haselstützen, in deren Pfannen oder Pfadeisen oben die Wellzapfen laufen, nach der Größe der Arbeiter richten. Von der Fußsohle eines Arbeiters bis zum Pfadeisen kann die Höhe der Stützen ⅞ von der ganzen Länge des Arbeiters betragen. Auch muß für die Kübel und Tonnen Raum genug seyn, damit sie nirgends anstoßen und nicht mit Gefahr für hie unten stehenden Arbeiter Erze und Berge verschütten. Die Länge des Rundbaums giebt Lempe im Mittel zu 7 Fuß, den Durchmesser für einen zweymännischen giebt er zu 8 bis 9 Zoll, für einen viermännischen zu 10 bis 12 Zoll an. Die Höhe des Haspelhorns oder die Länge des Kurbelarms darf nicht über 15 bis 18 Zoll rheinl. betragen, damit, bey dem höchsten Stande der Kurbel, der Griff (die Spille) nicht über die Schulter, beym tiefsten Stande nicht unter das Knie zu stehen komme.

Die Querbalken oder stärksten Balken des Gevieres (der Basis des Haspels), welche die Haspelstützen tragen, heißen Pfühlbäume, die Verbindungsstücke oder Längenbalken heißen Hängebäume. Rundbäume, Haspelstützen und Geviere macht man gewöhnlich aus Tannenholz; die Kurbel macht man auch wohl aus hartem Holz, aber doch am liebsten und am besten aus Eisen. Ist sie im letztern Falle eine einfache Kurbel, so wiegt sie ohngefähr 12 Pfund. Der 8 bis 9 Zoll tief ins Holz eingetriebene Theil der runden Zapfen ist vierkantig. Eiserne Ringe, die daselbst um den Rundbaum ge-

hen, verstärken die Befestigung. Die Pfannen oder Büchsen (die Pfadeisen), worin die Zapfen liegen, sind am besten
von hartem Messing oder von Glockenmetall.

§. 155.

Kennt man das Gewicht des Rundbaums, der
Zapfen und Kurbeln, der Kübel mit und ohne Ladung
und des Seils, sowie die Straffheit des Seils, so findet man daraus die Stärke des Drucks auf die Pfannen, die Größe der Reibung und die zur Bewegung
des Haspels nöthige Kraft. Kennt man ferner den Umfang des Kurbelkreises, die Umlaufszeit der Kurbel, den
Umfang des Rundbaums, den Inhalt eines Kübels, die
Ausleerungs- und Füllzeit für die Kübel und die Zahl
der Arbeitsstunden in einem Tage, so kann man daraus
die Gewichtzahl der Erze berechnen, welche man in
einem Tage zu fördern im Stande ist.

So würde man aber ein Resultat erhalten, welches einen stets gleichförmigen Gang der Maschine und
eine unveränderliche Wirkung der Kraft voraussetzte.
Aber eine solche Gleichförmigkeit und Unveränderlich-
keit findet keineswegs statt, weil das Moment der Last
sowohl, als der Kraft veränderlich ist. Anfangs, wenn
der volle Kübel unten und der leere oben ist, besteht das
Gewicht der Last aus dem Gewicht der Fördermasse
+ dem Gewicht des ganzen Seiltrums, woran der volle
Kübel hängt. Wäre die Länge des Seiltrums 20 Lachter = 140 Fuß, die Dicke des Seils ½ Zoll, so würde
das Gewicht des Seiltrums etwa 5 Pfund betragen.
Ist der volle Kübel 2 Lachter gestiegen und der leere
eben so viel gesunken, so gehen von dem Gewicht der

Last 4 Lachter Seil = 1 Pfund ab; und dies geschieht so oft, als die Last 2 Lachter gestiegen ist. Diese beständige Abnahme der Last kommt der Wirkung der Kraft, die gegen das Ende ermüdet, zu Hülfe. Noch veränderlicher ist das Moment der Last, wenn sich das Seil auf dem Rundbaume bey einer tiefen Grube nicht blos neben, sondern auch über einander windet, weil dann nicht blos die Last selbst, sondern auch die Entfernung der Last von der Umdrehungsachse sich verändert (§. 44.). Man sucht sich hier bisweilen durch konische Wellbäume wie bey den Göpeln (§. 146.) zu helfen. Auf diesen Wellbäumen wird das Seil so umgewunden, daß es an dem kleinen Halbmesser zieht, wenn die Last in der Tiefe und ihr Gewicht am größten ist. Indessen sind solche konische Rundbäume überflüssig, wenn der Unterschied der Momente von geringer Bedeutung ist. Die Veränderlichkeit des Moments der menschlichen Kraft (§. 75.) verdient dann mehr Beachtung.

Aus Versuchen über die Kraft des Menschen an Kurbeln hat sich ergeben, daß, wenn die Geschwindigkeit des Knies der Kurbel, des Winkelpunktes oder Vereinigungspunktes vom Kurbelarme und Kurbelgriffe, 1 Fuß ist, die Kraft eines Haspelknechts 50 Pfund beträgt; bey 2 Fuß Geschwindigkeit ist diese Kraft 40 Pfund, bey 3 Fuß ist sie 30 Pfund, bey 4 Fuß ist sie 20 Pfund und bey 5 Fuß ist sie 10 Pfund. — Für Ausleerung und Füllung der Kübel rechnet man als Stillstandszeit 30 bis 34 Sekunden.

§. 156.

Das Seilrad oder der Seilradhaspel besteht blos aus einer an dem Rundbaume befestigten Scheibe, um deren mit Gabeln oder Widderhörnern verse-

hene Peripherie ein Seil ohne Ende liegt. Durch Ziehen an dem Seile dreht man (vermöge der von den
Widderhörnern verursachten Friktion) die Scheibe, folglich auch den Rundbaum um; das Seil desselben wird
dann aufgewickelt und die daran hängende Last in die
Höhe gezogen. Ist, statt des Seils für die Kraft,
eine Kette da, so nennt man denselben Haspel ein Ket-
tenrad oder Kettenradshaspel.

Bleiben Seil (oder Kette), Widderhörner und Rinne
von der Scheibe hinweg, und stehen statt jener Theile
eine Anzahl Zapfen oder Arme (sogenannte Hörner)
eben so auf der Peripherie der Scheibe, wie Zähne eines Stirnrades auf der Stirn desselben oder wie Speichen eines Wagenrades (ohne Kranz) in der Nabe; so
hat man ein Armrad, Hornrad, oder einen Armrad-
haspel, Hornradhaspel. An den Armen oder Zapfen dreht man den Haspel um. Enthält der Rundbaum ein Rad mit zwey Kränzen, zwischen welchen
in der Kreisrundung runde Stäbe (Spillen) parallel
mit der Achse des Rundbaums und auf ähnliche Art
stecken, wie die Schaufeln eines unterschlächtigen Wasserrades zwischen ihren Kränzen, so hat man ein Spillrad oder einen Spillradhaspel. An den Spillen
dreht der Arbeiter den Haspel mit seinen Händen um.

§. 137.

Seilrad, Hornrad und Spillrad können dem Berghaspel den Rang nicht streitig machen; daher sieht man
ihre Anwendung auch nur selten. Hingegen von dem
Laufradhaspel, Tretradhaspel und Wasserradhaspel wird oft ein sehr nützlicher Gebrauch ge-

macht. Man erhält diese Haspel, wenn der Rundbaum mit einem Laufrade, oder mit einem Tretrade oder mit einem doppelt geschaufelten Wasserrade (einem Kehrrade) versehen wird.

Das Laufrad besteht aus zwey Kränzen, die durch Arme mit dem Rundbaume vereinigt sind. Die Kränze sind mit Dielen oder Bohlen zugeschlagen, auf deren innerem Boden sich aufgenagelte Leisten oder Staffeln befinden. Indem Menschen oder Thiere diese zu besteigen sich bemühen, so wird durch ihr Gewicht das Rad umgedreht. Läßt man den Boden mit Leisten zwischen den parallelen Kränzen weg, und befestigt man statt dessen Tretbreter oder Tritte zwischen die Kränze, worauf Menschen oder Thiere von Außen wie auf einer Treppe treten, so verwandelt sich das Laufrad in ein Tretrad.

§. 138.

Die Größe der Laufräder beruht auf der Größe der Thiere, welche die Maschine betreiben sollen. Denn diese müssen bequem unter dem Wellbaume stehen können. Niedriger als 12 und höher als 36 Fuß macht man sie selten. Ihre Breite rechnet man für einen Menschen zu 18 bis 20 Zoll, für zwey Menschen neben einander zu 40 bis 44 Zoll, für ein Maulthier 2 Fuß, für zwey 4 Fuß 6 Zoll; für ein Pferd oder für einen Ochsen 3 bis 4 Fuß, für zwey 7 bis 8 Fuß. Damit der Hebelsarm der Kraft so wenig wie möglich verkürzt werde, so macht man den Radkranz nicht zu breit, aber auch wegen seiner haltbaren Verbindung mit den Armen nicht zu schmal. Bey einem Rade von 14 bis

12 *

16 Fuß Höhe kann seine Breite ohngefähr 5 Zoll, seine Dicke 3 Zoll betragen.

Sehr viel kommt es bey den Laufrädern darauf an, die vortheilhafteste Stelle auszumitteln, wo Menschen oder Thiere das Rad am besten und leichtesten umtreiben können, sowohl in Hinsicht der zu bewegenden Last, als auch der längern Ausdauer der Arbeit. Dies hängt von dem vortheilhaftesten Neigungswinkel des Schritts ab. Denkt man sich durch den Schwerpunkt eines Menschen oder Thieres einen Rad-Halbmesser gezogen und von dem Mittelpunkte eine lothrechte Linie herabgelassen, so bilden diese beyden Linien den Neigungswinkel. Statt des Perpendikels aus dem Mittelpunkte kann man sich auch ein Perpendikel vom Schwerpunkte des Menschen oder Thieres herabgelassen vorstellen. Dieser Neigungswinkel muß nämlich eine solche Größe haben, daß dabey die Beschwerlichkeit des Gehens am kleinsten wird. Für Menschen und für Esel soll dies ein Winkel von 30 Graden, für Pferde von 16 Graden seyn. Durch mehrere Versuche und Erfahrungen hat sich ergeben, daß sich in solchen Laufrädern, wenn auf Gewicht, Muskelkraft und Geschwindigkeit zugleich gesehen wird, der Effekt eines Menschen zum Effekte eines Esels verhält, wie 1 : 2; zum Effekte eines Ochsens wie 1 : 1$\frac{1}{2}$; eines Maulthiers wie 1 : 3; eines Pferdes = 1 : 6. Im Durchschnitt kann man annehmen, daß zwey Menschen im Stande sind, mit dem Laufradhaspel 208 Pfund in einer Sekunde 1 Fuß hoch emporzuheben. — Uebrigens gewährt das Laufrad den Vortheil, daß es wegen seiner ansehnlichen Größe mit als

Schwungrad wirkt und die Bewegung ziemlich gleichförmig macht.

§. 139.

Muskelkraft und Gewicht ist freylich, bey verschie-
benen Menschen und bey verschiedenen Thieren einerley
Art, oft bedeutend verschieden, was denn nicht blos auf
Druck in einem Lauf- und Tretrade, sondern auch auf
Zug, Schub ꝛc. eine verschiedene Wirkung hat. Im
Durchschnitt kann man das Gewicht eines erwachsenen
Menschen auf 140 Pfund setzen. Aber der Mensch kann
oft das Doppelte seines Gewichts auf den Schultern
tragen. Nach den Versuchen des Franzosen le Sauveur kann ein Mensch 25 Pfund Last in einer Stunde,
(= 3600 Sekunden) ohne zu ermüden, 6000 Pariser
Fuß weit fortziehen. Daher wäre die Geschwindigkeit
des Menschen in einer Sekunde = $\frac{6000}{3600}$ = 1,66 Pariser
Fuß. Ueberhaupt sind, nach allen darüber gemachten
Erfahrungen und Versuchen, 25 bis 30 Pfund bey
einer Geschwindigkeit von 2 bis 3 Fuß das Höchste,
was man für die menschliche Kraft im horizontalen
Zuge rechnen kann. Nimmt man dafür das Mittel
= 30 Pfund bey einer Geschwindigkeit von 2 Fuß an,
so wäre das Moment des Menschen = 2 . 30 = 60.

Das Gewicht der Pferde geht gewöhnlich von 850
bis 1320 Pfund. Nimmt man mit le Sauveur (nach
dessen Versuchen) an, daß ein Pferd 175 Pfund in
einer Stunde 11000 bis 12000 Fuß weit fortziehen kann,
so wäre die Geschwindigkeit beym Pferde doppelt so groß
und die bewegte Last siebenmal größer, als bey dem Menschen, oder das Moment des Pferdes wäre = 14, wenn

man das Moment des Menschen $= 1$ seßt. Hiermit stimmen auch andere Erfahrungen überein.

Ein Ochs zieht auf der horizontalen Ebene etwas stärker als ein Pferd; aber die Geschwindigkeit eines Pferdes ist viel größer, als die eines Ochsen. Soll eine Last durch Thiere auf einen Berg geschafft werden, so ist der Ochs einem Pferde vorzuziehen.

§. 140.

Wenn die Last des Laufradhaspels einmal auf kurze Zeit das Uebergewicht bekommen sollte, so kann dies sogleich dadurch aufgehoben werden, daß sich die Arbeiter weiter von der tiefsten Stelle des Rades entfernen. Wenn aber die Kraft das Rad zu sehr beschleunigt, so brauchen sich die Arbeiter nur der tiefsten Stelle des Rades zu nähern; alsdann wird das Moment der Kraft wieder vermindert.

Weit schlimmer ist der Zufall, wenn unglücklicherweise die Last vom Seile abspringen sollte, und dadurch das Rad auf einmal zu sehr in Schwung kommt. Dieselbe Gefahr wird aber auch dann bereitet, wenn die Last zu sehr das Uebergewicht erhält, so daß das Laufrad plötzlich zurückschwingt. Gegen solche Gefahren haben die Engländer Pinchbeck, Bunce, Mocok, Dixon und Andere verschiedene Bremswerke oder Hemmvorrichtungen erfunden. Dixons Vorrichtung besteht in abgesonderten an der Welle des Laufrades angebrachten Schußfädern, in welche man, zur Zeit der Gefahr, mittelst herabhängender von den Arbeitern zu ergreifender Seile Stangen hineintreibt, die das Rad in Stillstand bringen müssen. Besser möchte aber wohl ein über dem Rade schwebender Bremskranz seyn, der einen Umbrehungspunkt in einem eignen stehenden Balken hat, und durch Seile, die der Arbeiter leicht ergreifen kann, sich fest an das Rad pressen läßt, um dessen Lauf augenblicklich zu hemmen. Man kann den Bremskranz auch gegen die Peripherie eines eignen an der Laufradswelle fest sitzenden Bremsrades pressen lassen. Leicht bringt man, wenn der Lauf des Rades wieder beginnen soll, den Kranz wieder von dem Rade hinweg, wenn man ihn aufwärts zieht, am besten mittelst eines Seils, das von ihm aus in die Höhe über eine Rolle und dann wieder herunterwärts geht.

Bey Krahnen (§. 143.) sind solche Bremswerke von vorzüglichem Nutzen. Man wendet sie aber auch bey Treträdern und bey Pferdegöpeln (§. 145.) an; bey Windmühlen gleichfalls, um zu jeder Zeit den Umlauf der Flügel hemmen zu können.

§. 141.

Den Tretradhaspel (§. 137.) findet man viel weniger, als den Laufradhaspel angewandt. Letzterer ist auch, wenigstens für Thiere, in der Regel vortheilhafter. Wenn man auch den Effekt des von Menschen bewegten Tretradhaspels, gewöhnlich größer als den Effekt eines Laufradhaspels angiebt, so muß man doch wieder bedenken, daß die Menschen im Tretrade eher ermüden, als im Laufrade, weil sie in jenem die Beine gewöhnlich höher heben und daher ihre Muskelkraft stärker anstrengen müssen.

Der Mensch tritt die Breter des Tretrades ohngefähr eben so stark, als die Sprossen einer senkrechten

Leiter, welche er langsam besteigt; und ohne merkliches Fehler kann man die Richtung des Tritts vertikal annehmen. Am wirksamsten treten Menschen das Rad, wenn ihre Füße 90 Grade vom höchsten oder tiefsten Punkte der Rad-Peripherie abstehen. Alsdann kann man für die bewegende Kraft $\frac{7}{8}$ des Gewichts vom Menschen rechnen; $\frac{1}{8}$ dieses Gewichts geht verloren, theils wegen der abwechselnden Bewegung der Füße (wobey der eine schief auf den Tritt wirkt, der andere senkrecht niederdrückt), theils weil sich der tretende Mensch mit dem Arme an einem fest stehenden Gerüste halten muß. Treten vierfüßige Thiere das Rad mit ihren Vorderfüßen, so geschieht dies ebenfalls am wirksamsten an einer 90 Grad von dem obersten oder untersten Punkte entfernten Stelle. Sie wirken dann nur mit der Hälfte ihres Gewichts. Treten sie das Rad mit den Hinterfüßen, so muß dies an einer Stelle des Rades geschehen, die etwa 30 bis 35 Grade vom höchsten Punkte entfernt ist. Man findet diese Stelle genauer, wenn man die Länge des Thieres, von der Brust bis an die Hinterfüße gemessen, von dem obersten Rad-Punkte an auf die Rad-Peripherie trägt.

Auf Neigung und Höhe des Schritts beruht die Anzahl der Trittbreter, weil Menschen und Thiere das Steigen ohne nachtheilige Anstrengung müssen verrichten können. Den Neigungswinkel bestimmt man auf eben die Art, wie bey dem Laufrade (§. 138.). Die Höhe des Schritts aber darf für Menschen nicht über 12 Zoll betragen, für Ochsen und Esel nicht über 9 Zoll, für Pferde nicht über 15 Zoll, und für Maulthiere nicht viel weniger. Die Breite der Trittbreter kann für Men-

schen 8 bis 9 Zoll, für Pferde, Ochsen und Maulthiere
11 bis 12 Zoll seyn.

Das Auffördern von Lasten in flachen Schächten mit-
tels der Haspel, und die Selbstausstürzung der Ton-
nen ist noch besonders bemerkenswerth.

§. 142.

Der Haspel jeder Gattung (§. 133 f.) wird ein
verstärkter oder zusammengesetzter, sobald
er mit noch andern mechanischen Rüstzeugen, z. B. mit
Rad und Getriebe, mit der Schraube ohne Ende, oder
mit dem Flaschenzuge verbunden ist. Die Größe der
Verstärkung geschieht nach den bekannten Verhältnissen
(§. 46 f.). Aber auch die bekannten Nachtheile in Be-
ziehung auf Zeit und Geschwindigkeit der aufzufördern-
den Last zeigen sich bey einer solchen zusammengesetzten
Maschine. Die Verstärkung einer Winde durch Rad und
Getriebe oder durch die Schraube ohne Ende ist besonders da von Nutzen, wo die Last auf keine bedeutende
Höhe emporgehoben werden soll und wo es hauptsächlich auf Verstärkung der Kraft ankommt. Dieß ist z.
B. bey der Wagenwinde oder Fuhrmannswin-
de der Fall, welche aus mehreren in einem blechenen
Gehäuse eingeschlossenen Rädern und Getrieben besteht,
wovon das erste auf seiner Achse die Kurbel zum Drehen enthält, das letzte aber in eine bewegliche starke
gezahnte Stange greift, deren oberer Theil die Last (z.
B. einen beladenen Wagen auf einer Seite) emporheben soll. Durch Umdrehung des Räderwerks geht die
gezahnte Stange mit der Last in die Höhe. — Eine
Schraube ohne Ende ist bey der Wagenwinde noch
wirksamer.

§. 143.

Ohnstreitg ist der Krahn oder Kranich unter
den verstärkten Haspeln (gewöhnlich Laufradhaspeln)
einer der allernützlichsten. Diese Maschine dient hauptsächlich, um Waaren und andere schwere Lasten aus den
Schiffen zu laden und ans Ufer, oft auch gleich auf den
Wagen zu bringen; oder auch, sie vom Ufer aus in das
Schiff zu laden. Daher muß derjenige Theil, womit
man die Last verbindet, eine doppelte Bewegung haben: eine vertikal auf- und niedergehende, und eine
horizontal nach jeder Seite hin führende. Von einem in
einem thurmähnlichen Gebäude liegenden Rundbaume,
der das Laufrad (oder ein Paar Laufräder) enthält,
geht das Seil an einem vertikalen Wellbaume hinauf
oben über eine Rolle und längs über einen schräg zu
dem Gebäude hinausragenden Balken, dem Schna-
bel oder der Krahnbracke hin. Das vordere Ende
des Schnabels enthält einen Flaschenzug, mit dem jenes Seil in Verbindung gebracht ist. Mit den Zugrollen des Flaschenzugs wird durch Ketten und Haken
die Last verbunden. Wenn nun das Laufrad so getreten wird, daß sich das Seil um den Rundbaum wickelt,
so kommt der Flaschenzug in Bewegung und der untere Kloben bewegt sich mit der Last in die Höhe. —
Zuweilen ist auch die Krahnbracke selbst in einer vertikalen Ebene beweglich, wenn sie nämlich ein Hebel ist, dessen
kurzer Hebelsarm vermöge eines Seils gleichfalls durch
eine Winde auf- und niedergezogen werden kann.

Die horizontale Bewegung bekommt die Krahnbracke sammt dem daran hängenden Flaschenzuge dadurch, daß der vertikale Wellbaum, mit dessen obern

Ende ſie verbunden iſt, ſich mittelſt eines Hebels umdrehen läßt. Dieſer Hebel geht in der Geſtalt eines
Rahmens um das Laufrad herum. Mit dem Wellbaume iſt zugleich ein leichtes Dach verbunden, das ſich
ſammt dem Wellbaume zugleich herumbewegt. Zu dieſem Dache ragt die Krahnbracke heraus.

Dies iſt die gewöhnliche Einrichtung des Krahns, der
auch bisweilen zum Bauen, in Spiegelgießereyen zum Heben
und Ausgießen der Glashäfen u. ſ. w. gebraucht wird. —
Ein einfacher unter einem galgenähnlichen Geſtelle ſchweben-
der ungleicharmiger Hebel würde den einfachſten Krahn darſtellen.

2. Die Göpel.

§. 144.

Der gemeine Göpel oder Handgöpel beſteht
aus einem zwiſchen einem feſten Gerüſte auf Zapfen in
Pfannen oder Pfadeiſen beweglichen vertikalen Wellbaume *AB* Fig. 4. Taf. IV., um welchen ein Seil
geſchlagen iſt, woran die emporzuhebende oder herbey-
zuziehende Laſt hängt. Durch den Wellbaum ſind kreuz-
weis die Schub- oder Zugſtangen *DD* geſteckt,
woran die Menſchen den Wellbaum umdrehen. Das
Seil wird auf eine Rolle *p* gelegt, von welcher es lothrecht herabhängt. Soll es horizontal fortgeführt werden, ſo muß es noch unter einer zweyten Rolle *q* hingehen.

In Bergwerken werden ſolche Göpel ſelten gebraucht.
Zuweilen ſetzt man mit ihnen die Laufkarren oder
Hunde in Bewegung. Am meiſten wird er als Erdwinde bey Bauten angewendet, wo man mit ihm La-
ſten horizontal oder ſchräg herbey zieht.

§. 145.

Bey weitem wichtiger, ist der Pferdegöpel, dessen Anwendung auf Bergwerken man sehr häufig findet. Oft fördert man mit ihm aus 130 Lachtern (510 Fuß) tiefen Schächten die Erze und Berge zu Tage.

Die Haupttheile des über dem Treibschachte in einem runden Gebäude (dem Treibhause) stehenden Göpels sind folgende: der vertikal stehende Wellbaum *AB*, welcher Pfuhlbaum oder Spindel heißt; der auf demselben concentrisch angebrachte Göpelkorb, um den sich das Seil wickelt; und der aus kreuzweisen Balken bestehende Schwengel, woran die (zwey bis vier) Pferde gespannt werden. Das Seil wird horizontal über Rollen geleitet und hängt von der letzten lothrecht in den Schacht hinab. Der Zweck des Göpelkorbs ist schnelleres Emporbewegen der Last. Daher pflegt man seinen Umfang gewöhnlich so einzurichten, daß ein Umschlag des Seils fünf Lachter beträgt. Freylich verlängert der Korb den Hebelsarm der Last, so daß nun mehr Kraft zur Treibung des Göpels erfordert wird, als wenn sich das Seil um einen dünnern Cylinder, auch wohl gar um den bloßen Rundbaum wickelte; aber das Emporheben der Last würde nun viel zu langsam geschehen und dadurch, daß die Pferde für die Aufforderung einer Last viele Umgänge machen müßten, würden sie auch wieder zu sehr ermüdet. Durch einen längern Schwengel spart man zwar wieder von der einen Seite an Kraft, aber man verliert wieder an Zeit, indem nun die Pferde, um den Wellbaum einmal umzudrehen, einen größern Kreis durchwandern müssen. Daher ist es selten vortheilhaft, den Schwengel über 12 Ellen

lang zu machen. Statt der hänfenen Seile wendet
man am liebsten eiserne an, d. h. Ketten, deren 3 Zoll
lange Glieder aus dem besten zähesten Eisen gemacht sind.

Das öftere Schmieren der Zapfen an Spindel, Scheiben und Rollen ist sehr nothwendig, weil diese Theile sonst
durch die starke Erhitzung, welche sie ausstehen, leicht ab-
nutzen würden.

§. 146.

Senkt man mittelst des Pferdegöpels Lasten, z. B.
Steine und Holz, in die Grube, so sinken diese durch
ihre eigene Schwere nieder. Dies würde aber, zum
Nachtheil der Maschine und mit Gefahr für die Menschen in der Grube, mit beschleunigter Bewegung geschehen, wenn man nicht die Bewegung durch Anhängung
eines Klotzes, des sogenannten Hundes, an die Deichsel, welcher auf der Erde herausschleift, zu hemmen
suchte. Durch ein Bremswerk (§. 140.) kann nicht
nur ein einziger Mann die Pferde am Schwengel in
vollem Zuge hemmen, sondern auch ohne Beyhülfe der
Pferde, die volle Tonne im Schachte erhalten. Ohne
Bremswerk würden beym Abspringen der vollen Tonne
die im Zuge begriffenen Pferde mit einer Gewalt vor
sich niederstürzen, die der eben angewandten Gewalt
gleich wäre; und die vorwärts gerichtete Bewegung des
Göpels würde von der leeren Tonne noch beschleunigt
werden, ehe die Pferde wieder aufspringen könnten.
Pferde und Treibknechte würden also dabey einer Todes-
gefahr ausgesetzt seyn.

Spiralkörbe, d. h. konische Göpelkörbe mit
spiralförmigen Gängen, in welche sich das Seil einlegt,

sind bey Pferdegöpeln noch nützlicher als bey Haspeln
(§. 135.). Sie erhalten aus demselben Grunde das
Verhältniß der Kraft zur Last möglichst gleichförmig.
Die beyden abgestumpften Kegel liegen mit ihrer Basis
an einander und die Einrichtung ist so getroffen, daß
das Seil unten, mit der vollen Tonne von derjenigen
Peripherie der Schnecke herabhängt, welche den kleinsten
Durchmesser hat, das Seil mit der eben außgeleerten
Tonne von der Peripherie derjenigen Schnecke, welche den
größten Durchmesser hat. So wie die volle Tonne steigt,
wickelt sich ihr Seil auf immer höhere und höhere Gänge,
während das Seil mit der leeren Tonne sich immer um
niedrigere und niedrigere Gänge schlingt; u. s. f.

Wenn die volle Tonne oben ist, so richtet sich der Trei-
beknecht nach dem Zuruf des Stürzers. Auch an den Um-
schlägen des Seils kann er dasselbe wahrnehmen.

Außer Leupolds Theatrum mach. generale, Lempe's
Maschinenlehre, meiner Encyclopädie d. Maschinenwesens
Art. Haspel, Göpel und Pferdegöpel, Th. II. III.
nenne ich noch:

H. Calvörs Beschreibung des Maschinenwesens auf dem
Oberharze. Th. II. Braunschweig 1763. Fol. S. 29 f.

F. L. Cancrinus erste Gründe der Berg- und Salzwerkskunde. Th. VII. Abth. 1. 2. Frankfurt a. M. 1773. 8.

N. poda, über die zu Schemnitz in Niederungarn errichteten Pferdegöpel. Dresden 1773. 8.

J. F. Lempe, Magazin für die Bergbaukunde. Th. II.
Dresden 1786. 8. S. 119 f. — Th. IV. 1787. S. 3 f. —
Th. V. 1788, S. 160 f. — Th. VII. 1790. S. 191 f. —
Th. XII. 1795. S. 87 f. Ueber Berghaspel und Pferdegöpel.

A. W. Köhlers bergmännisches Journal. 1788, Bd. II.
S. 614 f. — 1789. Bd. I. S. 55 f. — 1789. Bd. I.

S. 558 f. Bd. II. S. 871 f. — 1791. Bd. I. S. 26 f. —
1792. Bd. I. S. 383 f. — 1793. Bd. I. S. 12 f. — Ueber
Pferdegöpel.

K. F. v. Böhmer, über die Grubenförderung. Th. I.
Freyberg 1791. S. 166 f.

Ausführliche Beschreibung des Pferdegöpels auf der Grube
neuer Morgenstern bey Freyberg. Freyb. 1792. 8.

C. W. Köhlers und C. A. S. Hoffmanns neues
bergmännisches Journal. Bd. II. Freyberg 1799. 8. S. 180 f.
Beschreibung eines neuen Pferdegöpels in Schweden ꝛc.

Zweyter Abschnitt.
Die Maschinen zum Wasserheben.

§. 147.

Maschinen zum Wasserheben giebt es sehr viele.
Oft ist es nöthig, Wasser aus einer Tiefe herauf zu
bringen, wo es sich anhäuft und wo es zur Verhütung
von Schaden hinweggeschafft werden muß, wie z. B.
das Grubenwasser in Bergwerken; wie das Wasser
in tief liegenden Gründen, die urbar gemacht werden
sollen; wie das Wasser in abgedämmten Flüssen, wo
ein Schleusenbau, Mühlenbau ꝛc. veranstaltet werden
soll. Oft muß auch Wasser in die Höhe gehoben werden, um es zu irgend einem Zweck zu benutzen, wie
z. B. das Trinkwasser aus den Brunnen; das Salzwasser, um es des Gradirens wegen über die Dornen
der Gradirhäuser zu bringen; das Wasser aus Flüssen,
um es zur Wiesenwässerung zu benutzen; u. s. w.
Manche Maschinen können das Wasser mehr, andere
weniger hoch emporbringen; manche schaffen in gewisser
Zeit eine größere, andere eine kleinere Quantität empor;

manche sind sehr einfach, andere sehr complicirt; manche bedürfen einer größern, andere einer geringern Kraft zum Betrieb. Es kommt darauf an, daß man zu irgend einem Zweck die beste und wirksamste auszuwählen versteht.

I.

Paternosterwerk, Schwammmaschine und Kastenkunst.

§. 148.

Mit dem Paternosterwerk (auch Rosenkranzmühle oder Püschelkunst genannt) kann man Wasser aus ziemlich tiefen Gründen heraufschaffen. In einer Entfernung, welche der Höhe des emporzuhebenden Wassers gleich ist, sind zwischen einem starken Gerüste vertikal über einander ein Paar Trillinge, jeder aus zwey Scheiben und mehreren runden Stöcken bestehend, angebracht. Um beyde ist ein Seil ohne Ende oder eine Kette ohne Ende geschlagen, welche so gespannt seyn muß, daß sie sich um die Trillinge herum bewegt, wenn einer von ihnen in Umdrehung gesetzt wird. An dem Seile (oder der Kette) sind in gleicher Entfernung von einander Püscheln, d. h. lederne mit Haaren ausgestopfte Kugeln oder ovale Körper befestigt, welche sich von unten an in eine auf der einen Seite angebrachte Röhre (wie eine Pumpenröhre) hineinziehen. Steht nun die Maschine mit dem untersten Trillinge im Wasser, und die Welle des obersten Trillings wird mittelst einer Kurbel, oder eines Laufrades ꝛc. in Bewegung gesetzt, so schieben sich die Püscheln, einer nach dem ändern unten in die Röhre hinein und zwängen eine ziemliche Quantität Wasser mit hinein, das aus einer oben angebrachten Ausgußröhre herausläuft und etwa in einer Rinne nach dem benöthigten Orte hinfließt. — Um eine schnellere Bewegung des Seils zu bewirken, kann oben mit dem Trillinge auch ein Vorgelege verbunden seyn.

Befestigt man, statt der Püscheln, Schwämme an das Seil, welche unten viel Wasser einsaugen, und bringt man oben eine Klemmvorrichtung an, welche die Schwämme drücken muß, so hat man Löschers Schwamm-maschine. Befestigt man zwischen zwey parallele Seile oder Ketten Kasten oder Eimer auf einerley Art, so hat man die Kastenkunst oder das Eimerwerk. Die Röhre bleibt hier begreiflich weg und statt der Trillinge oben und unten nimmt man sechseckigte Wellen, über deren Seitenflächen sich die Kasten mit ihren Böden hinbewegen. Werden die Kasten unten durch das Wasser geführt, so schöpfen sie das Wasser, welches sie oben in eine Rinne aus ziehen. Die eine Reihe Kasten ist daher immer voll, die andere leer. — Daß alle diese Maschinen auf den Trillingen oder Wellen eine große Reibung verursachen und einer baldigen Abnutzung ausgesetzt sind, ist leicht einzusehen.

II.
Die Schaufelkunst und Vera's Seilmaschine.

§. 149.

Wirksamer als Paternosterwerk und Kastenkunst, aber diesen Maschinen ähnlich in der Bewegungsart

13

und Wirkung ist die Schaufelkunst. Sie besteht
aus einem schrägen oben und unten offenen langen
hölzernen Kasten, durch welchen eine hinter einander
folgende Reihe von viereckigten hölzernen Schaufeln,
von unten nach oben, hindurchgezogen wird. Diese
Schaufeln sind in gleicher Entfernung von einander an
eine Kette befestigt, welche gewöhnlich aus lauter eisernen in der Mitte mit Gelenken versehenen Stäben besteht. Die Schaufeln verschließen den innern Raum des
Kastens, aber ohne daß sie sich an die Wände desselben
anklemmen. Die Kette schlägt sich mit den Schaufeln
über zwey Wellen oder Trillinge, wovon die eine eben
so wie bey dem Paternosterwerke und der Kastenkunst
unter Wasser steht. Die oberste ist auch eben so mit
der bewegenden Kraft verbunden. Kommt nun die Maschine in Bewegung, so schieben die Schaufeln bey ihrem Eintritt unten in den im Wasser stehenden Kasten
das über ihnen befindliche Wasser in den Kasten hinein, heben es darin empor und gießen es eben da, wo
sie schräg aus dem Kasten herauskommen, in eine Rinne
aus. — Diese Maschine und manche ihr ähnliche wendet man oft im Grundbaue und zwar am meisten da an,
wo Schlamm auszuräumen ist.

Die Hafenreiniger, Baggermaschinen
oder Austiefungsmaschinen, wie man sie in Holland, in Hamburg und in andern Gegenden findet,
sind gleichfalls eine Art Schaufelwerke. An einer Kette
befestigte Eimer oder Kasten schlagen sich, wenn die bewegende Kraft ihr Werk beginnt, so über Scheiben,
Wellen oder Trillinge, daß die Eimer unten schöpfen
und das Geschöpfte oben an einer gewissen Stelle aus-

gießen. Die Maschinen sind auf eignen Schiffen (Prah, men) angebracht, um sie leicht von einem Orte zum andern bringen zu können. Oft werden solche Hafen, reiniger durch Lauf räder in Bewegung gesetzt.

<h3>§. 150.</h3>

Eine vorzügliche Wasserhebmaschine ist Vera's Seilmaschine. Ein Haarseil ohne Ende ist oben und unten eben so über Scheiben geschlagen, als das Seil oder die Kette beym Paternosterwerke über Tril linge geschlagen ist. Die untere Scheibe steht mit dem untern Theile des Gestelles unter Wasser. Die Welle der obern Scheibe enthält ein Getriebe, in welches ein Stirnrad eingreift, welches etwa durch eine Kurbel in Bewegung gesetzt wird. Dadurch zieht sich das Seil sehr schnell unter dem Wasser hin, und es hängt sich eine dicke Wassersäule an das Seil, welche erst oben von dem Seile sich trennt.

Die schnelle Bewegung des Seils ist Ursache des Anhängens so vieler Wassertheile an das Seil in Ge stalt einer dicken Wassersäule. Denn eben wegen des schnellen Hinaufbewegens haben die Wassertheile keine Zeit, abzufallen. Die obere Scheibe ist von einem geräumigen Kasten eingeschlossen, dessen Boden zwey Löcher hat, durch welche die Seiltrümer mit dem nöthigen Spielraume gehen. Der Spielraum des vol len Seils (das eine Loch des Kastens) muß natürlich größer seyn, damit der Rand des Lochs das Wasser nicht vom Seile abstreife. Erst bey der Krümmung des Seils um die Scheibe fällt das Wasser ab. Eine ge räumige Rinne am Boden des Kastens führt das Wasser zu seiner Bestimmung weiter.

13 *

Statt des Rades und Getriebes kann man auch eine große Scheibe und eine Rolle nehmen, um welche sich ein
Riemen schlingt. Je schneller das Seil hinaufbewegt wird,
desto mehr Wasser hängt sich an dasselbe und desto größer ist
der Effekt der Maschine. Man kann auch mehrere Seile
parallel mit einander in die Höhe gehen lassen; diese werden
dann eine massive Wassersäule zwischen sich in die Höhe führen. Das Zapfenlager der obern Scheibe verbindet man gern
mit einer Stellschraube, um dem Seile die gehörige Straffheit geben zu können.

III.
Das gemeine Schöpfrad und das Schneckenrad.

§. 151.

Von Schöpfrädern oder Rädern, welche das
Wasser an ihrer Peripherie schöpfen und es dann in die
Höhe führen, giebt es mehrere Arten. Das gemeine
Schöpfrad ist so eingerichtet: An einem Rad-Kranze
befinden sich rings herum in gleicher Entfernung beweglich hängende Kasten, welche sich um einen Bolzen oder
runden Nagel drehen können. Unter dem Wasser schöpfen sich diese Kasten von selbst voll. Bey weiterer Umdrehung des Rades hängen sie sich ihrer Schwere wegen
vertikal, so daß die Oeffnung der Kasten oben ist. Erreichen sie die höchste Stelle des Rades, so überwerfen
sie sich über ein daselbst hervorragendes starkes Holz.
Dadurch erhalten sie eine horizontale Lage, und nun
schütten sie das Wasser in ein Gerinne aus. Sobald
sie über dem Holze hinweggeschleift sind, hängen sie
sich wieder von selbst vertikal.

Wird das Schöpfrad durch ein an seiner Welle angebrachtes Laufrad oder Tretrad (mittelst eines Vorge-

leges) bewegt, so können die Kasten zwischen zwey
Radkränzen auf ähnliche Art hängend vertheilt seyn,
als die Schaufeln eines unterschlächtigen Wasserrades
(eines Staberrades) zwischen den Kränzen festsitzen.
Dies ist gewöhnlich der Fall, wenn stillstehendes Wasser,
z. B. zur Austrocknung überschwemmter Gegenden, zur
Ausschöpfung von Kanälen u. d. gl. mit dem Schöpfrade emporgehoben werden soll. In Holland bewegt
man solche Schöpfräder durch Windflügel. Will man
aber Flußwasser emporschaffen (z. B. zur Wiesenwässerung), so läßt man das Schöpfrad zugleich durch das
fließende Wasser umtreiben. Alsdann bringt man die
hängenden Kasten (auch wohl Eimer) an der Seitenfläche des Radkranzes, am besten wohl eines Straubrades an. Während der Umdrehung des Rades durch
den Stoß des Wassers schöpfen dann die Kasten und
gießen ihr Wasser oben aus.

Begreiflich kann man mit einem solchen Schöpfrade das
Wasser nicht völlig so hoch emporheben, als die ganze Rad-
Höhe ist. Mit dem Tympanum der Alten konnte man es
nur auf eine Höhe bringen, welche der halben Rad-Höhe
gleich war.

§. 152.

Die Schneckenräder sind eine besondere Gattung
von Schöpfrädern. An den Armen eines unterschlächtigen Wasserrades, dessen Welle eine hohle Walze ist,
befinden sich mehrere in einer Vertikalebene eine um die
andere spiralförmig gewundene wasserdichte Röhren.
Die eine Mündung jeder Röhre endigt sich in der Nähe
der Radperipherie, damit sie in das Wasser eintauchen

könne; die andere endigt sich in der hohlen Welle. Jene Mündungen schöpfen das Wasser bey der Umdrehung des Rades und führen es bis in die hohle Welle von Gestalt einer Wagenrad-Nabe. Durch diese fließt es in eine Rinne, die es nach dem bestimmten Orte weiter führt.

Bey gleichem Durchmesser des Schneckenrades und des gemeinen Schöpfrades hebt jenes das Wasser nur halb so hoch, als dieses. Weil auch die gewundenen Röhren der Bewegung des Wassers vielen Widerstand darbieten, der noch durch die mit dem Wasser zugleich geschöpfte Luft vermehrt wird, und weil außerdem die Anlags- und Unterhaltungskosten größer sind, als bey dem gemeinen Schöpfrade, so giebt man diesem doch den Vorzug.

Zu einem stets gleichen Momente des Schneckenrades würde es nöthig seyn, die Röhren nach einer Cycloide zu winden, welche durch Abwickelung des Umfangs der hohlen Walze oder Trommel entsteht.

IV.
Die Spiralpumpe und die Wasserschraube.

§. 153.

Die Spiralpumpe, welche Andreas Wirz zu Zürich im Jahr 1746 erfand, hat viele Aehnlichkeit mit dem Schneckenrade (§. 152.). In einem hohlen verschlossenen Cylinder, Trommel genannt, läuft eine lange und schmale Zinnplatte, welche genau an die Böden der Trommel anschließt, zehnmal um sich selbst in immer weitern und weitern Gängen eben so, wie die Feder einer Taschenuhr in ihrem Gehäuse herumläuft. Das äußere Ende der spiralformigen Platte stößt an eine Oeffnung in der krummen Seitenfläche des Cylinders. Hier befindet sich ein Schöpfer, welcher beym Umlauf der Maschine unten Wasser schöpft. Aus der Mitte des einen Bodens aber ragt eine Ausflußröhre in Gestalt einer Rad-Nabe hervor, wodurch das geschöpfte Wasser (und die Luft) aus den innern spiralformigen Gängen heraus und in eine unbewegliche Steigröhre getrieben wird. Unten hat diese Röhre ein horizontales Endstück, in welches sowohl, als in die gedachte Nabe, ein kleines um sich selbst bewegliches Röhrenstück so einpaßt, daß dadurch eine Art Gewinde entsteht, welches die Umdrehung der Röhre verstattet, ohne einen Tropfen Wasser herausfließen zu lassen.

Besser als diese Spiralpumpe (womit Wirz das Wasser nur 18 Fuß hoch emporhob) ist eine andere, bey welcher die Röhrenwindungen nicht um einander, sondern neben einander laufen. Eine spiralformige oder vielmehr schraubenformige oder schlangenformige Röhre windet sich um eine horizontal liegende Röhre, mit welcher sie fest verbunden ist. Das eine Ende dieser Röhre kann bey jeder Umdrehung der Welle Wasser (und Luft) schöpfen; das andere aber ist mit einer Steigröhre verbunden, in welcher das Wasser immer höher und höher steigt. Das schöpfende Ende der Röhre, Horn genannt, ist so erweitert, daß mit demselben das Wasser unten in hinreichender Menge geschöpft werden kann. Das andere Ende, wodurch das Wasser in die Steigröhre kommt, bewirkt die Verbindung mit der Steigröhre durch ein horizontales die Drehung nach Art eines Gewindes nicht aufhebendes Röhrenstück.

Bey jeder Umbrehung der Röhre schöpft das Horn Wasser, welches nach und nach durch alle Windungen hindurch geschraubt wird. Sobald das Wasser zur letzten Windung bis an die Steigröhre gelangt, so wird bey fortgesetzter Umdrehung der Schraube das Wasser zum Steigen gebracht werden, weil es nicht anders ausweichen kann. — Man hat mit einer solchen Pumpe in jeder Minute 7 Kubikfuß Wasser 72 Fuß hoch durch eine 740 Fuß lange Röhrenleitung emporgehoben. Vor vielen andern Wasserhebmaschinen hat sie den Vorzug, daß von dem in den Windungen eingeschlossenen Wasser nichts verloren geht.

§. 154.

Die Wasserschraube oder Wasserschnecke des Archimeds Fig. 5. Taf. IV. gehört noch immer mit unter die vorzüglichsten Wasserhebmaschinen. Ein schräg in einem Gestelle angebrachter Cylinder, die Spindel, läßt sich um seine Achse drehen. Um diese Spindel herum windet sich eine Röhre oder auch ein viereckigter Kanal in Gestalt einer Schraubenlinie. Die untere Mündung a der Röhre muß so im Wasser stehen, daß sie dasselbe schöpfen kann. Wird nun die Spindel sammt der fest mit ihr verbundenen Röhre in Umdrehung gesetzt, so steigt das Wasser in der schraubenförmigen Röhre empor, und kommt oben bey b zum Ausfluß.

Man kann um die Spindel auch zwey, drey und mehr schraubenförmige Röhren herumgehen lassen, wenn man zur Umdrehung Kraft genug hat. Natürlich sind dann zum Eintritt und zum Ausfluß des Was-

fers eben so viele Oeffnungen da. — So ist man im
Stande, eine große Quantität Wasser mit der Wasserschnecke in die Höhe zu schrauben.

Auch zum Emporschrauben von Getraide, von Malz,
Mehl und ähnlichen Stoffen kann man diese Wasserschnecken
anwenden.

§. 155.

Durch folgende Ansicht kann man sich von der Wirkung der Archimedschen Wasserschraube einen deutlichen
Begriff machen. Wenn die Spindel lothrecht stände,
so würde jeder schraubenförmige Gang sich gleichförmig über den Wasserspiegel erheben; die eine Hälfte
des Schraubengangs würde eben so viel über der Horizontalfläche in die Höhe gehen, als die andere sich
unter dieselbe neigte. Bey der schiefen Stellung hingegen steigt die eine Hälfte eines jeden Schraubengangs
mehr, die andere weniger, als bey der lothrechten
Stellung. Dieser Unterschied wird desto größer, je
kleiner der Winkel ist, den die Achse der Spindel mit
ihrer Horizontalfläche macht. Nun kann man die Spindel so stark neigen, daß die eine Hälfte der Schraubengänge gar nicht mehr steigt, daß sie sogar fällt. Hat
die Spindel wirklich eine solche Neigung, so kann das
Wasser, in welches die untere Oeffnung der schraubenförmigen Röhre bey der Umdrehung eingreift, beständ-
dig aus dem einen Schraubengange in den andern fallen. So kommt es denn nach und nach oben hin bis
zur Ausflußöffnung.

Ein steter ununterbrochener Ausfluß kann
begreiflich nicht statt finden, weil von jedem Schrauben-

gange nur der fallende Theil mit Wasser angefüllt ist, der steigende hingegen immer leer bleibt. Das
Wasser in der Schraube ist also keine zusammenhängende
Masse und bey jeder Umdrehung kann nur die in der
fallenden Hälfte enthaltenen Wässermenge ausgeschüttet
werden. Wenn aber zwey, drey oder mehr Röhren sich
nicht parallel um die Spindeln schlängeln, so läßt
sich dadurch der Ausguß beynahe ununterbrochen machen.

Meistens erhält man die schraubenförmige Höhle dadurch,
daß man Bretstück an Bretstück schraubenförmig zusammen-
setzt. Um den so entstehenden schraubenförmigen Kanal wird
dann ein ringsum anpassender hohler Cylinder gelegt, der
sich aus einzelnen Leisten zusammensetzen läßt, welche man
durch Ringe fest an einander preßt. Dieser äußere Cylinder
wird Mantel genannt.

§. 156.

Zum besten Effekt der Maschine gehört, daß sowohl die Größe des Winkels, den die Spindel mit einer Horizontallinie macht, als auch der Neigungswinkel jedes Schraubengangs gegen einen Kreisumfang der
Spindel genau bestimmt ist. Bey den sehr wirksamen
holländischen Wasserschrauben nimmt man den Neigungswinkel der Spindel gegen den Horizont zu 71 $\frac{1}{}$ Grad,
den Neigungswinkel der Schraubenlinie mit einem
Kreisumfange zu 12 Grad an. Im Allgemeinen sollte
jener Winkel immer zwischen 60 bis 72 Grad, dieser
zwischen 12 bis 15 Grad fallen.

Bleibt bey Umdrehung der Maschine die untere
Mündung der Röhre stets unter Wasser, so muß auf
die obere Mündung der Druck der Atmosphäre mit einer
Kraft wirken, welche dem Gewicht einer Wassersäule

von 30 bis 32 Fuß gleich ist. Die bewegende Kraft
muß also groß genug seyn, auch diesen Druck mit überwinden zu können. Läßt aber die bewegende Kraft einmal im mindesten nach, so drängt die äußere atmosphärische Luft das Wasser beynahe ganz bis unten hin
zurück und füllt mit sich selbst alle obern Schraubengänge an. Dies Eindringen der Luft dauert nun so fort
und verzögert die aufwärts gehende Bewegung des
Wassers ausserordentlich.

Diese Unvollkommenheit findet in geringerem Grade statt, wenn ein Theil der schöpfenden Mündung
der Röhre über dem Wasserspiegel hervortritt. Besser
ist es aber auf jeden Fall, den Einfluß des Drucks der
Luft auf die Wirkung der Maschine ganz zu entfernen,
wie es bey den neuern holländischen Wasserschrauben
geschieht. Man denke sich um einen Cylinder (die
Schraubenspindel) einen schraubenförmigen offenen
Kanal gewunden, dem die Oberfläche des Cylinders
zum Boden dient, ferner denke man sich um den Cylinder und die Schraube einen zweyten weitern Cylinder,
der aber nur die Hälfte des innern Cylinders und des
Schraubenganges bedeckt; so hat man einen Begriff
von der holländischen Wasserschraube, welche, gewöhnlich durch Windflügel umgedreht, unter dem Namen
Tonnenmühle zur Austrocknung von Sümpfen dient.

Weil das Wasser mit der Wasserschnecke auf keine bedeutende Höhe gehoben werden kann, so müßten da, wo man es
mit ihnen höher emporbringen will, mehrere Schnecken über
einander geordnet werden. Bey der Bewegung der Maschine durch Pferde, Windflügel, Wasserräder, c. ist die Verbindung eines gezähnten Rades und Getriebes mit der Spindel oder eines Vorlegewerks unvermeidlich.

V.

Der hydraulische Widder und ähnliche Maschinen.

§. 157.

Eine höchst merkwürdige, sehr wirksame und einfache, vor 20 Jahren von den Franzosen Montgolfier
und Argand erfundene Wasserhebmaschine, die aber
fliessendes Wasser voraussetzt, ist der hydraulische Widder oder hydraulische Stößer, womit
man das Wasser schon über 100 Fuß hoch emporgehoben
hat. Eine horizontale Röhre *ab* Fig. 6. Taf. IV., welche in den Strom eines Flusses gesenkt wird, hält auf sich
eine vertikale (oder auch geneigte) Röhre *cd* fest, welche
oft weit über der Oberfläche des Wassers hervorragt. Jene
ist die Durchflußröhre, diese die Steigröhre.
Letztere schafft das Wasser an die benöthigten Stellen.
Beyde aber sind mit Klappenventilen *e* und *f* versehen,
die sich leicht öffnen und leicht schließen. Strömt z. B.
das Wasser nach der Richtung des Pfeils, von *a* nach
b, in die Durchflußröhre, so wird es aus hydrostatischen Gründen (§. 87.) ohne Ventil so weit in die
Steigröhre hinauftreten, daß es darin mit dem äußern
Wasser des Stroms auf gleicher Höhe sich befindet. Wäre
nun die um ein Gewinde leicht bewegliche Einhalts-
klappe *e* nicht da, so würde das strömende Wasser
durch die Röhre hindurchlaufen und ohne weitere Wirkung in beständig fließender Bewegung bleiben. Aber
die Klappe *e* verhindert dies. Weil nämlich das Wasser
mit zunehmender Stärke gegen sie stößt, so reißt es
dieselbe so zurück gegen einen in der Röhre angebrachten Absatz, daß sich das Wasser selbst den Durchgang

durch den hintern Theil *b* der Röhre versperrt. So
wird es plötzlich in seinem Laufe gehemmt. Dies hebt
aber sein Bestreben fortzuströmen nicht auf, woraus gleichsam eine Anhäufung von Kräften erwächst,
die auf alle Seiten der Röhre hinwirken. Blos die
Aufsteigeklappe *f* kann diesen Kräften nachgeben; sie
öffnet sich auch bald und läßt das Wasser hindurch,
welches nun in der Röhre *c d* höher zu stehen kommt,
als das äußere Wasser in dem Flusse. Nach dem ersten Stoße, welcher Wasser in die Steigröhre treibt,
schließt sich die Klappe *f* wieder, weil das Wasser auf
einen Augenblick in Ruhe kommt. Auch die Klappe *e*
fällt wieder herab, bleibt aber vermöge eines mit ihr
und der Röhre verbundenen Hakens in schiefer Stellung
liegen, um durch die nachfolgende Bewegung des Wassers, weil Stoß auf Stoß folgt, wieder leicht verschlossen werden zu können. Wenn nun das Wasser auch
nur auf einen Augenblick wieder einen Ausgang durch *e*
findet, so geräth es auch gleich wieder auf einen Augenblick in Bewegung. Es stößt wieder an die Ein-
haltsklappe *e* und verschließt sie; dafür öffnet es aber
auch wieder die Aufsteigeklappe *f* und tritt abermals
in die Steigröhre, wo schon der erste Theil Wasser
sich befindet. Auf diese Art steigt das Wasser bey fort-
gesetztem Spiel der Maschine immer höher und höher
in der Steigröhre empor und kommt so oben bald
zum Ausguß. — Bringt man über der Klappe *f* einen
kleinen Windkessel (§. 123.) an, so verschafft man dadurch der Steigröhre einen ununterbrochenen Ausguß.

Der stoßenden Bewegung des Wassers in der Maschine hat letztere ihren Namen zu verdanken. Ihre

Wirksamkeit ist groß. Montgolfier behauptet, mit dieser Maschine das Wasser über 1400 Fuß in die Höhe schaffen zu können. Ihre Einfachheit leuchtet in die Augen; sie hat zu ihrem Spiel keine Menschenhände nöthig; sie arbeitet gleichsam von selbst. Um sie in Thätigkeit zu setzen, braucht man sie nur in fließendes Wasser zu legen, und zwar nur ein wenig unter den Wasserspiegel, damit Gras und andere schwimmende Körper nicht hineintreten und nicht, indem sie sich zwischen die Ventile klemmen, das Spiel unterbrechen. Auf dem Boden des Wassers befestigt man die Durchflußröhre. In dieser Absicht können mehrere eiserne Ringe mit starken und spitzigen eisernen Füßen (Stacheln) um sie herumgehen. Diese drückt man fest in den Boden ein. — Die Länge der Steigröhre richtet sich begreiflich nach der Höhe, bis zu welcher man das Wasser emporbringen will.

Zur Wiesenwässerung ist der hydraulische Widder hauptsächlich empfohlen worden. Aber auch zu andern Zwecken, wo Wasser hoch emporgehoben werden soll, z. B. zu hydrostatischen Springbrunnen, zur Führung des Wassers in hohe Gebäude ꝛc. kann er oft nützlich gebraucht werden.

§. 158.

Die alte Wasserzange oder Wasserkuppe hat manche Aehnlichkeit mit dem hydraulischen Widder, ist aber bey weitem nicht so wirksam, obgleich sie auch in stehendem Wasser gebraucht werden kann. Ein viereckigter bodenloser Kasten hat auf seiner Decke eine vertikale Röhre, deren innerer Raum mit dem inneren Raume des Kastens communicirt. Unten in der Röhre fitzt eine Klappe, welche sich aufwärts öffnen kann. In dem Kasten läßt sich ein Boden an einem langen über dem Kasten hervorragenden Hebel so auf und nieder bewegen, daß nur der nöthige Spielraum zwischen seinen Rändern und den Wänden des Kastens bleibt. In dem beweglichen Boden sitzt gleichfalls eine aufwärts sich öffnende Klappe. Wird nun der Kasten in Wasser gestellt und der bewegliche Boden mittelst des Hebels zum Niedergange gebracht, so drängt sich das Wasser durch die Klappe. Beym Aufwärtsziehen des Bodens aber hebt man das darüber befindliche Wasser in die vertikale Röhre. Ueber der Klappe der Röhre bleibt das Wasser so lange stehen, bis neues Wasser dazu kommt. So bringt man, durch fortgesetztes Niederschlagen und Aufwärtsziehen des Bodens, das Wasser immer höher in die Röhre hinauf, wo es oben bald zum Ausgusse kommt. — Das beschwerliche in der Bewegungsart dieser Maschine leuchtet in die Augen.

Die Zickzackmaschine besteht aus einer im Zickzack gebogenen Röhre, die oben so zwischen einem Rahmen hängt, daß sie wie ein Pendel hin und her bewegt werden und die untere Mündung Wasser schöpfen kann, wenn sie durch dasselbe hin und her geführt wird. In den Winkeln dieser (aus geraden Röhrstücken zusammengesetzten) Röhre sind Klappen (oder andere Ventile) angebracht, die sich aufwärts öffnen. Durch die Schwingungen wird das Wasser in den Zickzack hinauf getrieben; es stößt die Ventile auf, steigt über dieselben und kommt so immer höher und höher bis oben hin zur Mündung, die es in eine Rinne wirft.

Außer den bisher aufgeführten hydraulischen Maschinen und außer den Hebschaufeln, Schwungschaufeln, hydraulischen Pendeln, Wurfrädern u. dgl. giebt es noch manche andere ähnliche, wie man sie zum Theil in meiner Encyclopädie des Maschinenwesens, in dem Magazin der Erfindungen ꝛc. beschrieben und abgebildet findet.

VI.
Die Saug- und Druckwerke.

§. 159.

Wenn über einer Wasserfläche ein luftleerer Raum entsteht, so steigt das Wasser augenblicklich in diesen Raum bis zu einer Höhe von 30 bis 32 Fuß, oder vielmehr wird es durch den Druck der äußern Luft in den Raum hineingepreßt (§. 124 f.) Gesetzt, eine Röhre *ab* Fig. 7. Taf. IV. stehe mit ihrer untern Mündung unter Wasser und in der Röhre lasse sich ein an die innere Wand genau anschließender mit Leder umgebener (geliederter) Cylinder oder Kolben *b* an einer Stange *b c*, der Kolbenstange, auf und nieder bewegen; gesetzt ferner, unten in der Röhre befinde sich ein Ventil (ein Klappenventil oder ein Kegelventil), welches sich aufwärts öffnet, und ein ebensolches Ventil befinde sich auch in dem Kolben *b*. Steht nun der Kolben *b* unten so nahe wie möglich an dem Ventile und an der Wasserfläche, und man zieht ihn durch Hülfe der Kolbenstange, etwa bis *f* in die Höhe, so bildet sich unter ihm ein luftleerer (oder doch ein beynahe luftleerer) Raum, in welchen augenblicklich das Wasser durch den Druck der äußern Luft hineingepreßt wird. Stößt man dann den Kolben wieder hinunter, so kann das Waſſer nicht wieder durch das Bodenventil a zurück; dafür öffnet ſich aber durch den Andrang gegen die eingeſchloſſene Waſſerſäule das Kolbenventil b und läßt das Waſſer über den Kolben treten. Zieht man den Kolben wieder hinauf, ſo bringt wieder wie vorhin Waſſer hinter ihm her in die Röhre, welches beym Hinunterdrücken des Kolbens ebenfalls durch die Ventilöffnung über den Kolben tritt. So wird nach wenigen Zügen die Waſſerſäule über dem Kolben immer höher ſteigen und bald oben bey b zum Ausguß kommen.

Man nennt dieſe Wirkung des Waſſer-Empor-ſteigens Saugen oder Sucken, die Vorrichtung ſelbſt ein Saugwerk, eine Saugpumpe oder gemeine Pumpe. Gießt ſie gleich über der Kolbenröhre a b aus, ſo heißt ſie in der Bergmannsſprache ein niedriger Satz. Iſt ſie aber über der Kolbenröhre noch mit einer Auffatzröhre von beträchtlicher Höhe verſehen, ſo heißt ſie hoher Satz oder vereinbartes Saug- und Hebewerk. Gewöhnlich ſteht nicht die Kolbenröhre ſelbſt im Waſſer, ſondern an ihr ſitzt noch eine beſondere Röhre, die Saugröhre, deren Mündung ſtets unter Waſſer ſeyn muß.

§. 160.

Sowohl niedrige, als hohe Sätze ſieht man oft in Brunnen, in Schächten und in allerley Waſſerbehältern, auf Schiffen ꝛc. angewandt, wo ſie, wie z. B. bey den gewöhnlichen Pumpbrunnen, in Bergwerken, auf Salzwerken ꝛc., das Waſſer emporſaugen und oben ausgießen. Bey den gewöhnlichen Handpumpen, welche

14

mit der Hand betrieben werden, ist die Kolbenstange b c mit einem Schwengel c d e verbunden. Dieser, um den Punkt d beweglich, hat die Gestalt eines Winkelhebels; zieht man e mit \der Hand hin und her, so geht b c mit dem Kolben auf und nieder.

Auf Berg = und Salzwerken, wo oft sehr viele Pumpen in Thätigkeit zu setzen sind, erhalten die Kolbenstangen, Kunststangen genannt, ihre Bewegung gewöhnlich durch Kräfte lebloser Wesen (z. B. durch Wasser, Wind oder Wasserdampf) mittelst eines Zwischengeschirres, indem die Kolbenstangen mit ihren obern Enden c an Waagbäumen (Balanciers) oder an Kunstkreuzen hängen, die (nach §. 77 f.) von Stangenkünsten zum Hin = und Her = oder Auf = und Niederswiegen gebracht werden, wenn sie nicht unmittelbar mit dem Krummzapfen des Wasserrades (des Kunstrades) oder einer Flügelwelle 2c. in Verbindung gebracht sind. In England machen gar häufig Dampfmaschinen die bewegende Kraft aus. Aber auch die Wassersäulenmaschine, namentlich die von Höll zu Schemnitz in Ungarn verbessert, kann in Bergwerken oft mit großem Nutzen zur Betreibung der Pumpwerke gebraucht werden. Eine hohe Wassersäule (§. 88 f.) drückt einen Pumpen = Kolben der Maschine hinauf; durch Ablassen des Wassers unter dem Kolben mittelst eines Hahns sinkt der Kolben wieder nieder; u. s. w.

Hat der Kolben seinen niedrigsten Stand in der Kolbenröhre, so ist zwischen seiner untern Fläche und der Wasserfläche gewöhnlich noch ein Raum mit Luft. Man nennt ihn schädlichen Raum, macht ihn aber für das Pumpen unschädlich, wenn man vor dem Anlassen der Maschine in

die Kolbenröhre von oben und durch das aufgehobene Kolbenventil so viel Waffer einzieht, daß keine Luft mehr in
der Röhre bleiben kann. — Hat die Maschine etwas stillge-
standen, so gießt man auch etwas Waffer in die Kolbenröhre,
um das trocken und steif gewordene Leder an dem Kolben
und an den Ventilen wieder aufzufrischen und zu erweichen.

§. 161.

Begreiflich gießt ein einfaches Saugwerk nur während des Kolben-Hubs Waffer aus. Soll es auch beym
Niedergange des Kolbens so viel Waffer geben, wie
beym Aufgange, so muß der Raum der ins Waffer
tretenden Kolbenstange beym tiefsten Kolbenstande halb
so groß, als der Kolbenhub seyn. Gewinnt man durch
diese Maaßregel auch nichts an der gesammten Waffer-
menge während eines Kolbenspiels, (weil nun der Kolbenhub eben so viel weniger gießt, als man durch den
Kolbenschub gewinnt), so wirkt doch die Kraft jetzt
gleichförmiger beym ganzen Kolbenspiele.

Am sichersten erlangt man eine gleichförmige Wirkung, wenn man (nach §. 77.) ein Paar oder mehrere
Paare Pumpen so mit einander verbindet, daß die Hälfte
aller Kolben zu derselben Zeit einen Hub thut, während die andere Hälfte einen Schub verrichtet. Der
Nutzen einer solchen Gleichförmigkeit wird hauptsächlich
aus folgenden Betrachtungen hervorleuchten.

Es ist leicht einzusehen, daß die zum Hub erforderliche Kraft am Kolben dem Gewicht einer Waffersäule
gleich seyn muß, welche die Höhe der Ausgußröhre
über dem Wafferspiegel zur Höhe und den Querschnitt
des Stiefels (oder die Basis des Kolbens) zur Grundfläche hat. Dazu kommt nur noch das Gewicht und

14 *

die Reibung des Kolbens. , Setzt man die Kraft $= V$, den Querschnitt des Stiefels $= b$, die Höhe der Ausgußröhre über den Wasserspiegel $= h$, das Gewicht des Kolbens $= p$, seine Reibung $= f$; so ist

$$V = b \cdot h + p + f.$$

Beym Niedergange des Kolbens, wo das Kolbenventil geöffnet ist, hat die Kraft blos die Reibung des Kolbens und den Widerstand des Wassers gegen seine ringförmige Grundfläche zu überwinden. Dieser Widerstand ist desto geringer, je kleiner die Geschwindigkeit des Kolbens und je größer die Oeffnung seines Ventils ist. Die anzuwendende Kraft ist demnach beym Niedergange des Kolbens beträchtlich geringer als beym Aufgange; sie ist $= f - p$, weil ihr das Gewicht des Kolbens zu Hülfe kommt. Obige Anordnung der Pumpen bewirkt hierin eine ziemliche Gleichförmigkeit.

§. 162.

Daß der höchste Stand des Kolbens über der Wasserfläche immer geringer als 32 Fuß seyn muß, ist (aus §. 125.) leicht einzusehen. Will man daher mit einfachen Saugpumpen das Wasser höher als 32 Fuß emporbringen, so muß man mehrere Pumpen, sogenannte Repetierpumpen oder Wiederholungspumpen über einander anbringen, wovon die eine der andern das Wasser zubebt. Die unterste gießt ihr Wasser in einen Behälter aus, worin eine zweyte Pumpe steht, welche das Wasser in den Behälter der dritten Pumpe hebt; u. s. w. So müssen Pumpen in Bergwerken das Wasser oft ein Paar hundert Lachter hoch emporheben. Indessen wendet man in Bergwerken oft

Saugwerke an, wovon jede einzelne Pumpe das Wasser 60, 70 und mehrere Fuß hoch emporschafft. Diese Saugwerke sind die sogenannten hohen Sätze, bey welchen nur Kraft genug da seyn muß, um die über den Kolben gebrachte hohe Wassersäule heben zu können. Es ist dann nämlich noch ein Aufsatzrohr oder Steigrohr von gehöriger Länge oben mit der Kolbenröhre verbunden. Dieses Aufsatzrohr hat oben einen Ausguß.

In den englischen Kunstsätzen wendet man jetzt fast durchgehends eiserne Röhren an. Die Saugröhren macht man selten länger als 12 bis 14 Fuß. Man giebt ihnen gleiche Weite mit der Kolbenröhre (dem Stiefel); oder höchstens macht man sie nur ein Paar Zoll enger. Die Aufsatzröhren aber, deren Höhe 60 bis 120 Fuß beträgt, sind ein Paar Zoll weiter gebohrt, als die Kolbenröhren. Die Länge der Kolbenzüge (des Hubs sowohl, als des Schubs) geht von 5 bis 10 Fuß, und die Anzahl derselben in einer Minute von 10 bis 20.

Der Effekt einer Saugpumpe fällt bey ungeänderter Kraft desto vortheilhafter aus, je größer und schneller der Kolbenhub ist. Der Kolbenhub kann aber bey einerley Kraft desto größer und schneller seyn, je weniger Widerstand das Wasser in der Saugröhre und in den Ventilen findet, und mit je größerer Kraft es gegen die untere Grundfläche des Kolbens stößt. Enge und hohe Saugröhren bey kurzen und weiten Stiefeln sind daher nicht vortheilhaft.

§. 163.

Die Ventile spielen bey den Pumpwerken eine sehr wichtige Rolle. Ein Ventil überhaupt ist jede

Vorrichtung, wodurch man einer Flüssigkeit in einer Röhre oder in sonst einer Oeffnung nach einer Richtung einen Durchgang verstattet, und nach der andern entgegengesetzten den Rückweg abschließt. Die Ventile öffnen und schließen sich daher wechselsweise bey der Bewegung von Flüssigkeiten unter und über ihnen. Bey Wasserpumpen wendet man am meisten Klappenventile, Kegelventile und Kugelventile an. Muschelventile sind seltener. Scheibenventile gebraucht man nur bey einigen Arten von Kolben. Das Klappenventil besteht in der Hauptsache aus einer an einem Lederstreifen über der Oeffnung beweglichen scheibenförmigen unten mit Leder bezogenen eisernen oder hölzernen und im letzten Falle mit etwas Bley beschwerten Klappe, welche eine Oeffnung bedeckt; das Kegelventil aus einem massiven abgestutzten meistens messingenen Kegel, der in eine kegelförmige Höhlung so einpaßt, daß er auch mit der größten Gewalt nicht durch die Oeffnung hindurchgepreßt werden kann; das Kugelventil aus einer Kugel, welche in eine kugelförmige Höhlung eben so einpaßt, als jener kegelförmige Körper in die kegelförmige Höhlung. Eine ähnliche Bewandniß hat es mit dem Muschelventile. Das Scheibenventil besteht aus einer mit mehreren Löchern versehenen Metallscheibe, worauf eine dicht an die Röhrenwand anschließende Lederscheibe liegt, welche von unten durch die Flüssigkeit am Rande emporgehoben werden kann, von oben aber fest an die Metallscheibe sich anpreßt. — Blasenventile und Quecksilberventile wendet man nur bey Luftpumpen und überhaupt bey solchen Maschinen an, wo eine Luftart die drückende Flüssigkeit ist.

Die Kolben macht man gewöhnlich von Eisen. Statt der gewöhnlichen Liederung umgiebt man ihn auch wohl mit einem hölzernen durch eine Spiralfeder angedrückten Kranze. In den englischen Saugwerken, woran man überhaupt so manche vortheilhafte Einrichtungen sieht, haben sie nach unten zu die Gestalt eines abgekürzten Kegels. — Scheibenkolben nennt man diejenigen mit dem Scheibenventile. Sie haben ein geringeres Gewicht, als die übrigen.

§. 166.

Druckwerke nennt man diejenigen Pumpen, welche Wasser blos durch einen gewaltsamen Druck in die Höhe treiben. Tritt Wasser in eine Röhre und preßt man dies mit einem soliden Kolben zu einer eigenen Oeffnung der Röhre heraus oder durch eine besondere Steigröhre empor, so hat man ein Druckwerk. Die atmosphärische Luft hat mit einem solchen einfachen Druckwerke nichts zu schaffen.

Bloße einfache Druckwerke kommen selten vor. In den meisten Fällen ist das Druckwerk zugleich mit einem Saugwerke verbunden, und dann heißt die Maschine ein vereinbartes Saug- und Druckwerk, wie Fig. 8. Taf. IV. ein solches vorstellt. Ein dichter Kolben q bewegt sich in der Röhre AB, dem Stiefel, auf und nieder, wenn der untere Theil A dieser Röhre in Wasser steht. Unten in der Röhre befindet sich ein Bentil p, welches sich von unten nach oben zu öffnet. Zur Seite der Kolbenröhre bey C geht eine andere Röhre, die Steigröhre, in die Höhe, welche gleichfalls, bey r, ein Bentil hat. Steht der Kolben q unten nahe am Bodenventile p und man zieht ihn in die Höhe, so saugt er, d. h. die äußere atmosphärische Luft treibt

Waſſer durch die Ventilöffnung *p* in den luftleeren Raum unter den Kolben; preßt man aber den Kolben nieder, ſo drückt er das unter ihm befindliche Waſſer in die Steigröhre, und preßt es in derſelben empor, wo es dann oben bey *D* zum Ausguß kommt. Zurück kann die hinaufgepreßte Waſſerſäule nicht wieder, weil das Ventil *r* dieß verhindert. Kömmt das Waſſer auch nicht gleich bey dem erſten Kolbenſchube oben bey *D* zum Ausguß, ſo geſchieht es doch bey dem zweyten, oder dritten, u. ſ. w. Es beruht dies, ſo wie überhaupt die Höhe, zu welcher das Waſſer in der Steigröhre hinaufgedrückt werden kann, auf dem Verhältniß der Weite der Steigröhre zu der Kolbenröhre (nach §. 89.) und an der Größe des Kolbenſchubs. Je enger unter ſonſt gleichen Umſtänden die Steigröhre iſt, deſto höher wird das Waſſer von einerley Kolbenſchub in der Steigröhre hinaufgetrieben, deſto dünner iſt aber auch der jedesmal ausgießende Waſſerſtrahl.

Sehr nützlich iſt es, den untern Theil der Kolbenröhre (oder auch einer eignen Saugröhre) durch eine ſiebartige Vorrichtung zu verſchließen, damit blos Waſſer in die Röhre komme, und Stroh, Schlamm oder anderer Unrath abgehalten werde.

§. 167.

Begreiflich gießt das Waſſer bey *D* nur abſatzweiſe das Waſſer aus, nämlich bey jedesmaligem Schub des Kolbens. Soll es ununterbrochen ausgießen, ſo muß man einen Windkeſſel oder Luftkeſſel mit der Kolbenröhre und Steigröhre, wie Fig. 9., verbinden.

Der Windkeſſel C iſt ein ſtarkes gewölbtes Behältniß aus Kupfer oder geſchmeidigem Eiſen, welches
auf folgende Art zwiſchen die Kolbenröhre und Steigröhre geſetzt wird. Eine kurze Seitenröhre oder Knieröhre r verbindet den Windkeſſel C mit der Kolbenröhre an einer Stelle nahe bey dem Ventile p. Unten
von dem Windkeſſel aus geht die Steigröhre in die
Höhe. Wenn nun der Kolben q in dem Stiefel (wie
§. 166.) auf- und nieder bewegt wird, ſo treibt man
das durch die Ventilöffnung p in den Stiefel einge-
drungene Waſſer in den Windkeſſel, indem das Ventil r den Eingang des Waſſers in denſelben, aber nicht
den Rückweg, verſtattet. Das in C eingetretene Waſſer preßt die darin befindliche Luft zuſammen und zwar
immer ſtärker und ſtärker, je mehr Waſſer in den Windkeſſel tritt. Soll die Luft erſt bis zu einem gewiſſen
Grade zuſammengepreßt werden, ſo muß man die
Steigröhre ſo lange verſchließen, z. B. durch einen bey y
angebrachten Hahn. Oeffnet man hernach den Hahn,
ſo ſteigt das Waſſer aus dem Windkeſſel raſch in der
Steigröhre empor und kommt oben zum Ausguß. Das
Ausgießen des Waſſers dauert nun ſo lange ununterbrochen und mit gleicher Stärke fort, ſo lange das
Kolbenſpiel mit gleicher Geſchwindigkeit fortdauert. —
Daß die Wirkung beſchleunigt wird, wenn man, ſtatt
eines Stiefels, zwey nimmt, iſt leicht einzuſehen.
Während der eine Stiefel ſaugt, drückt der andere.

Die Elaſticität (oder ausdehnende Kraft) der in
dem Windkeſſel eingeſperrten zuſammengepreßten Luft
iſt es nämlich, welche das Waſſer in der Steigröhre
hinauftreibt. Die Luft will ſich wieder ausbreiten,

kann es nicht und wirkt nun mit ihrer ausdehnenden
Kraft auf das unter derselben befindliche Wasser, welches begreiflich keinen andern Weg, als in die Steigröhre hinauf nehmen kann.

Es giebt Druckwerke mit stehenden und Druckwerke mit
liegenden Stiefeln. Die Feuerspritzen sind Druckwerke
von ersterer Art. Zu andern Zwecken zieht man die Druckwerke mit liegenden Stiefeln vor. Bey einem doppelten
Saug- und Druckwerke müssen beyde Kolben während des
Auf- und Niedergangs sich gleich schnell bewegen, und die
Geschwindigkeit der Kolben darf nicht größer seyn, als daß
das Wasser dem aufsteigenden Kolben durch die Saugröhre
stets folgen kann. Je weiter Saug- und Steigröhre ist,
desto weniger Widerstand leistet jede von ihnen der Bewegung des Wassers. Daher ist es am vortheilhaftesten, sie so
weit zu machen, als es der Schluß der Ventile erlaubt.

§. 168.

Will man bey einem vereinbarten Saug- und Druckwerke ohne Windkessel die zur Betreibung erforderliche
Kraft bestimmen, so muß man die Geschwindigkeit der
Kolben, die Durchmesser und die Längen der Saug-
und Steigröhre, die Höhe des höchsten Kolbenstandes
über dem Wasserspiegel und die Höhe der Ausgußmündung über der tiefsten Kolbenstange in Erfahrung gebracht haben. Alsdann bestimmt man erst (nach §. 161.)
die zum Saugwerk gehörige Kraft und hierauf die zum
Druckwerk gehörige. Denkt man sich in letzterer Absicht
über dem Kolben, als Grundfläche, eine Wassersäule,
deren Höhe der Höhe der Ausgußmündung des Steig-
rohrs über dem Kolben gleich ist, so hält diese Säule
dem Gewicht des Wassers in der Steigröhre das Gleich-

gewicht. Eben so groß muß nun die Kraft am Kolben
für den Zustand des Gleichgewichts seyn: Bey der Bewegung des Kolbens aber kommt noch die Kraft hinzu, welche seine Reibung und Trägheit überwältigen
muß, so wie diejenige, welche erforderlich ist, dem
Wasser in der Steigröhre die erlangte Geschwindigkeit
zu geben. Die letzte Kraft zu bestimmen, braucht man
nur die Steigröhre als eine Röhrenleitung von gegebe-
ner Länge und gegebenem Durchmesser anzusehen, zu
deren Geschwindigkeit man die gehörige Druckhöhe sucht.
Hierbey wird freylich vorausgesetzt, daß die Ventilöffnung wenigstens eben so weit, als die Steigröhre sey;
wo nicht, so muß der Widerstand derselben noch besonders in Rechnung gebracht werden.

Hat die Maschine einen Windkessel, so braucht die
bewegende Kraft an dem Kolben nicht größer zu seyn,
als ohne den Windkessel, vielmehr verringert die letzte
Einrichtung die Kraft noch, weil der Widerstand, den
das Wasser in der Steigröhre findet, bey einer gleichförmigen Geschwindigkeit geringer ist, als wenn es sich
stoßweise bald schneller, bald langsamer bewegen muß.

Bey einem doppelten Druckwerke braucht man nur die Geschwindigkeit des Kolbens mit seiner Grundfläche zu multipliciren, um die in einer Sekunde geschobene Wassermenge
zu finden. Bey einem einfachen muß man die Größe eines
Kolbenschubs durch die Zeit eines Hin- und Herganges des
Kolbens dividiren, um die Wassermenge in einer Sekunde
zu erhalten.

VII.

Heber, Stoßröhre und Saugschwungmaschine.

§. 169.

Der Heber (§. 125.) kann da als eine sehr einfache und wirksame Maschine angewendet werden, wo das Wasser nicht über 30 Fuß emporzuheben ist. In diesem Falle kann man damit das Wasser bequem aus einem Behälter in einen andern tiefer liegenden überführen, wenn man nur auch dafür sorgt, daß das Ende des in diesen Behälter herabhängenden Schenkels tief genug liegt. In dem Knie eines solchen großen Hebers muß eine verschließbare Oeffnung seyn, durch welche man beyde Schenkel des Hebers füllen kann, nachdem man die Mündungen dieser Schenkel (etwa mit Schiebern) verschlossen hatte. Ist der Heber einmal voll, und man öffnet erst die Mündung des in dem auszuleerenden Behälter liegenden Schenkels, hierauf auch die andere Mündung, so läuft er und kann, wenn letztere Mündung immer tiefer liegt als jene, alles Wasser des Behälters nach andern Stellen sehr schnell hinüberführen.

Stoßröhre nenne ich eine ohngefähr 30 Fuß lange oben und unten offene Röhre, deren obere Mündung ein aufwärts sich öffnendes Ventil enthält. Wird diese Röhre im Wasser auf- und niederbewegt (wozu man Däumlinge einer Welle, eine elliptische Scheibe, einen gezähnten Rahmen u. d. gl. anwenden könnte), so schafft sie schnell eine große Quantität Wasser in die Höhe. Ihre obere Mündung muß nur zur Aufnahme des aufgeförderten Wassers mit einem kreisförmigen geräumigen Behälter verbunden seyn, von welchem aus

das Wasser durch Oeffnungen zu seinem Zwecke weiter
geführt werden kann.

§. 170.

Außer dem Heber und der Stoßröhre, welche dem
Saugen (dem luftleeren Raume und dem Drucke der
äußern Atmosphäre) ihre Wirkung verdanken, gehört
zu dieser Art von Wasserhebmaschinen vorzüglich noch
die Saugschwungmaschine des Langsdorfs.
Eine Saugröhre von beliebiger Weite, die unten ein
Bodenventil hat, läßt sich auf Zapfen eben so um eine
lothrechte Achse drehen, wie ein vertikaler Wellbaum.
Unten steht sie im Wasser; sie hat da zum Eintreten
des Wassers eine Oeffnung. Oben sind mit ihr zwey
gleich lange horizontale Röhren, gleichsam als Arme
verbunden. Der innere Raum dieser Röhren communicirt mit dem innern Raume jener Saugröhre. Jede
von den beyden armförmigen Röhren, die man
Schwungröhren nennen kann, hat eine Seitenöffnung, die bey der einen nach derselben Gegend hin
geht, wie bey der andern. Oben hat die Saugröhre
gleichfalls eine Oeffnung zum Füllen der Saugröhre
und der Schwungröhren. Durch Stopfen und Schraube
läßt sich diese Oeffnung genau verschließen, so wie man
auch die Seitenöffnungen der Schwungröhren mit Stopfen verschließen kann.

Hat man Saugröhre und Schwungröhren vermöge
eines Trichters gefüllt, hierauf die Füllöffnung genau
verschlossen und die Stopfen aus den Seitenöffnungen
der Schwungröhren herausgezogen, so strömt das Wasser aus diesen Seitenöffnungen heraus und die ganze

Vorrichtung dreht sich vermöge der Reaktion (wie bey Segners Wasserrade), nach einer Richtung um, welche der Richtung des ausströmenden Wassers entgegengesetzt ist. Erst geht das Drehen langsam; wenn aber einmal die Trägheit überwunden ist, so geht es schneller und bald kommt die Maschine in einen gleichförmigen Gang. Für jede ausfließende Wassermenge schiebt sich (auf ähnliche Art wie bey dem Heber §. 169.) Wasser nach; für das nachgeschobene Wasser entstehen in der Saugröhre luftleere Räume, welche aber augenblicklich vom Wasser wieder ausgefüllt werden, das der Druck der äußern Luft hineinpreßt. So werden also die Röhren stets voll Wasser erhalten, das aus den Seitenöffnungen der Schwungröhren in eine kreisförmige Rinne fließen und von derselben durch andere Oeffnungen geradlinigt weiter geleitet werden kann.

Der rückwirkenden Kraft des Wassers, wodurch die Drehung geschieht, kann man durch ein Räderwerk zu Hülfe kommen, welches etwa durch eine Kurbel, oder durch ein Laufrad, oder durch Windflügel in Bewegung gesetzt wird. Die Saugröhre z. B. kann ein Getriebe enthalten, in welches ein Stirnrad eingreift, und an der lothrechten Welle des Stirnrades kann ein Getriebe befindlich seyn, welches von einem Kammrade herumgetrieben wird, an dessen horizontaler Welle die bewegende Kraft wirkt.

VIII.

Die Luftsäulenmaschine.

§. 171.

Eine eigenthümliche sehr sinnreiche Art von Wasserhebmaschinen, welche man mit Nutzen in einigen Bergwerken anwendet, ist die Luftsäulenmaschine des Höll zu Schemnitz in Ungarn. Ihre Wirkung gründet sich auf den Heronsbrunnen (§. 123.), womit sie im Ganzen einerley Einrichtung hat. In der Grube befinden sich zwey kesselartige Metallgefäße in gewisser Entfernung eines über dem andern. Beyde sind durch eine Röhre mit einander vereinigt, welche bis nahe an den Boden des untersten Gefäßes reicht. In das unterste Gefäß läuft das Grubenwasser aus einem eigenen Sammelbehälter mittelst einer Röhre; und in das oberste fällt Wasser durch eine Röhre von einer möglichst großen Höhe herab. Wenn letzteres geschieht, so wird dadurch die Luft in dem obersten Kessel gewaltsam zusammengepreßt. Dieser Druck theilt sich durch die zuerst genannte Verbindungsröhre der in dem untern Kessel eingeschlossenen Luft mit, welche nun wieder das in sich enthaltene Grubenwasser in beträchtlicher Menge zu einer eigenen Steigröhre, deren untere Mündung nahe am Boden des Kessels, folglich immer unter Wasser ist, emportreibt. Die Steigröhre gießt das Wasser an dem gewählten Orte aus.

Zu dem Oeffnen und Schließen der in den Röhren befindlichen Hahnen sind besondere Kunstwärter angestellt, die genau auf das Spiel der Maschine achten müssen und die einander durch Zeichen ihre wechselseitigen

Verrichtungen zu erkennen geben. Aber auch eine Steuerung, läßt sich dabey anwenden, d. h. eine mechanische Vorrichtung, (wie bey den Dampfmaschinen,) welche die Hahnen gleichsam von selbst auf- und zudreht.

Ausführlichere Belehrungen über die bisher beschriebene
und mancherley andere Arten von Wasserhebmaschinen findet
man in Leupolds, Calvörs, Cancrins, Karstens,
Belidors, Pronys, Langsdorfs und Eytelweins
bekannten Werken; auch in meiner Encyclopädie des Maschinenwesens (Art. Hydraulische Maschinen, Druckwerke, Saugwerke, Hydraulischer Widder 2c.)
Außerdem nenne ich hier noch:

N. Poda, Beschreibung und Berechnung der Luftmaschine, welche zu Schemnitz von Joseph Carl Höll erfunden
und 1753 erbaut worden. Wien 1771. 8.

Desselben Beschreibung der bey dem Bergbaue zu
Schemnitz in Nieder-Ungarn errichteten Maschinen. Prag
1774. 8.

J. Baader, vollständige Theorie der Saug- und Hebe-
pumpen. Baireuth 1797. 4.

Dessen neue Vorschläge und Erfindungen zur Verbesserung der Wasserkünste 2c. Baireuth 1800. 4.

D. Montfords Beschreibung des von Montgolfier erfundenen hydraulischen Widders, als der besten Bewässe-
rungsmaschine. Leipzig 1804. 8.

J. A. Eytelwein, Bemerkungen über die Wirkung und
vortheilhafteste Anwendung des Stoßhebers (hydraul. Widders), nebst einer Reihe von Versuchen mit dieser Wasserhebmaschine. Berlin 1805. 4.

Dritter Abschnitt.

Die Maschinen zum gewaltsamen Forttreiben des Wassers oder die Wasserspringwerke.

§. 172.

Zu einigem Behuf will man das Wasser nicht von Wänden eingeschlossen, sondern in einem freyen Strahle oder als eine freye Wassersäule senkrecht und schief in die Höhe bringen. Eine solche Wasserkunst unterscheidet man durch den Namen Springwerk von den übrigen Wasserhebvorrichtungen.

Der Zweck kann seyn, das Wasser zur Lust springend zu machen, um dadurch freye Plätze in Städten, Gartenanlagen u. d. gl. zu verschönern. Dies ist der Fall bey den Springbrunnen oder Fontainen. Oder man will mit dem schnellen Forttreiben eines langen Wasserstrahls etwas zum allgemeinen Besten bezwecken. Dies ist der Fall bey den Feuerspritzen. Nach diesen beyden Hauptzwecken kann man die Wasserspringwerke in Springbrunnen und in Feuerspritzen eintheilen.

I.

Die Springbrunnen.

§. 173.

Man kann die Springbrunnen eintheilen: in feste, unbewegliche, die ihre einmal angewiesene Stelle stets beybehalten, und in tragbare, bewegliche, welche sich von einer Stelle zur andern hinsetzen lassen. Zu ersteren gehören die hydrostatischen Springbrunnen, welche durch den natürlichen Druck

15

einer hohen Wassersäule springen (§. 88.) und diejenigen Druckwerke, welche durch die Gewalt eines Kolbens,
mit oder ohne Beyhülfe eines Windkessels, das Wasser
frey in die Luft emportreiben (§. 89. 166 f.). Zu den
tragbaren Springbrunnen rechne ich den Heronsbrunnen
(§. 123.) und den Lichterbrunnen (§. 127.). Aber auch andere Luftcompressionsbrunnen und hydrostatische Springbrunnen können tragbar seyn, um sie etwa in Zimmern
springen zu lassen. — Indessen sollen hier nur jene
großen festen Springbrunnen betrachtet werden,
weil die andern doch nur zu physikalischen Experimenten dienen.

§. 174.

Wenn ein kurzes Röhrenstück mit einer längern
Röhre oder mit einem höher liegenden Gefäße communicirt, so würde das Wasser (wie schon aus §. 88.
bekannt ist), mit Beyseitesetzung aller Hindernisse, aus
einer Oeffnung oben in dem vertikalen Röhrenstücke zu
einer Höhe emporspringen, die der Höhe gleich ist, von
welcher das Wasser herabdrückt. Aber von dem aus
der Sprungöffnung herausfließenden Wasserstrahle fallen
immer schon früher Theilchen zur Seite, die nicht mehr
den Druck des nachfolgenden Wassers empfinden, und
weil die Geschwindigkeit der steigenden Wassertheilchen
nach den bekannten Gesetzen (§. 14 f.) abnimmt, so
werden die folgenden immer etwas aufgehalten; auch
drücken sie bey der Erreichung der größten Höhe die
unter ihnen befindlichen durch das Bestreben, senkrecht
herabzufallen, etwas zur Seite, wodurch gleichfalls die
Höhe des Strahls sich etwas vermindert. Dazu kommt
ferner noch der dem Strahle entgegenstrebende Wider-

stand der Luft, die Anhängung des Wassers an der innern Wand des Springrohrs, und die Reibung des Wassers in dem horizontalen Theile der Leitungsröhre (womit die vertikale Sprungröhre verbunden ist), besonders wenn dieser Theil eine bedeutende Länge besitzt. — Daher kann die Sprunghöhe nie der Druckhöhe gleich seyn; man kann sie derselben aber durch eine gute Einrichtung so nahe wie möglich bringen.

Kann man in einem auf einer Höhe liegenden Behälter Wasser sammlen, und führt man von diesem Behälter eine Röhrenleitung herunter bis an den Ort, wo das Wasser springen soll, verbindet man unten ein horizontales Röhrenstück mit jener Leitung und fügt man an dieses horizontale Röhrenstück ein kurzes senkrechtes oben mit einer engen Oeffnung (die sogenannte Sprungröhre), so hat man einen hydrostatischen Springbrunnen. — Gewöhnlich setzt man auf die Sprungröhre noch eine eigne kurze Aufsatzröhre.

Fig. 10. Taf. IV. zeigt die Verbindung der Röhrenleitung mit der Sprungröhre. Ein Bassin oder Becken von irgend einer Gestalt, und oft mit allerley Verzierungen versehen, umgiebt gewöhnlich diese Sprungröhre, um das niedersinkende Wasser wieder aufzufangen. Begreiflich muß das Bassin eine der Dicke des Strahls proportionirliche Weite und Tiefe haben, und mit demselben muß zur Verhütung des Ueberlaufens, eine Abflußröhre verbunden seyn.

§. 175.

Nach den Erfahrungen der geschicktesten Hydrauliker, von Mariotte an bis auf Bossüt, Langsdorf und Andere, kommt der Strahl auf die größte Höhe, wenn

15 *

die Auffaßröhre nicht wie gewöhnlich konisch ausgehöhlt
ist, sondern bis an ihre Mündung gleiche Weite behält,
wie die Sprungröhre, und wenn auf der Mündung blos
eine Platte mit einer Oeffnung sich befindet, die sich zur
Weite der Röhre wie 1 zu 6 verhält. Nach den Berechnungen und Erfahrungen jener Männer sind in folgender Tafel mehrere Strahlhöhen mit den dazu gehörigen
Druckhöhen aufgestellt, welche sich auf die eben angeführte
bessere Einrichtung der Absatzröhre beziehen.

Druckhöhe.	Zugehörige Fallhöhe.
$10\frac{1}{3}$	10
$15\frac{3}{4}$	15
$21\frac{1}{5}$	20
$27\frac{1}{12}$	25
33	30
$39\frac{1}{12}$	35
$45\frac{1}{3}$	40
$51\frac{3}{4}$	45
$58\frac{1}{3}$	50
$65\frac{1}{12}$	55
72	60
$79\frac{1}{12}$	65
$86\frac{1}{3}$	70
$93\frac{3}{4}$	75
$101\frac{1}{5}$	80
$109\frac{1}{12}$	85
117	90
$125\frac{1}{12}$	95
$133\frac{1}{3}$	100
168	120

Die Leitungsröhren dürfen nicht gar zu lang und nicht zu enge seyn, weil sonst das Wasser merklich an Geschwindigkeit verliert. Es ist immer gut, wenn man wenigstens das letzte Röhrenstück weiter als die übrige Röhrenleitung macht. Lenkt man den Strahl von der ganz lothrechten Richtung nur sehr wenig ab, so springt das Wasser (nach §. 174.) immer ein wenig höher, als sonst geschehen wäre.

§. 176.

Sollte der springende Wasserstrahl 3 oder mehr Zoll im Durchmesser betragen, so würde dazu eine gar zu bedeutende Wassermenge und eine Röhrenleitung von außerordentlicher Weite erfordert. Daher läßt man, um jenem Verlangen zu entsprechen, den Strahl lieber einen hohlen Wassercylinder bilden. Diese Absicht wird erfüllt, wenn man den Strahl nicht durch eine kreisförmige, sondern durch eine ringförmige Oeffnung steigen läßt.

Zuweilen bringt man neben der Sprungöffnung noch einige kleinere schräge Löcher, mit oder ohne Röhren an. So erhält man die Wassergarben mit dem in der Mitte gehenden Hauptstrahle. Auch schraubt man wohl solche Aufsätze oben an die Sprungröhre, wodurch herausschießende Strahlen die Gestalt eines Fächers, einer Windmühle rc. bekommen. Aus Statuen, z. B. aus Neptunen, Nereiden, Syrenen rc. so wie aus Felsenritzen, aus einem Grasboden rc. läßt man ebenfalls nicht selten den Strahl herausspringen.

§. 177.

Daß Wasser mittelst der Druckwerke auf sehr große Höhen getrieben werden kann, ist (aus §. 89.

und 166 f.) leicht einzusehen. Es kommt nur darauf
an, daß man zur Betreibung des Kolbens Kraft genug
hat, und daß man zur Anwendungsart der Kraft das
beste Mittel wählt.

Setzt man die Höhe, welche der springende Strahl
erreichen soll, $= h$, die zur Geschwindigkeit des Strahls
gehörige Druckhöhe $= H$, so ist nach der Mariotte-
schen von andern Hydraulikern durch Erfahrungen be-
stätigten Formel

$$H = h + \frac{h^2}{300}.$$

Hat man nun H gefunden, so sucht man das Gewicht
einer Wassersäule, deren Grundfläche der Grundfläche
des Kolbens und deren Höhe der Höhe H gleich ist.
Eben so groß muß dann die Kraft am Kolben für den
Zustand des Gleichgewichts seyn (§. 168). Zur Ueberwältigung der Trägheit und der Reibung des Kolbens
gehört freylich noch ein Ueberschuß.

Betrüge z. B. die Grundfläche des Kolbens (oder
der Querschnitt des Stiefels) ¼ Quadratfuß = 0,25 Quadratfuß, und der Wasserstrahl sollte 60 Fuß hoch steigen, so wäre

$$H = 60 + \frac{60^2}{300} = 72 \text{ Fuß.}$$

Diese multiplicirt mit 0,25 geben 18 Kubikfuß, als
den kubischen Inhalt einer Wassersäule, deren Gewicht
der gegen den Kolben drückenden Kraft gleich ist.
Nimmt man nun Pariser Maaß an und multiplicirt
jene Anzahl von Kubikfußen mit 70 (dem Gewicht eines Kubikfußes Wasser); so erhielte man für die gesuchte Kraft 1260 Pfund.

Die größte von einem Druckwerke getriebene Fontaine sieht man zu Herrenhausen bey Hannover, welche ein Engländer Clifft unter Newtons Beystande im Jahr 1716 mit einem Aufwande von 300,000 Thalern angelegt hat. Fünf große unterschlächtige Wasserräder setzen mehrere mit einander vereinigte Druckwerke (ohne Windkessel) in Thätigkeit, wodurch nicht blos ein 120 Fuß höher und 11 Zoll dicker springender Wasserstrahl erzeugt, sondern auch hauptsächlich die nach der Stadt Hannover führende Röhrenleitung mit dem nöthigen Wasser versorgt wird.

II.
Die Feuerspritzen.

§. 178.

Die Feuerspritze ist ein trag- oder fahrbares vereintes Saug- und Druckwerk (§. 166 f.); womit man Wasser in Gestalt eines freyen Strahls gegen brennende Körper treibt, um diese zu löschen. Es kommt also bey den Feuerspritzen darauf an, daß sie an jeder beliebigen Stelle, wo man sie hinbewegen (tragen oder fahren will) mit Wasser versorgt werden können.

Spritzen ohne Windkessel, welche das Wasser stoßweise fortdrücken, nennt man Stoßspritzen, Absetzspritzen. Solche Spritzen macht man jetzt wohl selten mehr. Die viel wirksamern Spritzen mit Windkesseln, die einen ununterbrochenen Strahl geben, nennt man Gußspritzen. Beyde Arten haben entweder einen oder zwey Stiefel. Die einstiefelichten Spritzen sind gewöhnlich nur tragbare oder Handspritzen. Die zweystiefelichten sind die eigentlichen größern Spritzen oder Fahrspritzen. Letztere sind entweder Standrohrspritzen, wenn sie zum Ausspritzen des Wassers nur ein einziges mehrere Fuß langes nach verschiedenen Richtungen bewegliches Rohr (das Steigrohr, Standrohr) haben; oder Schlauchspritzen, Schlangenspritzen, wenn mit ihnen ein langer Schlauch (eine lederne oder hänfene Schlange) verbunden ist, woraus man den Strahl kann nach allen möglichen Richtungen hin ausspritzen lassen. Die Schlangen kann man durch enge Gänge, in den Häusern herum, auf Dächer, kurz fast überall hinführen, wo ein Feuer zu löschen ist.

§. 179.

Denkt man sich Fig. 8. Taf. IV. den untern Theil *A* des Stiefels in Wasser gestellt und *CD* als Standrohr oder als Schlauch, so hat man eine Absetzspritze, welche in Wirksamkeit kommt, sobald eine Kraft (z. B. die Hand mittelst eines Hebels) die Kolbenstange auf und niederbewegt. Eben so wäre Fig. 9. eine Gußspritze oder eine Spritze mit dem Windkessel. Denkt man sich auf beyden Seiten des Windkessels einen Stiefel, wie *AB* Fig. 9. vermöge einer Knieröhre *r* mit dem Windkessel verbunden und die ganze Vorrichtung in einem Wasserkasten, dem sogenannten SpritzenKumm stehend, der wie ein Wagenkasten auf Rädern ruht, so hat man eine gewöhnliche doppelstiefelichte fahrbare Feuerspritze. *CD* kann dann die Standröhre oder die Schlange bedeuten, welche mit dem untern Theile des Windkessels verbunden ist. Die Kolbenstangen sind mit einem Hebel, dem Drücker oder Druckhebel (Druckschwengel, Druckbaum) verbunden, der über dem Apparate einen mit dem Gestelle ver

bundenen Umdrehungspunkt hat. Dieser Druckhebel ist
ein gleicharmiger Hebel der ersten Art. An seinen mit
Handgriffen versehenen Enden arbeiten die Menschen,
indem sie den Hebel abwechselnd emporheben und niederdrücken. Während das eine Ende mit der in einiger
Entfernung von demselben herabhängenden Kolbenstange
niedergedrückt wird, geht das andere Ende mit der Kolbenstange seines Arms in die Höhe. Es drückt also auch
hier stets der eine Kolben, während der andere saugt.

§. 180.

In den Spritzenkumm (den Wasserkasten), worin
die unten mit einem siebartigen Verschluß versehenen
Stiefel stehen, wird das Wasser, welches die Maschine
forttreiben soll, oft mit Eimern oder Kübeln hineinge-
schüttet. Oft macht man aber auch mit großem Vortheil von Zubringern Gebrauch, d. h. mit solchen
Vorkehrungen, wodurch man die Spritzen bey Feuers-
gefahr auf eine Entfernung von tausend und mehreren
Fußen hin leicht mit hinlänglichem Wasser versieht.

Die einfachsten Zubringer sind diejenigen, welche das
Wasser durch seinen natürlichen Fall in den Spritzenkumm
leiten. Könnte man an alle Spring- und Pumpbrunnen
Schläuche anbringen, so würde man dadurch im Stande
seyn, das Wasser durch seinen natürlichen Fall nach
der Spritze hinzuleiten. Indessen hat es mit dem gebräuchlichsten Zubringer folgende Bewandniß.

Mit einer sehr einfachen Saugpumpe pumpt man
das Wasser vermöge lederner Saugröhren aus einer
Tiefe von 5 bis 6 Fuß (z. B. aus einem Flusse, oder
aus einem sogenannten Nothbrunnen) in die Höhe,

und leitet es durch Schläuche der Feuerspritze zu bis in
den Spritzenkumm. Ein hölzernes Gestelle, in Form
eines Sägebocks, macht die Hauptstützpunkte für jenes
Saugwerk aus. Von der einen Seite hängt die Saugröhre herab, welche mit ihrem untersten Ende ins Wasser reicht. Das Ende ist mit einer hohlen durchlöcher-
ten kupfernen Kugel oder auch mit einem durchsichtig
geflochtenen Korbe versehen, um keine Unreinigkeiten
einzuziehen. Zugleich enthält es daselbst ein Stück
Kork, damit Kugel oder Korb nicht untersinken. An
dem obern Ende der Saugröhre ist ein Stiefel mit einem Bodenventile angeschraubt; der Stiefel selbst aber
ist mit dem Gestelle so fest verbunden, daß man darin
pumpen kann. Damit die lederne Röhre in unveränder-
licher Rundung bleibe, so erhält sie inwendig lauter
blechene Büchsen. Von Außen ist sie mit Segeltuch
überzogen und mit Bindfaden umwunden, damit keine
Luft hindurchstreichen könne. Mitten in dem Gestelle
hängt der Schlauch mit seiner trichterförmigen Mündung.
Er muß aber weiter von dieser Mündung hinweg noch
immer so geräumig bleiben, wie die Saugröhre. —
Durch das Pumpen steigt nun das Wasser in die Höhe,
ergießt sich in den Schlauch und wird durch ihn der
Spritze zugeführt.

Die besten Zubringer wären allerdings Druckwerke selbst,
wozu man allenfalls auch alte Spritzen gebrauchen könnte.

§. 181.

An einer großen Feuerspritze, die durch 16 Mann
betrieben wurde und als Musterspritze gelten könnte, waren die Dimensionen der wesentlichsten Theile folgende:

	Fuß	Zoll
Die ganze Länge der Druckstange	11	—
Die Höhe der Stiefel im Lichten	1	$7\frac{1}{2}$
Die Weite der Stiefel im Lichten	—	6
Die Entfernung der Stiefel vom Mittel	1	2
Die Höhe des Kolbens	—	4
Die Höhe des Kolbenzugs	—	$10\frac{3}{4}$
Die Weite der Knieröhren zwischen Stiefel und Windkessel	—	4
Die Weite der Ventilöffnung vor den Knieröhren, nicht unter	—	3
Der Durchmesser des Windkessels	1	—
Die Höhe desselben	1	8
Der Durchmesser der Gußmündung	—	$\frac{3}{4}$
— wenn aber eine lange Schlange gebraucht wird	—	$1\frac{1}{2}$
Auch wohl	—	1

Die Wassermenge, welche diese Spritze in einer Minute giebt, ist beynahe 14 Kubikfuß. Wird von unten hinaufgespritzt, so steigt der Wasserstrahl in freyer Luft 76 bis 80 Fuß, aber durch eine Schlange von 60 bis 80 Fuß Länge, wenn das Rohr auf 40 bis 60 Fuß Höhe hinaufgezogen ist, wohl 96 bis 100 Fuß hoch. — Der Durchmesser des Schlauchs kann 2 bis $2\frac{1}{2}$ Zoll betragen.

Eine besondere Art von Spritzen, die aber, wie es scheint, keine Anwendung gefunden hat, ist die Trichterspritze (S. 123.) des Bergmeisters Löscher zu Freyberg.

§. 182.

Begreiflich sind Spritzen, die bey jedem Hube viel Wasser ins Feuer gießen, denjenigen vorzuziehen, die weniger ausgießen. Je mehr Masse der kalte Körper hat, welcher sich in die Gluth stürzt, desto besser kann er abkühlen, vorzüglich aber, je größer und dichter die Hülle von Wasser und entwickeltem Wasserdampf, seyn kann, welche entsteht, wenn man um das Feuer herum spritzt, desto sicherer hält man die Luft von dem Feuer ab, und desto eher erstickt das Feuer durch Mangel an Luft.

Auf Weite der Stiefel, Höhe und Geschwindigkeit des Hubs beruht hauptsächlich die Quantität des, in einer gewissen Zeit fortgetriebenen Wassers. Der Druckhebel muß in seinem höchsten Stande 6 Fuß von dem Boden, worauf die Arbeiter stehen, entfernt seyn; die Höhe des Zugs beträgt 4 Fuß 2 Zoll.

§. 183.

In Hinsicht der Eigenschaft des Wasserstrahls, kommt es nicht blos darauf an, daß er (durch Hülfe des Windkessels) ununterbrochen fortströmt, ohne abzusetzen, sondern auch, daß er das Wasser lange beysammen hält, ehe es sich in Tropfen zerstreut. Das letztere zu bewirken, kommt es auf eine zweckmäßige Einrichtung der Gußröhren und Mundstücke an, woraus das Wasser zu einem Strahle hervorschießt.

Die Gußröhren mit den gewöhnlichen kegelförmigen Mündungen sind nicht die vollkommensten. Besser ist die von Eytelwein, Kampe und mehreren andern geschickten Männern empfohlne cylindrische Gußröhre mit durchbohrter Mündungsplatte (wie bey den Springbrunnen). Trefflich entsprechen sie ihrer Absicht bey Spritzen mit beträchtlichen Windkesseln. Bey man-

ßen guten Spritzen hat das Gußrohr genau gleiche
Weite mit dem Schlauche, und die Kante des Loches
in der Mündungsplatte ist nur etwas konisch gemacht.
Durch andere Künsteleyen scheint man nicht viel ausgerichtet zu haben.

§. 184.

Der aus geschlagenem Kupfer gemachte Windkessel
darf weder zu weit, noch zu enge seyn. Seine richtige Größe beruht auf dem Verhältniß seines innern
Raumes zum Stiefelraume. Fängt man an zu pumpen, so verschließt man die Gußröhre erst eine Zeitlang
mit einem Hahne oder auch nur mit dem Daumen,
damit Schlauch und Röhre, deren innerer Raum mit
dem Raume des Windkessels zusammenhängt, erst voll
werde. Haben nun jene Röhren keinen Hahn und eine
weite Ausgußmündung, so kann der bloße Daumendruck
des Rohrführers den Strahl nicht so lange zurückhalten, bis die Luft im Kessel so weit zusammengepreßt ist,
daß sie den Strahl sehr hoch treibt. Soll die stärkere
Verdichtung erst nach und nach durch wiederholtes Kolbenspiel geschehen, so verstreicht darauf so viele Zeit,
daß die Arbeiter beym Pumpen zu sehr ermüden, oder
daß vielleicht der Kumm zu früh leer wird, ehe es zur
größten Höhe des Strahls kommt. Uebrigens hat die
Erfahrung gelehrt, daß ein Windkessel, der 3 bis 4 Zoll
vom Eintritte der Knieröhre an höher ist, als der Kolbenzug, nur einen noch einmal so großen Durchmesser
haben darf, als der Stiefel, wenn der Strahl beym
siebenten Schlage den Daumen des Rohrführers von der
Gußmündung wegsprengen und beym neunten Schlage

seine volle Höhe erhalten soll. Läßt man die Höhe des Windkessels 20 Zoll betragen, so verhält sich in allen Fällen sein Durchmesser zum Durchmesser des Stiefels wie 2 : 1.

Die Bodenventile der Stiefel läßt man am liebsten Kegelventile seyn; zu den Ventilen der Knieröhren kann man recht gut Klappen anwenden. — Dem Standrohre giebt man einen sogenannten Wendehals (ein Wenderohr) um es, wie ein Gewinde, nach allen Richtungen hindrehen zu können. Ueberhaupt sollte jede Spritze sowohl mit einem Schlauche, als auch mit einem Standrohr versehen seyn; und so lange man den Schlauch nicht nöthig hat, sollte man immer nur das Standrohr anwenden.

Außer meiner Encyclopädie des Maschinenwesens Th. II. V. VI. VII. Art. Feuerspritzen und Springbrunnen führe ich hier noch folgende Werke an:

Mariotte's Grundlehren der Hydrostatik und Hydraulik; übers. von J. C. Meinig. Leipzig 1723. 8.

Switzer, introduction to a general system of hydrostatiks and hydrauliks. London 1729. 4.

W. J. G. Karsten, Abhandlung über die vortheilhafteste Anordnung der Feuerspritzen ꝛc. Greifswalde 1773. 4.

G. S. Klügel, Abhandlung von der besten Einrichtung der Feuerspritzen zum Gebrauch des platten Landes. Berlin 1774. 4.

W. G. Hesse, praktische Abhandlung zur Verbesserung der Feuerspritzen. Gotha 1777. 8.

J. E. Helfenzrieder, Abhandlung von Verbesserung der Feuerspritzen; eine von der Erfurter Akademie der Wissenschaften gekrönte Preisschrift. München 1778. 8.

J. E. Silberschlag, praktische Abhandlung von Prüfung und richtiger Angabe der Feuerspritzen; verbessert herausgegeben von J. G. Busse. Halle 1800. 8.

R. J. Löscher, Erfindung neuer Feuerspritze, welche ganz ohne Röhrwerk, Kolben und Ventile durch die Kraft zweyer Menschen eine große Menge Wasser zu einer beträchtlichen Höhe treibt ꝛc. Leipzig 1792. 8.

J. C. Gütle, über die Einrichtung, den Bau und Gebrauch der Feuerspritzen. Nürnberg 1798. 8.

J. L. J. v. Gerstenbergk, Entwurf die Feuerspritzen mittelst einer mechanischen Vorrichtung vor dem Einfrieren zu sichern. Jena 1802. 8.

Ueber die Verbesserung der gewöhnlichen Feuerspritzen, nebst einem Vorschlage den hydraulischen Widder mit einer Spritze in Verbindung zu setzen, von J. W. Sältzer, im Neuen Magazin der Erfindungen ꝛc. Bd. III. St. 3. Leipzig (1815.) 4. S. 134 f.

Vierter Abschnitt.
Die Maschinen zum Fortziehen und Fortschieben von Lasten oder die Fortschaffungszeuge.

§. 185.

Lasten können durch folgende Mittel von einem Orte zum andern hinbewegt werden: 1) durch Walzen und Kugeln, worauf man die Lasten fortrollt; 2) durch die Erdwinde, einem Handgöpel (§. 144.), womit man eine an ein Seil befestigte Last herbey zieht; 3) durch Schleifen und Schlitten, vor die man Pferde oder andere Thiere spannt; und 4) durch Räderfuhrwerke. Unter allen diesen Mitteln sind die Räderfuhrwerke, meistens von Pferden gezogen, die allerwichtigsten.

Auf Walzen und Kugeln bewegt man oft bey Bauten schwere Steine von einer Stelle zur andern, aber

nicht entfernten Stelle und auf ebenem Wege. Auf Kugeln (von Eisen oder von einer festen meſſingähnlichen
Compoſition) geht die Bewegung leichter, als auf Walzen, weil Kugeln eine Ebene nur in einem einzigen
Punkte berühren, folglich eine sehr geringe zu überwältigende Reibung bewirken. Der Schleife bedient
man sich, vorzüglich in Handelsſtädten zu schweren
Waaren, die nur eine kurze Strecke, z. B. von Haus
zu Haus, weiter gefahren werden sollen. Den Schlitten wendet man mit Vortheil auf glatten beschneyten
Wegen an.

§. 186.

Die Räderfuhrwerke bestehen aus einem Gestelle mit oder ohne Kasten, der die Last enthält, und
aus kreisrunden Rädern, worauf das Gestelle mit der
Last fortrollt, wenn die Maschine von Menschen oder
Thieren gezogen wird. Es giebt einrädrige, zwey-
rädrige und vierrädrige Fuhrwerke. Die ein-
rädrigen, gewöhnlich von Menschen geschoben, heißen
Schiebkarren, Schubkarren. Die zweyrädrigen
sind sogenannte Zugkarren (Bauerkarren, Fuhr-
mannskarren) und Kabriolets. Auch die Drai-
sinen oder Laufmaschinen sind zweyrädrig; aber
ihre beyden Räder laufen nicht, wie bey andern Rä-
derfuhrwerken neben einander, sondern in gerader
Linie hinter einander. Zu den vierrädrigen Fuhrwerken gehören die gewöhnlichen Bauerwagen und
Frachtwagen, die Kutschen, Reisewagen,
Chaisen u. s. w. Auch der Hund (die Hunte) in
Bergwerken gehört zu den vierrädrigen Fuhrwerken. Er
besteht meistens aus einem viereckigten Kasten, der auf

vier niedrigen Rädern ruht. Letztere laufen auf einer
schiefen Ebene an Stricken, die ein Haspel treibt, herunter und herauf.

Die Räderfuhrwerke, hauptsächlich die vierrädrigen
Wagen, sind die wichtigsten unter allen Fortschaffungs-
zeugen. Auf den richtigen Bau derselben, z. B. auf
die beste Construction der Räder, die beste Lage und
Vertheilung der Last, die gehörige Richtungslinie und
Entfernung der Kraft ꝛc. kommt sehr viel an, wenn
die Bewegung des Fuhrwerks am leichtesten und für die
Zugthiere am vortheilhaftesten ausfallen soll.

In der neuesten Zeit sind auch (namentlich in England)
Wagen gebaut, die durch Kräfte lebloser Wesen, namentlich
durch Kräfte einer Dampfmaschine, in Bewegung gesetzt werden.

I.

Die vornehmsten Räderfuhrwerke.

§. 187.

Die vierrädrigen Kutschen, Reisewagen, Chaisen
und ähnliche Fuhrwerke, welche zur Fortschaffung von
Menschen, des Reisens oder der Spazirfahrten wegen,
bestimmt sind, nehmen unter allen Fuhrwerken den
ersten Rang ein. Ihr Mechanismus ist auch in der
Regel viel künstlicher und sinnreicher, als derjenige der
Bauerwagen und Frachtwagen. Bey letzteren sind die
Räder sehr einfach mit dem Gestelle des Wagens verbunden. Sie rollen nämlich um fest mit dem Gestelle
vereinigten Achsen. Hingegen bey den Kutschen, Chaisen ꝛc. theilt sich das ganze Gestelle des Wagens in den
Vorderwagen und Hinterwagen, d. h. in zwey

Theile, die von einander abgesondert werden können. Der ganze Vorderwagen, welcher die Achse für die vordern Räder, sammt Kutschbock und Fußbret enthält, dreht sich auf dem Nagel herum, welcher in der Mitte eines kreisförmigen Kranzes, auch wohl nur auf einer geraden Fläche steckt. Unter dieser Fläche oder unter dem Kranze ist der Schemel, welcher die Achse verstärkt und zugleich das vordere Lager für den Kutschkasten ausmacht. Der Schemel selbst liegt auf den Achsenarmen. Letztere haben nach vorn zu einen Vorsprung mit einer Spalte, zwischen welche die Deichsel vermöge der Deichselnägel befestigt ist. Letztere haben oben einen Kopf und unten eine Spalte. Durch die Spalte wird ein Splint (ein dünner Keil) gesteckt, um das Herausfallen der Nägel zu verhüten. Quer über den vorspringenden Theil der Achsenarme ist der Waagbalken oder die Sprengwaage mit zwey Schrauben angeschraubt. Dieser Theil hat an jedem Ende eine Ortscheide, an deren Strängen die Pferde ziehen.

Der Hinterwagen, woran die Hinterachse mit den Hinterrädern befindlich ist, bildet zugleich das Hauptlager für den Kutschkasten. Ein Klotz verstärkt die Mitte der Hinterachse, worauf die Tragbäume des Kastens festgeschraubt sind. Mit der Vorderachse hängt die Hinterachse durch die Langwitt oder durch den Schwanenhals zusammen. Nicht unmittelbar ist der Kasten mit Vorder- und Hinterwagen verbunden, sondern durch Riemen, die an die elastischen C förmigen Federn des Vorder- und Hintergestelles befestigt sind. So hängt der Kasten schwebend zwischen ihnen. Die Stöße der Räder auf unebenem Wege können sich nun nicht bis zu den fahrenden Personen hin fortpflanzen; sie werden vielmehr in sanfte Bewegungen aufgelößt.

§. 188.

Jedes Wagenrad besteht aus dem, meistens von sechs bogenförmigen Holzstücken zusammengesetzten, und mit einem eisernen Reifen beschlagenen Kranze, oder der Felge; aus den gleichfalls hölzernen Speichen, welche wie Halbmesser von der Felge ausgehen; und aus der Nabe oder der hohlen Röhre, in die sich die Speichen, als in ihren Mittelpunkt, hineinerstrecken. Vermöge dieser Nabe läuft das Rad auf dem vördern runden und glatten Theile der Achse. Ein Nagel oder eine Schraube hält das Rad so auf der Achse, daß es, ohne seiner rollenden Bewegung Eintrag zu thun, nicht von der Achse absteigen kann. Die Vorderräder sind gewöhnlich kleiner, als die Hinterräder. Dies erleichtert allerdings in so fern die Bewegung (§. 57. Anmerk.), daß dadurch die Last des Wagens immer ein Bestreben nach vorn zu hat, weil, wenn man sich durch die Achsen der Räder eine Ebene gedenkt, diese immer eine schiefe Ebene ist. Daß aber dadurch den Thieren von der andern Seite wegen der Kleinheit der Räder wieder Kraft geraubt wird, ergiebt sich aus folgenden Paragraphen. Auch bewirken kleine Räder beym Einsinken in Vertiefungen viel stärkere Stöße und eine weit schädlichere Reibung. — Uebrigens sind in den meisten Fällen Fuhrwerke mit vier Rädern besser, als mit zweyen. Auf vier Rädern wird die Last gleichförmiger vertheilt, und in der Bewegung des Fuhrwerks ist dann weit mehr Sicherheit.

16 *

§. 189.

Nur wenn alle Wege, auf denen sich das Fuhrwerk fortbewegt, von einerley Art wären, könnte man, nach Bestimmung des Gewichts der Last und des ganzen Fuhrwerks, die zum Fortziehen nöthige Kraft erforschen. Aber wie verschieden sind die Wege in Hinsicht der größern oder geringern Erhebung über der Horizontalfläche! Bald geht es bergauf, bald bergab. Und wie gar verschieden sind die Hindernisse, die Erhöhungen und Vertiefungen und die Rauhheiten überhaupt, über die der Wagen sich fortbewegen soll!

Gesetzt, Fig. 11. Taf. IV. bedeute ein Wagenrad, CA und CB wären Halbmesser; so kann man letztere als Hebel betrachten, deren Unterlagen in A und B sich befinden. Die Richtung der Kraft bezeichnete CF; diese bestrebt sich, das Rad um die Punkte A und B zu bewegen. Obgleich nun bey fortgesetzter Bewegung des Rades immer ein anderer und anderer Punkt des Rades den Boden berührt, folglich die Unterlagen sich jeden Augenblick verändern, so bleiben doch alle Hebel gleich groß, jeder nämlich bleibt dem Halbmesser des Rades gleich, vorausgesetzt, daß die Richtung immer perpendikulär auf den vertikalen Halbmesser wirkt. Dies würde der Fall seyn, wenn CF immer auf die Brusthöhe des Pferdes losginge und wenn das Rad bey seiner Bewegung den Boden immer nur in einem einzigen Punkte, und zwar senkrecht unter seinem Mittelpunkte berührte. So würde denn z. B. bey einem vollkommen harten, glatten und ebenen Boden auch der unmerklichste senkrechte Zug auf jenen vertikalen Halbmesser, an dem Mittelpunkte C, das Rad in Bewegung setzen.

Aber die Sache verändert sich schon, wenn das Rad auf eine Erhabenheit stößt, wo die Unterlage des Hebels nicht senkrecht unter dem Rade, sondern vorwärts, z. B. bey B zu liegen kommt. So lange sich das Rad auf diese Erhöhung hinaufarbeitet, rollt es gleichsam auf eine schiefe Fläche und dadurch geht ein Theil der Kraft verloren, welcher desto größer ist, je steiler und höher die Erhabenheit ist. Nach Ueberwindung dieses Widerstandes geht es vielleicht wieder eine Strecke gerade fort; es kommen dann aber wieder Hindernisse, bald größere, bald geringere; und so ist an keine Gleichförmigkeit bey Anwendung der Kraft zu denken. Rollt der Wagen auf eine Anhöhe, so wird die Kraft wieder größer, als beym horizontalen Zuge; geht es bergunter, so wird sie sogar geringer (nach §. 54 f.).

§. 190.

Daß hohe Räder für die Kraft vortheilhafter sind, als niedrige, ist leicht einzusehen. Denn hohe Räder haben größere Halbmesser, folglich längere Hebelsarme. Denkt man sich hier wieder den Mittelpunkt des Rades als das Ende des Hebelsarms, woran die Kraft wirkt, so ist dieses Ende natürlich weiter von der Unterlage entfernt; der Hebelsarm der Kraft ist also größer, folglich kann die Kraft zur Ueberwindung der Last geringer seyn. Außerdem würde bey kleinern Rädern die Richtungslinie der Kraft, welche man sich perpendikulär auf den vertikalen Rad-Halbmesser gedenkt, nicht auf die Brusthöhe der Pferde — die man zu 3½ Pariser Fuß annimmt — losgehen; oder eine gerade Linie von dem Mittelpunkte des Rades auf die Brust des Pferdes würde vom Mittelpunkte des Rades an schräg hinaufwärts gehen; und auch durch diesen schiefen Zug gienge dann viel von der Kraft verloren. Zu groß darf man die Räder freylich auch nicht machen. Erhielte man dadurch auch einen längern Hebelsarm der Kraft, so verlöre man doch wieder dadurch an Kraft, daß dann der Zug von dem Mittelpunkte des Rades schräg hinabwärts gänge. Auf jeden Fall bestimmt die Brusthöhe die richtige Größe der Räder; denn sie bestimmt ja die Länge des vertikalen Rad-Halbmessers, folglich die Größe aller Halbmesser des Rades.

Hohe Räder haben vor den niedrigen auch noch den Vorzug, daß sie nie so in weichen nachgiebigen Boden einsinken oder einschneiden, daß sie nicht blos leichter über Erhöhungen, sondern auch leichter über Löcher hinweggehen, weil sie flächer sind und weniger Krümmung haben, überhaupt also leichter jeden gefundenen Widerstand überwältigen. Die ganz kleinen niedrigen Räder verschlingen dagegen viele Kraft und erschweren den Zug der Thiere außerordentlich.

Die schiefe Richtung der Deichsel, wie wir sie nicht selten sehen, sollte schlechterdings nie statt finden. Auch sollte man nie bey Kutschen und Reisewagen schweres Gepäck auf den vordern Theil des Wagens laden, weil dadurch die Bewegung der Maschine außerordentlich erschwert und die Kraft auf die unnützeste Weise verschwendet wird.

§. 191.

Bey Kutschen, Chaisen und ähnlichen Wagen macht man gern von kegelförmigen Rädern Gebrauch.

Hierunter versteht man diejenigen Räder, bey welchen die Speichen schief in der Nabe stecken, so daß man ein solches Rad als einen flachen Kegel ansehen kann, dessen Spitze in dem Mittelpunkte des Rades liegt. Die Speichen bilden die Seitenfläche des Kegels, die Felge bildet den Umfang der Grundfläche. Speichen und Felgen müssen übrigens so mit einander verbunden seyn, daß der Umfang des Rades und der Umfang der Grundfläche des Kegels völlig zusammenfallen und ein einziges Ganzes ausmachen. Jede Speiche steht auf der innern concaven Seite der Felge senkrecht und die innere Krümmung der Felgen ist nicht nach dem Mittelpunkte der Grundfläche, sondern längs dem Speichen nach der Spitze des Kegels oder des Rades gerichtet.

Nun müssen aber diese Räder, der Haltbarkeit wegen, einen vertikalen Stand gegen den Erdboden erhalten. In dieser Absicht bekommt die Achse, so weit sie sich mit beyden Enden in der Nabe befindet, keine gerade, sondern eine nach unten zu eben so stark geneigte Richtung, als die Neigung der Speichen gegen die Nabe ausmacht. Dadurch wird die vertikale, zur sichern Unterstützung der Last unumgänglich nothwendige Stellung wieder hergestellt.

Jetzt hat also die Last zwar eine senkrechte Unterstützung; aber sie drückt nicht mehr senkrecht nach der Richtung einer vertikalen Speiche. Nur zum Theil wirkt nämlich der Druck auf diejenige Speiche, welche senkrecht unter dem Mittelpunkte des Rades (oder der Spitze des Kegels) steht. Der übrige Theil des Drucks wird auf die darneben befindlichen Speichen vertheilt. Auf diese Art braucht nicht eine Speiche allein der

Laſt zur Unterſtützung zu dienen, ſondern alle thun
dies zu gleicher Zeit verhältnißmäßig. Ein Theil des
Rades dient immer dem andern zur Gegenſtütze, ein Theil
hütet gleichſam immer den andern; die Gefahr, welche
dem einen Theile droht, wird gleich mit auf die übrigen
verpflanzt. So nimmt alſo jeder einen Theil der Gefahr
auf ſich. Dadurch muß wohl die Feſtigkeit des Rades
ausnehmend vermehrt werden. Bey ebenen Rädern,
d. h. bey ſolchen, deren Speichen, Felgen und Mittelpunkt insgeſammt in einer und derſelben Ebene liegen,
iſt dies begreiflich nicht der Fall. Die Gefahr des einen Theils (z. B. einer Speiche) nimmt da der andere
nicht mit auf ſich. — Jedes Rad iſt übrigens deſto
dauerhafter, je mehr Speichen es hat. Die Felge muß
natürlich recht kreisrund ſeyn, die Nabe darf nicht zu
viel Spielraum haben, damit das Rad nicht zu viel
hin- und herſchwanke, und auf den Vorſtecker vor
der (mit eiſernen Ringen umgebenen) Nabe muß man
ſich verlaſſen können.

Bey den kegelförmigen Rädern fliegt auch, ſelbſt wenn ſie
ſehr ſchnell umlaufen, der anhängende Koth leicht zur Seite
von dem Wagen ab. Weil nämlich die Spitze des Kegels
nach dem Wagengeſtelle hingeht, ſo bekommt der Koth mehr
eine Centrifugalkraft nach Außen hin. Auch laſſen die kegelförmigen Räder dem Geſtelle nach beyden Seiten einen
weitern Raum und dem ſchwebenden Kaſten ungehinderteres
Spiel. Ferner kann man bey ihnen auch die Naben dicker
machen, ohne daß dadurch die Räder ihr Anſehen verlieren.

§. 192.

Es giebt hölzerne und eiſerne Achſen. Wenn
eiſerne Achſen in meſſingenen Büchſen laufen (die ſich

im Innern der Nabe befinden), so wird dadurch die Reibung sehr verringert und die Leichtigkeit der Bewegung allerdings befördert. Eiserne Achsen sind in der Regel auch viel stärker, als hölzerne, selbst wenn sie dünner als hölzerne sind. Schon dadurch, daß man sie nicht so dick zu machen braucht, erleichtert man den Gang des Rades.

Theurer sind die eisernen Achsen allerdings. Auch hat man ihnen nicht mit Unrecht vorgeworfen, daß sie in der Kälte, wegen des Sprödewerdens, leicht brechen und dann in gewöhnlichen Dorfschmieden nicht wieder hergestellt werden können. Diesem Nachtheile käme man am besten dadurch zuvor, wenn man die Achsen aus einer solchen Damastmasse verfertigte, woraus die Damascener-Klingen bestehen. Die Damastmasse ist eine Mischung von Eisen und Stahl, wovon ein jeder Theil besonders zu ganz dünnen dem dicken Eisendraht ähnlichen Stäbchen ausgeschmiedet wird. Diese Stäbchen werden so zusammengelegt, daß immer ein Eisenstab mit einem Stahlstabe abwechselt. Alsdann werden sie wie Seile zusammengedreht. Mehrere solcher zusammengedrehter Stücke (wohl 20 bis 30) werden wieder aufs schnellste und beste zusammengeschweißt, d. h. zu einer einzigen Masse zusammengeschmiedet. Den so erhaltenen dicken Stab schmiedet man wieder möglichst dünn, schweißt ihn abermals mit andern eben solchen Stäben zusammen und wiederholt diese Operation wohl acht bis zehnmal. Alsdann hat man ein damascirtes Stück erhalten, woraus sich gleichsam unvergängliche Wagenachsen bilden lassen. Der Stahl giebt der Masse die Härte, das Eisen giebt ihr die Geschmeidigkeit.

Die vor wenigen Jahren erfundenen beweglichen Achsen des Lankensperger in München sind sehr bemerkenswerth.

§. 195.

In England hat man zuerst die großen Vortheile der breitfelgigten Räder, hauptsächlich für Lastwagen anerkannt; aber bald hat man sie auch in Frankreich eingeführt; in Deutschland sind sie leider noch zu wenig angewandt worden. Ihre Einführung sollte in allen kultivirten Ländern eben so, wie in England und Frankreich, gesetzlich vorgeschrieben seyn.

Die Räder mit breiten Felgen erleichtern den Transport ungemein, nicht blos indem sie auf allen Arten von Wegen weit leichter (d. h. mit beträchtlich geringerer Kraft) fortrollen, sondern auch, indem sie die Straßen schonen, manche sogar noch verbessern. Denn während schwer beladene Wagen mit schmalen Felgen (die ohnehin auch noch mit hervorragenden spitzigen Nagelköpfen versehen sind) stark in den Straßenkörper einschneiden, die Oberfläche des Deckmaterials der Straßen durch tiefe Geleise trennen (worin sich bey Regenwetter das Wasser sammelt), das Straßenmaterial in kurzer Zeit zu Staub zermahnen, u. s. w., so gehen die breitfelgigten Räder wie Walzen über die Oberfläche der Straßen hinweg, drücken das kleine, vielleicht erst vor Kurzem aufgeworfene Deckmaterial zusammen und bilden so nach und nach eine feste ebene Oberfläche, durch welche der Regen nicht hindurch dringen kann und auf welcher die Wagen mit Leichtigkeit hinwegrollen. Bey solchen Straßen spart man so viel an Zugkraft, daß man statt vier Pferde, nur drey

nöthig hat; und die Ersparniß der Unterhaltungskosten
bey denselben Straßen wird von Sachverständigen zu
75 Procent angegeben. Da sich auch das Eisenwerk
der breiten Felgen weit langsamer abnutzt, als das an
schmalen Felgen (weil bey jenem der Druck auf eine
größere Fläche vertheilt ist), so sind sie im Ganzen
sogar weniger kostspielig. Diese Ersparniß an Eisenwerk rechnet man zu 30 Procent.

Betrachtet man das schmalfelgigte Rad eines auf
dem Pflaster dahinrollenden Wagens, so sieht man bald,
daß es stark geworfen wird, daß es stets rechts und
links abgleitet, um in alle Zwischenräume des Pflasters
zu fallen, und daß es auch heftig an diejenigen Pfla-
stersteine anstößt, die sich unmittelbar vor dem Rade
befinden. Diese harten unmittelbar auf einander folgenden Stöße geben dem Wagen sehr unangenehme Er-
schütterungen, und greifen die Räder so an, daß sie bald
zerstört werden müssen. Auch den Wagen selbst verder-
ben sie sehr und den Pferden geben sie harte Rucke. Es
kann daher nicht anders kommen, als daß der Zug sehr
ungleich und beschwerlich ausfällt. Durch das stete Abgleiten auf dem Pflaster werden ferner die eisernen Reifen oder Schienen der Felgen bald abgerundet, folglich
dann zum Abgleiten noch fähiger gemacht. Daß das
Pflaster davon selbst abgenutzt und verdorben wird, fällt
zuletzt auch noch in die Augen. — Dies Alles findet
bey den breitfelgigten Rädern nicht statt, die wie eine
Walze über das Pflaster, über Höcker und Löcher hinwegrollen, und begreiflich auch dem Umwerfen nicht so
leicht ausgesetzt sind.

Für Reise- und Luxuswagen schlug Graf Rumford die breitfelgigten Räder gleichfalls vor. Er selbst fuhr mit solchen Wagen und fand sie trefflich.

Die aus einem Stücke gebogenen Radfelgen, wie der Preußische Hauptmann Neander sie fabriciren läßt, verdienen alle Beachtung. Alle Wagenräder mit solchen gebogenen Felgen können bey der erforderlichen Festigkeit viel dünner und leichter gemacht werden, als die aus Kloben gehauenen zusamen verbundenen sechstheiligen Kreisbögen.

§. 194.

Wenn die Fuhrwerke recht breit wären, folglich die parallel laufenden Räder recht weit von einander ständen, so könnte man mehr Sachen neben einander, statt aufeinander packen. Den Zugthieren verschaffte dies Erleichterung und das Umwerfen des Wagens könnte nicht so leicht geschehen.

Wagen mit schmalfelgigten Rädern sollten, wenn man sie hauptsächlich für Erd- und Sandwege anwendete, insgesammt eine gleiche Breite von mindestens 5 Fuß haben. Es brauchte sich dann nicht jedes einzelne Fuhrwerk eigne Geleise zu öffnen, wodurch die Wege sehr verdorben werden. Bey breitfelgigten Rädern hingegen müßten die Wagen von verschiedenem Gewicht auch verschiedene Räderspur und Geleise haben. Weil nämlich eine breite Felge wie eine Walze wirkt, so muß sich dieser Effekt auf der ganzen Oberfläche der Straße verbreiten. Läuft bey verschiedener Spur das eine Rad auch in der Geleise einer andern, so wird doch das andere einen noch nicht berührten Theil der Straßen-Oberfläche treffen und daselbst das Material der Straße so zusammendrücken, daß die Oberfläche in kurzer Zeit dicht und glatt erscheint.

Je schwerer die Last des Wagens ist, desto breiter sollten auch die Felgen seyn, die übrigens zugleich recht glatt und vollkommen walzenförmig seyn müssen. Gewöhnlich geht ihre Breite von 4 bis 9 Zoll. Letztere sind wohl die breitesten.

§. 195.

Trefflich verhüten die S t a h l f e d e r n der Kutschen und Reisewagen das Fortpflanzen der Räder-Stöße auf unebenen Wegen. Deßwegen dachte man darauf, ähnliche Federn auch bey gemeinen Wagen und Karren mit aller der Oekonomie anzuwenden, welche bey dieser künstlichen Einrichtung nur möglich war. Der Engländer E d g e w o r t h führte diesen Gedanken vor etlichen Jahren zuerst aus. Er baute zuerst einen zweyrädrigen Karren, dessen Kasten mit seinen Enden auf den Enden zweyer Schwungbäume von biegsamen elastischem Holze lag. Die Schwungbäume selbst saßen mit der Mitte ihrer Länge auf der Achse. Sie vertraten daher die Stelle von Stahlfedern. Der Karren konnte mit ⅓ der Last mehr beladen werden, als ohne die Schwungbäume und doch ging das Fortziehen noch immer leichter, als bey einem gewöhnlichen Karren.

Bey Kutschen und Reisewagen verband man schon vor mehreren Jahren in England, statt der C-Federn, zwey Federn von der Form halber elliptischer Bögen, mittelst Scharniren an ihren Enden, zu einer ganzen Ellipse so mit einander, daß der Kutschkasten unmittelbar darauf ruhen konnte. Dadurch erhielt der Kasten eine sehr sanfte auf- und niederspielende Bewegung. Herr v o n R e i c h e n b a c h in München wandte wahre Ringfedern oder Federn von der Gestalt eines vollständigen Kreises an. Auf diesen Ringfedern ruhen (ohne wei-

tere Zwischenmittel von Riemen, Schrauben und Gewinde) die eisernen Träger des Kastens unmittelbar in
gehöriger Verbindung. Diese Federn, oft noch mit
eignen Sicherheitsringen oder Gegenringen
versehen, bieten allerdings mancherley Vortheile dar.

Merkwürdige und zum Theil sehr nützliche zu den Fuhr-
werken gehörige Erfindungen sind Padburys Wagen-
schutz gegen das Abfliegen eines Rades, auch wenn der
Vorstecker verloren gegangen ist; Cooks und Miltons
Reservoräder oder Sicherheitsräder gegen das Um-
fallen des Wagens; so wie manche Sicherheits- und
Rettungsvorrichtungen beym Flüchtigwerden der
Pferde.

Als Literatur über die Fuhrwerke bemerke ich (außer meiner Encyclopädie des Maschinenwesens Th. II. VII. Art.
Fuhrwerke) folgende Schriften:

Traité des forces mouvantes pour la pratique des Arts &c.
par Mr. de Camus. Paris 1724. 8.

Mémoires de perfectionner les Voitures, par Mr. Dupin.
Paris 1753. 8.

Treatise on Wheel-Carriages &c. dedicated to the Society of Arts. Leominster. 1763. 4

B. F. Mönnich, über das Mechanische der Fuhrwerke;
in den Neuen ökonomischen Nachrichten der patriotischen
Gesellschaft in Schlesien. Bd. III. 1782. 4. S. 289 f.

J. N. Müller, Versuch einer systematischen Abhandlung über das Fuhrwesen. Göttingen 1787. 8.

R. L. Edgeworth, Account of some experiments on
Wheel-Carriages; in den Transactiones of the royal Irish
Academy for 1788. Dublin 1790. 4. S. 73 f.

R. Anstice, the Wheel-Carriages of different structure
and drawght. London 1790. 8.

N. Fuß, Versuch einer Theorie des Widerstandes zwey-

und vierrädiger Fuhrwerke, auf Fahrwegen jeder Art. Kopenhagen 1798. 4.

C. Krönke, Versuch einer Theorie des Fuhrwerks, mit Anwendung auf den Straßenbau. Chemnitz 1801. 4.

Ueber die Wirkungen der Räder mit verschiedenen Felgen auf die Wagengeleise und Wege; im Magazin aller neuen Erfindungen 2c. Bd. II Leipzig (1802.) 4. S. 73 f.

Ueber die Anwendung der Federn an Lastwagen, von Edgeworth; im Neuen Magazin aller neuen Erfindungen. Br. III. St. 5. Leipzig (1816.) 4. S. 300 f.

Anzeiger für Kunst- und Gewerbsfleiß im Königreich Baiern. Jahrg. II. München 1816 4. No. 11. 30. 33. 34. Neanders Radfelgen und Reichenbachs Ringfedern.

A. Schlichtegroll, über den Nutzen der breitfelgigten Räder an Fracht- und anderm schwerem Fuhrwerk. München 1819. 8.

Ueber Lankenspergers bewegliche Wagen-Achsen; in J. G. Dinglers polytechnischem Journal. Bd. 1. Heft 3. Stuttgart 1820. 8.

II.

Die englischen Eisenbahnen.

§. 196.

Die schon im Jahr 1768 von Edgeworth zuerst angegebenen Eisenbahnen oder Eisenwege, welche man in England zur Fortschaffung der Kohlen so häufig findet, nehmen in der Reihe der Erfindungen keinen unwesentlichen Platz ein. Diese Bahnen (in früherer Zeit auch von Holz gebildet) sind oft einige Meilen lang. Sie laufen zwischen den Kanälen und Werken in die Kreuz und Quere. Die darauf gehenden Wagen aber bewegen sich entweder (auf einer schiefen Fläche) durch ihr eignes Gewicht, oder mehrere werden zusam-

mengehängt, von einem Pferde oder von ein Paar Pferden gezogen.

Es giebt in England zweyerley Arten von Eisenbahnen: die Railroads und die Tramroads. Die
Railroads (Railways) bestehen aus 2 bis 3 Zoll breiten eisernen Stegen, welche auf der innern und obern
Kante vollkommen glatt sind, auf der untern Kante und
der äußern Seite aber jede beliebige Gestalt haben können. Die darauf gehenden Wagen haben an der inwendigen Kante des Rades eine Falze, mittelst welcher
der Wagen in der Bahn gehalten wird, während das
Rad auf den Stegen ungehindert fortrollt. Bey den
Tramroads hat die Bahn, worin das Rad läuft, auf
der äußern Seite eine emporstehende Kante und jedes
Rad selbst hat das Ansehen eines gewöhnlichen Schieb-
karren-Rades. Ein Bahn- oder Spurstück ist gewöhnlich 3 Fuß lang; es wird immer an das nächst folgende befestigt. Damit die Wagen auch nach verschiedenen Richtungen gehen und andern Wagen ausweichen
können, so sind in den erforderlichen Strecken Kreuz-
spuren (Turnrails) angebracht. Der Pfad für die Zug-
pferde ist trocken und mit kleinen harten Steinen ge-
pflastert oder sonst gut verwahrt.

§. 197.

Der Wagen hat vier Räder von Gußeisen. Die
Räder sind meistens 3 Fuß hoch. Niedriger als 2 Fuß
macht man sie nie. Der Kasten des Wagens welcher
die Fracht enthält (gewöhnlich Steinkohlen, Bausteine,
Eisensteine, Eisen, Kalk ꝛc.) ist trichterförmig, 6 Fuß
lang, 2 Fuß hoch und 3½ Fuß breit.

Gewöhnlich hängen mehrere Wagen aneinander.
Oft zieht ein Pferd 13 mit Steinkohlen beladene Wa=
gen, zusammen 22 Tonnen oder 440 Centner mit der
größten Leichtigkeit auf der schrägen Eisenbahn hinunter
und dieselben Wagen leer eben so leicht wieder hinauf.
Man hat sogar Beyspiele, daß auf diese Art ein Pferd
eine Last von 43 Tonnen oder 860 Centnern gezogen
hat. Einst zog ein Pferd 12 mit Steinen beladene
Wagen 85568 Pfund schwer, nebst 4 mit 50 Arbeitern
beladenen auf einem Eisenwege mit Leichtigkeit 6 eng=
lische Meilen weit. Ueberhaupt kann man annehmen,
daß auf den neu verbesserten Eisenwegen ein Pferd
täglich dieselbe Arbeit thut, wozu man sonst vierzig
bis fünfzig Pferde haben mußte.

Herr von Baader in München will neue Eisenbahnen
erfunden haben, deren Wirkung in Hinsicht der Kräfterspar=
niß jene der englischen Eisenbahnen dreymal übertrifft. Selbst
auf den gewöhnlichen, aber guten Landstraßen soll seine Er=
findung zu gebrauchen seyn, und ein Pferd soll dann auf
denselben mit gewöhnlichem Fuhrwerk so viel leisten als sonst
26 Pferde. — Man sehe das weitere über die Eisenbahnen
in meiner Encyclopädie des Maschinenwesens, Th. II. IV.
Artikel Fuhrwerke, und Th. VII. Art. Eisenbahnen.
Ferner:

Neue Theorie des Straßenbaues, und über den Gebrauch
der Eisenbahnen zu leichter Fortschaffung großer Lasten. Leip=
zig 1801. 4.

R. L. Edgeworth, on the practicability and advanta=
ges of a general system of Rail - roads and the means of
carrying the same into effect; in W. Nicholson's Jour=
nal of natural philosophy &c. Vol. I. London 1802. 8.
S. 231 f.

Repertory of Arts and Manufactures. Vol. III. London 1803. 8. S. 15 f. Ueber Wyats Verbefferung der Eifenbahnen.

Svedenftjernas Reife durch England und Schottland; a. d. Schwed. überf. von Blumhof. Caffel und Marburg 1811. 8. S. 41 f. 113 f.

Fünfter Abfchnitt.
Die Mafchinen zum Preffen und Feftftampfen.

§. 198.

Die Mafchinen, welche einen ftarken und anhaltenden Druck auf Körper ausüben, um deren Geftalt zu verändern, die Oberfläche auf eine eigne Art zu bilden, die Körper zu verdichten oder eine Flüffigkeit aus Körpern gewaltfam herauszutreiben, werden Preffen genannt. Sie unterfcheiden fich in Hinficht des Zwecks von den Rammen oder Rammmafchinen dadurch, daß diefe beftimmt find, Pfähle in einen Boden feft einzutreiben. Die Rammen wirken durch keinen anhaltenden, fondern durch einen ftoßweifen Druck. Paufe und Druck wechfeln hier immer mit einander ab.

I.
Die Preffen.

§. 199.

Man kann jetzt folgende acht Arten von Preffen annehmen: die Schraubenpreffe; die Hebelpreffe; die Keilpreffe; die Cylinderpreffe; die Hydroftatifche Preffe; die Hydromechanifche Preffe; die Luftpreffe; und die Dampfpreffe.

1.
Die Schraubenpresse.

Die gewöhnliche Schraubenpresse besteht aus einer mehr oder weniger starken (hölzernen oder eisernen) Vaterschraube, die sich in einer starken sehr fest mit dem Gestelle verbundenen Mutter auf- und nieder- schrauben läßt. Durch einen dicken Theil oder Kopf der Schraube geht ein Hebel, der sogenannte Preß- baum, Preßbengel oder Schlüssel, woran die bewegende Kraft, gewöhnlich die Hand des Menschen, wirkt. — Statt des Preßbengels ist auch wohl ein großes Rad da, woran die bewegende Kraft mittelst einer Kette oder eines Seiles und einer stehenden Winde beschäftigt ist. Das untere Ende der Schraube drückt bey den mei- sten Pressen zunächst einen Klotz oder ein starkes Bret, oder einen beweglichen Preßriegel; darunter liegen oft noch andere Preßbreter, von einer Größe, daß sie die zu pressenden Sachen gehörig bedecken oder zwischen sich nehmen können. Es versteht sich, daß zur Auf- nahme der zu pressenden Körper immer eine feste und hinreichend breite Unterlage (ein Bodenriegel sammt Bretern) da ist.

Die Theorie und Wirkungsart der Schraubenpresse ist schon bey der Theorie der Schraube (§. 61 f.) erklärt. — Soll die Schraube durch ein Wasserrad, mit Beyhülfe eines Rä- derwerks, umgedreht werden, so muß durch sogenannte Ab- rückwellen die Einrichtung gemacht seyn, daß sich, wenn die Pressung in einem hinreichenden Grade erfolgt ist, ein Getriebe aus den Zähnen seines Rades herausrücken läßt.

2.

Die Hebelpresse und Keilpresse.

§. 200.

Die Hebelpresse ist ein starker sehr langer aus einem Balken verfertigter Hebel der andern Art (§. 39.), welcher um ein starkes Gewinde auf- und nieder bewegt werden kann, und mit einer dem Umdrehungspunkte nahen Stelle auf die zu pressenden Körper wirkt, während sein davon entferntes Ende mit Gewalt niedergedrückt wird. Ein starkes festes Gerüst setzt auch diese Hebelpresse voraus; namentlich muß da, wo die Körper gedrückt werden sollen, für eine zweckmäßige recht feste Unterlage gesorgt seyn. Die Kraft wirkt gewöhnlich nicht unmittelbar auf das Ende des Hebels, sondern ein Seil geht von diesem Ende aus um einen Kreuzhaspel (§. 134.), dessen Achse ein Gesperre (ein Sperrrad mit Sperrhaken) enthält. Mittelst dieses Haspels wird der Hebel sehr stark auf die zu pressenden Körper gedrückt; das Gesperre aber ist sehr nothwendig, damit die an den Stöcken des Haspels arbeitenden Menschen Ruhepunkte haben und der Hebel nicht durch den Widerstand der Last zurückgetrieben werden kann. Die Schraubenspindel hat ein solches Gesperre wohl selten nöthig, weil die Schraube wegen der starken Friktion der Gänge in einander selbst bey starker Pressung ohne jenes Hülfsmittel von selbst stehen zu bleiben pflegt.

Soll der Hebel wieder in die Höhe gehoben werden, so muß man das Sperrrad frey machen, d. h. man muß den Sperrhaken aus den Zähnen des Sperrrades herausheben. Ist der Hebel von sehr großem Gewicht,

so wendet man zu seinem Emporheben gleichfalls einen
eigenen Haspel an. Man giebt nämlich der obern Fläche des Hebels nicht weit von seinem Ende einen starken
eisernen Haken oder Ring, von welchem aus ein Seil
in die Höhe über eine Rolle und von da wieder herunter
um den zweiten Haspel führt. Setzt man diesen in Bewegung, nachdem man das Sperrrad des ersten frey
gemacht hatte, so wird der Hebel emporgewunden. —
Man sieht übrigens leicht ein, daß beym Pressen mit
dem Hebel die Last oder der Widerstand hinaufwärts,
die Kraft hinunterwärts wirkt, und daß die Presse (ohne
Rücksicht auf die Verstärkung durch den Haspel) einen
desto größern Effekt hat, je mehrmal die Entfernung
der Kraft die Entfernung der Last übertrifft. — Zum
Ausdrücken des Saftes aus Runkelrüben für die Zucker-
fabrikation, zum Pressen des Leders 2c. wendet man
wohl eine solche Hebelpresse an.

Die Wirkung der Keilpresse beruht ganz auf der
Theorie des Keils (§. 58 f.). Es ist natürlich, daß ein
Keil, der mit Gewalt in einen Raum hineingeschlagen
wird, denjenigen Körper stark pressen muß, der jenen
Raum begränzt. Kann dieser Körper nachgeben, so
thut er es gewiß. Die Hauptanwendung findet die Keilpresse noch immer in der Oehlmühle zum Auspressen
des Oehls aus dem zermalmten Saamen.

3.
Die Cylinder- oder Walzenpresse.
§. 201.

Die Cylinder oder Walzen (von hartem Holze,
oder von Stein, oder von Metall, namentlich von Eisen,

oder von Stahl oder von Glockenmetall) werden nicht blos
zum Zerdrücken von allerley Körpern, von Erzen, Getraide, Obst, Zuckerrohr ꝛc. angewendet, sondern auch zum
Drucken der Bücher, der Kupferstiche, des Katuns ꝛc.,
zum Plattdrücken von Metallen, zum Glätten der Zeuge
und des Papiers und zu vielen andern Zwecken. Ein
auf Körpern in einer kreisförmigen Bahn herumrollen-
der Cylinder (wie bey Oehlmühlen, Pulvermühlen,
Stärkemühlen ꝛc.) wird gewöhnlich nicht unter Cylin-
derpresse verstanden, sondern eine Verbindung von
zwey oder mehr parallel und nahe neben einander oder
über einander gelegten Cylindern, welche die zu pressenden Sachen zwischen sich klemmen und gewaltsam durch
den kleinen Zwischenraum, den sie übrig lassen, hin-
durchführen. — So können sie Körper zerdrücken (wie
Zuckerrohr, eingeweichtes Getraide, zerfressene Bley-
platten ꝛc.) und Säfte ausdrücken. So können sie,
wenn sie recht blank sind, Körper glätten und plätten
(wie Papier, Zeuge, jähes Metall ꝛc.). So können
sie auf ihrer Oberfläche nach einer gewissen Vorschrift
gravirt seyn und einen Pigment-Auftrag enthalten,
dies Pigment auf Papier, Leinwand, Katun ꝛc. drucken.
So hat man denn auch wirklich Cylinderpressen zum
Bücherdruck, Katundruck ꝛc. Eine ähnliche Bewandt-
niß hat es mit denjenigen Cylinderpressen, welche dem
Metalle Eindrücke geben, wie bey dem Walzenwerke
in Münzen. Die gewöhnlichen Kupferdruckerpressen,
die Kopierpressen und einige andere ähnliche Pressen
führen die zu bedruckenden Sachen nicht allein zwischen
sich hindurch, sondern auch einen besondern Körper,
von welchem der Abdruck geschieht.

Die Cylinder aller dieser Pressen werden gewöhnlich durch Beyhülfe von in einander greifenden gezahnten Rädern oder von Seilrädern und Rollen in Bewegung gesetzt, die auf ihren Achsen stecken. Wenn daher nur eine Walze in Bewegung kommt, z. B. durch
Drehen mittelst einer Kurbel, so drehen sich auch alle
übrigen um ihre Achse. Zuweilen sind ihre Zapfenlager
so beweglich, daß sie durch Hülfe von Stellschrauben
näher an einander gestellt oder weiter von einander entfernt werden können. Wenn (wie bey manchen Glätt-
maschinen) zwey Walzen über einander liegen, so
liegen die Zapfen der obersten oft blos in einer vertikalen Falz (statt in Zapfenlagern) und dann preßt sich
diese Walze durch ihr eignes Gewicht auf die unterste.

Unter den neuesten Arten von Cylinderpressen ist die Buch-
druckerpresse des König wohl die merkwürdigste. Sie besteht aus mehreren Walzen, welche die Arbeit des Druckens
verrichten.

4.
Die Hydrostatische und Hydromechanische Presse.

§. 202.

Der (aus §. 88.) bekannte hydrostatische Druck,
den eine hohe Wassersäule ausübt, hat erst seit wenigen Jahren die Erfindung sehr merkwürdiger Pressen
veranlaßt, welche man hydrostatische und hydromechanische Pressen nennt. Die hydrostatische
Presse des französischen Grafen Real ist hiervon die
einfachste. Diese Presse besteht aus einem etwa ½ Fuß
weiten und etwa eben so hohen Gefäße, in deren Deckel
(wie bey Fig. 10. Taf. III.) eine enge hohe Röhre fest-

geschraubt ist. Der Boden des Gefäßes hat eine mit
einem Zapfen verschließbare Oeffnung. In einiger
Entfernung über diesem Boden ist aber ein zweyter
siebartig durchlöcherter Boden, worauf man Pulver,
Kräuter ꝛc. legt, um daraus einen Extract zu machen.
Mittelst eines beweglichen gleichfalls siebartig durch-
löcherten Deckels kann man diese Substanzen etwas
zusammenpressen. Die obere Decke, welche die Röhre
trägt, läßt sich gleichfalls abschrauben, um die zu
pressenden Materien in das Gefäß legen zu können.

Ist alles so weit vorbereitet, so gießt man Wasser
durch die Röhre in das Gefäß, und fährt damit mit
Zugießen fort, bis auch die Röhre voll ist. Die Wassersäule in der Röhre übt dann in dem Gefäße (nach
§. 86.) einen Druck aus, welcher gleich ist dem Gewicht
einer Wassersäule von einer der Fläche des Deckels gleichen Grundfläche und einer Höhe, die der Höhe der
Röhre gleich kommt. Dadurch werden die untern Wassertheile so fest an die zu extrahirenden Materien gepreßt,
daß sie das Ausziehbare ablösen und sich damit zu einem Extracte verbinden, den man zu dem untern Boden
heraus in ein eignes Gefäß ablassen kann, wenn man
aus der Oeffnung den Stopfen oder Zapfen hinweg
nimmt.

Zu gewöhnlichen Extracten sind Röhren von 4 bis 6 Fuß
Länge hinreichend. Je länger bey einerley Weite des Gefäßes die Röhre ist, desto stärker wird der Druck. Betrüge die
Weite des Gefäßes (oder die Fläche des Deckels) 1 Quadratfuß, die Höhe der Röhre 60 Fuß, so wäre der Druck in
dem Gefäße dem Gewicht einer Wassersäule von 60 Kubik-

fuß gleich. Nimmt man parifer Maaß an und rechnet man
den Kubikfuß wieder zu 70 Pfund, so macht dies einen
Druck von 60 . 70 = 4200 Pfund aus.

§. 203.

Die Engländer Bramah, Murray und Andere
haben diese Presse zu größern mechanischen Zwecken angewendet, z. B. zu Papierpressen, Oehlpressen, Münz-
pressen u. s. w. Sie haben sie zugleich noch durch Hebelkraft bedeutend verstärkt. Bramah verband die hohe
Wasserröhre ohngefähr so, wie Fig. 9. Taf. III. mit
einem ziemlich weiten und starken Cylinder. In demselben befand sich (wie bey einem Druckwerke) ein soli-
der Kolben mit einer starken Kolbenstange. Die Kolbenstange enthielt über dem Cylinder auf ihrem Ende.
eine starke Preßplatte. Den Cylinder umgab ein sehr
festes Gestelle oben in gewisser Entfernung von der
Preßplatte mit einem starken Querriegel. Die zu pressende Sache kam auf die Preßplatte unter den Querriegel zu liegen. Eigne Preßbreter aber konnten die
nähere Begränzung jener Sachen bilden.

Stand nun der Kolben in seinem Cylinder erst unten, und man goß die hohe Druckröhre voll Wasser, so
wurde der Kolben durch den Druck dieser Wassersäule
in die Höhe getrieben und die Preßplatte preßte die auf
ihr liegenden Körper mit einer Gewalt zusammen, die
gleich war dem Gewicht einer Wassersäule von einer der
Grundfläche des Kolbens gleichen Basis und einer der
Höhe der Röhre gleichen Höhe. Nun brachte Bramah
aber auch oben in der engen Röhre einen Kolben an,
der mit einem langen Hebel verbunden war. Mittelst

dieses Hebels wurde die Wassersäule in der Röhre gedrückt, folglich konnte dadurch die drückende Kraft der
Wassersäule noch bedeutend verstärkt werden. Eine
Seitenöffnung oben in der Druckröhre ist vermöge eines
Röhrenstücks so mit einem Wasserbehältnisse verbunden,
daß dadurch die Röhre jedesmal wieder gefüllt wird,
wenn es ihr an Wasser fehlt, ohne den Kolben erst her-
auszuziehen. Man hebt den Kolben nur bis über jene
Oeffnung; alsdann entsteht hinter ihm ein luftleerer
oder luftverdünnter Raum, in welchen sogleich wieder
Wasser aus dem vorhin genannten Wasserbehältnisse
hineingesogen, d. h. durch den Druck der äußern Luft
hineingepreßt wird.

Soll die Pressung aufhören und der Kolben wieder
hinabsinken, so braucht blos ein unter dem Kolben quer
durch die Röhre gehender doppelt durchbohrter (Sen-
guerdischer) Hahn so gedreht zu werden, daß er eine
Communikation des innern Cylinder-Raums mit der
äußern Luft öffnet; alsdann fließt das Wasser unter
dem Kolben hinweg. Soll der Kolben wieder in die
Höhe gepreßt werden, so dreht man den Hahn wieder
so, daß die Gemeinschaft des innern Cylinder-Raums
und des Druckröhren-Raums wieder statt findet.

Die Kraft, welche die Presse in Thätigkeit setzt, fällt bey
einerley Höhe der Druckröhre und einer gewissen Kraft desto
größer aus, je größer das Quadrat des Durchmessers des
weiten Cylinders gegen das Quadrat des Durchmessers der
Druckröhre ist; ferner, je länger der Hebelsarm ist, woran
die Kraft wirkt. Wäre z. B. der Durchmesser des weiten
Cylinders 12 Zoll, der Durchmesser der Druckröhre ¼ Zoll,
die Länge des Hebelsarms (eines einarmigen Hebels) woran

die Kraft wirkt, 18 Zoll, die Entfernung des Widerstandes von dem Umdrehungspunkte des Hebels oder die Länge des Hebelsarms der Last 2 Zoll, und übte ein Mensch am Ende jenes Hebelsarms eine Kraft von 50 Pfunden aus, so würde (ohne Rücksicht auf die Höhe der Druckröhre) der Kolben in dem weiten Cylinder gedrückt mit einer Kraft von

$$\frac{12^2}{(\frac{1}{4})^2} \cdot \frac{18}{2} \cdot 50$$

$$= \frac{144}{\frac{1}{15}} \cdot 9 \cdot 50$$

$$= 144 \cdot 16 \cdot 450$$

$$= 1036800 \text{ Pfund.}$$

Man sieht hieraus, wie ungeheuer die Wirkung solcher Pressen seyn kann.

§. 204.

Daß der Preßkolben blos hinaufwärts preßt, ist freylich eine Unvollkommenheit. Diese hat Murray auf folgende Art hinwegzuschaffen gesucht. Die starke Kolbenstange jenes Preßkolbens ist auf zwey einander entgegengesetzten Seiten gezahnt, und diese Zähne greifen auf beyden Seiten in ein starkes eisernes Stirnrad. Jedes von den beyden Stirnrädern aber greift wieder in eine starke eiserne gezahnte Stange, deren cylindrischer Theil von einer Röhre so umschlossen wird, daß er darin mit einigem Spielraum auf- und niedersteigen kann. Oben in einiger Entfernung über dem Kolben sind beyde gezahnte Stangen mit einem starken eisernen Querriegel verbunden. Das Ende der Hauptkolbenstange trägt wieder eine Preßplatte.

Wird nun der Preßkolben in die Höhe getrieben, so dreht die Kolbenstange die beyden Stirnräder um; diese aber treiben durch ihre Drehung die beyden ge

— 268 —

zähnten Stangen herunterwärts. Der Querriegel dieser
Stangen geht demnach herab, während die Preßplatte
der Kolbenstange hinaufsteigt. Beyde Theile, welche
die zu pressende Sache zwischen sich enthalten, bewegen
sich also einander entgegen und bewirken das Pressen
auf eine sehr kräftige Weise.

5.
Die Luftpresse und Dampfpresse.

§. 205.

Der bekannte einseitige Druck der Luft (§. 126.)
leitete den D. Rommershausen auf die Erfindung
seiner Luftpresse. Spannt man ein Filtrirtuch über
ein cylindrisches Gefäß und verdünnt man die Luft
unter dem Filtrirtuche in dem Gefäße (etwa mittelst
einer kleinen Saugpumpe, deren Kolben man zurück-
zieht), so preßt der Druck der Luft eine auf dem Filtrirtuche liegende Flüssigkeit mit Gewalt durch die Poren des Filtrirtuchs in den luftverdünnten Raum des
Gefäßes. Daß nun ein solcher Luftdruck auf ähnliche
Art zum Pressen, namentlich zum Extrahiren mancher
Stoffe angewandt werden kann, als der Wasserdruck
bey Reals und Bramahs Presse, ist leicht einzusehen.

Die Luftpresse des Rommershausen besteht aus
zwey senkrecht neben einander stehenden cylindrischen Gefäßen. Jedes derselben ist durch einen in der Mitte befindlichen Zwischenboden in einen obern und untern Raum ab-
geschieden und beyde untere Räume sind durch eine Communikationsröhre mit einander verbunden. Das eine
dieser Gefäße enthält die Vorrichtung zur Luftentleerung;

auf dem Zwischenboden des andern Gefäßes aber ruht das Filtrum. Der übrige obere Raum des letztern Gefäßes ist mit der Filtrir-Flüssigkeit, z. B. Wasser, angefüllt. Dadurch ist also der untere Raum dieses Gefäßes geschlossen.

Die Vorrichtung zum Evacuiren der Luft besteht aus einer gewöhnlichen Wasserpumpe, welche den Zwischenboden durchbricht und das im untern Raume befindliche Wasser in den obern hinaufhebt. Die unter dem Pumpenkolben erzeugte Leere schlürft dann, bey Oeffnung des Hahns der Communikationsröhre, auch die Luft im untern Raume des zweyten Gefäßes hinweg. Da nun bey Oeffnung einer im Zwischenboden des Pumpengefäßes befindlichen Klappe das gehobene Wasser sogleich wieder in den untern Raum herabfällt, und die daselbst befindliche Luft zur zweyten Verdünnung heraustritt, so kann durch Wiederholung des Verfahrens ein höher Grad von Luftverdünnung erreicht werden.

§. 206.

Der verschlossene Raum unter dem Filtrum wird also nach und nach immer mehr von Luft befreyt. Die äußere Luft drückt daher, weil sie unten keinen Gegendruck (oder nur einen äußerst geringen Gegendruck) findet, die obere Flüssigkeit mit Gewalt durch das dichteste Filtrum. Ganz unten am Boden des Gefäßes befindet sich ein Hahn, mittelst welchem die in den luftleeren Raum gedrungene Flüssigkeit, mit den lösbaren Theilen der zu extrahirenden Substanzen verbunden, abgelassen wird. Das Abreißen oder eigentlich das

— 270 —

Aussaugen der extrahirbaren Theile geht hier übrigens
eben so schnell und vollkommen von statten, wie bey
der hydrostatischen Presse. Kein aromatischer oder äthe-
risch leichter Stoff kann sich verflüchtigen, wie dies sonst
bey der gewöhnlichen Extraction durch Beyhülfe von
Wärme der Fall ist.

Auch die Compression der Luft hat man zum
Gebrauch der Presse vorgeschlagen und kürzlich hat
D. Rommershausen auch die Dampfpresse er-
funden, welche mittelst eingeschlossener stark verdichteter
Dämpfe wirkt.

Die Stärke des Luftdrucks in der Luftpresse läßt sich leicht
(nach §. 126.) bestimmen. Betrüge die Durchschnittsfläche
des Filtrums 1 Quadratfuß und wäre die Luft völlig aus
dem untern Raume hinweggeschafft, so wäre die pressende
Kraft einem Gewicht von 32 . 70 $=$ 2240 Pfunden gleich,
wenn man wieder pariser Maaß annimmt. Hätte man die
Luft auch nur zur Hälfte verdünnt, so betrüge die pressende
Kraft doch immer noch 1120 Pfund.

Mehrere Arten von Pressen sind in meiner Encyclopädie
des Maschinenwesens. Th. III. VI. VII. Art. Presse und
Hydraulische Presse beschrieben. Außerdem bemerke
ich:

P. L. Geiger, Beschreibung der Realschen Auflösungs-
presse. Heidelberg 1817. 8.

J. C. Leuchs, Beschreibung und Abbildung der hydraulischen Presse. Nürnberg 1819. 8.

Magazin der neuesten Erfindungen ꝛc. Neue Folgen No. 3.
und 8. Leipzig 1817. 1820. 4. Bramahs, Reals und
Murrays Pressen.

II.
Die Rammen.

§. 207.

Mit der Ramme oder Rammmaschine werden beym Grund- und Wasserbaue Pfähle sehr fest in die Erde getrieben. Zwischen einem hohen Gerüste oder Gestelle wird genau über dem einzurammenden Pfahle ein schwerer Block von Holz oder gegossenem Eisen (der Rammklotz, Fallblock, Bär oder Knecht) in die Höhe gehoben. Sobald er die höchste Stelle erreicht hat, wird er losgelassen, und nun fällt er gewaltsam herab auf den Kopf des einzurammenden Pfahls und treibt diesen dadurch eine Strecke in den Boden hinein. Diese Operation wird je nach der Größe des Widerstandes, den der einzurammende Pfahl findet, und je nach der Tiefe, bis zu welcher er in den Boden getrieben werden soll, wiederholt.

Das Emporheben des Rammklotzes geschieht bey der gemeinen Ramme oder Zugramme mittelst eines Seils oder Taues, woran viele Menschen ziehen. Unten an dem Taue befinden sich nämlich mehrere kleine Stricke, sogenannte Zugleinen, welche die Arbeiter fassen. Das Haupttau aber geht oben um eine Scheibe. Bey der Spillramme, Hakenramme oder Englischen Ramme ist unten ein Kreuzhaspel oder ein Spillrad oder ein Laufrad mit dem Gestelle verbunden. Das Tau des Rundbaums ist hier über Scheiben in die Höhe geleitet und hat am andern Ende eine Art Zange oder einen doppelten Schnellhaken, welcher den Klotz nach jedem Stoße ergreift, in

die Höhe zieht und oben durch eine Auslösung ihn fahren läßt. — Die Fallhöhe, oder die Höhe, zu welcher der Klotz über den Kopf des Pfahls emporgehoben
wird, kann bey der gemeinen Ramme 4 bis 6 Fuß,
bey der englischen Ramme 6 bis 18 Fuß, auch wohl
noch mehr betragen. Die Basis des Gestelles, worauf
auch der Haspel steht, muß so groß seyn, daß kein
Wanken statt findet. Je höher übrigens das Gestelle
ist, desto größer macht man die Basis.

§. 208.

Das gegen 2 Zoll dicke und 100 bis 150 Fuß lange an den Klotz befestigte Rammtau ist oben um die
Rammscheibe geschlagen, deren Durchmesser 2 bis
3 Fuß beträgt. Das Gewicht des Rammklotzes geht
von 6 bis zu 9 Centner. Ist die Ramme eine gemeine Ramme, so bestimmt man die Anzahl der Arbeiter
nach der Größe der Ramme, namentlich nach dem Gewichte des Rammklotzes und nach der Höhe, zu welcher
der Klotz emporgehoben werden soll. Bey Haspelrammen macht man das eben so; man zieht nur von dem
Resultate, welches die Kraft aller Arbeiter ausübt,
diejenige Kraft ab, welche man durch die Winde erspart.

Die Kraft der Arbeiter besteht in der Anstrengung
ihrer Arme und Füße, um Muskelkraft zugleich mit
einigem Gewicht ihres Körpers wirken zu lassen. Die
Summe dieser Kraft bey allen Arbeitern macht eigentlich
die bewegende Kraft aus. Wird diese mit der Geschwindigkeit der Hände und Füße multiplicirt, so zeigt
das Produkt das mechanische Vermögen der Arbeiter an. Multiplicirt man nun das Gewicht

des Rammklotzes mit seiner Fallhöhe, so muß dieses Produkt mit dem mechanischen Vermögen der Arbeiter in ordentlichem Verhältniß stehen, vorausgesetzt, daß in gleichen Zeiten gleich viele Rammstöße erfolgen.

Das doppelte Gewicht des Klotzes macht begreiflich auch ein doppeltes mechanisches Vermögen nothwendig. Vermehrt man die Fallhöhe, so muß nothwendig in demselben Verhältnisse auch jenes mechanische Vermögen vergrößert werden, wenn man nicht das an der Zahl der Rammstöße verlieren will, was man an der Fallhöhe gewinnt.

Bey den gemeinen Rammmaschinen nimmt man an, eine Hitze von 25 Schlägen geschehe in einer Minute bey einer Fallhöhe des Klotzes von 3 bis 8 Fuß. Zwischen jeder Hitze muß eine Ruhezeit von wenigstens einer Minute seyn. Oft nimmt man diese aber zu 4 bis 5 Minuten an. Besser ist es immer, wenn die Arbeiter Stärke und guten Willen haben, mehr Schläge in einer Hitze zu thun, weil eine mehr ununterbrochene Folge von Schlägen eine größere Wirkung erzeugt. — Die gemeine Zugramme hat in Hinsicht ihres ökonomischen Effekts meistens Vorzüge vor der englischen Ramme.

§. 209.

Bey den Zugrammen sollte man die Arbeiter nie in geraden Linien hinter einander stellen, sondern stets in concentrischen Kreisen. Ein solcher Kreis ist natürlich desto größer, je mehr Arbeiter an der Maschine angestellt sind. Alsdann wird aber auch die Richtung der Zugleinen schiefer und durch diese schiefe Richtung geht manches an der Kraft verloren. — Bey großen

Rammmaschinen, die von 40 bis 60 Arbeitern in Akti=
vität gesetzt werden, bestimmt man die Zahl der Arbei=
ter gewöhnlich so, daß jeder ohngefähr 30 Pfund vom
Klotze zu ziehen hat.

Der Rammklotz fällt mit beschleunigter Bewegung
(§. 14. f.). Da nun die durch einen solchen Fall des
Klotzes hervorgebrachten Geschwindigkeiten sich wie die
Quadratwurzeln aus den Fallhöhen verhalten, so kann
man auch die Regel aufstellen (anstatt der im §. 208.):
**das mechanische Vermögen bey der Bewe=
gung des Rammklotzes ist dem Gewicht des
Rammklotzes mit dem Quadrate seiner durch
den Fall erlangten Geschwindigkeit propor=
tional.**

Aufseher, unter dem Titel **Meister**, sind zum Ordnen
und Commandiren der Arbeiter sehr nothwendig.

§. 210.

Man hat es in der Erfahrung angemessen gefun=
den, den Klotz so schwer zu nehmen, als es die Um=
stände oder die Stärke des einzurammenden Pfahls ge=
statten, und daß man (um den schiefen Zug möglichst
zu vermeiden) immer besser thut, die Arbeiter ein größe=
res Gewicht ziehen, als den Klotz hoch heben zu lassen.
Sollen eingerammte Pfähle irgend ein Gebäude tragen,
so müssen sie so fest sitzen, oder sie müssen an dem sie
umgebenden Erdreiche einen so großen Widerstand fin=
den, daß sie ganz und gar nicht mehr von der Last des
Gebäudes sinken können. In den meisten Fällen muß
jener Widerstand noch beträchtlich größer als diese Last
seyn; denn wie leicht könnte er durch Zeit und Umstände

einmal nachgeben! Gewöhnlich findet man das Verhältniß der drückenden Last zum Widerstande wie 1 : 2,
oder doch wie 1 : 3 hinreichend. Indessen kann es auch
Fälle geben, wo jenes Verhältniß wie 1 : 10, ja sogar wie 1 : 20 gesetzt werden muß, z. B. bey hohen
Thürmen, Brücken und andern Gewölben, die von
Sturmwinden, Wasserwellen, großen Eisschollen, Lastwagen u. d. gl. viele harte Stöße auszustehen haben.
Sind alle Pfähle gleich schwer, die Pfahlweiten überall
gleich, und die Pfähle insgesammt, gleich viel Last
zu tragen, bestimmt; so macht man gern das Verhältniß der Last zum Widerstande überall gleich. Wo man
aber wegen Holzmangel genöthigt ist, Pfähle von verschiedener Art und von verschiedenen Dimensionen zu
nehmen, da sucht man die Vertheilung der Pfähle für
die Last gehörig zu bewerkstelligen.

Pfähle von leichtern Holzarten, z. B. von Ellern, Ulmen,
Pappeln ꝛc. lassen sich leichter einrammen, als Pfähle von
schwerem Holze, z. B. von Eichen, Buchen ꝛc.

§. 211.

Setzt man das Gewicht des Rammklotzes $= q$,
die Fallhöhe desselben $= h$, das Gewicht des Pfahls
$= \pi$, den Effekt des Klotzes oder den Raum, um welchen der Pfahl durch einen einzelnen Stoß des Klotzes
eindringt, $= a$, den Widerstand oder die Kraft, womit
das Erdreich dem Eindringen des Pfahls widersteht,
$= p$, so ist

$$a = \frac{q^2 \cdot h}{p(q + \pi)}, \text{ folglich}$$

$$p = \frac{q^2 \cdot h}{a(q + \pi)}.$$

18 *

Diese Gleichungen sind von den erfahrensten Mechanikern und Architekten richtig und anwendbar gefunden worden.

Wäre $q = 1200$ Pfund, $w = 1043$ Pfund, $h = 4$ Fuß, $a = \frac{1}{1200} = 0,000833$ Fuß in der letzten Hitze; so fände man

$$p = \frac{1200^2 \cdot 4}{0,000833 \cdot (1200 + 1043)}$$

$$= \frac{1440000 \cdot 4}{0,000833 \cdot 2243}$$

Am bequemsten kann man dies mit Logarithmen ausrechnen. Man wird dann $p = 3082800$ Pfund erhalten.

Nun kommt es darauf an, ob die von den Pfählen zu tragende Last nur halb so schwer zu seyn braucht, als jene Pfundezahl, oder ob sie nur den 3ten, oder den 10ten oder den 20sten rc. Theil so schwer seyn darf, als jener Widerstand.

§. 212.

Die künstliche Maschinerie an der Hakenramme betrifft hauptsächlich die Vorrichtung zum Selbsteinhängen und Selbstauslösen des Rammklotzes. Schon des Schweden Polhems Ramme besaß ein sogenanntes Schnellwerk, welches sich von selbst in den Bär einhängte, sobald ein gewisses unten befindliches Eisen daran stieß und wo, nach geschehenem Emporheben des Bärs ein gewisser oben an einem Querbalken sitzender Stab das Losspringen des Schnellwerks bewirkte, so daß der Klotz herabfallen mußte.

Es lassen sich überhaupt mehrere Einrichtungen ma-

chen, wodurch jenes Fassen und Losgehen des Rammklotzes erfolgt. Man kann z. B. an das Ende des
Taues eine starke Zange befestigen, welche den Ring
des Klotzes faßt und ihn in die Höhe zieht, sobald das
Tau straff gezogen ist. Die obern Schenkel der Zange
können sich in Hebel verlaufen, welche, wenn der Klotz
seine höchste abgemessene Stelle erreicht hat, unter eigne
Hervorragungen stoßen, wodurch die Zange, sich zu
öffnen und den Klotz fallen zu lassen, gezwungen wird.
— Daß bey Haspelrammen der Rundbaum jedesmal
wieder zurückgedreht werden muß, sobald der Klotz gefallen ist, versteht sich von selbst.

Nordenskiöld, Eliander, Pauloué, Bunce,
Schmidt, Löwell u. A. haben mancherley künstliche Einrichtungen oder Verbesserungen mit den Rammmaschinen
vorgenommen, welche, nebst verschiedenen andern die Rammen betreffenden Vorschlägen, theils in Leupold, Belidor und meiner Encyclopädie des Maschinenwesens, theils
in folgenden Werken beschrieben sind:

Abhandlungen der Königl. Schwed. Akad. d. Wissenschaften. Bd. VI, Hamburg 1751. 8. S. 40 f.; Bd. XV. 1756.
S. 154 f.; Bd. XXIV. 1765. S. 150 f. Polhems, Eli-
anders und Nordenskiölds Rammen.

J. W. Hafens Beschreibung von sieben Arten Rammmaschinen. Berlin 1771. 4.

J. E. Silberschlag, kurzgefaßte Beschreibung verschiedener Maschinen 2c. Leipzig 1772. 8.

G. F. Löwell, theoretisch-praktische Beschreibung einer
neu erfundenen vortheilhaften Rammmaschine. Nürnberg
1803. 4.

R. Woltmann, theoretische und praktische Untersuchun-
gen über die Wirkung der Maschine, deren man sich bedient,

um augenblickliche Bewegungen hervorzubringen, hauptſächlich über den Effekt der Ramme zum Eintreiben der Pfähle.
Göttingen 1804. 8.

Magazin aller neuen Erfindungen ꝛc. Bd. II. Leipzig 4.
S. 70 f. Rammmaſchinen des Vauloué und des Bunce.

J. G. Rommerdts vollſtändige Beſchreibung und Abbildung von einer vorzüglich brauchbaren Rammmaſchine.
Eiſenach 1804. 8.

Sechster Abſchnitt.
Die Maſchinen zur Erregung eines Luftzugs und Luftwechſels.

I.
Die Luftwechſelmaſchinen.

§. 213.

Die Luftwechſelmaſchinen müſſen die böſen
Wetter, d. h. die ſchädlichen Dünſte und Luftarten in
Gruben und andern Gemächern herausſchaffen und dafür gute Wetter oder friſche Luft hineinbringen. Man
nennt ſie daher auch Wettermaſchinen. Mehrere
verdienen kaum den Namen Maſchinen.

Man theilt die Wettermaſchinen in Wetterblasmaſchinen und in Wetterſaugmaſchinen ein.
Jene müſſen gut Wetter zuführen; dieſe müſſen böſe
Wetter abführen. Zu den Wetterblasmaſchinen
gehören (außer den verſchiedenen Arten von Ventilatoren) die Windtrommel, die Waſſertrommel
und der Wetterhut. Zu den Wetterſaugmaſchinen kann man rechnen: den Wetterofen, und den
Wetterſatz.

Die Windtrommel ist so eingerichtet: An einer Welle sitzende Flügel (wie Windmühlflügel) drehen sich in einer großen hohlen Trommel um und jagen die Luft zu ein Paar neben der Welle befindlichen Oeffnungen heraus. Dadurch entstehen in der Trommel beständig luftverdünnte Räume, in welche die verdorbene Luft aus der Grube hineinsteigt. Denn die Grube steht mit der Trommel vermöge einer Röhre oder Wetterlutte in Verbindung. Die in die Trommel getretene verdorbene Luft wird aber immer wieder aus der Trommel heraußgewehet.

Bey der Wassertrommel steht ein Trichter vermöge einer langen Röhre mit einer Trommel in Verbindung. Die Röhre geht nach der Trommel hin immer enger zu. Fällt nun Wasser in jenen Trichter, so drängt dieses die Luft durch die Röhre in die Trommel, wo sie verdichtet durch eine eigne etwas schräge Röhre in Lutten und aus diesen in den benöthigten Ort gestoßen wird.

Der Wetterhut ist blos ein auf einer Röhre senkrecht sich drehender Kasten, der mit seiner offenen Seite nach dem Winde gedreht wird und nach Art der Ventilatoren die Luft in die Grube bläßt.

Der Wetterofen ist eigentlich keine Maschine. In einem Ofen, der durch Lutten oder vierkantige Röhren mit der Grube in Verbindung steht, wird Feuer angemacht. Das Feuer verdünnt die Luft, und dann strömen die bösen Wetter durch die Lutten herbey in die luftverdünnten Räume.

Der Wettersatz ist eine Art Saugwerk mit sehr weiten Röhren. Gewöhnlich nimmt man eine große

Tonne dazu und statt des Kolbens wendet man eine umgekehrte Tonne an, die in jene hineinpaßt. Der oben liegende Boden der letzteren enthält eine Klappe, die sich aufwärts öffnet. Die erste Tonne, oder der Stiefel wird so hoch mit Wasser gefüllt, daß die bewegliche Tonne (oder der Kolben), wenn sie ihren ganzen Hub vollendet hat, doch noch 3 oder 4 Zoll hoch mit ihrem unter Rande unter Wasser steht. Bey ihrem völligen Niedergange muß sie bis an ihren Boden ins Wasser eintauchen. Bey jedem Hube der beweglichen Tonne entsteht nun im Stiefel zwischen dem Boden der beweglichen Tonne und der Wasserfläche, ein beynahe ganz luftleerer Raum, in welchen die bösen Wetter durch den Druck der Atmosphäre von unten hinauf mit Gewalt hineingetrieben werden. Beym Schube oder Niedergange der beweglichen Tonne wird diese luftförmige Masse zusammengepreßt; sie stößt daher die Tonnenklappe auf und strömt in die freye Atmosphäre.

Ein solcher Wettersatz, gewöhnlich Harzer Wettersatz genannt, weil ihn Schwarzkopf zu Clausthal im Jahr 1734 erfand, hat diese Vorzüge vor einer gewöhnlichen Saugpumpe, die man etwa zu demselben Zweck anwenden wollte. Man kann nämlich jede wasserhaltige Tonne dazu nehmen und auf diese Art sehr weite Stiefel bekommen. Der Zutritt der atmosphärischen Luft wird bey diesem Apparat weit vollkommener verhütet. Man hat keine Kosten für Kolbenliederung, und außerdem fällt auch die beträchtliche Reibung hinweg, welche sonst mit der Liederung verbunden ist. Die ganze Maschine kann überhaupt mit wenigen Kosten hergestellt werden.

II.

Die Balgmaſchinen oder Gebläſemaſchinen.

§. 214.

Die Balgmaſchinen oder Gebläſemaſchi-
nen ſind beſtimmt, auf Hüttenwerken und bey andern
Schmelzanſtalten einen verdichteten Luftſtrom in das
Feuer zu blaſen, um dadurch die Gluth zur erforderlichen Stärke anzufachen.

Der gemeine Blaſebalg beſteht aus zwey Bretern,
die, in einiger Entfernung von einander, durch eine
lederne Umgebung zu einem eigenen Behältniß vereinigt ſind. Mit dem innern Raume dieſes Behältniſſes
communicirt eine an der ſchmalen Seite der Breter angebrachte Röhre, die Deute, Dieſe oder Lieſe
des Balgs. Das untere Bret oder der Boden hat
ein Loch mit einer Klappe, die ſich hineinwärts öffnet.
Wenn nun die beyden Breter, Boden und Deckel,
nahe auf einander liegen, und man zieht letzteren an
ſeinem Handgriffe in die Höhe, ſo entſteht in dem
Balge ein luftleerer oder luftperdünnter Raum, in
welchen ſogleich die äußere Luft durch das Loch des
Bodens eindringt, um das Gleichgewicht wieder her-
zuſtellen. Drückt man hierauf den Balg wieder zuſammen oder preßt man den Deckel wieder auf den Boden
nieder, ſo wird die eingeſchloſſene Luft, welche das Ventil nicht wieder auf demſelben Wege zurückläßt, durch
die Röhre heraus ins Feuer getrieben.

Dieſe ſogenannten ledernen Bälge werden auf
Hüttenwerken gewöhnlich von Waſſerrädern in Thätigkeit geſetzt. In den meiſten Fällen legt man zwey Bälge

neben einander, wovon der eine zu derselben Zeit Luft schöpft, in welcher der andere bläst, damit der Luftstrom so viel wie möglich ununterbrochen ins Feuer gehe.

§. 215.

Ein Wasserrad kann die Blasebälge auf folgende Art in Bewegung setzen. Die Welle des Wasserrades, a Fig. 1. Taf. V. enthält eine Kurbel b, von welcher ein Lenkarm bc in die Höhe geht. Oben ist dieser Lenkarm mit einem kurzen Arme c verbunden, der in einer dünnen Welle de steckt. Dreht sich nun das Wasserrad um, so dreht sich auch die Kurbel b um, folglich steigt der Lenkarm bc auf und nieder und die Welle de wird hin und her gewiegt. In zwey entgegengesetzten Stellen der Welle de sind ein Paar Arme f und g befestigt, welche eine horizontale Lage haben, wenn c horizontal ist. Wird aber c durch den Lenkarm auf und nieder gewiegt, so steigen auch f und g auf und nieder, und zwar steht g in der Höhe, wenn f niederwärts steht. Von den Enden der Arme f und g gehen Leitstangen, zu den Deckeln der Bälge h und i herab. Geht nun f hinauf, folglich zu gleicher Zeit g hinunter, so wird in derselben Zeit der Deckel h hinaufgezogen und der Balg h zum Saugen gebracht, wo der Deckel i hintergeht und der Balg i das Drücken (das Herausdrücken der Luft) verrichtet.

Sehr oft werden auch Däumlinge einer Welle (denen man am liebsten die epicykloidische Gestalt giebt) zur Bewegung der Bälge angewendet. Däumlinge (Wellfüße, fingerartige Theile in der Welle) heben nämlich den langen Arm eines Hebels empor, von

deffen kurzem Arme eine Kette in die Höhe geht. Diese
Kette sitzt an dem kurzen Arme eines obern Hebels,
deffen längern Arm ein Gewicht belastet. Jene Kette
ist zugleich mit dem Balgdeckel verbunden. Heben nun
die Däumlinge der Wasserrad-Welle den langen Arm
des untern Hebels empor, so sinkt der kurze Arm desselben Hebels nieder. Die Kette zieht also den Balgdeckel und den kurzen Arm des obern Hebels niederwärts. Ist der jedesmalige Däumling unter dem lan-
gen-Hebelarme des untern Hebels hinweggegangen, so
steigt Kette, Balgdeckel und kurzer Hebelarm des obern
Hebels wieder schnell empor, und zwar vermöge des
Gewichts, das den langen Hebelsarm des obern Hebels belastet.

§. 216.

Die ledernen Bälge haben für Hüttenwerke manche Unvollkommenheiten. Da bey sehr großen Bälgen
eine bedeutende Quantität Luft zusammengepreßt wird,
so sind die ledernen Bälge dem Zerreißen sehr ausgesetzt. Sie erfordern daher eine sorgfältige Wartung,
viele kostbare Reparaturen und dauern doch nicht über
6 oder 7 Jahre. Nimmt man schwaches Leder dazu,
so läßt dieses vielen Wind hindurchgehen, wenn man
es nicht beständig mit Thran oder anderm Fett schmiert.
Dasselbe Schmieren ist bey dickem Leder nöthig, damit
dieses nicht in den Falten breche. Auch muß man immer Schaden von Wasser und Feuer besorgen, und nach
jeder, viele Zeit erfordernden Reparatur müssen die Leder erst wieder mit Thran getränkt werden. Man hat
daher schon vor 200 Jahren die hölzernen Bälge

oder Kastengebläse erfunden, bey welchen jene Unvollkommenheiten theils geringer sind, theils ganz hin-
wegfallen.

Jeder hölzerne Balg besteht aus zwey hölzernen
Kasten, wovon der oberste (der Oberkasten) sich über
den untersten (den Unterkasten) ohngefähr, so auf
und nieder bewegen läßt, wie man den Deckel einer
Dose, die ein Scharnier hat, auf- und zumacht. Nur
sind bey den Bälgen die, an den untern Kasten hin-
gehenden Ränder des obersten Kastens so breit, daß sie,
selbst bey der stärksten Erhebung, immer genau zwischen
dem untern Kasten bleiben. In dem Boden des untersten Kastens befindet sich eine Klappe, durch welche,
beym Aufwärtsziehen des obersten Kastens, Luft in den
innern Raum dringt. Diese Luft wird beym Niederdrücken des obern Kastens zu der Röhre oder Deute herausgetrieben. — Das Auf- und Niederziehen des Kastens läßt man auf dieselbe Art, wie bey den ledernen
Bälgen (§. 215.) entweder durch eine Kurbel oder mittelst einer Kette durch Däumlinge einer Welle verrichten.

Die hölzernen Bälge, welche schon im Jahr 1620 auf
dem Unterharze im Gange waren, halten wenigstens zehnmal so lange als die ledernen. Sie bedürfen nur selten,
und keiner so kostspieligen Reparatur; ihre Wirkung ist viel
stärker, gleichförmiger und läßt sich auch nach Umständen
mäßigen. Ihr Schub ist gewöhnlich auf 4 bis 5 Fuß eingerichtet. Das beste Holz dazu ist Fichtenholz.

§. 217.

Oberkasten und Unterkasten eines hölzernen Balgs
sind an ihrem schmalsten Ende, wo die Deute sich befindet, durch einen starken Bolzen mit einander verbun-

den. Damit die eingesogene Luft an keiner andern Stelle als bloß durch die Deute herausbringe, so enthalten die festen und glatten Ränder des innern Kastens hölzerne bewegliche Leisten, welche durch metallene Federn dicht an die Ränder des äußern Kastens angedrückt werden, folglich den sonst unvermeidlichen Zwischenraum beyder Wände ausfüllen. Weil aber die langen und dünnen hölzernen Leisten noch nicht so biegsam seyn würden, daß sie sich überall stark genug andrücken ließen, und weil sie, wenn sie auch anfangs vollkommen genau abgehobelt wären, doch mit der Zeit allerley Krümmungen annehmen würden, so haben sie in ihrer ganzen Länge, ohngefähr in einer Entfernung von 15 zu 15 Zoll Einschnitte, die nur einen schwachen Spahn übrig lassen. Dadurch erhalten sie hinreichende Biegsamkeit, um überall sich andrücken zu können. So versagen die federnde (elastischen) Leisten dem Winde jeden unbieglichen Ausweg. Sie sitzen übrigens an einem kleinem Holze, dem Federträger fest.

Der Windschöpfer oder der 10 Zoll langen und 5 Zoll breiten viereckigten, mit Klappen bedeckten Oeffnungen sind zwey in dem untern Kasten. Zuweilen ist auch nur einer da, der dann die Größe jener beyden zusammengenommen hat. Die Deuten oder eisernen Röhre pflegen 2 Ellen lang zu seyn.

Der Schwede Widholm hat die hölzernen Bälge im Jahr 1805 sehr verbessert. — Es giebt jetzt auch Gebläsemesser (Balgprüfer), womit man die Stärke oder Menge der durch das Gebläse in einen Schmelzofen gebrachten Luft mittelst des Drucks derselben auf eine Quecksilbersäule oder Wassersäule zu beobachten oder zu messen im Stande ist.

§. 218.

Durch die Einführung der Cylindergebläse und der hydrostatischen Gebläse oder Wassergebläse, die einen eben so ununterbrochenen Luftstrom blasen, als die Feuerspritzen mit Windkessel einen ununterbrochenen Wasserstrahl ausgießen, wurden in England zuerst die Schmelzprocesse ungemein vervollkommnet. Seit 20 Jahren erkannte man die großen Vortheile dieser Gebläse auch in Deutschland. Dem Herrn Joseph v. Baader verdanken wir die Erfindung und Einführung eines eignen trefflichen Gebläses in unserm Vaterlande. Die Cylindergebläse und Baaderschen Gebläse haben bey weitem nicht die Reibung, wie die hölzernen Bälge; es geht bey ihnen auch lange nicht so viele Luft verloren, und man kann den Effekt derselben eher schätzen, berechnen und reguliren.

Zwey hohle Cylinder von Eisen oder von Kupfer, beyde unten mit einem Boden versehen, sind einen Fuß oder ein Paar Fuße von einander ringsherum eingemauert. Unter dem Boden jedes Cylinders geht durch die Mauer ein Kanal bis an die freye Luft und mit diesem Kanale ist eine durch den Cylinderboden gehende lothrechte Röhre verbunden, welcher dem Cylinder Luft von Außen zuführen kann, wenn er auch oberhalb von der Atmosphäre abgeschnitten wird. Auf ihrer obern Oeffnung bekommt diese Zuflußröhre ein nach oben sich öffnendes Klappen- oder Kegelventil. Neben dieser Zuflußröhre befindet sich in dem ausgemauerten Cylinder noch eine lothrechte Röhre, die gleichfalls durch den Boden geht und unter demselben in eine, bis in den Ofen fortgeführte Röhre eingreift. Jene lothrechte Röhre, Ausflußröhre genannt, hat unterhalb dem Cylinderboden zur Seite eine Klappe, welche die Communikation mit der untern zum Ofen führenden Leitungsröhre abwechselnd herzustellen und abzuschneiden dient. Die Leitungsröhre ist eigentlich aus drey verschiedenen Kanälen zusammengesetzt. Denn erst geht sie, von der Klappe der Ausflußröhre an gerechnet, in gleicher Weite cylindrisch oder parallelepipedisch fort; alsdann greift sie in ein weites Behältniß ein, und aus diesem geht das eigentliche konisch gestaltete Blasrohr in den Ofen.

Durch die Mauer, welche den Cylinder umgiebt, ist von Außen noch eine Röhre hindurchgeführt, die mit dem Cylinder nahe am Boden communicirt und vermöge welcher man den Cylinder von Außen mit Wasser füllen kann. In diesem Wassercylinder wird ein sogenannter Luftcylinder vermöge einer daran befestigten Zugstange in eine auf- und niedergehende Bewegung versetzt. Der äußere Umfang dieses Luftcylinders ist nur sehr wenig kleiner, als der innere Umfang des Wassergefäßes. In der Mitte hat der Luftcylinder eine horizontale Scheidewand, die an die Cylinderwand durchaus luftdicht anschließt. Auf dieser Scheidewand ist die lothrechte Zugstange befestigt, welche mit dem obern Ende an das eine Ende eines Waagbaums (Balanciers) befestigt ist. Auf dem andern Ende ist der Waagbaum mit einem Gewicht beschwert. Ein waagrechter Hebezapfen sitzt an der Zugstange. Dieser wird durch Däumlinge einer Welle niedergedrückt. Dadurch wird die Zugstange selbst sammt dem Luftcylinder niederzugehen gezwungen. Sobald der Däumling den Hebezapfen der Zugstange verlassen hat, so bekommt

der Waagbaum auf der andern mit dem Gewicht beschwerten Seite die Uebermucht. Dadurch wird die
Zugstange sammt dem Luftcylinder wieder in die Höhe
gezogen. Gleich nachher aber ergreift der Däumling
aufs Neue den Hebezapfen der Zugstange, drückt ihn
wieder nieder; und so geht die auf- und niederspielende
Bewegung der Zugstange und des Luftcylinders beständig fort, so lange die bewegende Kraft (z. B. das
Wasserrad oder Kunstrad) wirksam ist.

Die Einrichtung und Vertheilung der Däumlinge oder
Wellfüße auf der Welle wird bey den Stampf- und Hammermühlen (im achten Abschnitte §. 244. f.) beschrieben werden.

§. 219.

Die Wirkungsart dieses Baaderschen Gebläses selbst
wird durch folgende Erklärung in die Augen leuchten. Wenn
der Luftcylinder vor dem Anfange des Spiels bis zu seinem tiefsten Stande herabgelassen worden ist, so wird der
Wassercylinder so hoch mit Wasser gefüllt, daß die beyden obern, gleich hohen und beym tiefsten Stande des
Luftcylinders sehr nahe bis an die Scheidewand desselben reichenden, Ab- und Zuflußröhren nur ohngefähr
2 Zoll über dem Wasserspiegel hervorragen. Wird nun
durch den Däumling der Wasserrad-Welle der Luftcylinder emporgehoben, so schließt sich die Klappe der
Ausflußröhre und durch die Zuflußröhre strömt Luft
aus der Atmosphäre in den Luftcylinder. Beym Niedergange dieses Cylinders schließt sich das Ventil der
Zuflußröhre, die Klappe der Ausflußröhre hingegen
öffnet sich und die im Cylinder befindliche Luftmasse
strömt durch die Leitungsröhre in den Ofen.

Weil die Maschine zwey Wassergefäße und zwey
Luftcylinder hat, so sind auch zwey Waagbäume nöthig.
Aber eine und dieselbe Wasserrad-Welle (Daumenwelle)
kann das Heben der Zugstangen verrichten. Es ist auch
nicht nöthig, zwey Leitungsröhren abgesondert bis an
den Ofen zu führen. Beyde Leitungsröhren brauchen nur
auf eine geringe Länge abgesondert fortgeführt und dann
in einem gemeinschaftlich fortgehenden Conduktor vereinigt zu werden; auf ähnliche Art, wie die zu mehreren Stiefeln gehörige gemeinschaftliche Steigröhre bey
einem Druckwerke.

§. 220.

Einen ganz gleichförmigen ununterbrochenen Luftstrom gewährt dieses Gebläse noch nicht. Erst durch
einen Windkessel, mit welchem beyde Leitröhren verbunden sind, bewirkt man diese Gleichförmigkeit. Wie bey
den Feuerspritzen die Knieröhren, so müssen dann die
Leitungsröhren nahe vor dem Windkessel mit Ventilen
versehen seyn, welche sich gegen den Windkessel hin
öffnen. Aus dem Windkessel geht ein gemeinschaftlicher
Conduktor bis in den Ofen.

Will man der Luft in dem Windkessel eine ganz
unveränderliche Dichtigkeit und Elasticität verschaffen,
so führt man aus dem Windkessel eine luftdichte ohngefähr 100 Fuß lange Röhrenleitung (etwa 10 bis 12
Zoll weit) mit einem Gefälle von etwa 3 Fuß abwärts
in eine Cisterne, die so hoch mit Wasser gefüllt ist,
daß das Wasser in der Röhrenleitung bis an den Boden des Windkessels steht. Die Cisterne muß aber wenigstens 100 Quadratfuß Oberfläche besitzen, und das

Knie oder lothrechte Stück der Röhrenleitung darf nur
3 bis 4 Zoll hoch seyn. Wird nun die Cisterne mit
Wasser gefüllt, wenn der Windkessel nur noch Luft von
gewöhnlicher Dichtigkeit enthält, so muß die Luft im
Windkessel während des Ganges der Maschine in un-
veränderlicher Dichtigkeit erhalten werden. Wenn nämlich die Dichtigkeit der Luft im Windkessel beym Niedergange eines Lufticylinders zunimmt, so weicht in demselben Augenblicke das Wasser unter dem Boden des
Windkessels längs den Röhren hinab und steigt in die
Cisterne. Nimmt im Gegentheil die Dichtigkeit der
Luft im Windkessel in gewissen Augenblicken wieder ab,
so tritt das Wasser aus der Cisterne wieder weiter in
die Röhrenleitung herunter und sucht seinen vorigen Raum
wieder auszufüllen. Dadurch wird die Luft des Windkessels wieder in einen engern Raum gebracht, folglich
ihrer Verdünnung entgegengearbeitet. — Je weiter die
Röhrenleitung ist, desto besser wird dieser Zweck erreicht.
Nur muß der Durchmesser der Cisterne immer wenigstens 14mal so groß genommen werden, als der Durchmesser der Röhrenleitung.

Es giebt bey den englischen Eisenhütten Cylindergebläse,
wo ein einziger Cylinder von 9 Fuß Durchmesser und 9 Fuß
Kolbenzug, durch eine Dampfmaschine in Bewegung gesetzt,
drey Oefen mit Luft versorgt. (§. 222. Anmerk.) In Frankreich wurden sie auch schon seit geraumer Zeit eingeführt.
In Deutschland stand dieser Einführung besonders die
Schwierigkeit im Wege, daß sie, weil alle Theile von gegossenem Eisen verfertigt und die Cylinder genau ausgebohrt
seyn müssen, sehr kostspielig sind.

§. 221.

Einfacher, wohlfeiler und doch wenigstens eben so wirksam als das englische Cylindergebläse ist das Baa= dersche Gebläse, dessen Trefflichkeit man bald auf Baierschen, Preußischen und Sächsischen Hütten aner= kannte, auf jeden Fall. Man denke sich zu noch meh= rerer Deutlichkeit ein cylindrisches oder sonst beliebig gestaltetes aufrecht stehendes, oben ganz offenes Gefäß (von Kupfer oder Eisen), in dessen Boden zwey ziem= lich weite Röhren senkrecht befestigt sind. Beyde ge= hen in das Gefäß hinein und reichen gleich hoch etwas bis über die Mitte desselben. Jede dieser Röhren ist oben mit einem Ventile versehen, wovon das eine sich aufwärts, das andere sich niederwärts öffnet. Ich will jenes Ventil das erste und seine Röhre die erste Röhre; dieses das zweyte Ventil und seine Röhre die zweyte Röhre nennen. Die erste Röhre ist unten ganz offen und endigt sich gleich außen an dem Boden; die andere aber geht unten durch den Boden hervor und steht mit einer dritten gebogenen Röhre in Verbindung, die am Ende mit einer kleinen kreisrunden Oeffnung (der Ausflußmündung oder Diesenmündung) versehen ist. Durch diese Oeffnung strömt die Luft aus. Das Ge= fäß wird so weit mit Wasser gefüllt, daß die beyden Röhren noch einige Zoll über der Oberfläche derselben hervorstehen. Uebrigens muß das Gefäß eine feste Stel= lung haben und die äußere Luft muß freyen Zutritt zu der ersten Röhre finden, die mit dem aufwärts gehen= den Ventile versehen ist.

Ein zweytes kupfernes oder eisernes Gefäß, dem erstern ähnlich und auch eben so hoch, aber von etwas

19 *

kleinerem Durchmesser, oben und unten offen, hat in der Mitte eine dichte Scheidewand (einen Deckel oder Boden), in deren Mitte eine eiserne Stange senkrecht befestigt ist. Dies zweyte Gefäß wird in das erste so gestellt, daß es mit demselben einerley Achse hat und zwischen beyden noch ein Spielraum übrig bleibt.

§. 222.

Wenn man nun in der Richtung der Achse jener Gefäße das zweyte Gefäß mittelst der eisernen Stange so weit in die Höhe zieht, daß sein unterster Rand nahe an die Oberfläche des Wassers reicht, so dringt die Luft durch das erste Rohr ein, stößt das erste Ventil auf, welches oben an diesem Rohre angebracht ist, und füllt den ganzen Raum zwischen des Wassers Oberfläche und des zweyten Gefäßes Boden aus. Da das Ventil leicht und die Röhre hinlänglich weit seyn soll, so ist dieser Hubraum, bey nicht zu schneller Bewegung, am Ende des Zuges mit Luft angefüllt, welche gleiche Dichtigkeit mit der äußern hat. Daher bleibt auch während dieser aufwärts gehenden Bewegung das Wasser innerhalb des zweyten Gefäßes eben so hoch, als außerhalb desselben in dem Raume zwischen der äußern Seite des zweyten Gefäßes und der innern Seite des ersten. Dieser Stand verändert sich aber, wenn das zweyte Gefäß niedergeht, weil die Dichtigkeit der eingeschlossenen Luft im Anfange dieses Niederganges zunimmt. Nämlich das zweyte Ventil soll sich zwar leicht und gleich zu Anfange des Niedersteigens öffnen lassen; die Luft tritt aber in das zweyte Rohr und entweicht durch die enge Ausflußmündung. Aus letzterer Ursache kann sie nicht gleich so schnell entweichen, als sie eintritt; vorausgesetzt, daß das Ventil sich gleich anfangs hinreichend weit öffnet. Bald wird sich nun die Luft in dem zweyten Rohre anhäufen und sowohl in demselben, als in dem Hubraume sich verdichten. Alsdann drückt sie stärker auf die innere Wasserfläche, als von außen her auf die zwischen den Wänden befindliche Wasserfläche gedrückt wird. Daher muß das Wasser in diesem Zwischenraume steigen, innerhalb des niedergehenden Gefäßes aber sinken, folglich muß die Luft aus der engen Ausflußmündung mit beschleunigter Bewegung ausströmen.

Dies Alles geht so fort, bis die Dichtigkeit der noch eingeschlossenen Luftmasse so groß geworden ist, daß sie vermöge ihrer Elasticität derjenigen Kraft das Gleichgewicht hält, welche das Gefäß niedertreibt. Das in dem oben erwähnten Zwischenraume emporgestiegene Wasser wird dann eine Höhe erreicht haben, die der Höhe gleich ist, welche der eben genannten Kraft zugehört. Von diesem Augenblicke an strömt die Luft mit gleichförmiger Geschwindigkeit aus und auch das zweyte Gefäß geht mit gleichförmiger Geschwindigkeit nieder. — So bleibt die Bewegung und jener Wasserstand bis zu Ende des Hubes, bis nämlich der Deckel des zweyten Gefäßes die obere Mündung der ersten und zweyten Röhre berührt. Zwey solche Maschinen, die nach Art der Bälge wechselsweise spielen, gehören nun freylich dazu, wenn der Luftstrom recht ununterbrochen seyn soll.

Bey den stärksten englischen Cylindergebläse ist, nach Baaders Erfahrungen, die Dichtigkeit der zusammengedrückt

ten Luft im Beharrungszustande nicht größer als 1,156,
wenn man die natürliche Dichtigkeit der Atmosphäre = 1
setzt. Bey den gewöhnlichen deutschen Bälgen ist sie aber
kaum 1,065. Die größte Höhe der Wassersäule, welche der
Dichtigkeit der Luft entspricht, ist also bey jenem Cylindergebläse 5 Fuß, bey dem gewöhnlichen deutschen Gebläse
2 Fuß. Herr Baader nimmt daher bey jenem die Geschwindigkeit der ausströmenden Luft zu 480 Fuß in der
Sekunde, bey diesem höchstens zu 300 Fuß an. In England
rechnet man für einen hohen Ofen von mittlerer Größe gewöhnlich 1600 bis 2000 Kubikfuß Luft in der Minute. Die
in 24 Stunden von einem solchen Ofen verbrauchte Luftmenge würde demnach über 2000 Centner betragen. In
Deutschland geben zwey ordinäre Bälge von der größten Art
bey vollem Aufschlagwasser höchstens 900 Kubikfuß in der
Minute mit einer weit geringern Geschwindigkeit.

§. 225.

Mit der Bewegung des Cylindergebläses vermöge
einer Dampfmaschine (die etwa die Kraft von 50 Pferden haben kann) hat es folgende Bewandniß.

Das eine Ende des Dampfmaschinen-Waagbaums
enthält ⎯n den Windcylinder hineinhängende Kolbenstange, ⎯t demselben Ende ist noch ein anderer großer
Cylinde⎯ verbunden, von dessen Ende die Kolbenstange
des zweyten oder Blase-Cylinders herabhängt. Steigt
nun der Kolben des Dampfcylinders (oder des größen
Cylinders in der Dampfmaschine) aufwärts, so sinkt
das andere Ende des Waagbaums, folglich auch der
vorhin genannte zweyte Hebel sammt den Kolbenstangen
des ersten Windcylinders und des Blasecylinders. Der
Kolben des Windcylinders geht nahe bis an seinen untern Rand hinab und der innere Raum dieses Cylinders

füllt sich während dieser Bewegung mit Luft von der gewöhnlichen Dichtigkeit, welche von Außen durch die einwärts sich öffnenden Ventile eindringt. Wird der Kolben des Dampfcylinders durch den Dampf niedergedrückt, so steigen jene Kolben der Windcylinder in die Höhe und die in dem ersten Windcylinder eingeschlossene Luft, welche durch die nun geschlossenen Ventile unten nicht zurücktreten kann, muß jetzt oben ein Ventil aufstoßen, durch welches die Luft des ersten Cylinders in den zweyten oder Blase-Cylinder überströmt.

Aber die aus dem ersten tiefer liegenden Windcylinder eindringende Luftmenge kann durch die mit ihm verbundene und mit einem engen Blasrohr versehene Windleitung nicht schnell genug ausströmen. Daher nimmt der Grad ihrer Verdichtung mit jedem Augenblicke zu, bis sie das Uebergewicht über die Last des beschwerten Blasecylinder-Kolbens erhält. Dieser wird also durch die unter ihm angehäufte Luft allmählig geschoben und steigt von seinem tiefsten Stande in den Blasecylinder hinauf. Dieses Steigen des Kolbens dauert auch so lange fort, als der Kolben in dem Windcylinder aufwärts gezogen wird. So wie aber dieser Kolben seinen Rückzug beginnt, und nach geschlossenem obern Ventile das Einströmen der Luft in den Blasecylinder aufhört, so fängt jener Kolben vermöge seines eignen Gewichts zu sinken an und drückt die unter ihm befindliche Luft durch die Windleitung aus, während der andere Kolben bey seinem Niedergange eine neue Luftmenge einschöpft; u. s. f. — So kann also durch dieses Spiel die Luft aus der kleinen Oeffnung der Düse ununterbrochen ausströmen.

Eigne Gebläse haben Hiemcke, Muschel, Hornblower u. A. erfunden. Auch giebt es verschiedene Arten von
Blasemaschinen zu kleinerem Gebrauch, zum Löthen,
zum Glasblasen, zum Schmelzen geringerer Quantitäten oft
höchst strengflüssiger Körper, wie z. B. Tilleys, Powells
und Clarkes Gebläse, Newmans Knallgasgebläse,
u. d. gl. m.

Außer Calvörs und Canzrins Werken, meiner Encyclopädie d. Maschinenwesens (Neue Aufl. 1820. Th. I.
Art. Balg, Blasemaschinen und Cylindergebläse)
führe ich hier noch an:

Schröders gründlicher Unterricht von Hüttenwerken.
Braunschweig 1738. Fol. S. 51 f.

Gellerts Versuche, das in Dünste aufgelöste Wasser
beym Schmelzen, statt der Blasegebläge, anzuwenden; in
A. W. Köhlers Bergmännischem Journal. Freyberg 1789.
2. Bd. I. S. 93 f.

Garney, über die hohen Oefen, a. d. Schwed. von
J. G. L. Blumhof, 2 Theile. Freyberg 1800. 1801. 8.

J. G. L. Blumhof und C. H. Stünkel, über die
rechte Construction der Wellfüße oder Kämpe, zu einem
gleichförmigen Gebläse, besonders bey Hohöfen und Frisch-
heerden, nach Rinman, Clvius 2c. Leipzig 1804. 4.

J. Baader, Beschreibung eines neu erfundenen Gebläses. Göttingen 1794. 4.

Desselben Theorie des englischen Cylindergebläses in
den Neuen philosophischen Abhandlungen der Baierschen Akademie Bd. VII München 1797. 8. S. 321 f.

Desselben Beschreibung und Theorie des englischen Cylindergebläses, nebst einigen Vorschlägen zur Verbesserung
dieser Maschinen. München 1805. 4.

W. Nicholson, Journal of natural philosophy &c.
Vol. I. London 1802. 8. S. 219 f. Hornblowers Auf-
satzgebläse.

Anton Ritter von Stahlberg, praktische Darstellung des Wassergebläses zum großen Vortheil des Eisenhüttenbetriebs. Prag 1806. 4.

A. H. Hiemcke, Beschreibung einer neuen Art Gebläse ꝛc. Altona 1807. 8.

L. Jordan und T. B. Hasse, Magazin für Eisenberg- und Hüttenkunde. Jahrg. I. Heft 1. Schöningen 1807. 8. Ueber die Schätzung der treibenden Kraft und die Geschwindigkeit des aus dem Gebläse strömenden Windes.

Repertory of Arts, Manufactures etc., March. 1816. 8. S. 198 f. John Streets improvements in the method of making bellows.

J. G. L. Blumhof, Encyclopädie der Eisenhüttenkunde. Bd. II. Gießen 1817. 8. S. 236 f.; 259 f.

Siebenter Abschnitt.
Die Maschinen zum Zermahlen, oder die Mahlmühlen.

§. 224.

Unter denjenigen Maschinen oder Mühlen, womit man Körper, namentlich harte Körper, zermahlt, nehmen die Mehlmühlen, d. h. diejenigen Mühlen, worauf man das Getraide zerreibt oder zerreißt und das Mehl von den hülsigten Theilen trennt, den ersten Rang ein. Denselben Mechanismus, welchen die Mehlmühlen besitzen, dieselben Haupttheile und dieselbe Art, wie diese in Aktivität gebracht werden, sieht man auch bey den meisten übrigen Mahlmühlen, z. B. bey den Gypsmühlen, Trasmühlen, Farbemühlen, Pudermühlen, Porcellanmühlen ꝛc. angewandt.

Der Haupttheil der Mehlmühlen, und auch der meisten übrigen Mahlmühlen, ist immer ein cylin-

drischer Stein, der schnell um seine Achse läuft, und mit
seiner Basis über einem andern fest liegenden Steine
das Zermahlen derjenigen Substanzen verrichtet, die
zwischen die Flächen jener Steine gebracht werden.
Einige andere Mahlmühlen haben statt solcher umlaufenden Steine, umlaufende Walzen, die mit ihrer,
meistens rauh gehauenen oder gereiften krummen Seitenfläche, oder auch umlaufende Kegel, welche ebenfalls
mit ihrer in einer Höhlung laufenden Seitenfläche das
Zermahlen verrichten, wie z. B. manche Stärkemühlen,
Lohmühlen, Malzmühlen, Gewürzmühlen, Kaffee-
mühlen ꝛc.

Unter Mühle überhaupt versteht man jede mit einem Räderwerk versehene Maschine, wadurch gewisse Naturprodukte
zum Vortheil der menschlichen Gesellschaft (hauptsächlich mit
Ersparniß von Kraft und Zeit) veredelt werden.

I.

Die Mehlmühlen im Allgemeinen.

§. 225.

Nach der bewegenden Kraft, welche die Mehlmühle
treibt, giebt es Handmühlen; Thiermühlen,
hauptsächlich Roßmühlen; Wassermühlen; Windmühlen, und Dampfmühlen. Die Handmühlen
setzt der Mensch mit Hülfe einer Kurbel in Bewegung.
Die Thiermühle wird von Thieren, gewöhnlich von
Pferden oder Ochsen getrieben; Pferde drehen dann
meistens einen vertikalen Wellbaum um, womit das
Mahlwerk verbunden ist; Ochsen aber treten ein Rad.
Die Wassermühle kommt durch Wasserräder, die

Windmühle durch Windflügel in Thätigkeit. Die Dampfmühle aber wird durch eine Dampfmaschine in Bewegung gesetzt. Bey allen diesen verschiedenen Arten von Mühlen hat das Triebwerk, wodurch ein Mühlstein zum Zermalmen des Getraides über einem andern festliegenden Steine in schnelle Umdrehung kommt, in der Hauptsache immer einerley Einrichtung.

An einem horizontal liegenden Wellbaume *A*, Fig. 2. Taf. V., woran die bewegende Kraft (z. B. die Hand des Menschen mittelst einer daselbst angebrachten Kurbel, oder ein Tretrad, oder ein Wasserrad ꝛc.) wirkt, befindet sich ein Kammrad *B*, welches ein stehendes Getriebe *C* umtreibt. Die Welle dieses Getriebes verläuft sich in ein starkes Eisen, das Mühleisen, worauf der obere Mühlstein befestigt ist. In der Mitte des obern Mühlsteins, des sogenannten Läufers *aa* ist nämlich ein starkes Eisen, die Haue, eingelassen. In diesem Eisen befindet sich eine vierecklichte pyramidenförmige Oeffnung, welche das gleichfalls vierecklichte pyramidenförmige Ende des Mühleisens aufnimmt. Das Mühleisen durchbohrt die mit einer hölzernen Büchse versehene Mitte des festliegenden Mühlsteins oder Bodensteins *bb*. Die Büchse dieses Steins hat nur so viel Spielraum, daß dadurch die Umdrehung des Mühleisens nicht gehindert wird. So schwebt beym Umlauf des Getriebes *C* der Läufer *aa* über dem Bodensteine *bb*, ohne daß ihre beyden Flächen, die das Zermalmen des Getreides verrichten sollen, einander berühren.

§. 226.

Durch die Mitte des Läufers *aa* geht eine geräumige cylindrische Oeffnung, das Läuferauge, durch welches als Stelle das Getreide von dem richtigen Vorrathe empfangen. Dieser Rumpf, zwischen einem gewöhnlich schrägen Gestelle, der Rumpfleiter, ist unten schräg abgeschnitten, hat keinen festen Boden, sondern statt dessen schwebt unter seiner Oeffnung ein beweglicher Boden, der Schuh h. Der Rand desselben ist mit Leisten eingefaßt, und so umgiebt er den untern offnen Theil des Rumpfes. Nur eine einzige Oeffnung hat der Schuh bey k, welche nach dem Läuferauge hingerichtet ist, damit dieses aus derselben das Getreide empfangen könne. Der Schuh hängt mittelst Stricken gleichfalls an der Rumpfleiter. Der eine Strick ist gewöhnlich mit einer kleinen Winde gebunden, um ihn verkürzen oder verlängern zu können, je nachdem das Loch des Schuhes mehr oder weniger (durch den untern Rand des Rumpfes) verkleinert werden soll. Er hat man auch in der Gewalt, weniger oder mehr Getraide in das Läuferauge hineinlaufen zu lassen.

Der Schuh muß aber gerüttelt werden, wenn das Getraide in dem Rumpfe ordentlich auslaufen soll. Deswegen geht ein elastischer Stecken k, der Rührnagel von dem Schuhe, aus in das Läuferauge hinein. In dem Läuferauge ist aber ein eiserner Ring mit Zacken oder Staffeln, der Warzenring, Staffelring befestigt. Gegen die Staffeln dieses Ringes klemmt sich der Rührnagel. Wenn also nun der Läufer aa umläuft, so fällt der Rührnagel beständig von einer Staffel des Warzenringes auf die andere. Dadurch erhält er eine anhaltend rüttelnde Bewegung, welche sich dem Schuhe mittheilt.

§. 227.

Beyde Mühlſteine, der Läufer *aa* und der Bodenſtein *bb*, haben eine cylindriſche, faßähnliche Umgebung, den Lauft oder die Zarge, welche beſtimmt iſt, das zermalmte Getraide beyſammenzuhalten und es blos zu einer einzigen Oeffnung bey *k*, dem Mehlloche, herauszulaſſen. Hier fängt der Mehlbeutel *cc* (gewöhnlich aus einem eignen porbſen wollenen Zeuge), der ſchräg durch den Mehlkaſten bis zu einer Oeffnung in der vordern Wand dieſes Kaſtens ausgeſpannt iſt, das zerriſſene Getraide auf, um es zu beuteln, d. h. das Mehl durch die Poren des Beutels in den Kaſten zu ſtäuben, die Kleye aber aus dem Sacke heraus in einen zweyten Kaſten, den Kleyenkaſten zu ſchütten.

Eine mechaniſche Vorrichtung, das Beutelwerk, ſchüttelt daher den Beutel beſtändig. An dem Getriebe C ſind nämlich unten drey kurze eiſerne Stäbe oder Zacken befeſtigt, an welchen ſich ein Hebel *e* lehnt, der mit einem in einer kleinen Welle *d* (der Beutelwelle) ſteckenden Arme verbunden iſt. Dieſelbe Welle enthält noch einen andern Arm *f*, der nach dem Beutel hingeht und an demſelben ſeine Befeſtigung hat. Mit dem Hebel *e* iſt zugleich ein ſtraff geſpannter Strick (gleichſam als elaſtiſche Feder) verbunden. Dreht ſich nun das Getriebe C ſchnell um, wenn die bewegende Kraft die Welle A und das Kammrad B in Umtrieb ſetzt, ſo ſtoßen die Zacken unter dem Getriebe beſtändig an den Hebel *e*, und biegen ihn. Eben ſo ſchnell ſpringt derſelbe aber vermöge der Federkraft Strick wieder in ſeine vorige Lage. Dieſe ſtete Hin und Herbewegung des Hebels *e* theilt ſich der Beutelwelle und durch

diese auch dem Arme *f* und dem Beutel *ee* mit, der
nun beständig geschüttelt wird.

Das Zapfenlager für den untern Zapfen des Getriebes *C*
befindet sich in einem beweglichen Stege oder in der sogenannten Tragebank, welche mittelst einer Schraube höher
und niedriger geschraubt werden kann. Rückt dadurch das
Getriebe höher hinauf, so kommt natürlich die untere Fläche
des Läufers etwas weiter von der obern Fläche des Bodensteins hinweg. Alsdann drückt der Läufer weniger stark auf
das Getraide und zerreißt es daher gröblicher. Ueberhaupt
sollte das Zermahlen des Getraides immer nur ein Zerschneiden seyn; ein eigentliches Zerdrücken keineswegs. Dies
Zerschneiden verrichten die scharfen Ecken und Kanten der
Theilchen des Steins. Deswegen wählt man auch zu den
Mühlsteinen möglichst harte und poröse Steine, um recht
viele scharfe schneidende Ecken und Kanten zu haben. —
Das Mehl ist immer desto besser, je geringer der Druck des
Läufers auf das zu zermalmende Getraide war.

§. 228.

Durch das bloße Kammrad und Getriebe (wie
bey Fig. 2.) kann nur ein einziger Läufer umgedreht,
d. h. nur ein Mahlgang betrieben werden. Will
man aber (z. B. durch ein Wasserrad) zwey Mahlgänge (zwey Läufer) in Aktivität setzen, so muß man
ein Vorgelege anbringen, d. h. man muß mit
der Welle *A* ein zusammengesetzteres Räderwerk verbinden, wodurch zwey Mühlsteingetriebe *C* mit zwey
Mühleisen und zwey Läufern umgedreht werden. Dies
kann nun auf folgende Art geschehen.

Man giebt der Welle *A*, woran die bewegende
Kraft wirkt, statt des Kammrades *B*, ein Stirnrad.

Dieses Stirnrad greift an zwey gegenüber liegenden Stellen, die in einer und derselben durch die Achse der Welle gehenden horizontalen Linie sich befinden, in ein Paar Getriebe (wie man ein solches Getriebe sammt dem dazu gehörigen Räderwerk Fig. 8. Taf. II. sieht). Jede von den beyden horizontalen Wellen dieser Getriebe enthält ein Kammrad, welches in ein stehendes Getriebe greift; und jedes dieser stehenden Getriebe enthält ein Mühleisen mit dem Läufer und der übrigen Vorrichtung zum Mahlen.

Freylich gehört zur Betreibung solcher zwey Mahlgänge eine stärkere Kraft; es kommt also immer darauf an, ob z. B. ein Wasserrad (§. 110. f.) Aufschlagwasser genug hat, um den doppelten Widerstand, der durch zwey Mahlgänge entsteht, überwältigen zu können (§. 122.)

§. 229.

Kennt man den Widerstand des Getraides beym Zermahlen und hat man durch Erfahrung die vortheilhafteste Geschwindigkeit der Last gefunden, so läßt sich darnach die Mühle einrichten und ihr Effekt bestimmen. Belidor setzt jenen Widerstand des Getraides $\frac{1}{4}$ des Läufergewichts gleich, und nimmt dabey an, der gesammte Widerstand sey in einer Entfernung von $\frac{2}{3}$ des Läufer-Halbmessers von der Achse des Läufers vereinigt.

Setzt man dafür den allgemeinen Ausdruck $\frac{1}{n} P$, wo P das Gewicht des Läufers bedeutet; setzt man ferner die Geschwindigkeit am Umfange des Wasserrades $= C$, die Geschwindigkeit der Last $= c$, die Kraft $= V$, das auf den Umfang des Wasserrades reducirte an den verschiedenen Theilen der Maschine haftende Hinderniß der Bewegung (vorzüglich die Reibung) $= F$, so ist

$$(V - F)C = \frac{1}{n}P.c; \text{ folglich}$$

$$\frac{1}{n}P = \frac{(V - F)C}{c}.$$

Sind nun die Größen V, F, C und c gegeben, so findet man durch jene Gleichung $\frac{1}{n}P$, folglich aus dem bekannten Coefficienten $\frac{1}{n}$ auch P, oder das Gewicht des Läufers.

Will man aus dem Gewicht des Läufers seine Dimensionen bestimmen, so muß man folgendes beden= ken. Hohe Läufer von kleinerm Durchmesser sind im= mer vortheilhafter als niedrige Läufer von großem Durchmesser. Ein Läufer von großem Durchmesser nutzt sich nicht blos schneller ab (wegen der vielen Be= rührungspunkte seiner großen Fläche), sondern bey ihm sind auch die Geschwindigkeiten der einzelnen Punkte der Grundfläche sehr ungleich, weshalb sie kein so gu= tes Mehl liefern können. Wird nämlich das Mehl zu sehr erhitzt (von denjenigen Theilen des Läufers, die bey der Umbrehung desselben so große Kreise beschrei= ben), so wird es klebrig. Gar zu klein dürfen die Durchmesser der Steine aber auch nicht seyn, weil sich sonst das Getraide zu kurze Zeit zwischen ihnen aufhält.

Die besten deutschen Mühlsteine haben 3 bis 5 Fuß im Durchmesser und 10 bis 24 Zoll Höhe. Die französischen hingegen haben 5 bis 7 Fuß im Durchmesser und 18 Zoll Höhe. Die Zahl der Umdrehungen eines Läufers von 3 Pa= riser Fuß fällt am besten zwischen 190 und 209 in einer Minute, eines solchen von 4 Fuß zwischen 112 und 132, eines von 6 Fuß zwischen 75 und 90.

§. 230.

Aus der Geschwindigkeit der Kraft (z. B. des Wasserrades) und der Geschwindigkeit des Läufers ergiebt sich
die Einrichtung des Räderwerks der Mühle (nach §. 72.).
Braucht z. B. das Wasserrad 2 Sekunden zu einem
Umgange und soll der Läufer in einer Sekunde 2 mal
umlaufen, so macht der Läufer 4 Umdrehungen während einem Umgange des Wasserrades. Diese Anzahl
Umdrehungen des Läufers kommen nun heraus, wenn
man dem Getriebe C Fig. 2. Taf. V. etwa 16 Triebstöcke und dem Kammrade B 64 Zähne giebt; denn
$\frac{64}{16} = 4$. (Man hätte auch dem Getriebe 12 Triebstöcke
und dem Kammrade 48 Zähne geben können; u, s. w.).
Aus der Zahl der Zähne des Rades und der Triebstöcke
des Getriebes ist nun auch das Verhältniß der Größe
des Rad-Durchmessers zu der Größe des Getriebe-
Durchmessers bekannt (§. 71.).

Ist die Größe des Kammrades gegeben, so zieht
man mit dem Halbmesser des Rades oder seines Theilrisses (welcher auf die Mitte des Kranzes kommt) einen
Kreis, theilt denselben in so viele gleiche Theile, als
das Rad Zähne erhalten soll; einen solchen Theil
theilt man in 7 gleiche Theile und nimmt 3 Theile
davon für die Dicke der Zähne, 4 für die Zwischenräume. — Mit der Weite und Dicke der Triebstöcke der
Getriebe macht man es eben so.

Uebrigens berücksichtigt man bey der Bildung der Zähne
das, was §. 73. hauptsächlich in der Anmerkung desselben,
bemerkt worden ist. — Das Verhältniß der Stärke einzelner
Theile der Mühle aber entlehnt man am sichersten von solchen fertigen Mühlen, deren Effekt in der Erfahrung als
sehr bewährt befunden worden ist.

20

II.
Die Wassermühlen.

§. 231.

Die Wassermühlen oder die Mühlen mit Wasserrädern (§. 110 = 122,) sind die besten unter allen, weil das Wasser immer mit gleicher Stärke wirkt, wenn alle dazu nöthigen Vorkehrungen mit Einsicht getroffen worden sind. Hat die Mühle ein oberschlächtiges Wasserrad, so ist sie eine oberschlächtige Mühle; hat sie unterschlächtige Räder, so ist sie eine unterschlächtige. Letztere kann nach der Verschiedenheit der unterschlächtigen Räder eine Straubmühle, eine Stabermühle, eine Panstermühle oder eine Schiffmühle seyn.

Da in kleinen Flüssen die Gewalt des Wassers nicht hinreichend seyn würde, ein unterschlächtiges Wasserrad umzudrehen, so vermehrt man die Gewalt durch ein stärkeres (künstliches) Gefälle. Man sucht nämlich das Wasser erst durch Stauchen und Dämmen zum Steigen zu bringen, damit es von einer größern Höhe auf die Wasserräder herabschieße. In dieser Absicht wird das Grundwerk quer über den Fluß, von einem Ufer bis zum andern gebaut. Der Heerd dieses Grundwerks ist es eigentlich, welcher das Wasser aufhält und zum Steigen bringt. Dieser Heerd besteht nämlich aus sehr starken Pfählen, die quer über den Strom, 4 Ellen weit von einander, eingeschlagen werden. Auf diesen Pfählen ruht, gleichfalls quer über den Fluß hinüber, der Fachbaum, ein sehr starker viereckiger Baum, welcher für das gestauchte Wasser die höchste Fläche bezeichnet und über welchen das Wasser in das künstliche Gerinne schießt. Der Fachbaum darf nach der Wasserwaage nur einen Zoll höher gelegt werden, als der vor dem Fachbaume in einer Entfernung von etlichen Schuhen eingeschlagene und durch feste Riegel in dem Boden verwahrte Mahlpfahl, Sicherpfahl oder Aichpfahl. Man nennt jenen Zoll den Zehrzoll, Nährzoll oder Erbzoll und gründet diese Maaßregel darauf, daß der Fachbaum von dem darüber fließenden Wasser, von den Eisschollen u. d. gl. auf der obern Fläche nach und nach etwas abgenutzt wird, folglich die Höhe des gestauchten Wassers sich dadurch allmählich vermindert. Die genaue Bestimmung der Höhe des Fachbaums ist aber durchaus nöthig, weil an einem Flusse doch gewöhnlich mehr Mühlen liegen. Legte ihn der eine Müller für sein Interesse zu hoch, so würde der Obermüller zu viel, der Untermüller zu wenig Wasser haben; beyde würden also dadurch in Noth kommen; die Räder des Obermüllers würden zu tief im Wasser gehen (würden ersaufen), die Räder des Untermüllers würden nicht ordentlich in das Wasser eintauchen, folglich beyder Räder entweder gar nicht oder doch nicht ordentlich umlaufen können. Daher wird das Legen des Fachbaums und das Schlagen des Sicherpfahls immer in Beyseyn von Wasserbauverständigen, von obrigkeitlichen Personen und von Zeugen verrichtet.

Vor dem Sicherpfahle sind vier Reihen andere Pfähle eingeschlagen, wovon die erste Reihe 9 Zoll tiefer steht, als der Sicherpfahl, die zweyte eben so viel tiefer als die erste, u. s. f. bis zur vierten Reihe. Die

20 *

Zwischenräume zwischen allen Pfählen sind durch Bohlen, durch eingeschlossenen und festgestampften Thon
u. d. gl. möglichst dicht ausgefüllt, damit kein Unter-
waschen des Grundes statt finden könne. Zwischen die
Pfähle, worauf der Fachbaum liegt, sind noch andere
Pfähle eingerammt, über welchen die Schwellen oder
Jochstücke ruhen. Diese befestigen den Fachbaum so,
daß er dem Drücke des gegen ihn pressenden Wassers
gehörig widerstehen kann. Noch eine besondere Reihe
dicht an einander gesetzter Pfähle befindet sich vor dem
Fachbaume. Diese Reihe erstreckt sich bis an die Ufer
des Flusses.

§. 232.

Der über den Fachbaum fließenden Wassermasse
muß nun ein bestimmter Weg in das Gerinne und nach
den Wasserrädern hin angewiesen werden. Dazu dient
das Grießwerk. Zwey auf dem Fachbaume in einer bestimmten Entfernung aufgerichtete Pfosten, die
Grießsäulen, sind an ihren innern gegen einander
gekehrten Seitenflächen ihrer ganzen Höhe nach einge-
schnitten, so daß die Einschnitte Falzen (oder Ruthen)
bilden, in welchen sich die Schütze oder das Schütz-
bret mittelst Hebestangen oder mittelst Ketten, die um
einen kleinen Haspel gehen, auf- und niederbewegen
läßt. Durch die Oeffnung der emporgehobenen Schütze
strömt das Wasser in das Mahlgerinne und gegen
die Schaufeln des Rades.

Das Mahlgerinne ist entweder ein geradeaus gehender oder ein gekröpfter (nach der Krümmung des
Rades gebogener) aus Bohlen wasserdicht zusammen-

gesetzter hölzerner Kanal, dessen Tiefe und Breite die
Höhe und Breite der Schaufeln des Wasserrades nur
um wenige Zoll übertrifft. Die Entfernung der Grieß=
säulen von einander richtet sich nach der Weite dieses
Gerinnes. Man befestigt das Gerinne auf eingerammte
Pfähle und darüber gelegte Schwellen. Neben dem
Mahlgerinne ist noch ein zweytes, gleichfalls durch eine
Schütze verschließbares Gerinne, das wüste Gerinne
oder der Freylauf. Dieses Gerinne ist verschlossen,
so lange die Wasserräder umlaufen. Soll die Mühle
aber still stehen, folglich das Mahlgerinne verschlossen
werden, so öffnet man das wüste Gerinne, um die
Wasser neben den Rädern hin abzuführen.

§. 233.

Solche Mühlen, die an der ihnen einmal angewie=
senen Stelle unverrückt stehen bleiben, nennt man Pfahl=
mühlen. Bey den Panstermühlen läßt sich das
Wasserrad sammt Welle und Kammrad mittelst einer
Winde höher heben und tiefer herablassen, je nachdem
das Wasser sich hinter dem Rade zu viel anhäuft oder
zu sehr abnimmt. Das Lager der Wellzapfen ist näm=
lich auf und nieder bewegbar, indem es zwischen Ru=
then oder Falzen mittelst einer von der Winde getrie=
benen Kette auf und nieder gezogen werden kann.

Die Schiffmühle, auf großen Strömen ange=
wandt, die sich durch keinen Grundbau stauchen lassen,
ruht gewöhnlich auf zwey durch Ketten, Taue und
Anker mit dem Ufer verbundenen Schiffen, dem Haus=
schiffe und dem Wellschiffe. Das Hausschiff trägt
das ganze Mühlwerk. Auf dem (schmälern) Wellschiffe

ruht blos der eine Wellzapfen des Wasserrades. Beyde
durch starke Balken vereinigte Schiffe haben zwischen
sich einen Raum, worin sich das Wasserrad (das Schiff-
mühlenrad, §. 117.) umdreht. Da das Schiffmühlen-
rad langsam umläuft, indem das Wasser des Stroms
blos vermöge seiner natürlichen Geschwindigkeit darauf
wirkt, so muß die Schiffmühle immer ein tüchtiges
Vorgelege (§. 228.) haben, um dem Läufer die erforderliche Geschwindigkeit zu geben.

III.
Die Windmühlen.

§. 234.

Soll die Mühle eine Windmühle seyn, d. h.
eine solche, welche vom Winde in Bewegung gesetzt
wird, so muß der von der bewegenden Kraft umge-
drehte Hauptwellbaum vier Windflügel, d. h. vier
große vom Winde getroffene Flügel enthalten, die der
bewegenden Kraft auf die erforderliche Weise nachgeben und den Wellbaum kräftig genug um seine Achse
wälzen. Jeder Flügel ist 30 bis 40 Fuß lang und verhältnißmäßig breit; denn die Größe der zu treffenden
Fläche muß das ersetzen, was der bewegenden Luft an
Dichtigkeit abgeht.

Die 2 Fuß dicke, 24 Fuß lange Flügelwelle
hat da, wo sie zu dem Gebäude der Mühle herausragt,
einen dickern Theil, den Kopf, durch welchen vier,
30 bis 40 Fuß lange, 14 Zoll breite und 8 Zoll dicke
Stangen, die sogenannten Windruthen, rechtwinklicht übers Kreuz eingesteckt sind. Nach den Enden hin

laufen diese Stangen etwas verjüngt zu. Senkrecht
durch jede Windruthe sind Querhölzer oder Sprossen
in einerley Ebene so befestigt, daß sie zusammen ein
Gerippe in Gestalt eines Rechtecks bilden. Dieses
Gerippe wird mit starkem Segeltuch bezogen, auch wohl
mit Schilf durchflochten, bey kleinern Windflügeln bisweilen mit dünnen Bretchen beschlagen. Denkt man
sich jeden Flügel bis an die Flügelwelle verlängert, so
muß die Ebene jedes Flügels mit der Achse der Welle
einen spitzigen Winkel machen.

Wenn nun der Wind parallel mit der Well-Achse
gegen die Ebene der Flügel strömt, so wird der Stoß
des Windes gegen die Flügel in zwey Kräfte zerlegt,
wovon die eine senkrecht auf die Ebene der Flügel,
die andere parallel mit dieser Ebene ist (§. 16 f.). Aus
der ersten Kraft entsteht eine Umdrehung der Flügel in
einer Ebene, die senkrecht auf die Achse ist. Da die
Ebenen der Flügel auf zwey entgegengesetzten Seiten
der Welle zwar gleiche, aber entgegengesetzte Winkel
mit der Welle bilden, so heben sich die Stöße auf die
Flügel an den beyden Seiten der Welle nicht auf, sondern bewirken die Umdrehung der Flügel nach derjenigen Richtung hin, wo die Luftstrahlen am kräftigsten
auf die Fläche der Flügel wirken.

§. 235.

Die Welle des Wasserrades erstreckt sich ganz unten, die Welle der Windflügel ganz oben in das Gebäude der Mühle hinein. Dort pflanzte sich daher die
Bewegung von unten nach oben hin fort; hier muß sie
sich von oben nach unten hin fortpflanzen. Die Flügel-

welle enthält (wenn kein Vorlegewerk nöthig ist) das
Kammrad, dessen Zähne unten in das Getriebe greifen. Die vertikale Welle dieses Getriebes geht herun-
termärts und hält unter sich den Läufer mittelst der
Haue fest. Aber auch von unten ist der Läufer durch ein
kurzes auf einem Zapfen laufendes Mühleisen unterstützt, das mit wenigem Spielraum durch die Mitte
des Bodensteins geht. Die übrige Einrichtung des
Mühlwerks bleibt dieselbe, wie bey den Wassermühlen.
Der Läufer der Windmühlen ist nur größer, als der
Läufer der Wassermühlen, damit er um so vollkommener
die Stelle des Schwungrades (§. 75.) vertrete.
Dies ist deswegen nöthig, weil der Wind nicht immer
mit einerley Stärke, sondern ruckweise bläßt.

In den meisten Fällen hat die Windmühle ein Vorlegewerk nöthig, weil sich die Flügel nicht schnell genug
umdrehen. Die Flügelwelle enthält dann ein Stirnrad,
das herunterwärts in ein liegendes Getriebe greift.
Auf der Welle dieses Getriebes befindet sich das Kammrad, welches das stoßende Getriebe mit dem Mühleisen
und Läufer in Umdrehung setzt.

§. 236.

Die Wassermühle bringt man durch Herunterlassen
des Schutzbrets in Stillstand. Die Windmühle muß
man gleichfalls in Stillstand bringen können, wenn
es erforderlich ist. Es geschieht dies durch das sogenannte Bremswerk.

Man denke sich einen hölzernen Kranz, den Bremskranz, schwebend über der Peripherie des Kammrades, so, daß zwischen ihm und der Fläche des Kamm-

rades der gehörige Spielraum bleibt, wie er zur unge-
hinderten Bewegung des Kammrades nöthig ist. Der
Kranz, ohngefähr dem dritten Theile eines ganzen
kreisförmigen Ringes gleich, sitzt an einem Hebel der
andern Art, dem Bremsbaume fest, und kann mittelst
desselben und eines Seiles durch einen Zug fest an das
Kammrad angepreßt werden, wenn die Mühle still stehen soll. Durch den Zug eines andern Seils aber, das
von demselben Bremsbaume in die Höhe und über eine
Rolle geht, kann man den Kranz wieder von dem
Kammrade entfernen, sobald man die Mühle wieder in
Gang bringen will.

Um das Kammrad zu schonen, befindet sich auch wohl ein
eignes Bremsrad an derselben Welle. An dieses drückt
sich der Bremskranz an, wenn man das zugehörige Seil
des Bremsbaumes zieht; u. s. f.

§. 237.

Die Windmühle muß aber auch so eingerichtet seyn,
daß sich die Flügel gegen den Wind stellen lassen, dieser mag auch herkommen, woher er wolle. Zu dieser
Veranstaltung giebt es zweyerley Mittel: entweder ist die
ganze Mühle um eine Achse beweglich; oder blos das
Dach der Mühle mit dem Windflügel läßt sich herum
drehen. Erstere Art von Windmühlen nennt man deut-
sche Windmühlen; letztere nennt man holländi-
sche Windmühlen.

Bey der deutschen Windmühle, welche man
auch Bockmühle nennt, ist das Gebäude ganz leicht
von Bretern gebaut. Es ruht auf einem dicken vertikalen Welßbaume, der unten einen in einer Pfanne lau-

bey schwächerm Winde gehen. — Auch dem Auge bietet sie eine gefälligere Gestalt dar.

Das Räderwerk zu der horizontalen Windmühle ist leicht einzurichten. Hat man kein Vorgelege nöthig, so braucht die vertikale Flügelwelle nur ein Stirnrad zu enthalten, welches in ein stehendes Getriebe (das Mühlsteingetriebe) greift. — Die horizontalen Windmühlen sind noch selten, weil eine vollkommene Construction der Flügel immer mit Schwierigkeiten verknüpft ist.

IV.
Handmühlen und Roßmühlen.

§. 239.

Denkt man sich alle Theile der Mühle Fig. 2. Taf. V. kleiner und statt des Wasserrades *A* ein Schwungrad mit Handgriff (§. 75.) an der Hauptwelle, so ist die Mühle eine Handmühle. Hat die Welle (statt des Handgriffs an dem Schwungrade) eine ordentliche Kurbel, so verbindet man mit dieser Kurbel wohl eine Stange oder einen Schwengel, woran man die Kurbel umdreht, indem man den Schwengel nur hin- und herzieht.

Es giebt auch Handmühlen ohne gezahntes Räderwerk. Bey diesen ist das Mühleisen über oder unter den Steinen gekröpft oder kurbelartig gebogen (§. 75.) und an dieser Kurbel ist dann der Schwengel angebracht. — Am meisten werden die Handmühlen auf einzeln liegenden Gütern zum Mehlmahlen angewendet.

§. 240.

Mühlen mit Treeträdern und Lauffrädern (§. 137 f.) baut man selten. Die gewöhnlichen Roßmühlen

oder Pferdemühlen, wie man sie auf großen Oeko-
nomien, in belagerten Festungen ꝛc. anwendet, sind auf
folgende Art eingerichtet.

Ein Pferd (auch wohl ein Paar Pferde) dreht
einen vertikalen Wellbaum eben so um, wie den Rundbaum eines Pferdegöpels (§. 145 f.). Dieser Wellbaum enthält ein großes Stirnrad, welches in ein stehendes Getriebe greift. Letzteres enthält das Mühleis-
sen sammt dem Läufer. Spannt man zwey Pferde an
den Hebel (die Deichsel) des Rundbaums, so kann man
wohl zwey stehende Getriebe auf zwey entgegengesetzten
Seiten in das Stirnrad eingreifen lassen, folglich zwey
Mahlgänge in Aktivität bringen. — Die ganze Maschinerie zum Mahlen ist hier übrigens wieder dieselbe,
wie bey andern Mahlmühlen und was die Länge des
Hebelsarms und den Gang des Pferdes betrifft, so finden dabey dieselben Anordnungen und Regeln wie bey
dem Pferdegöpel (§. 145.) statt.

Unter den Roßmühlen sind noch die Feldmühlen
oder Wagenmühlen bemerkenswerth. Von dem Wagen,
der die Mühle trägt, werden, wenn an irgend einer Stelle
gemahlen werden soll, die Räder entfernt und die Pferde
an den langen herunterwärts geschweiften Hebel des Rundbaums gespannt. Indem sie nun stets in einem Kreise um
den Wagen herumgehen, so setzen sie die ganze Maschinerie
der Mühle in Bewegung.

V.
Die Dampfmühlen.
§. 241.

Dampf- Mehlmühlen, welche trefflich die
Stelle von Handmühlen und Roßmühlen vertreten und

da mit Nutzen angewendet werden könnten, wo es an Waſſer - oder Windmühlen fehlt, ſind noch zur Zeit ſehr ſelten in Deutſchland. Die Dampf-Mehlmühle iſt eine gewöhnliche Mehlmühle, wie Fig. 2. Taf. V., welche von einer Dampfmaſchine (Zwölfter Abſchn.) betrieben wird. Selbſt in England, wo die Dampfmaſchine die Kraft zu ſo vielen Bearbeitungen hergeben muß, wird ſie zur Mehlbereitung gerade am wenigſten gebraucht.

Es kommt bey den Dampf-Mehlmühlen darauf an, daß eine Welle der Mühle, wie A Fig 2., durch die auf- und niederſteigende Kolbenſtange des Hauptcylinders der Dampfmaſchine in Umdrehung verſetzt wird. Dies geſchieht, wenn man jene Stange unmittelbar oder durch Hülfe eines kleinen Geſtänges (nach §. 74 f.) mit einer Kurbel verbindet, welche an der Achſe der umzudrehenden Welle feſtſitzt. Hat man einmal eine drehende Bewegung erhalten, ſo fällt die übrige Einrichtung der Mühle nicht ſchwer mehr.

Die verſchiedenen Arten von Mahlmühlen werden oft auch blos zum Schroten oder Zerreißen des Getraides (zu Grütze, zu Malzſchrot, zu Viehfutter ꝛc.) angewendet. Alsdann braucht man nur das Beutelwerk von der Mühle hinwegzunehmen. Man hat auch eigne Grützmühlen zum Enthülſen, Zerreißen, Abrunden und Sieben der Gerſtenkörner, deren Hauptheil ein Läufer iſt, der mit ſeiner cylindriſchen Seitenfläche mahlt, indem er in geringer Entfernung von der mit reibeiſenförmigem Blech beſchlagenen Wand der Zarge herumrollt. Das Siebwerk und das Windwerk dazu (letzteres zum Hinwegwehen der Hülſen und des abgeriebenen Mehls von den Körnern, erſteres zum Sortiren der Körner) ſetzt gleichfalls die Mühle in Bewegung.

Außer meiner Encyclopädie des Maschinenwesens Th. III.
Art. Kornmühlen, Belidors, Karstens und Langsdorfs Hydraulik führe ich noch folgende Schriften an, die
sich zum Theil nicht auf Mehlmühlen allein, sondern auch
auf andere Mühlen beziehen:

J. M. Beyer Theatrum machinarum molarium oder
Schauplatz der Mühlenbaukunst. 3 Theile. Neue Aufl.
Dresden 1767. 1788. Fol.

Fabre, Versuch über die vortheilhafteste Bauart hydraulischer Maschinen, insbesondere der Getraidemühlen; a. d.
Französ. übers. von A. F. Lüdicke. Leipzig 1786. 8.

J. E. Huth, die nöthigsten Kenntnisse zur Anlegung,
Beurtheilung und Berechnung der Wassermühlen. Halle
1787. 8.

C. C. A. Behrens praktische Mühlenbaukunst. Schwerin 1789. 4.

Lor. Claußen, praktische Anweisung zum Mühlenbau.
Leipzig 1792. 4.

Adam Melzers neu verbesserte Mühlenbaukunst. 4 Theile. Merseburg 1793. 1805. 8.

O. Evans, the young Mill-Wright and Millers-Guide.
5 Vol Philadelphia 1794. 8.

J. G. Hofmann, der Wassermühlenbau. Königsberg
1800. 8.

Dessen Anleitung zur Verzeichnung der Kämme des
Räderwerks in Mühlen 2c. Königsberg 1802. 8.

J. Banks Abhandlung über die Mühlwerke; a. d. Engl.
von Zimmermann. Berlin 1800. 8.

H. G. Flörcke vom Mühlenbau und Mühlenwesen.
2 Theile. Berlin 1804. 8.

F. Koch, praktische Anweisung zur Mühlenbaukunst.
Anspach 1810. Fol.

H. Ernst, Anweisung zum praktischen Mühlenbau. 7 Theile. Neue Aufl. Leipzig 1818. 8.

Achter Abschnitt.
Die Maschinen zum Zerstampfen.

§. 242.

Die Maschinen zum gewaltsamen Zerstampfen von Körpern, um diese zu zerkleinern oder zu zerdrücken, auch wohl (wie bey den Walkmühlen und Hammer-schmiedewerken) Körper zu verdichten und zu strecken, sind entweder Stampfmühlen, Stampfwerke; oder Hammermühlen, Hammerwerke. Bey den Stampfmühlen werden sogenannte Stampfer oder Stempel, d. h. perpendikulair stehende Balken von irgend einer bewegenden Kraft in die Höhe gehoben, damit sie gleich hinterher durch ihr eigenes Gewicht wieder niederfallen und auf die unter ihnen in eignen Gruben liegenden Körper wirken. Die Oehlmüh-len, Pulvermühlen, Lohmühlen und Erz-pochmühlen sind meistens solche Stampfwerke. Die Hammermühlen haben schwere Hämmer, welche sich an einem langen Stiele befinden und welche, nachdem sie von der bewegenden Kraft emporgehoben waren, gleichfalls durch ihr Gewicht wieder niederfallen und die unter ihnen liegenden Körper verarbeiten. Zu ihnen gehören vorzüglich die Papiermühlen, die Walk-mühlen und die Eisen- Kupfer- und Messing-Schmiedwerke.

Kalkstampfmühlen, Porcellanstampfmühlen, Tabackstampf-mühlen, Grütz- und Hirsemühlen, eine Art Dreschmühlen, Prägemühlen und noch mehrere andere Stampfmühlen kann man ebenfalls hierher rechnen.

I.

Die eigentlichen Stampfmühlen mit Stampfern.

§. 243.

Jeder Stampfer besteht aus einem Balken *ab*
Fig. 13. Taf. V. der sich in einer lothrechten Linie auf
und niederbewegt. Damit er dies könne, ohne zu
schwanken, so ist er oben und unten bey *b* und *a* von
Scheidelatten eingeschlossen, die ihm nur den zu
seiner Bewegung nöthigen Spielraum lassen. Der
Stampfer reibt sich freylich an den Wänden dieser Latten. Man kann aber diese Reibung dadurch verringern,
daß man an den Scheidelatten kleine Röllchen anbringt,
die sich um ihre Achse drehen. An der Peripherie dieser Röllchen streift dann der Stampfer heraus.

An einem Zapfen *f*, die Hebelatte, wird der
Stampfer von den Däumlingen, Füßen oder Zapfen einer Welle *c* emporgehoben. Jeder Däumling
streift unter der Heblatte *f* hin und hebt dieselbe sammt
dem Stampfer empor. Ist er unter der Latte hinge-
gangen, so fällt der Stampfer vermöge seines eignen
Gewichts wieder nieder und zerarbeitet diejenigen Materien, welche unter ihm in einer Grube *e* liegen. —
Die Daumenwelle *c*, worauf die Däumlinge vertheilt
sind, ist entweder die Wasserradwelle selbst, oder eine
andere horizontal liegende Welle.

Die Länge der von Weißbuchen- oder Ahornholz
verfertigten Stampfer geht von 10 bis 24 Pariser Fuß.
Bey Oehlmühlen ist ihre Breite gewöhnlich 5 Pariser Zoll, ihre Dicke 4 Zoll. Bey Pulvermühlen macht
man sie meistens 4 Zoll breit und dick. Die Stampfer

der Oehlmühlen sind unten glatt, diejenigen der Loh=
mühlen scharf mit Eisen beschlagen (beschuhet). Die
Stampfer der Pulvermühlen hingegen sind unten ge=
wöhnlich so mit Messing beschlagen, daß das Holz unten
noch hervorragt. Bey den Oehlmühlen und bey man=
chen andern Stampfmühlen ist jede Grube auf ihrem
Boden mit einer eisernen, bey den Pulvermühlen hin=
gegen mit einer messingenen Platte belegt, oder mit
einem Klötzchen von Hainbuchenholz, dem sogenannten
Spiegel versehen. Die Grube selbst ist immer kugelför=
mig oder eyförmig gewölbt. Mehrere solcher Gruben
befinden sich in einem sehr starken parallel mit der Dau=
menwelle gelegten Baume, dem G r u b e n st o ck e oder
L ö ch e r b a u m e. In jeder Grube arbeiten zwey ab=
wechselnd gehobene Stampfer. P o ch w e r k e enthalten
keinen Löcherbaum mit runden Gruben, sondern einen
P o ch t r o g, d. h. ein Behältniß mit zwey oder drey
Abtheilungen.

Das Eisen, womit ein Pochstempel in Pochwerken be=
schuhet ist, wiegt 70 bis 115 Pfund. Ein ganzer Pochstem=
pel von 12 Fuß Länge, 6 Zoll Breite und Dicke hat sammt
dem Eisen 180 bis 225 Pfund an Gewicht.

Für Pulvermühlen ist es am besten, wenn man die Stamp=
fer gar nicht mit Metall beschlägt. Man giebt ihnen einen
hölzernen unten durch hölzerne Schrauben befestigten Schuh,
den man jedesmal leicht mit einem neuen vertauscht, wenn
er abgenutzt ist.

§. 244.

Zur Ersparniß von Kraft, zu einer gleichförmigen
Ueberwältigung der Last oder des Widerstandes der zu
verarbeitenden Körper und zur Verhütung des zu frü=

hen Abnutzens der Maschinentheile, ist es durchaus nothwendig, daß immer nur ein Stampfer zu gleicher
Zeit anfängt in die Höhe zu gehen, daß immer nur
einer nach dem andern emporsteigt, und daß stets nur
einerley Anzahl Stampfer im wirklichen Steigen be-
griffen ist. Man muß also besonders verhüten, daß
mehr wie ein Däumling auf der Welle in einer und
derselben mit der Achse der Welle parallelen Linie sich
befindet, weil sonst die Welle zu sehr von den Stampf-
fern belastet werden würde. Man trifft deswegen zur
Vertheilung der Däumlinge folgende Maaßregel.

Man theilt an beyden Enden der Wellen den Umkreis (360 Grade) in so viele gleiche Theile ein, als
die Welle Däumlinge bekommen soll. Der Quotient
bestimmt dann begreiflich den Winkel, den zwey zunächst liegende Däumlinge mit einander machen (oder
den Bogen des an der Well-Achse gebildeten Winkels).
Multiplicirt man die Anzahl der Stampfer, welche die
Mühle enthalten soll, mit der Zahl der Hebungen jedes Stampfers bey einem Umlaufe der Welle, so
zeigt das Produkt die Anzahl der auf die Welle zu setzenden Däumlinge an. Wenn die Mühle z. B. 12
Stampfer bekommen, und jeder Stampfer während
einer Umdrehung der Welle zweymal gehoben werden soll, so muß die Anzahl der Däumlinge 2 . 12 =
24 seyn. Alsdann ist der Winkel zweyer zunächst liegenden Däumlinge $\frac{360°}{24}$ = 15 Grade.

Man theilt jetzt an jedem Ende der Welle zwey
Umkreise derselben in 24 gleiche Theile, und läßt diese
Theile auf den beyden Umkreisen so mit einander corre-

spondiren, daß eine gerade Linie von einem Theilungspunkte des einen Kreises bis zu einem gegenüber liegenden Theilungspunkte des andern Kreises parallel mit
der Well-Achse ist. Man zieht an der Welle heraus
durch die zusammengehörigen Theilungspunkte von einem Umkreise zum andern die geraden Linien, welche
man nach der Reihe durch 1, 2, 3, u. s. w. bezeichnen
kann. Quer durch diese Linien zieht man auf dem Umfange der Welle so viele unter sich parallele Kreise, als
die Anzahl der Stampfer beträgt; hier also 12. Die
Entfernung dieser Kreise von einander macht man dem
Abstande der Mittellinien der Stampfer von einander
gleich. Nennt man die Kreise nach einander a, b, c, d
u. s. w. so geben die Durchschnittspunkte des ersten
Kreises mit der ersten geraden Linie a 1, des zweyten mit der zweyten geraden Linie a 2, des dritten
mit der dritten geraden Linie a 3 u. s. w. die Stellen
an, wo man die Däumlinge auf die Oberfläche der
Welle hinsetzen muß.

§. 245.

Von der Größe des Erhebungswinkels *fcd* Fig. 3.
hängt es ab, wie viele Stampfer von Däumlingen der
Welle zugleich gehoben werden sollen. Man bestimmt
diese Größe des Winkels durch die Länge des Däumlings oder vielmehr seiner Eingreifung *id* an der Hebelatte *f*; d. h. durch den Quersinus (sinus versus) des
Erhebungswinkels. Selten macht man diese Winkel
größer als 60 Grade. Gesetzt er betrüge 45 Grade.
Dividirt man ihn nun durch denjenigen Winkel, welcher die Däumlinge zweyer zunächst liegenden Stamp-

fer mit einander machen; so giebt der Quotient $\frac{45}{15} = 3$ die Zahl der Stampfer an, welche von der Welle zugleich in Bewegung gesetzt werden. Der zweyte Stampfer wird hier also von der Welle ergriffen, wenn der erste schon 15 Grad gehoben ist; der dritte wird ergriffen, wenn der erste um 30 Grade; der vierte, wenn der erste um 45 Grade gehoben ist. Alsdann verläßt der erste den Däumling wieder und fällt durch sein eignes Gewicht herab.

Wenn ein Stampfer während einer Umdrehung der Welle mehrmals gehoben werden, folglich in einen und denselben Umkreis der Welle mehr als ein Däumling zu stehen kommen soll; so darf der Erhebungswinkel nicht größer seyn, als daß der Stampfer durch die Höhe fi wieder herabfallen kann, ehe der nächste Däumling g die Stelle if erreicht.

§. 246.

Gesetzt, der Däumling ergreife die Hebelatte zuerst in der horizontalen Lage id; alsdann ruht die ganze Last des Stampfers ab, die ich Q nennen will, auf dem Däumlinge, und die Richtung der Kraft fällt mit der Richtung der Last in eine und dieselbe lothrechte Linie. Der Däumling schiebt nun die Hebelatte sammt dem Stampfer allmählig höher und bildet dann mit der Horizontallinie ci den Erhebungswinkel, der immer größer wird. Je mehr dieser Winkel wächst, desto mehr weichen die Richtungen der Kraft und Last von einander ab. Die Last bleibt dabey stets lothrecht, die Kraft aber nähert sich immer mehr und mehr der waagrechten Richtung. Begreiflich drückt der Bogen df den

Weg der Kraft, der Sinus if den Weg der Last aus.
Da nun die Sinusse um immer kleinere Theile wachsen,
wenn die Winkel oder Bogen um gleiche Theile zunehmen, Kraft und Last aber sich umgekehrt wie ihre in
gleichen Zeiten beschriebenen Wege verhalten, so folgt
hieraus, daß das Moment der Last (oder die Gewalt,
womit die Last der Kraft widersteht) mit der zunehmenden Erhebung des Stampfers immer geringer wird.
Auch dies ist ein Grund, den Erhebungswinkel nicht
zu groß zu machen und die Däumlinge auf der Welle
so zu vertheilen, daß, wenn sie mehrere Stämpfer zugleich heben müssen, sie dies doch unter verschiedenen
Erhebungswinkeln thun. Gleichförmigkeit und Leichtigkeit der Bewegung wird dadurch ungemein befördert.

Das mittlere Verhältniß zwischen Kraft und Last
wäre
$$= fd : fi = \frac{fi}{fd}$$
oder
$$= \text{Bog. } z : \sin. z$$
$$= \frac{\sin. z}{\text{Bog. } z}$$

wenn z den Erhebungswinkel des Stampfers bedeutet.
Setzt man ferner die an dem Halbmesser der Däumlinge beschäftigte Kraft $= P$ und die Zahl der zugleich
gehobenen Däumlinge $= n$, so ist

$$P = nQ \cdot \frac{\sin. z}{\text{Bog. } z}$$

Setzt man $z = 45^\circ$, $Q = 150$, $n = 3$, so ist
$$P = 3 \cdot 150 \cdot \frac{0,707}{0,785};$$

weil für den Halbmesser 1 der Sinus von 45 Graden
$= 0,707...$ der Bogen von $45^\circ = 0,785$.

§. 247.

Der Stoß der Stampfer hängt immer von dem Gewicht derselben und von der Höhe ab, von welcher sie herabfallen. Die lothrechte Linie fi stellt diese Höhe vor. Aber immer ist es vortheilhafter, wenn man zur Verstärkung des Stoßes lieber das Gewicht des Stampfers, als seine Fallhöhe vermehrt.

Setzt man bey einer alten gut angelegten Mühle (einer Mustermühle) die Stärke des Stoßes $= V$, die Fallhöhe des Stampfers $= H$, das Gewicht des Stampfers $= Q$, und drückt man dieselben Größen für eine neu zu erbauende Stampfmühle mit den kleinen Buchstaben v, h und q aus, so ist

$$v : V = q.\sqrt{h} : Q.\sqrt{H},$$

d. h. die Stärke der Stöße verhalten sich zu einander wie die Produkte aus den Gewichten q und Q mit den Quadratwurzeln der Höhen h und H. — So kann nun nach obiger Proportion das Gewicht q des Stampfers für die neu zu erbauende Mühle gefunden werden, wenn man die Größen Q und H bestimmt hätte.

Wäre z. B. bey einer alten Mühle $Q = 80$ Pfund, $H = 16$ Zoll, und bey der neuen Mühle sollte h klein, etwa 9 Zoll seyn, so setzt man

$$v : V = q.\sqrt{9} : 80 . \sqrt{16}$$
$$= 3q : 80 . 4$$
$$= 3q : 320,$$

Hat man nun in der Erfahrung die Stärke V des Stoßes bey der alten Mühle hinreichend wirksam gefunden, so kann man für die neue Mühle $v = V$ setzen; alsdann wäre $3q = 320$, folglich $q = \dfrac{320}{3} = 106\tfrac{2}{3}$.

Es übt demnach ein 106⅔ Pfund schwerer Stampfer, der aus einer Höhe von 9 Zoll herabfällt, einen eben so starken Stoß aus, als ein Stampfer von 80 Pfund, dessen Fallhöhe 16 Zoll beträgt. Aber der Stampfer von 106⅔ Pfund wird auf die Höhe von 9 Zoll mit viel geringerm Verlust von Kraft emporgehoben, als der 80 Pfund schwere auf die Höhe von 16 Zoll.

Die Zahl der Stöße, welche jeder Stampfer in einer Minute machen soll, kann man auch von einer gut angelegten alten Mühle entlehnen. Kennt man diese Zahl und weiß man, wie viele Umdrehungen das Wasserrad in einer gewissen Zeit (also auch in einer Minute) macht, so kann man darnach leicht die erforderliche Geschwindigkeit der Daumenwelle einrichten (§. 72.) und die Däumlinge auf der Welle vertheilen (§. 244.).

Man gewinnt allerdings sehr merklich an Kraft, wenn man die Däumlinge nach der Epicycloide (§. 73. Anmerk.) abrundet; noch mehr, wenn man zugleich, statt der gewöhnlichen Heblatte ⨍ Fig. 3. , eine kleine um ihre Achse laufende Rolle oder Walze mit dem Stampfer verbindet.

II.
Stampfwerke mit Hämmern oder Hammerwerke.
§. 248.

Die Hammerwerke unterscheiden sich von den Stampfwerken mit Stampfern vorzüglich dadurch, daß schwere hölzerne oder eiserne Hämmer, welche an langen Stielen oder Hebeln sitzen, von den Däumlingen einer Welle gehoben werden und dann ebenfalls vermöge ihres Gewichts entweder auf einem Amboße oder in Gruben oder Löchern niederfallen, worin sie Materialien verarbeiten.

Es giebt zweyerley Methoden die Hämmer in Bewegung zu setzen. Entweder ist der Hammerstiel ein ungleicharmiger Hebel der ersten Art, wie Fig. 4. Taf. V., oder ein Hebel der andern Art? wie Fig. 5. Bey jenem wird der kurze Hebelsarm *ab* durch die Däumlinge der Welle *d* niedergedrückt und dann geht der Hammer *b*, welcher am Ende des langen Hebelsarms *cb* sich befindet, in die Höhe. Sobald der Däumling den Hebelsarm *ac* verlassen hat, so fällt der Hammer vermöge seines eignen Gewichts nieder. Diese niederfallende Gewalt wird oft noch durch eine (als Feder drückende) elastische Preßstange verstärkt, welche sich auf die obere Seite des langen Hebelsarms preßt. — Solche Hämmer findet man in Eisen-, Kupfer- und Messingschmiedewerken (den eigentlichen Hammerwerken oder Hammerhütten).

Bey der andern Art Hämmer Fig. 5. ist *c* der Umdrehungspunkt des Hammerstiels, *b* der Hammer und an dem Vorsprunge *a* verrichten die Däumlinge das Heben, indem sie von unten kommen. Die Kraft wirkt also hier hinaufwärts, während die Last (der Hammer *b*) herunterwärts wirkt. — Die Papiermühlen und Walkmühlen haben solche Hämmer. Bey den Walkmühlen geht der Hammerstiel von dem Umdrehungspunkte an etwas schräg herabwärts und der Hammer hat unten Stufen zum bessern Fassen und Umwenden des in der gewölbten Grube liegenden Tuchs. Die Ecken und Kanten dieser Stufen dürfen aber nicht scharf seyn.

§. 249.

Gesetzt, der Hammer *ac* Fig. 5. liege waagrecht,

sein Schwerpunkt liege in f, sein Gewicht heiße Q und die zum Gleichgewicht mit diesem Gewicht nöthige Kraft heiße P. Sieht man nun den Hammer so an, als wenn sein ganzes Gewicht Q im Schwerpunkte vereinigt wäre, und setzt man die Reibung zur Seite, so ist ($\S$. 39.)

$$P : Q = fo : ac; \text{ folglich ist}$$

$$P = \frac{Q \cdot fo}{ac}.$$

Bey dem Hammer Fig. 4., der seinen Umdrehungspunkt in c hat, ist

$$P : Q = bc : ac; \text{ folglich ist } (\S. 35.)$$

$$P = \frac{Q \cdot bc}{ac}.$$

Die Reibung in c Fig. 4. ist größer, als die Reibung in c Fig. 5. Denn wenn auch die Hämmer b Fig. 4. und 5. von gleichem Gewicht angenommen werden, so ist doch in c Fig. 4. wegen der kleinern Entfernung vom Umdrehungspunkte eine größere bewegende Kraft nöthig, als in c Fig. 5.; deswegen muß daselbst auch wohl eine stärkere Reibung statt finden. In c Fig. 5. hängt die Reibung nur von dem Gewicht des Hammers ab; in c Fig. 4. aber entsteht sie sowohl von dem Gewicht des Hammers, als auch von der in a abwärts drückenden Kraft des Däumlings. Hier ist also auch eine größere Kraft nöthig, um die Reibung zu überwältigen.

Auch die Däumlinge der Hammermühlen sollten immer nach der Epicycloide abgerundet seyn. Beyer bestimmt die Höhe des unterschlächtigen Wasserrades für eine Hammermühle zu 16 Fuß, das lebendige Gefälle zu 10 Zoll. Bey der Papiermühle soll jeder Hammer 6 mal, bey der Walkmühle 8 mal während jeder Umdrehung des Wasserrades gehoben werden, so daß die dreyhübige Daumenwelle bey der Papiermühle gerade 2, bey der Walkmühle 1⅓ Umdrehungen während einer Umwälzung des Hauptrades macht. Nach dieser Voraussetzung würde also die Daumenwelle der Walkmühle in 4 bis 5 Sekunden einen Umlauf, folglich in einer Minute 8 bis 11 Umläufe vollenden. Die Daumenwelle der Papiermühle aber soll in 4½ bis 6¾ Sekunden einen Umlauf machen, folglich in der Minute 11 bis 14 mal umlaufen.

Alle allgemeine Werke über Mühlen, wie Beyer, Melzer, Ernst rc. handeln auch von Stampfmühlen. Außerdem findet man darüber mancherley Belehrungen in den bekannten hydraulischen und mechanischen Schriften des Belidor, Mönnich, Karsten, Langsdorf u. a.

Neunter Abschnitt.

Die Maschinen zum Zerschneiden.

§. 250.

Es giebt mancherley Arten von Schneidemaschinen oder von Maschinen, die eine Trennung von Körpern in zwey oder mehr Theile genau und schnell bewirken sollen. Die Art des Schneidens ist bey ihnen verschieden; bey einigen ist das von der Maschinerie in Bewegung gesetzte Instrument eine Säge; bey andern ein Messer; wieder bey andern eine Scheere; noch bey andern eine Feile. Die Schneidemaschinen mit der Säge heißen Sägemühlen. Sie sind unter allen die wichtigsten. Zu den Schneidemaschinen mit Messern gehören die Strohschneidemaschinen, die

Tabackſchneidemaſchinen, die Kraut- und Rü-
benſchneidemaſchinen ꝛc. Zu den Schneidemaſchinen mit Scheeren kann man die Blechſchneidema-
ſchinen, die Tuchſcheermaſchinen ꝛc. rechnen;
ſo kann mit Feilen die Eiſenſchneidwerke, die Rä-
derſchneidmaſchinen ꝛc.

Blos die Sägemühlen werde ich hier abhandeln; die
übrigen Arten von Schneidemaſchinen überlaſſe ich der Technologie. — Sowohl bey den Sägemühlen, als auch bey allen
übrigen Arten von Mühlen gilt in Hinſicht der bewegenden
Kraft (z. B. der beſten Benutzung des Waſſers) daſſelbe,
was bey den Mahlmühlen ſtatt findet.

1.
Die gewöhnlichen Holz-Sägemühlen.

§. 254.

Die Holz-Sägemühlen ſind beſtimmt, Baum-
ſtämme in Breter, Dielen, Pfoſten und Latten zu zerſchneiden, nachdem man ihnen die gehörige Länge gegeben, oder ſie zu Sägeblöcken gebildet und auf einer
ihrer Grundfläche ihre Dicke mit Röthel verzeichnet
hatte. Bey dieſer Verzeichnung rechnet man auf die
Dicke jedes einzelnen Brets oder jeder Diele ⅟ Zoll
mehr, welches beym Sägen in die Spähne fällt.

Es müſſen bey der Sägemühle zweyerley Haupt-
bewegungen erzeugt werden: 1) die Säge muß zum
Zerſchneiden beſtändig auf- und niederſpielen; und 2)
der Sägeblock muß der Säge, nach jedem Heruntergange
derſelben, ſtets für einen neuen Schnitt entgegenrücken.
Iſt der Schnitt durch die ganze Länge des Sägeblocks
geſchehen, ſo muß die Maſchine ſogleich ſtill ſtehen;

man muß den Block wieder zurückführen können um
ihn möglichst schnell zu einem neuen Schnitte vor die
Säge zu legen, deren Spiel auch in demselben Augenblicke
wieder beginnt. — Gewöhnlich ist die Sägemühle auch,
so eingerichtet, daß sie die zu sägenden Bäume von selbst,
in die Mühle zieht.

§. 252.

Die Säge, welche das Zerschneiden des Blocks
verrichten soll, ist, wie *b* Fig. 6. Taf. V., in einen
Rahmen, das Sägegatter, eingespannt. Die Sei-
tenstücke *cd* und *ef* dieses Gatters lassen sich in eignen
Falzen oder Nuthen mit möglichst geringer Reibung
auf und nieder bewegen. Dieses Auf- und Niederbewegen verrichtet die Kurbel *a* einer, etwa durch ein,
Wasserrad oder durch Windflügel, mit oder ohne Vorgelege, umgetriebenen Welle. Die Höhe des Auf- und
Niedergangs wird begreiflich durch den höchsten und
tiefsten Stand des Kurbelgriffs, d. h. durch die Länge,
des doppelten Kurbelarms bestimmt.

Ist die Mühle eine Wassermühle, so kann die Wasserradwelle ein Stirnrad enthalten, welches in ein Getriebe greift, in deren Welle die Kurbel *a* befestigt ist.
Bey einer Wind-Sägemühle kann ein an der Flügelwelle befindliches Kammrad in ein stehendes Getriebe
greifen, dessen Welle ein zweytes Kammrad enthält.
Die herunterwärts gerichteten Zähne dieses Kammrades
setzen dasjenige liegende Getriebe in Bewegung, in dessen Wellachse die Kurbel fest eingeschlagen ist. Mittelst
einer Lenkstange ist die Kurbel *a* mit dem Sägegatter
verbunden.

§. 253.

Der Sägeblock wird durch Klammern und Keile auf den Klotzwagen befestigt. Dieser Klotzwagen ist eigentlich eine Art Schlitten, der sich auf zwey horizontalen und parallel liegenden mit Falzen oder Ruthen versehenen Balken hin- und herschieben läßt, ohne nach einer andern Richtung ausweichen oder schwanken zu können. Ein Theil der Unterfläche des Klotzwagens ist seiner Länge nach gezähnt; der ungezahnte Theil aber läuft mittelst kleiner Röllen auf zwey parallel neben einander liegenden glatten Bäumen, den Straßbäumen.

Gesetzt, in Fig. 7. sey die gezahnte Unterfläche des Klotzwagens auf der einen Seite. Auf jeder Seite greifen diese Zähne in ein Getriebe g. Die Welle dieses Getriebes aber trägt an ihrem einen Ende ein Sperrrad ff, in dessen Zähnen der Sperrhaken oder Sperrkegel h liegt. Oben greift in die Zähne desselben Sperrrades eine Sperrklaue (ein Geißfuß) e. Diese Sperrklaue sitzt an einer schräg herabkommenden Stange, der Stoßstange de, welche mit dem Arme d der kleinen Welle c verbunden ist. Ein anderer Arm cb geht von der Welle c aus nach dem obern Theile des Sägegatters ab hin. Das Ende b dieses Arms ist fest in das Sägegatter eingeklemmt.

Wenn nun das Sägegatter vermöge der Kurbel (nach §. 75.) auf- und niederspielt, so geht auch cb auf und nieder, folglich wird auch die Welle c mit dem Arme cd und der Stange de hin- und hergewiegt. Die Stange de bekommt durch dies Hin- und Hergehen gegen das Sperrrad zu eine stoßende Bewegung,

so daß das Sperrrad um einen Zahn weiter fortgestoßen
wird. Um einen eben so vielten Theil seines Umfangs dreht sich nun auch das Getriebe g um, und
dieses schiebt wieder den Klotzwagen mit dem Sägeblocke vorwärts, weil es in die Zähne des Klotzwagens
eingreift. — So geht das Fortschieben von Zahn zu
Zahn fort.

§. 254.

Wenn also die Säge hinaufgeht, so rückt auf jene
Weise (§. 253.) der Klotzwagen mit dem Sägeblocke
jedesmal vorwärts, und wenn sie heruntergeht, so thut
sie jedesmal einen Schnitt in den Block. Ist der Klotzwagen um die ganze Länge des Sägeblocks vorwärts
gekommen, so muß die Bewegung der ganzen Maschine
auf folgende Art gehemmt werden. Ein aufgezogenes
Schutzbret fällt in dem Augenblicke nieder und schließt
das Aufschlagwasser von dem Wasserrade ab, sobald
der Klotzwagen an das Ende seines Weges gelangt ist.
Das Schutzbret hängt nämlich von einem Hebel herab,
welcher beym Gange der Maschine mit demjenigen
Arme heraufwärts gezogen ist, woran das Schutzbret
hängt. Der andere Arm ist herunterwärts gezogen. Er
wird in dieser Lage durch einen Bolzen erhalten, der
ihn mit einem Pfosten oder mit einem andern festen
Theile des Mühlgerüstes verbindet. Der Bolzen kann
aber leicht herausgestoßen werden und dann hat der
andere Arm mit dem Schutzbrete das Uebergewicht und
sinkt herunter. Bey dem letzten Rucke, den der Klotzwagen thut, stößt ein eigner hervorragender Zapfen
desselben gegen den Bolzen, wirft ihn aus seinem Loche
und dann sinkt der Hebel mit dem Schutzbrete nieder.

Ist die Sägemühle eine Windmühle, so muß man auf ähnliche Art wie bey der Mahlmühle das Bremswerk niedergehen lassen, um dadurch die Maschine in Stillstand zu bringen. Um aber gleich hierauf den Klotzwagen sammt dem Blocke wieder zurückzuziehen, so hebt man so lange Sperrkloue *e* und Sperrhaken *k* aus, den Zähnen des Sperrrades heraus und dreht letzteres an einem Handgriffe, den es auf seiner Seitenfläche nahe am Rande hat, zurück. Alsdann keilt und klammert man den Block um eine Bret- oder Bohlendicke weiter nach der einen Seite des Klotzwagens hin, um der Säge eine neue Angriffsstelle zu geben, und läßt das Spiel der Maschine wieder beginnen.

Hat man bewegende Kraft genug, so giebt man dem Sägerahmen mehr wie ein Sägeblatt, damit mehrere Schnitte zugleich geschehen. So kann man wohl 6 Sägen in ein Gatter spannen, und zwar, so neben einander, daß ihre Entfernung die Dicke der Breter bestimmt. Wollte man mehr wie 6 Sägen in ein Gatter befestigen, so müßte dasselbe breit genug seyn, um zwey Sägeblöcke neben einander legen zu können. Man kann aber auch mehr als ein Gatter anbringen, welche durch eine doppelt oder dreyfach gekröpfte Kurbel (S. 75.) zum Auf- und Niedersteigen gebracht werden.

Verbindet man mit dem Räderwerke der Mühle (vermöge Rad und Getriebe) einen Rundbaum, wie bey einem Haspel (S. 134.), und schlägt man ein Seil um denselben, so kann dieser Rundbaum, welcher durch das Mühlwerk umgetrieben wird an dem Seile die Sägeblöcke auf einer eignen Bahn herbeyziehen. Der Rundbaum muß aber eine sogenannte Abrückwelle seyn, deren eines Zapfenlager sich so bewegen läßt, daß dadurch das Getriebe der Welle aus dem Eingriffe des Rades kommt. So trennt man die Winde von dem übrigen Mühlwerke, sobald der Baum an Ort und Stelle liegt.

§. 255.

Hätte das Sägeblatt *ab* Fig. 7. überall eine gleiche Breite, oder lägen die Spitzen der Säge beym Auf und Niederspielen derselben in einer und ebenderselben lothrechten Linie, so würde beym Heruntergehen der Säge eigentlich nur ein Zahn (der unterste) einen Schnitt in das Holz machen können, und alle nachfolgenden Zähne würden ohne Verrichtung, folglich unnütz durch die Ritze streichen, weil der Sägebaum während des Niederganges der Säge ruht und die Säge nicht vorwärts gegen den Sägeblock (wie eine mit der Hand geführte Säge) gedrückt wird. Die Säge muß daher einen Anlauf oder Busen haben, d. h. sie muß von unten an nach oben hin immer breiter zugehen, damit die Spitzen der Zähne (wie man bey *ab* Fig. 7. sieht) in einer schrägen Linie liegen oder mit der Vertikallinie einen kleinen spitzigen Winkel machen, dessen Scheitel im untern Ende des Sägeblatts bey *a* sich befindet. Ist die Länge des Sägeblatts gegeben, so bestimmt dieser Winkel den Unterschied zwischen der obern und untern Breite des Sägeblatts. Dieser Unterschied giebt begreiflich auch die Tiefe des Schnitts an, den man für einen 30 Zoll hohen Niedergang gewöhnlich zu 1, höchstens 2 Linien rechnet. Leichter zu schneidende Holzarten können übrigens einen größern Anlauf des Sägeblatts vertragen, als schwerer zu schneidende.

In der Regel hat man solche Sägen am wirksamsten gefunden, welche auf eine Länge von 1 Pariser Fuß einen Busen von ½ Linie und 8 bis 10 Zähne haben. Weniger als 8 Zähne auf 1 Pariser Fuß sollten sie nie enthalten. Iſt der Buſen größer, ſo kann man der Säge eine größere Anzahl Zähne geben.

Man kann auch Sägen ohne Buſen anwenden, wenn man nämlich das Sägegatter will ſchräg auf- und nieder- gehen laſſen. Alsdann müſſen natürlich auch die Nuthen oder Falzen in den Gatterſäulen ſchräg ſeyn. Eine ſolche Einrichtung, wodurch eine größere Summe vom Reibung er- zeugt wird, iſt keinesweges vortheilhaft.

§. 256.

Die Mittelpunkte aller Zahnſpitzen dürfen nicht in eine einzige gerade Linie fallen, ſondern die Zähne müſ- ſen geſchränkt, d. h. einer nach dem andern muß abwechſelnd rechts und links gebogen ſeyn, ſo daß eine gerade Linie durch die Zahnſpitzen der einen Hälfte der Anzahl Zähne geht, eine andere parallele gerade Linie durch die andere Hälfte. Durch dieſe Schränkung ver- hütet man das Reiben und Klemmen des Sägeblatts in dem gemachten Schnitte. Die Entfernung jener bey- den parallelen Linien ſollte aber nie größer ſeyn, als daß ohngefähr nur $\frac{1}{3}$ Zoll, höchſtens $\frac{1}{2}$ Zoll Holzdicke in die Spähne fällt.

Sind die Zähne verhältnißmäßig dicker, als der übrige Theil des Sägeblatts, ſo iſt die Schränkung auch wohl nicht nothwendig. Je dünner übrigens jeder Zahn, ſowie das Sägeblatt iſt, deſto geringer iſt der Wider- ſtand, den die Säge findet, folglich auch deſto größer der Effekt bey einerley Kraft. Die Dicke von 1 Pariſer Linie iſt hinlänglich, nämlich an den Zähnen; von da an nimmt die Dicke nach dem Rücken zu allmählig ab.

Grünes Holz ist wenigstens noch einmal so leicht zu schneiden, als trockenes. Tannenholz von einer und derselben
Trockenheit wie Eichenholz ist beynahe noch einmal so leicht
zu schneiden als dieses.

§. 257.

Setzt man die Geschwindigkeit der Säge $= c$, die
Größe des Kurbelarms $= r$; die Anzahl der Umdrehungen der Kurbel in der Minute $= n$; so ist $c = rn$.
Drückt man dieselben Größen für eine andere Sägemühle mit denselben, aber großen Buchstaben aus,
so ist $C = R.N$. Es muß also wohl

$$C : c = RN : rn.$$

Wäre nun die Wirkung einer alten Sägemühle bey der
Geschwindigkeit C sehr gut, so kann man $c = C$ annehmen, folglich auch $rn = RN$. Hieraus erhielte man

$$n = \frac{RN}{r}.$$

Fände man z. B. bey einer alten Mustermühle $R = 15$
Zoll und $N = 60$; und nähme man für die zu erbauende
Mühle $r = 10$ Zoll an, so wäre

$$n = \frac{15 \cdot 60}{10} = 90.$$

Bey der neuen Mühle würde also die Kurbel in jeder
Minute 90 Umdrehungen machen. Bey der alten Mühle
fand man N leicht (nach §. 70.) aus der Anzahl Zähne
und Triebstöcke des Stirn-Rades an der Wasserrad-
Welle und des Getriebes, worin jenes Rad greift und
dessen eines Ende die Kurbel enthält.

Aus der Anzahl der Zähne des Stirnrades und
der Triebstöcke des Getriebes (oder überhaupt des Räderwerks zwischen der Kurbelwelle und der Wasserrad-

22 *

oder Windflügel-Welle) bestimmt man leicht die Geschwindigkeit der Säge; so wie man umgekehrt leicht das Räderwerk wird einrichten können, wenn die Geschwindigkeit der Säge gegeben ist (nach §. 72 f.). Freylich muß man hierbey auch wissen, wie viele Umläufe das Wasserrad in einer gewissen Zeit (z. B. in der Minute) macht.

Soll die Kurbel in einer Minute etwa 80mal umlaufen, während welcher Zeit das Wasserrad 10mal sich umwälzt, so ist das Verhältniß der Umläufe der Wasserrads- oder Stirnrads-Welle zu denjenigen der Kurbelwelle wie 10 : 80, oder wie 1 : 8. Wählt man daher ein Getriebe von 12 Triebstöcken, so würde das Stirnrad 12 . 8 = 96 Zähne enthalten müssen, um die verlangte Anzahl von Umläufen herauszubringen; denn $\frac{96}{12} = 8$.

Bey einer von Belidor beschriebenen Mühle betrug der Kurbelarm 15 Zoll, die Länge des Leitarms oder Lenkers (welcher die Kurbel mit dem Sägegatter verbindet) 96 Zoll oder 8 Fuß — Uebrigens sollte die Geschwindigkeit, womit das Sägegatter sich bewegt, nie über 6 Fuß in einer Sekunde betragen. Bey starkem Widerstande thut man am besten, die Geschwindigkeit nur zu 4 Fuß anzunehmen, damit die Maschine auch dann nicht zu schnell gienge, wenn auch leichter zu schneiden ist.

Bey der gewöhnlichen Einrichtung der Sägemühle steigt der an dem Kurbelgriffe sitzende Lenker schief auf und nieder, weil die Kurbel mit dem untern Ende des Lenkers in einem Kreise herumläuft. Je größer der Kurbelarm ist, desto größer ist dieser Kreis, folglich auch desto größer die Schiefe des Lenkers und desto stärker die Pressung des Sägegatters gegen die Wand der Nuthen oder Falzen. Durch einen langen Lenkarm wird dieser Widerstand noch stärker. Aus diesem Grunde erfordert die gut eingerichtete Mühle einen möglichst kleinen Kurbelarm und einen möglichst großen Lenker. Bey der Belldorfschen Mustermühle betrug die Länge des Kurbelarms 15 Zoll und die Länge des Lenkers 8 Fuß.

§. 258.

Beym Niedergange der Säge hat die bewegende Kraft vorzüglich die Friktion des Sägegatters und den von der Cohäsion des Holzes herrührenden Widerstand zu überwältigen. Hierbey kommt ihr aber das Gewicht des Sägegatters zu Hülfe. Setzt man jenen Widerstand $= q$, das Gewicht des Sägegatters $= p$, die gesammte Hindernißlast (aus den Reibungen des Sägegatters, des Klotzwagens, der Zähne und Triebstöcke, und der Wellzapfen zusammengesetzt) $= f$, so hat man die Last beym Niedergange der Säge $= q + f - p$; beym Aufgange $= f + p$. Der Werth von f ist aber beym Aufgange der Säge etwas größer, als beym Niedergange, weil der Klotzwagen blos beym Aufgange der Säge fortgeschoben wird. Der Widerstand beym Aufgange und beym Niedergange müßten gleich seyn, wenn die Bewegung der Maschine möglichst gleich seyn sollte. In diesem Falle müßte also $q = 2p$ oder $p = \frac{1}{2}q$ seyn.

Indessen ist diese Bedingung in der Praxis schwer zu bewerkstelligen, weil der von der Cohäsion des Holzes herrührende Widerstand bey verschiedenen Holzarten und bey verschiedener Trockniß des Holzes gar zu verschieden ist, weil ferner der Widerstand in dem geraden Verhältniß der Länge, Tiefe und Weite des Schnitts und im umgekehrten Verhältniß der Geschwindigkeit wächst.

Man pflegt die Ungleichförmigkeit des Widerstandes theils dadurch zu verbessern, daß man für leicht zu schneidende Holzarten Sägen mit größerm, bey schwer zu schneidenden Sägen mit kleinerem Busen anwendet, theils auch dadurch, daß man bey schwerer zu schneidenden Holzarten ein eignes Gewicht an das Sägegatter hängt.

Dadurch, das der Arm *dc* Fig. 7. verschiedne Löcher hat, in welche man die Stoßstange *e* befestigt, kann man die Bewegungsart derselben verändern, so, daß sie nach Erforderniß entweder auf einmal einen Zahn, oder auch zwey Zähne des Sperrrades fortstößt. So bewirkt man ein geringeres oder stärkeres Fortrücken des Klotzwagens.

II.
Neue Arten von Holzsägemühlen.

§. 259.

Auf folgende Art ließe sich der Bau der Sägemühlen sehr vereinfachen, um weder Sperrrad, noch Stoßstange, noch Getriebe und gezähnte Unterfläche des Klotzwagens, auch keinen Anlauf der Säge nöthig zu haben und dabey den Effekt der Maschine noch zu vermehren.

Man denke sich von den Seiten des Klotzwagens hinweg zwey Seile parallel gezogen, die an der Säge vorbey gehen und vor derselben in ein einziges Seil zusammenlaufen, welches um eine Rolle geschlagen ist. Das so vertikal herabhängende Ende des Seils enthält einen Kasten mit Gewichtstücken, die man nach Belieben verstärken kann. Setzt man nun voraus, daß die Bewegung des Klotzwagens möglichst leicht sey, daß

man ihn deßwegen auf kleinen Rädern in der Bahn
laufen läßt, so kann man ihn durch Hineinlegen von
Gewichtstücken in den Kasten bald zum Vorwärtsbewe-
gen bringen. Der darauf liegende Sägeblock drückt
dann gegen die Säge und diesen Druck kann man durch
mehr oder weniger Zulegen von Gewichten in den Kasten beliebig stark machen. Bey leichter zu schneidenden
Holzarten würde man ihn stärker, bey schwerer zu
schneidenden geringer machen. So kann man den Druck
gleichsam auf ein Haar reguliren. Bewegt sich nun die
Säge vermöge der Kurbel auf und nieder, so schneidet
sie nicht blos herunterwärts, sondern auch hinaufwärts;
folglich wird schon dadurch die Wirkung der Maschine
beschleunigt. Es geht nun aber auch alles viel gleichförmiger, weil der Sägeblock nicht ruckweise gegen die
Säge sich legt, sondern stets mit gleicher Stärke.

Das einzige, was man bey großen Sägemühlen gegen
diese Einrichtung auszusetzen hätte, wäre wohl der nöthige
Fallraum für das Gewicht. Dieser Raum müßte für die
größten zu sägenden Dielen 24 Fuß betragen. Indessen
möchte er doch oft zu erhalten seyn (mittelst eines gegrabenen
Schachtes), da der Klotzwagen ohnehin in dem zweyten
Stockwerke des Mühlgebäudes oder so hoch wie ein zweyter
Stock zu liegen pflegt.

§. 260.

Sägemühlen mit der Cirkelsäge oder mit einem
kreisförmigen Sägeblatte scheinen bald in einen allgemeinern Gebrauch zu kommen. Auch sie würden vor
den gewöhnlichen Sägemühlen den Vorzug haben, daß
sie ununterbrochen sägen, bis der Sägeblock an das
Ende seines Weges gekommen ist.

Das kreisförmige Sägeblatt ist ringförmig. Es wird mit tüchtigen Schrauben auf eine starke hölzerne Scheibe befestigt, die in horizontaler Lage von einer vertikalen Welle getragen wird. Läuft diese Welle um, (z. B. dadurch, daß das Kammrad der Wasserrad-Welle in ein an jener vertikalen Welle angebrachtes Getriebe greift), so läuft auch die Säge herum. Sie schneidet also immer nach einerley Richtung hin. Der ihr entgegenrückende Sägeblock oder Baum (am besten wohl durch den Gewichtskasten §. 259.) darf natürlich nicht auf das Centrum der Säge losgehen, weil Welle und hölzerne Scheibe dies nicht erlauben; er muß sich vielmehr seitwärts, auf das ringförmige Sägeblatt hinbewegen, und die Breite des Blatts muß daher der Dicke des zu durchsägenden Blocks wenigstens gleich seyn.

Es giebt auch Sägemaschinen mit Pendelsägen d. h. mit Sägen, die man wie ein Pendel hin und herschwingt, um sie so auf durchzusägende Holzkörper wirken zu lassen. — Eigne durch Stricke gezogene Sägen sind diejenigen, welche zum Absägen von Pfählen unter Wasser gebraucht werden. — Manche kleinere Sägemaschinen dienen zum Schneiden des Holzes, Elfenbeins, Horns u. d. gl. in feine Blätter, wie Schreiner, Ebenisten, Kammmacher ꝛc. dieselben verarbeiten.

III.
Die Steinsägemühlen oder Marmorschneidemühlen.

§. 261.

Die Steinsägemühlen oder Steinschneidemaschinen, welche vorzüglich zum Zerschneiden des

Marmors dienen, haben stumpfe Sägeblätter, die horizontal hin- und hergezogen werden. In den Einschnitt streut man von Zeit zu Zeit feinen Sand und befeuchtet ihn mit Wasser. So ist denn das Zersägen eigentlich nur ein Durchreiben.

Wenn das Wasserrad auf seiner Welle ein Kammrad trägt, welches in ein stehendes Getriebe greift, so kann die Welle dieses Getriebes oben eine Kurbel enthalten. Diese kann vermöge eines Leitarms mit dem Sägegatter verbunden seyn, worin das Sägeblatt eingespannt ist. Das Sägeblatt bewegt sich auf eben die Weise horizontal hin und her, wie es sich bey den gewöhnlichen Holzsägemühlen vertikal hin- und herbewegt. Es drückt auf den unter ihm befindlichen zwischen einem eignen Gerüste befestigten Stein und diesen Druck verstärkt man noch durch ein an das Sägegatter gehängtes Gewicht von ein Paar Centnern. Der Stein läßt sich aber auch gleichmäßig höher keilen, wenn der Einschnitt so tief geworden ist, daß der bloße Druck der Säge zum Tieferschneiden nicht mehr hinreicht.

Begreiflich muß bey solchen Schneidemühlen das Gatter zwischen Säulen so in Nuthen gehen, daß bey dem Hin- und Hergehen zwar ein vertikales Herunterrücken des Gatters oder ein Andrücken an den Stein, aber kein Schwanken nach einer Richtung möglich ist, welche perpendikulär auf die Richtung des Hin- und Herbewegens zugeht. Die Reibung in den Nuthen der Gattersäulen ist dann unbedeutend. Gewöhnlich giebt man, um den größten Effekt der Maschine zu erhalten, folgende praktische Regel: Man beschwere das Sägegatter nach und nach mit so viel Gewicht, bis das unterschlächtige Wasserrad mit ⅓ der Geschwindigkeit des anstoßenden Wassers, das oberschlächtige Wasserrad aber mit derselben Geschwindigkeit des in die Zellen einstürzenden Wassers umläuft.

Ausführlichere Nachrichten über die Sägemühlen findet man in Belidors, Karstens, Mönnichs, Langsdorfs, Meltzers, und Ernsts bekannten Werken, in meiner Encyclopädie des Maschinenwesens, Th. IV. VI. VII. Art. Sägemühlen und in folgenden Schriften:

A. Laovenhofer, deutliche Abhandlung von Rädern der Wassermühlen und von dem inwendigen Werke der Schneidemühlen. Riga 1770. 4.

K. Knutberg Beschreibung und Abbildung einer vorzüglichen Sägemühle; in den Abhandlungen der Königl. Schwed. Akad. d. Wissensch. Bd. XXXI. Leipzig 1772. 8. S. 12 f.

Sammlung nützlicher Maschinen und Instrumenten; aus dem Engl. Französ. ꝛc. Nürnberg (ohne Jahrszahl) Fol. S. 17. 23. 27. 134 ff. Steinschneidemühlen, Bretschneidemühlen, Mühlen zum Rundschneiden von Säulen, u. d. gl.

Des Baron von Werneck neu erfundene Schneidemühle; in den Oekonomischen Nachrichten der patriotischen Gesellschaft in Schlesien. Bd. V. S. 147 f.

C. A. Scheidt, Beschreibung einer Maschine, womit Marmor und andere Steine zu großen Gebäuden geschnitten werden können; in den Abhandlungen der Baierschen Akad. d. Wissenschaften. Bd. II. Th. II. S. 135 f.

Magazin zur Beförderung der Industrie. Leipzig 1802. Heft 3. Den Rahmen in den Schneidemühlen zu verbessern.

Journal für Fabrik, Manufaktur ꝛc. Bd. XXIII. Leipzig 1802. 8. Nov. S. 390. Eine neue Art von Sägemühlen.

Zehnter Abschnitt.
Die Maschinen zum Bohren.

§. 262.

Die Bohrmaschinen oder Bohrmühlen sind bestimmt, cylindrische Höhlungen in mancherley Arten von Körpern zu bohren, namentlich in Holzstücke und Metallstücke, um diese möglichst schnell und genau in Röhren umzuschaffen. Die nützlichsten Bohrmaschinen sind ohnstreitig die Holzbohrmühlen, womit man die hölzernen Pumpenröhren und Wasserleitungsröhren bohrt. Zu den Metallbohrmühlen gehören die Flinten-bohrmaschinen, womit man die Flintenläufe bohrt, die Kanonenbohrmaschinen, womit man die gegossenen Kanonen bohrt, und diejenigen Cylinder-bohrmaschinen, womit man gegossene eiserne Cylinder zu Dampfmaschinen, Cylindergebläsen rc. bohrt.

Es giebt auch Steinbohrmaschinen, womit Steine gebohrt werden können. Indessen ist doch das Bohren der Steine mit solchen Maschinen mehr ein Durchmeiseln. Der Meisel wird durch die Maschine auf und niedergetrieben und dabey zugleich absatzweise in eine drehende Bewegung gesetzt. — Von Perlbohrmaschinen, Diamantbohr-maschinen und ähnlichen kleineren Bohrmaschinen, welche man in kleinen Werkstätten mancher Künstler sieht, wird man hier keine Beschreibung erwarten.

I.
Die Holzbohrmühlen.

§. 263.

Sowohl bey den Holzbohrmühlen, als auch bey den übrigen Bohrmaschinen kommt es vorzüglich darauf

an, einen Bohrer in eine umdrehende Bewegung zu
setzen und, so wie der Bohrer bohrt, ihm den zu bohrenden Körper allmählig immer mehr entgegenrücken
zu lassen.

Der Bohrer, der sich um seine Achse drehen soll,
braucht nur an die Welle eines schnell umlaufenden
Getriebes befestigt zu werden. Man kann der Welle
eines Wasserrades ein Kammrad geben, das in ein
stehendes Getriebe greift, und der Welle dieses stehenden Getriebes wieder ein Kammrad, welches in ein
liegendes Getriebe greift, und zwar in dasjenige, dessen Welle der Bohrer trägt. Die Welle des stehenden
Getriebes kann noch ein zweytes Getriebe enthalten,
welches in ein Stirnrad greift und an der Welle dieses
Getriebes kann sich eine Kurbel befinden, die eine horizontale Schiebestange hin und her zieht. Mit ihrem
einen Ende greift diese Schiebestange (wie die Stoßstange der Sägemühle §. 253.) in die Zähne eines
Sperrrades ein. An der Welle des Sperrrades sitzt ein
Getriebe, das in die untern Zähne eines Klotzwagens
(wie §. 253.) eingreift, auf welchem der zu durchboh-
rende Baum zwischen Balken und Riegeln mit Keilen
horizontal befestigt ist. So wird nun der Baum ganz
auf dieselbe Art, wie der Sägeblock einer Sägemühle,
dem Bohrer immer näher gerückt, und zwar in demselben Verhältnisse wie der Bohrer in den Baum hin-
eingebohrt hat. — Der Klotzwagen wird hier Bohr-
bank oder Bohrstuhl, auch wohl Bohrwagen
genannt.

Die Bohrer sind gewöhnlich Schneckenbohrer.
Sie bestehen aus einer 1 bis 2 Fuß langen eisernen

an der einen Seite verstählten und geschärften Platte,
die so gekrümmt ist, daß ihre äußere Gestalt von oben
her einer halben Cirkelfläche gleicht, nach unten zu
aber immer spitziger zuläuft und eine schneckenförmige
Windung bekommt. Der Durchmesser von dem cylindrischen Theile des Bohrers muß so groß seyn, als der
Durchmesser der damit zu bohrenden Oeffnung. Man
bohrt aber nicht gleich Anfangs eine Oeffnung von der
bestimmten Röhren-Weite, sondern bohrt erst eine en-
gere Oeffnung und bohrt diese hierauf mit andern Bohrern weiter. Man nimmt z. B. erst einen einzolligen,
dann einen zweyzolligen, hierauf einen dreyzolligen
Bohrer, u. s. w.

§. 264.

Eine wesentliche Verbesserung der Bohrmühlen
dürfte man wohl diejenige nennen, wo der Bohrstuhl
dem Bohrer mittelst eines Gewichtkastens auf dieselbe
Art entgegenrückt, wie der Klotzwagen mit dem Sägeblocke sich der Säge entgegenbewegt (§. 259.). Bey
der Bohrmühle würde die Einrichtung sogar noch mehr
Vortheile darbieten, weil der dadurch bewirkte gleichförmige Druck gegen den Bohrer noch wesentlich noth-
wendiger ist, wie bey den Sägemühlen gegen den Sägeblock, wo man sich doch noch durch den Anlauf der
Säge zu helfen weiß. Beym ruckweisen Andrücken gegen den Bohrer kann dieser auch nur ruckweise seine
Dienste thun.

Man muß nur dafür sorgen, daß der Bohrwagen
recht horizontal in glatten Rinnen auf Rädern läuft,
die auf keine Weise zur Seite ausweichen dürfen, damit die gebohrte cylindrische Höhlung überall einerley

Achse bekomme. Mit einer und derselben Gleichförmigkeit rückt dann das zu bohrende Stück gegen den
Bohrer an, und wenn der Bohrwagen vermöge des
Gewichts so eben anfängt, fortzurollen, so wird der
rechte Druck für den Bohrer da seyn. So wie der
Bohrer tiefer einbohrt, folgt der Bohrwagen dem Zuge des Gewichts, bis er an das Ende seines Weges
gekommen ist. Diesen Weg kann man durch eine leichte
Vorrichtung so lang oder so kurz machen, als man
will. Man braucht den Bohrwagen nur durch ein gewisses Holz, welches man durch eine schieberartige Vorrichtung verlängern und verkürzen kann, aufhalten zu
lassen. — Das Zurückführen des Bohrwagens kann
begreiflich nicht viele Kraft erfordern.

Auch bey den folgenden Bohrmaschinen (den Metallbohrmühlen) ist dieselbe Vorrichtung gewiß mit Nutzen anzuwenden.

II.

Die Metallbohrmühlen.

§. 265.

Alle Bohrmühlen sind in dem Hauptmechanismus
einander gleich, folglich auch die **Metallbohrmühlen**. So wird bey den Flintenbohrmühlen,
welche die Seele des geschmiedeten Rohrs ausbohren
und glätten, der Bohrer gleichfalls (wie §. 263.) mit
der Welle eines horizontal liegenden Getriebes verbunden. Gewöhnlich greifen in das zweyte in einer horizontalen Fläche umlaufende Kammrad zwey oder vier liegende Getriebe, und die Welle jedes Getriebes enthält

einen Bohrer und gegen jeden Bohrer wird eine Bohr-
bank mit dem zu bohrenden Rohre entgegen geschoben.
Meistens geschieht dies durch die Hand von Arbeitern.

Die Welle jedes Bohr-Getriebes enthält eine starke viereckigte Hülse, in welche der vierkantige Zapfen
des Bohrers hineingepreßt wird. Auch die Schneide
der Bohrer ist viereckigt. Zum Poliren nimmt man
einen stumpfen Bohrer, an welchem ein kleines wei-
ches mit Leinöhl befeuchtetes Stück Holz befestigt ist.
Der Bohrer, vereinigt mit dem Stück Holze, bohrt
die Seele des Rohrs völlig glatt, wenn diese Arbeit
mit einigen Bohrern von zunehmender Stärke vorgenommen wird.

§. 266.

Beachtungswerther sind hier freylich die Kanonenbohrmaschinen, sowie überhaupt die größern
Metallbohrmühlen. Man hat perpendikuläre und
horizontale Kanonenbohrmaschinen. Bey jenen dreht sich der Bohrer in perpendikulärer Lage um
seine Achse, und die in derselben Lage über ihm hängende Kanone rückt ihm auf einem senkrechten Schlitten
oder Wagen allmälig entgegen. Die Kanone senkt sich
aber durch Hülfe von Gegengewichten so herab, daß
sie nur mit einem kleinen Theile ihres Gewichtes auf
den Bohrer wirkt, und zwar nur mit einem so großen
Theile, als zum Druck gegen den Bohrer nöthig ist.
Begreiflich läßt sich dieser Druck leicht durch Hinzu-
fügung oder durch Verminderung von Gegengewichten
reguliren.

Die besten Bohrmaschinen, wie man sie jetzt auch
fast in allen guten Stückgießereyen findet, sind die ho-

rizontalen. Das Umdrehen der Kanone und das allmälige Entgegenrücken des Bohrers kann auf ähnliche Art, wie bey den Holzbohrmühlen geschehen; nur muß hier begreiflich alles weit fester und genauer ausgeführt seyn, damit keine Stützen und Unterlagen ausweichen und während des Bohrens Achse des Bohrers und Achse der Röhre immer in einer und derselben geraden Linie bleiben.

Man denke sich an die Welle eines Wasserrades ein eisernes Stirnrad, welches in vier andere starke Räder eingreift. Jede Welle dieser Räder nimmt das Ende einer Kanone auf und jede Kanone liegt mit ihrem andern Ende so in der Höhlung einer starken Unterlage (wie manche zu drehende Sache zwischen Docken einer Drehbank), daß sie sich bey der Bewegung der Räder um ihre Achse wälzt. So ist man also im Stande, die Kanonen nicht blos zu bohren, sondern zugleich von Außen abzudrehen. Der Bohrstuhl mit dem Bohrer rückt der Kanone von selbst entgegen und zwar mittelst einer gezahnten Stange, die in ein Getriebe eingreift. Die Welle dieses Getriebes enthält ein großes Seilrad, welches, während der Umdrehung der Kammer, vermöge eines Seils mit Gewicht umgetrieben wird. — Die Gestalt der Bohrer ist übrigens verschieden. Bald macht die Schärfe einen stumpfen Winkel, bald einen Kreisbogen, bald eine gerade Linie u. s. w.

Bey der Steinbohrmühle des Peschel in Dresden läuft der zu bohrende Stein mit einem Wagen auf einer schiefen Fläche herab dem Bohrer entgegen, der stets von einem Hammer, welcher an einem Schlägelarme fest sitzt,

gegen den Stein geschlagen wird, wobey er sich zugleich umdreht. Der Schlägearm ist an einer Welle beweglich, die von
Däumlingen einer andern Welle den nöthigen Stoß erhält.

Ausführlichere Beschreibungen von Bohrmaschinen findet
man in Leupolds, Beyers und Cancrins bekannten
Werken; auch in meiner Encyclopädie d. Maschinenwesens
Th. I. VI. u. VII. Art. Bohrmaschinen und in folgenden
Schriften:

Machines et Inventions, approuvées par l'Acad. roy. des
sciences à Paris. Tom. III. Paris 1735. 4. p. 81 f. Vil-
lons Machine pour forer les Canons d'Artillerie.

Neue Abhandlungen der Königl. Schwed. Akad. d. Wissenschaften. Bd. III. Leipzig 1782. 8.

G. Monge, Description de l'Art de Fabriquer les Canons. Paris. An II. de la République. 4. p. 153 f.

Beschreibung einer Maschine, große Cylinder für Dampf-
Gebläse- und Wassermaschinen in vertikaler Richtung zu
bohren; im Journal für Fabrik, Manufactur ꝛc. Bd. XXV.
Leipzig 1805. 8. August S. 134 f.

Anleitung zur Verfertigung steinerner Röhren, nebst
Zeichnungen der dazu erforderlichen Maschinen, von Peschel; herausgegeben von J. Riem. Leipzig 1802. 4.

W. Müller, Handbuch der Verfertigung des groben
Geschützes. Göttingen 1807. 8.

J. G. L. Blumhof, Encyclopädie der Eisenhüttenkunde. Bd. I. Gießen 1816. 8. S. 219 f.

Eilfter Abschnitt.
Die Maschinen zum Schleifen und Poliren.
I.
Die Maschinen zum Schleifen.

§. 267.

Die Schleifmaschinen dienen hauptsächlich zum Schleifen oder Glätten von allerley Metallwaare, Glaswaare und Steinen. Bey den meisten Schleifmühlen kommt es darauf an, Wellen in Umdrehung zu setzen, woran runde Schleifsteine und Schleifscheiben befestigt sind, die folglich mit den Wellen zugleich umlaufen. Die zu schleifenden und zu glättenden Sachen werden an diese Steine gehalten. Je nach der Größe und Gestalt der zu schleifenden Sachen weichen auch die Schleifsteine und Schleifscheiben in Hinsicht der Größe und Gestalt von einander ab. Einige haben eine glatte Stirn, andere haben auf der Stirn erhabene Reifen, andere wieder rinnenartige Vertiefungen. So kann man ebene Flächen, runde convexe und concave Flächen darauf schleifen. — Solche Schleifmühlen findet man hauptsächlich in Gewehrfabriken zum Schleifen der Feuerröhren, der Bajonnette, Degenklingen ꝛc. Die Wellen, welche die Schleifsteine und Schleifscheiben enthalten, werden gewöhnlich durch Hülfe von Seilrädern (§. 68.) umgetrieben. Man kann aber auch gezahnte Räder und Seilräder dazu anwenden, die ihre Umdrehung meistens einem Wasserrade verdanken. Die umlaufenden hölzernen, mit Leder oder Filz überzogenen Scheiben dienen zum Poliren.

<dd>355</dd>

Die Steine laufen in hölzernen Trögen um, welche von einer hölzernen Rinne das zum Schleifen erforderliche Wasser empfangen. Jede Rinne gießt ihr Wasser zugleich auf das Zapfenlager der Wellen, um die Zapfen abzukühlen.

<h2 style="text-align:center">§. 268.</h2>

Bey den sogenannten optischen Schleifmühlen, worauf allerley convexe und concave Glaslinsen zu Brillen, Ferngläsern ꝛc. geschliffen werden, kommt es ebenfalls darauf an, Wellen in umlaufende Bewegung zu setzen. Dies geschieht wieder durch Hülfe von Seilrädern oder gezahnten Rädern, welche man entweder mit der Hand durch Umdrehen eines Schwungrades oder mit dem Fuße durch Treten eines Brets (das vermöge eines Lenkarms mit einer Kurbel oder gekröpften Welle verbunden ist) in Thätigkeit bringt. Das Ende jeder umlaufenden horizontalen Welle enthält eine Hülse, worin die Schleifschüsseln oder Schaalen, welche die Bildung der Gläser verrichten, befestigt werden. Man hält die Glasstücke mit den bloßen Fingern, oder auf Stöcke gekittet, gegen die Schaalen. Man wendet übrigens dabey erst groben Sand, dann feinen geschlämmten Sand, zum Poliren aber Trippelerde an.

Große Glas-Schleifmaschinen sind die Spiegelschleifmühlen, worauf die geblasenen oder gegossenen Spiegeltafeln (Glastafeln) geschliffen werden. Unter einen Kasten ist gewöhnlich eine Glastafel gekittet und diese Glastafel wird mit dem Kasten auf einer andern Glastafel, die auf einen recht ebenen Tisch gekittet ist, hin und hergerieben. Zwischen die Flächen des

23 *

Tafel ſtreut man erſt feinen Sand, hernach Schmirgel. Das Hin- und Herreiben des mit Gewichten beſchwer- ten Kaſtens muß nun eben die Maſchine verrichten. Wenn an der Welle eines Waſſerrades ein Kammrad ſitzt, welches in einen ſtehenden Trilling greift, und wenn oben an der Welle dieſes Trillings eine Kurbel ſich befindet, ſo kann dieſe Kurbel vermöge eigner Zug- ſtangen (wie §. 74 f.) das Hin- und Herziehen der Käſten verrichten. Auch möchte wohl der gezähnte Rahmen (§. 81.) dazu recht brauchbar ſeyn.

Die Einrichtung der Diamantſchleifmaſchine und änderer Stein-Schleifmühlen beruht in Hinſicht des Mechanismus ebenfalls, wie die Metall-Schleifmühlen und optiſchen Schleifmaſchinen, auf das Hervorbringen von ſchnellen Achſen-Umdrehungen.

II.
Die Maſchinen zum Poliren.

§. 269.

Bey den meiſten Polirmaſchinen oder Polir- mühlen, hauptſächlich zum Poliren von Metallwaare, von Steinen, Gläſern ꝛc. müſſen eben ſo, wie die Schleifſteine in den Schleifmühlen, Polirſcheiben, d. h. hölzerne an Wellen ſteckende Scheiben, die oft mit Leder oder Filz überzogen ſind, in ſchnelle Umdre- hung geſetzt werden. Man hält die zu polirenden Sa- chen, mit Beyhülfe von allerley Polirpulvern (feinen Sand, Trippel, Zinnaſche ꝛc.) an die umlaufenden Scheiben. Schleifmaſchine und Polirmaſchine iſt dann meiſtens eine und dieſelbe Maſchine. Befindet ſich z. B. an der Welle eines Waſſerrades ein Stirnrad, welches

in ein Getriebe greift, so kann die Welle dieses Getriebes die Schleiffsteine enthalten, zugleich aber auch ein
Seilrad, welches mittelst einer Schnur ohne Ende (oder
eines Riemens ohne Ende) ein kleineres Seilrad herumbewegt, dessen Welle die Polirscheiben enthält.

Mittelst eines Kastens (wie §. 268.), der unten
mit Leder bezogen und durch dieselbe Maschinerie, wie
zum Schleifen, hin- und hergezogen wird, kann man
die Spiegeltafeln poliren oder nach dem Schleifen glän-
zend machen. Sollen die Haupttheile bey den Polirmaschinen Stangen seyn, die mit ihrem obern Ende
um ein Scharnier beweglich sind, an ihrem andern
Ende aber flache oder runde mit Leder oder Filz über-
zogene Theile, blanke stählerne Wälzchen, blanke Polirsteine u. d. gl. enthalten, so können diese ebenfalls durch
Kurbeln und Zugstangen (§. 74 f.) auf den zu polirenden Sachen hin- und hergezogen werden.

In meiner Encyclopädie des Maschinenwesens Th. III.
IV. und VII. Art. Schleifmühlen und Polirmaschinen sind diese Maschinen ausführlicher beschrieben. Die
Cylindermaschinen zum Glätten der Zeuge, des Papiers ꝛc.
rechne ich nicht mit hierher. — Außerdem nenne ich noch:

J. M. Beyers Theatrum machinarum molarium. Th. I.
Dresden 1735. Fol. S. 109 f.

Philosophical Transactions. Vol. LXVII. London 1774. 4.
S. 296 f. John Mudge's Schleifmaschine zu metallenen
Spiegeln.

J. L. Späth, Beschreibung des Baues und des Effekts
einer Polirmühle. Erfurt 1788. 4.

C. E. A. Behrens praktische Mühlenbaukunst. Schwerin
1789. 4. S. 224 f.

Palot des Charmes Maschine zum poliren und Zu-
richten der Spiegelgläser rc.; in J. A. Hildts Handlungs-
zeitung. Jahrg. VI. Gotha 1789. 8. S. 115 f.

A. W. Köhlers Bergmännisches Journal. Jahrg. 1791.
Bd. II. S. 98 f. Eine Diamantschleifmühle.

Beschreibung der optischen Schleifmühle des Abts Tof-
foli; a. d. Ital. übers. v. G. Huth. Berlin 1796. 8.

Zwölfter Abschnitt.
Die Dampfmaschinen.

§. 270.

Die Erfindung der Dampfmaschinen (ehedem
auch oft Feuermaschinen genannt) gehört ohnstreitig unter die allermerkwürdigsten Erfindungen, die
wohl je auf Erden gemacht worden sind. Die Dampfmaschine ist eine Maschine, welche durch Dämpfe
von kochendem Wasser (§. 128.) in Bewegung gesetzt
wird. Die Kraft dieser Dämpfe ist so ungeheuer, daß
eine einzige Dampfmaschine zur Erzeugung und Erhaltung von Bewegungen oft eben so viel ausrichtet,
als hundert Pferde dazu auszurichten vermöchten.

Vorzüglich ist England das Land der Dampfmaschinen. Sie müssen da nicht bloß in den Bergwerken
unzählig viele Wasserpumpen in Bewegung setzen, sondern fast in allen größern Fabrikanstalten sind sie thätig,
um fast alle Arten von Maschinen zu treiben, wozu
man ehedem Menschen, oder Thiere, oder Wasserräder
oder Windflügel anwandte. In Wollen- und Baum-
wollenmanufakturen bewegen die Dampfmaschinen alle
Kratz-, Spinn-, Webe- und Scheermaschinen; auf Hüt-

tenwerken bewegen fie die Balgmafchinen, die Schmiede=
Walz= und Stampfwerke; in Münzen, in Papierfabri=
ken, in Steingutfabriken, in großen Brauereyen ꝛc.
ſetzen ſie alle diejenigen Theile in Aktivität, welche das
Verarbeiten der verſchiedenen Materialien bewirken müſ=
ſen. Sie betreiben Mahlmühlen, Stampfmühlen, Säg=
mühlen, Bohrmühlen, Schleifmühlen, kurz alle mög=
liche Arten von Mühlen. Auf dem Waſſer ſetzen ſie
ſogar Schiffe, auf dem Lande Wagen in Bewegung;
u. d. gl. m.

I.
Die älteren Dampfmaſchinen.

§. 271.

Die älteſte Dampfmaſchine ſoll der engliſche Kapi=
tain Savary um's Jahr 1699 erbaut haben. Sie be=
ſtand aus einem Saug= und Druckwerke, in welches
durch Oeffnung und Schließung von Hahnen Waſſer=
dämpfe hineingelaſſen wurden. Dieſe Dämpfe trieben
Waſſer unmittelbar in die Höhe; ſie wurden aber durch
Berührung des Waſſers verdichtet, worauf der Druck
der Atmoſphäre von neuem Waſſer aus der Tiefe in
die Saugröhre preßte; u. ſ. f.

Indeſſen verdiente dieſe Vorrichtung kaum den Na=
men einer Dampfmaſchine; erſt im Jahr 1711 erfand
ein Eiſenhändler Thomas Newcomen eine andere
Maſchine, welche als die erſte eigentliche Dampfmaſchine
angeſehen werden kann. Nach ihr wurden wirklich
mehrere Maſchinen ins Große gebaut; auch brachten
verſchiedene Männer ſchon manche Verbeſſerungen bey
ihr an.

§. 272.

Die Einrichtung einer solchen alten Dampfmaschine war folgende: In einem auf einem Feuerheerde fest verwahrten starken Kessel, wird durch Feuer Wasser in Dampf verwandelt, welcher in einen großen eisernen Cylinder dringt. In diesem Cylinder läßt sich ein dichter Kolben auf und nieder bewegen, woran eine Gelenk-kette sich befindet, die an das eine Ende eines starken Hebels oder Waagbaums befestigt ist. Am andern Ende des Waagbaums sind wieder andere Ketten angebracht, mit Kolbenstangen, woran Pumpenkolben in Saugpumpen auf- und niederspielen, etwa um Wasser aus der Tiefe herauszuheben. Damit aber der Kolben in dem Dampfcylinder auf eine gewisse Höhe komme, so wird derjenige Arm des Waagbaums, woran die Pumpenstangen hängen, so stark belastet, daß er auf dieser Seite, ehe das Spiel der Maschine beginnt, immer das Uebergewicht hat. Es steht dann das andere Ende des Waagbaums in der Höhe und der Kolben im Hauptcylinder nimmt die oberste Stelle des Cylinders ein. Sobald nun Dämpfe aus dem Kessel unter den Kolben geströmt sind, und der Kolben seine höchste Stelle erreicht hat, so schiebt eine besondere mechanische Vorrichtung einen Deckel oder Schieber, den sogenannten Regulator, vor die untere Oeffnung der Röhre, welche den Cylinder mit dem Kessel verbindet, so, daß nun weiter keine Dämpfe aus dem Kessel herbey kommen können. Dieselbe mechanische Vorrichtung öffnet zugleich den Hahn einer andern Röhre (eine Spritz-röhre oder Injectionsröhre) durch welche kaltes Wasser in den Cylinder gespritzt wird. Das Wasser ſtößt gegen bie untere Fläche des Kolbens, fällt in Geſtalt eines Regen zurück und verdichtet den Waſſerdampf, d. h. entzieht dieſem den Wärmeſtoff und verwandelt ihn wieder in Tropfen. Dadurch entſteht in dem Cylinder ein luftleerer Raum, ſo daß der aufgezogene Kolben durch den Druck der äußern Luft augenblicklich niedergetrieben wird. Bey dieſer herunterwärts gehenden Bewegung des Kolbens wird zugleich der Regulator geöffnet, ſowie der Hahn in der Waſſer-Spritzröhre verſchloſſen. Neue Dämpfe ſtrömen nun in den Cylinder unter den Kolben und treiben dieſen in die Höhe. Wenn er oben angekommen iſt, ſchließt ſich der Regulator, der Hahn in der Spritzröhre öffnet ſich wieder; das Waſſer vernichtet die Dämpfe wieder, und erzeugt unter dem Kolben den luftleeren Raum, der Druck der atmoſphäriſchen Luft preßt den Kolben wieder herunter; und ſo geht das Spiel der Maſchine beſtändig fort.

Um zu ſehen, ob der Dampfkeſſel Waſſer genug enthalte, ſo giengen zwey mit Hahnen verſchloſſene Röhren, die Proberöhren, in den Keſſel hinein. Die längere tauchte in das Waſſer des Keſſels, die kürzere in Dampf. Gab nun die erſtere bey Oeffnung ihres Hahns Dampf, ſo war dies ein Zeichen, daß der Keſſel zu wenig Waſſer enthielt; gab die andere bey Oeffnung ihres Hahns Waſſer, ſo deutete dies auf zu viel Waſſer in dem Keſſel. In beyden Fällen mußte durch beſondere in dem Keſſel angebrachte Oeffnungen, die man nach Willkühr öffnen und verſchließen konnte, Waſſer zugelaſſen oder abgelaſſen werden.

Die dampfdichte Verschließung, namentlich die Umgebung des Kolbens, war anfangs von Leder gemacht, welches durch etwas über dem Kolben stehendes Wasser feucht erhalten wurde. In der Folge hat man mit besserem Erfolg sich dazu des Wergs oder Hanfs bedient.

§. 273.

So konnte nun allerdings durch abwechselndes Oeffnen und Schließen der Hahnen ein stetes Kolbenspiel und die Bewegung der Maschine unterhalten werden. Die Maschinerie zum Oeffnen und Schließen der Hahnen, welche durch einen besondern von einem Bogen des Waagbaums herabhängenden Baume (dem Steuerbaume) in Aktivität kam, nannte man Steuerung. Sie ist in der Folge verschiedentlich abgeändert worden. Das in dem Cylinder nach und nach angesammlete Injectionswasser konnte nahe am Boden durch einen Hahn abgelassen werden. Ein eignes Gefäß versah die Injectionsröhre mit Wasser. Eine von der Maschine getriebene Pumpe konnte dies Gefäß stets voll erhalten, wenn kein natürlicher Zufluß des Wassers da war.

Begreiflich macht bey dieser Dampfmaschine der Druck der Luft auf den Kolben des Dampfcylinders die bewegende Kraft aus und die Dämpfe dienen blos dazu unter dem Kolben einen luftleeren Raum zu erzeugen. Jene bewegende Kraft muß also wohl im geraden Verhältniß der Grundfläche des Kolbens und ihr mechanischer Effekt im Verhältniß des Kolbenhubs stehen. Vergrößerte man den Cylinderraum, so vermehrte man natürlich den Effekt der Maschine. Aber der Aufwand von Brennmaterial war bey diesen Maschinen unge-

heuer groß, weil die Dämpfe recht eigentlich verschwendet wurden; denn jede große Dampfmaschine, wie man
sie in Kornwallis errichtete, verbrauchte jährlich für
3000 Pfund Sterlinge Steinkohlen; anderer Unvollkommenheiten, die eine Abhülfe heischten, nicht einmal zu
gedenken. Viele gute mechanische Köpfe strengten sich
daher an, die Dampfmaschine in einem andern vollkommnern Baue darzustellen; dies glückte dem berühm-
ten Watt auch bald so sehr, daß seine neuen Maschinen, die er in Verbindung mit dem eben so geistrei-
chen Boulton zum Vorschein brachte, bey gleichem
Effekt mit den Newcomenschen Maschinen, gegen $\frac{3}{4}$ bis $\frac{4}{5}$
der Feuerungskosten sparten.

In London hatte man eine Newcomensche Dampfmaschine erbaut, deren Cylinder 30 englische Zoll weit und 9
Fuß hoch war. Der Druck der Luft auf den Kolben war
da einem Gewicht von 9600 Pfunden gleich. In 24 Stunden schaffte die Maschine 115200 Parifer Kubikfuß Wasser
in Pumpen empor, die sie betrieb.

II.
Die neuen Dampfmaschinen.
§. 274.

Die erste Verbesserung, die Watt mit den Dampfmaschinen vornahm, bestand darin, daß er die Bewegung des Kolbens nicht mehr durch den Druck der Atmosphäre, sondern durch den Druck der Dämpfe selbst
verrichten, und daß er die Dämpfe nicht unmittelbar
in dem großen Hauptcylinder, sondern in einem eignen
Gefäße, dem Condensator, verdichten ließ. Die
Dämpfe aus dem Kessel strömten durch eine Röhre oben

in den Cylinder und drückten den Kolben nieder. War letzterer unten in dem Cylinder angekommen, so öffnete sich zur Seite ein Ventil, das die Dämpfe aus dem Cylinder heraus und in den Condensator streichen ließ, zugleich schloß sich oben die Dampfzuführungsröhre. Durch das Uebergewicht des Waagbaums nach der andern Seite hin, stieg dann der Kolben wieder in die Höhe. Hatte er seine höchste Stelle erreicht, so öffnete sich oben die Dampfzuführungsröhre wieder, unten die Dampfabführungsröhre verschloß sich und nun wurde der Kolben durch die Gewalt der Dämpfe wieder niedergedrückt; u. s. f. Die Dampfabführungsröhre gieng in den Condensator hinein, welcher kaltes Wasser enthielt. Hier verloren die Dämpfe ihren Wärmestoff und wurden selbst wieder zu Wasser.

Später verbesserte Watt die Dampfmaschinen dadurch noch bedeutend, daß er den Kolben blos durch die Dämpfe sowohl niederdrücken, als auch emporheben ließ, indem die Dämpfe abwechselnd bald über, bald unter den Kolben strömten. Nun fiel ein großer Theil der zu bewegenden Hindernißlast hinweg; das ganze Spiel der Maschine wurde gleichförmiger und alle Theile der Maschine, namentlich Cylinder, Kolben und Kessel, konnten jetzt bey einerley Effekt kleiner gemacht werden, welches eine große Ersparniß an Dämpfen und an Brennmaterial zur Folge hatte.

§. 275.

Mit Beyhülfe der Fig. 1. Taf. VI. wird folgende Beschreibung von dieser Wattschen Dampfmaschine einen deutlichen Begriff geben. In dem sehr genau aus-

gebohrten Hauptcylinder oder Dampfcylinder *ab* läßt
sich her mit Werg oder Hanf geliederte Kolben an der
Kolbenstange auf und nieder bewegen. Die Kolbenstange geht oben bey *h* dampfdicht durch die Stopf-
büchse, welche gleichfalls mit Werg ausgelegt ist.
Den Kolben *m* sollen nun die in dem Kessel entwickelten Dämpfe schnell hinter einander abwechselnd auf-
und niedertreiben.

Die Röhre *cc* kommt von dem Kessel her, dessen
Deckel fest aufgeschraubt ist. Von ihr geht in der Nähe
des Cylinders ein Röhrenzweig hinweg und zwar herunterwärts nach der Röhre *i* hin. So stellt *cc* sowohl
mit dem obern Theile *b*, als auch mit dem untern Theile *i*
des Cylinders eine Verbindung her. An der Stelle,
wo *cc* sich in die Röhre *b* erstreckt, ist in dem erweiterten Raume *o* ein Ventil angebracht, und eben so an
derjenigen Stelle, wo die Röhre *d* sich in die Röhre *i*
erstreckt, bey *z*. Die Röhre *b* krümmt sich bey *z'*,
wo in dem Winkel wieder eine Erweiterung mit einem
Ventile ist. Dieselbe Bewandniß hat es mit der Röhre *i*,
welche bey *o'* ein Ventil enthält. Mit *bz'* ist die Röhre *e*
und mit *io'* die Röhre *o'n* verbunden. Sowohl jene,
als diese geht in den mit kaltem Wasser gefüllten
Condensator (der mit der punktirten Linie in der
Figur angedeutet worden ist).

Befindet sich der Kolben *m* ganz oben in dem
Cylinder, so müssen die Ventile *o* und *o'* offen, die
Ventile *z* und *z'* aber verschlossen seyn. Strömen nun
Dämpfe aus dem Kessel durch die Röhre *cc* herbey, so
kommen diese durch die Ventilöffnung *o* in die Röhre
b und können, weil *z'* verschlossen ist, keinen andern

Weg nehmen, als oben in den Cylinder hinein. Sie
drücken da auf den Kolben und pressen ihn nieder. Waren noch Dämpfe unter dem Kolben, so konnten diese
dem Drucke des niedersinkenden Kolbens durch das offene
Ventil o' ausweichen. In dem Condensator, wo sie
ihren Wärmestoff an das kalte Wasser absetzten, wurden sie selbst wieder zu Wasser. Sobald der Kolben
unten in dem Cylinder angekommen ist, so schließen sich
die Ventile o und o', die Ventile z und z' aber öffnen
sich. Der Dampf in cc, der nun nicht mehr durch o
kann, nimmt jetzt seinen Weg durch die Röhre d, durch
die Ventilöffnung z, und strömt (weil er nicht durch o'
kann) bey i in den Cylinder hinein, drückt unter den
Kolben und treibt diesen in die Höhe. Die Dämpfe über
dem Kolben können diesem Drucke weichen; sie ziehen
durch b und z' in die Röhre e hinein und kommen bey f
in den Condensator. So wie der Kolben oben angekommen ist, schließen sich die Ventile z und z' wieder,
die Ventile o und o' aber öffnen sich, die Dämpfe, welche
durch o kommen, pressen den Kolben wieder herunter;
und so geht das Spiel der Maschine beständig fort.

Die Röhre f ist mit einer Pumpenröhre g verbunden, die unten ein Ventil hat. So bildet diese Vorrichtung ein einfaches Saugwerk, die Warmwasser-
pumpe, durch welche das aus den Dämpfen ent-
standene heiße Wasser in die Höhe gepumpt und durch
eine eigne Röhre in den Kessel zurückgeführt wird.

Die Kolbenstange ist steif von Eisen. Ihr oberes gezähntes Ende greift in den ebenfalls gezähnten Bogen des Waagbaums. Die Ventile sind gut schließende Kegelventile. Man
kann aber auch doppelt durchbohrte Hähnen anwenden, wel-

che von der Steuerung gedreht werden. Winkelhebel und Wälzchen mit Schnüren, die sich nach verschiedenen Richtungen umschlingen u. d. gl. machen gewöhnlich die Haupttheile bey der Steuerung aus.

§. 276.

Anfangs richtete Watt diese Dampfmaschine so ein, daß sich das Ventil o, welches die Dämpfe über den Kolben streichen läßt, nicht eher schloß, als bis die Dämpfe den Kolben ganz hinuntergedrückt hatten. Später machte er die Maschine so, das jenes Ventil nur so lange offen bleibt, bis der Kolben ohngefähr um ein Viertheil der Länge des Cylinders hinabgedrückt ist. Alsdann schließt sich das Ventil bey O. Neue Dämpfe kommen nun nicht mehr hinzu; aber die in dem Cylinder eingeschlossenen fahren doch fort, sich auszudehnen und den Kolben niederzudrücken. Letzteres geschieht freylich mit abnehmender Kraft; indessen muß diese zu der erforderlichen Wirkung immer hinreichend seyn. Man hat dann nur den vierten Theil von Dämpfen nöthig, folglich kann man einen viel kleinern Siedekessel anwenden und braucht nicht mehr so viele Feuerung. Es kam nur darauf an, der Maschine eine solche Einrichtung zu geben, daß sie doch noch dieselbe Last zu heben oder denselben Widerstand zu überwältigen im Stande war.

In dieser Absicht mußte das Moment der Last in demselben Grade verringert werden, als sich bey jeder neuen Einrichtung die Kraft der Dämpfe verminderte. Wirklich erreichte Watt diesen Zweck auf folgende Art. An die Stelle des Waagbaums setzte er zwey ungezahnte Räder neben einander. Der mittelst einer

Gelenkkette von der Peripherie des einen Rades herabhängende Kolben treibt mittelst einer horizontalen Stange, die an dem Ende eines Rad-Halbmessers sitzt, das
andere Rad und das daran befindliche Gestänge. Beym
anfänglichen Niedergange des Kolbens bleibt das Ende
jenes Rad-Halbmessers, welcher das Fortschieben der
horizontalen Stange verrichtet, von dem horizontalen
Durchmesser des Rades ziemlich gleich weit entfernt.
Beym fortgesetzten Sinken kommt dies Ende dem horizontalen Durchmesser immer näher. Bey dem andern
Rade, welches sich nach derselben Gegend zu, wie jenes
hindreht, findet in Hinsicht des Entfernens vom horizontalen Durchmesser gerade das Gegentheil statt. —
Daß die Ketten bey dieser Bewegung stets auf den Peripherien der Räder bleiben, versteht sich von selbst.

Wird der Kolben bey einem 2 Fuß hohen Dampfcylinder
nur 2 Fuß tief durch die volle Kraft der Dämpfe niederge-
preßt, so verhält sich (nach Watts eignem Bericht) der
Effekt dieser neuen Maschine zum Effekt der ältern wie
200 : 57. Man bezweckt also hier mit dem vierten Theil
der Dämpfe und der Feuerung beynahe noch einmal so viel,
als bey der alten Maschine.

Ueberhaupt kann man sich von dem gewaltigen Effekt einer neuen Dampfmaschine einen Begriff machen, wenn man
weiß, daß bey einem Scheffel darin consumirter Steinkohlen die Maschine des Fabrikanten Boulton zu Birming-
ham 30 Millionen Pfund Wasser einen Fuß hoch, oder 3
Millionen Pfund Wasser 10 Fuß emporgehoben werden kann.
Ein Scheffel Steinkohlen giebt auf einer solchen Maschine
so viele bewegende Kraft her, als zehen starke Pferde in einer Stunde anzuwenden vermögen; sie treibt 1000 bis 1200
Spindeln in der Baumwollenmanufaktur, mahlt 11 bis 12
Scheffel Weitzen in einer Stunde, oder 266 Scheffel Malz
zum Bierbrauen.

§. 277.

Ein höchst wesentlicher Theil der Dampfmaschine ist noch das auf dem Deckel des Keſſels angebrachte Sicherheitsventil, wodurch man die Gefahr des Zerſpringens möglichſt zu verhüten ſucht. Die Dämpfe in dem Keſſel, deſſen Deckel feſtgeſchraubt iſt, üben nämlich auf die Wände des Keſſels, vermöge ihrer großen ausdehnenden Kraft, einen ſehr ſtarken Druck aus. Iſt nun bey fortgeſetzter Verdichtung der Dämpfe und noch weiterer Vergrößerung ihrer Elaſticität, der Keſſel nicht ſtark genug, einer ſolchen ausdehnenden Kraft zu widerſtehen, ſo muß er davon zerſprengt werden, und dies kann denn viel Unglück verbreiten, wie die Erfahrung leider! ſchon oft gelehrt hat.

Das Sicherheitsventil in dem Deckel des Keſſels, welches eine ſolche Gefahr verhüten ſoll, iſt gewöhnlich von Eiſen, wie ein Kegel geſtaltet (ein Kegelventil) und genau in ſeine kegelförmige Oeffnung eingeſchloſſen. Es wird von einem Gewicht belaſtet, welches ſo ſtark drückt, daß es mit dem Drucke der Atmoſphäre den Druck der innern Dämpfe auf ſeine Grundfläche übertrifft. Werden aber einmal die Dämpfe im Keſſel gar zu ſtark, ſo öffnen ſie das Ventil von ſelbſt; und ſo viele von ihnen ſtrömen heraus, bis das Gleichgewicht von Innen und von Außen wieder hergeſtellt iſt, wo denn das Ventil wieder zufällt. — Nöthigen Falls kann man das Ventil auch durch eine kleine Welle mit angelegtem Stift öffnen.

Man hat das Springen des Keſſels auch dadurch zu verhüten geſucht, daß man in dem Ofen einen eigenen Schieber anbrachte, um damit den Luftzug abzu=

24

schließen und die Hitze zu vermindern, wenn die Dämpfe
in dem Keſſel zu ſtark werden ſollten. Um das Zer-
ſpringen des Keſſels ganz unmöglich zu machen, ſo
hat man mehrere Löcher in den Deckel des Keſſels gebohrt und mit einem leichtflüſſigen Metalle (z. B. einer
Compoſition von Bley und Zinn) lauter Zapfen in dieſe
Löcher gelöthet. Die Gewalt der Dämpfe kann nun
nie ſo groß werden, daß der Keſſel ſpringt, wenn etwa
das Sicherheitsventil ſeinen Dienſt verſagen ſollte.
Denn ehe dies geſchieht, wird das Loth durch die Hitze
der Dämpfe geſchmolzen, die Zapfen fliegen heraus und
die Dämpfe finden freyen Ausweg. Freylich ſind dann
alle Dämpfe des Keſſels verloren und die Maſchine
ſteht ſtill.

§. 278.

Von den mannigfaltigen neueſten Verbeſſerungen der
Dampfmaſchinen will ich nur einige anführen. Arthur
Woolf fand, daß Waſſerdampf von 5 Pfund Kraft
auf den Quadratzoll ſich bis zum fünffachen ſeines
Raumes; ſolcher von 6, 7, 8, 9 oder 10 Pfund Kraft
auf den Quadratzoll bis zum ſechs- ſieben- acht- neun-
und zehnfachen ſeines Raumes ausdehnen konnte, daß
er dann an drückender Kraft immer noch der Atmoſphäre
gleich und noch im Stande war, kräftig genug gegen
den Kolben einer Dampfmaſchine zu wirken, um die
auf- und niederſteigende Bewegung deſſelben zu veran-
laſſen. Auch fand er, daß jenes Geſetz beynahe gleichförmig ſo fortgieng, daß alſo Dampf von 20, 30, 40,
50 ꝛc. Pfund auf den Quadratzoll des Sicherheitsventils
ſich mit gleicher Wirkung um das zwanzig- dreißig-

vierzigs fünfzigfache 2c. feines Raumes ausdehnen könne und nachher doch noch Elasticität genug behalte, um sich mit dem Drucke der Atmosphäre ins Gleichgewicht zu stellen. Die Zerbrechlichkeit der Materialien, woraus der Dampfkessel und die übrigen Theile der Maschine bestehen, setzt nur der Verdichtung oder Verstärkung des Dampfs gewisse Gränzen.

Dieser Entdeckung zu Folge benutzt Woolf den Dampf zweymal. Er führt ihn nämlich von hoher Temperatur, z. B. von 40 Pfund Kraft auf den Quadratzoll, in einen Cylinder und wenn er da gewirkt hat, in einen andern Cylinder von einem 40mal größern Inhalt, wo er durch Condensiren auf die gewöhnliche Art wirken muß. Er giebt aber dem gewöhnlichen Dampf die nöthige höhere Temperatur erst dann, wenn er in den Cylinder getreten ist, in welchem der Kolben sich befindet. In dieser Absicht umgiebt er den Cylinder mit einem Dampfgehäuse, worin die Dämpfe ihre hohe Temperatur auf verschiedene Art durch äußere Feuerung erhalten.

§. 279.

In einigen der neuesten Dampfmaschinen hat man auch den Dampfkessel weggelassen und seine Stelle durch mehrere gehörig mit einander verbundene Röhren ersetzt. Dieses Röhrensystem hat vor den gewöhnlichen Dampfkesseln die wichtigen Vorzüge, daß es viel weniger Raum einnimmt, verhältnißmäßig gegen den Kessel von gleicher Wirkung nur wenig Wasser enthält, dem Feuer eine verhältnißmäßig größere erhitzte Oberfläche darbietet und eine viel größere Sicherheit gegen das

Zerspringen gewährt, als selbst der allerstärkste Dampfkessel. So kann denn selbst eine Dampfmaschine mit
hohem Druck (mit erhöhtem oder verstärktem Dampfe)
ohne die gewöhnliche Gefahr betrieben werden. Der
Kolben des Dampfcylinders hat nicht die gewöhnliche
Liederung von Hanf; sondern er schließt mittelst zweck-
mäßig eingerichteter Stahlfedern an die Cylinderwand,
wodurch die Liederung ungleich dauerhafter wird, durch
die Hitze stark gespannter Dämpfe nicht leidet und weniger Reibung verursacht. — Mit derselben Maschine
ist zugleich eine neue Steuerungsart der Hahnen verbunden.

Die einfachste Dampfmaschine ist ohnstreitig diejenige ohne Hähnen und ohne Ventile, wo neben dem
Hauptcylinder und parallel mit ihm eine Röhre verbunden ist, die durch zwey Seitenröhren, oben und unten, mit dem Hauptcylinder Gemeinschaft hat. In
dieser Röhre sind an einer Kolbenstange zwey Kolben
beweglich, welche die Stelle der Hahnen oder Ventile
vertreten; denn abwechselnd schließt und öffnet der eine
und der andere den Dampfzugang zu der obern und
untern Seitenröhre, um den Dampf abwechselnd bald
oben, bald unten in den Cylinder hineindringen zu
lassen, damit der Kolben desselben bald hinunter, bald
hinauf gedrückt werde. Zwey Dampfabführungsröhren
leiten auch hier den Dampf, so wie er seine Dienste gethan hat, in den Condensator.

III.

Anwendung der Dampfmaſchinen zur Treibung von allerley Maſchinen, auch zur Treibung von Schiffen und Wagen.

§. 280.

Soll die Dampfmaſchine Pumpen betreiben, ſo braucht der Waagbaum nur mit einem Geſtänge und mit Kunſtkreuzen (wie §. 77 f.) verbunden zu ſeyn. Die Kolbenſtange des Dampfcylinders iſt auch wohl gleich mit dem einen Arme eines Kunſtkreuzes in Verbindung gebracht, um daſſelbe durch ſein Auf- und Niederſteigen in Aktivität zu ſetzen. Bey vielen Maſchinen, welche die Dampfmaſchine betreiben ſoll, z. B. bey allen Arten von Mühlen, bey Krempelmaſchinen, Spinnmaſchinen ꝛc. muß die geradlinichte Bewegung der Kolbenſtange des Dampfcylinders in eine drehende, kreisförmige Bewegung verwandelt werden. Dies geſchieht meiſtens dadurch, daß man eine von dem Arme eines Kunſtkreuzes ausgehende Stange mit dem Griffe (der Warze) einer Kurbel verbindet, die nun dadurch umgedreht wird. Die umlaufende Welle dieser Kurbel kann ein gezähntes Rad, oder ein Seilrad enthalten, um dadurch auf die bekannte Weiſe die bewegende Kraft nach ſolchen Theilen hin fortzupflanzen, welche (nach §. 68 f.) in eine drehende Bewegung verſetzt werden ſollen.

Jeder große Brauer in London hat ſogar eine Dampfmaſchine von der kleinern Art. Dieſe Dampfmaſchine verrichtet ihm gar viele Arbeiten, führt ihm z. B. das nöthige Waſſer herbey, ſetzt die Malzſchrotmühlen in Bewegung;

rührt das Malzschrot in dem Maischbütten um; pumpt das
Bier aus einem Gefäße ins andere 2c. — Die wohlfeilste
Dampfmaschine, woran alle Haupttheile, selbst der Dampfcylinder, von Holz find, ist diejenige des Grafen Buequoi
in Prag. In Brauereyen, Färbereyen, zum Entwässern
und Bewässern von Ländereyen und zu manchen andern
ähnlichen Zwecken kann sie gewiß mit Nutzen angewendet
werden.

§. 281.

Die Dampfschiffe, Dampfboote oder Schiffe,
die durch Dampfmaschinen, selbst gegen den Strom
eines Flusses, getrieben werden, sind seit einigen Jahren
sehr berühmt geworden. Die Erfindung solcher Dampfschiffe schreibt man bald dem Schottländer Clarke,
bald dem Amerikaner Fulton zu. Auf den englischen
und amerikanischen Schiffen sind sie wenigstens beynahe
zu gleicher Zeit in ziemlich starken Gebrauch gekommen.
In Frankreich und in Deutschland (z. B. auf der Elbe
und Donau) bedient man sich ihrer jetzt gleichfalls
hin und wieder.

Es kommt bey den Dampfschiffen hauptsächlich darauf an, daß die auf dem Fahrzeuge befindliche Dampfmaschine ein Paar (wie unterschlächtige Wasserräder
eingerichtete) Schaufelräder in eine umdrehende
Bewegung setzt, die, mit ihren Schaufeln verhältnißmäßig tief in das Wasser gesenkt, die Stelle von Ru-
dern vertreten. Wiegt nun die auf- und niedersteigende
Kolbenstange des Dampfcylinders den Waagbaum auf
und nieder oder das Kunstkreuz hin und her, und geht
von dem Arme des letztern eine Stange (wie die Korbstange eines Kunstrades) nach der Kurbel der Schau-

felrads-Welle, so wird diese, folglich auch das Schau-
felrad selbst umgedreht.

Die Schaufelräder sind ohngefähr 8 bis 11 Fuß hoch und
3 bis 4 Fuß breit; sie tauchen etwa den vierten Theil ihrer Schaufeln in's Wasser. Die Anzahl der Schaufeln eines
Rades ist 8 bis 10. Mehr Schaufeln würden nur ein lang-
sames Fortbewegen bewirken. In einer Minute geht jedes
Rad ohngefähr 30 mal um. Oft macht ein Dampfschiff 20
englische Meilen in einer Stunde. Ist der Durchmesser jedes Schaufelrades 8 Fuß 10 Zoll, die Breite 4 Fuß, und
macht die Dampfmaschine in einer Minute 45 Kolbenzüge
(die 22 Zoll Hub haben), so. legen sie mit ihrer Peripherie
in einer Stunde 13 englische Meilen zurück. Der Cylinder einer solchen Dampfmaschine hat ohngefähr 22 Zoll im
Durchmesser. Die Länge eines Dampfschiffes geht gewöhnlich von 40 bis 90 Fuß, die Breite auf der Mitte des obern
Verdecks von 11 bis 15 Fuß.

§. 282.

In der Mitte des Schiffes befindet sich die Dampfmaschine. Der Siedekessel von gegossenem Eisen nimmt
die rechte Seite ein, der Cylinder mit der zu ihm gehörigen Vorrichtung die linke. Die Schaufelräder stehen nicht genau in der Mitte der Schiffslänge, sondern
etwas mehr vorwärts. Der Rauch des zur Unterhaltung des Dampfkessels nöthigen sehr heftigen Feuers
steigt durch eine weite cylindrische Röhre von sehr dich-
tem geschmiedetem Eisen empor. Diese Röhre dient
zugleich als Mastbaum und trägt an der Segelstange
ein großes Segel. Eine eigne kleine Pumpe versieht
den Kessel mit Wasser. Die Kolben des Cylinders haben gewöhnlich eine genau anschließende Federliederung.

Man macht die Dampfmaschinen nicht gern zu groß, damit sie das Schiff (das doch noch andere Lasten tragen soll) nicht zu sehr beschweren. Man läßt ihre Kraft der Stärke von 14 bis 16 Pferden gleich seyn. — Gewöhnlich kostet die Maschine so viele mal 50 Pfund Sterlinge, als sie Pferde repräsentirt.

§. 283.

Unter dem Namen Dampfpferde (Steam-Horses) hat man in England schon seit etlichen Jahren durch Dampfmaschinen in Bewegung gesetzte Wagen eingeführt, welche zum Transport der Steinkohlen auf Eisenwegen (§. 196.) laufen. Bey der Stadt Leeds sind mehrere solcher Dampfwagen in ununterbrochener Bewegung. Ein solcher Wagen zieht eine Last von 1500 Centnern Steinkohlen von den Gruben bis zur Kanalablage 3 englische Meilen weit.

Die Lasten, welche der Dampfwagen ziehen soll, werden auf besondere einfache, auf vier Rädern ruhende und auf den Schienen der Eisenbahn laufende Lastwagen geladen. Diese Wagen werden durch kurze Ketten, der nächste mit dem Dampfwagen, die folgenden einer mit dem andern, in Verbindung gesetzt.

Auch in Schlesien ist wenigstens schon ein solcher Dampfwagen zum Transport von Steinkohlen in Thätigkeit. Er ist aber einer von der kleinsten Art; denn er bewegt nur eine Last von 50 Centnern fort, durchläuft mit derselben in einer Minute einen Raum von 50 Schritten und consumirt täglich 1½ Bergscheffel Steinkohlen.

§. 284.

Der Wagen, auf welchem die Dampfmaschine sich befindet, ist von der Größe und Form eines kleinen

Weinwagens mit einem einzelnen Fahrfasse. Er hat
gleichfalls vier niedrige ganz eiserne Räder, wie die
hinten angehängten Kohlenwagen. Aber er hat auch
noch ein fünftes Rad, nämlich ein in der Mitte zwischen dem linken Hinter- und Vorderrade umlaufendes
gezahntes Stirnrad, welches in die 2 Zoll langen,
2 Zoll dicken, ohngefähr auch 2 Zoll von einander abstehenden, oben abgerundeten Zähne greift, die an der
einen Seite der Eisenweg-Schienen angegossen sind.
Durch zwey kleinere Stirnräder, die an zwey mit Kurbeln versehenen Leitstangen oder Leitarmen angebracht
sind, wird dieses Stirnrad herumgetrieben. Die Kurbeln selbst erhalten ihre Bewegung unmittelbar von den
auf- und niedergehenden Kolbenstangen in zwey zehn-
zolligen Cylindern, die sich in dem Dampfkessel selbst
befinden und nur so weit herausragen, als es die Dis-
position der Hähnen nothwendig macht, welche durch
die Kolbenstangen selbst mittelst der Leitarme geöffnet
und geschlossen werden. Während der Hahn der obern
Dampfzuführungsröhre sich öffnet, um Dampf über
den Kolben zu lassen, so wie der Hahn zu der untern
Dampfabführungsröhre, um dem Dampfe unter dem
Kolben einen Abzug zu verstatten, so schließt sich die
untere Dampfzuführungsröhre und die obere Dampfabführungsröhre; und wenn gleich hierauf zum Hinauftreiben des Kolbens die letzteren beyden Röhren sich öffnen, so schließen sich die ersteren beyden; u. s. f. In
dem Dampfkessel selbst befindet sich auch der Ofen, um
mit wenigem Feuer die größte Menge Dampf hervorzubringen.

Das Ganze ist mit hölzernen Dauben eingefaßt,

die durch eiserne Reifen zusammengebunden sind. Dadurch erhält es beynahe das Ansehen eines Fasses. Der hintere und vordere Boden sind frey und von sehr starkem Eisenblech. An dem hintern Boden ist das Loch zur Feuerung angebracht und an dem vordern der gekröpfte 16 Fuß hoch in die Luft ragende Schornstein. Dieser ist eigentlich ein Rohr von starkem Eisenblech. Durch ein anderes in der Mitte befindliches Rohr bläst der aus dem Cylinder entweichende Dampf mit lautem Zischen heraus. Oben auf dem Fasse bemerkt man noch die beyden Sicherheitsventile.

Da wegen Mangel an Raum zur Mitführung von Wasser und wegen Vereinfachung der Maschine kein Condensator da ist, so wird sie blos durch die ausdehnende Kraft des Dampfes getrieben, die aber auch so stark ist, daß sie auf jeden Quadratzoll wenigstens mit einer Kraft von 60 Pfunden drückt. Die Gefahr des Zerspringens ist daher allerdings da; die hölzerne Einfassung soll sie nach Möglichkeit verringern. Der Kolben jedes Cylinders thut übrigens 60 Hübe in der Minute; die Größe des Kolbenhubs ist ⅔ Fuß. Die Bewegung des Wagens mit der Maschine ist so groß, daß ein Mann in starkem Schritt kaum folgen kann. Durch stärkere Dampferzeugung kann man die Geschwindigkeit der Kolben leicht bis auf 80 Hübe in der Minute vermehren.

Bey dem Schlesischen Dampfwagen ist der cylinderförmige eiserne Dampfkessel (welcher mit 16 Eimern Wasser etwa bis zur Hälfte gefüllt wird) 4 Fuß 3 Zoll lang, und 2 Fuß weit. Jeder Stiefel (Dampfcylinder) ist 1 Fuß 3 Zoll weit. Neun bis zehn Stunden lang hinter einander wird der Wagen durch den sich erzeugenden Dampf im Gange erhalten.

§. 285.

Nicht blos zur Betreibung aller Arten von Fabrikmaschinen, sondern auch für die Oekonomie und das
gemeine Leben hat Herr von Reichenbach in München die Dampfmaschinen gesucht in Gebrauch zu bringen, und zwar nicht etwa auf eisernen oder hölzernen
Kunstbahnen, sondern sogar auf den gewöhnlichen Heer-
straßen, bergauf und bergab. Bis jetzt scheint sein
Bemühen noch nicht geglückt zu seyn. Es stehen ihm
aber auch eine Menge Hindernisse im Wege, welche
insgesammt hinwegzuräumen wohl kaum möglich seyn
dürften. Soll die Maschine z. B. tragbar und fahrbar
werden, so muß, unbeschadet ihrer Wirksamkeit und
mit Beseitigung aller Gefahr, Dampfkessel und Dampfcylinder einen möglichst kleinen Raum einnehmen. Das
Rütteln und Stoßen darf weder den Gang der Maschine, noch auch das Kochen des Wassers und die ordentliche Fortführung des Dampfes stören; die Verdichtung
der Dämpfe durch kaltes Wasser durfte daher wohl nicht
statt finden. Jeder gemeine Arbeiter mußte leicht ihren
Mechanismus verstehen, sie leicht behandeln und im
Gange erhalten können; deßwegen mußte auch die Steuerung möglichst einfach seyn, die Füllung des Kessels
ohne Umstände erzielt werden können; die Maschine
mußte ohne bedeutende Kosten anzuschaffen seyn, mit
geringem Aufwand von Brennmaterial in Bewegung
gesetzt und eben so darin erhalten werden können;
u. s. w.

Selbst die englischen Dampfwagen (§. 283 f.)
sollen seit ein Paar Jahren in großer Anzahl wieder
abgeschafft seyn, theils wegen der großen Gefahr, die

bey allen Dampfmaschinen mit sehr verstärktem Druck des Dampfes (High-pressure-Engines) statt findet, theils weil sie durch das stete Hin- und Herfahren, trotz der sanften gleichförmigen Bewegung auf den glatten Eisenbahnen, bald abgenutzt und unbrauchbar werden. Vielleicht aber kommt Herrn von Reichenbachs bekanntes Genie zur Beseitigung jener Mängel auf Mittel, woran noch Niemand gedacht hat.

Als Literatur der Dampfmaschinen bringe ich hier, außer den bekannten Werken des Leupold, Belidor, Calvör, Poda, Cancrin, Deluc, Langsdorf, und dem Neuen Magazin der Erfindungen bis 1826, noch folgende bey:

S. Maillard, Théorie des Machines à feu. Petersburg 1787. 8.

Theorie der Feuermaschinen des Herrn Maillard; a. d. Französ. übers. von Karsten; in J. F. Lempe's Magazin für die Bergbaukunde, Th. III. Dresden 1786. 8. S. 99 f.; Th. IV. 1787. S. 9 f.

A. W. Köhler, Bergmännisches Journal. Jahrg. III. Freyberg 1790. 8. S. 198 f.; Bd. II. S. 20 f.; Jahrg. IV. Bd. I. 1791. S. 16 f.; Jahrg. VI. 1794. S. 444 f.; Jahrg. VII. 1795. S. 241 f. Ueber verschiedene Arten von Dampfmaschinen.

Repertory of Arts and Manufactures. Vol 1 bis 45. London 1794 - 1820. 8. Ist reich an Abhandlungen über Dampfmaschinen, selbst der berühmtesten des Watt, Boulton, Hornblower, Cartwright, Trevithick, Lean, Clegg, Woolf u. a.

Pronp's neue Architektura hydraulika; a. d. Französ. übers. von K. Chr. Langsdorf. Th. II. welcher eine vollständige Beschreibung der Dampfmaschinen enthält. Frankfurt a. M. 1801. 4.

E. E. H. Kunze, Schauplatz der gemeinnützigsten Maschinen. Bd. III. Abth. 1. Hamburg 1802. 8. Dampfmaschinen, größtentheils im Auszuge aus Prony.

Graf G. v. Bucquoi, Vorschlag zu einer Dampfmaschine, welche sich leicht und mit wenigen Kosten bauen läßt. Leipzig 1812. 8.

J. v. Baader, Bemerkungen über die vom Herrn von Reichenbach angekündigte Verbesserung der Dampfmaschinen und die Anwendung derselben auf Fuhrwerke. München. 1816. 8.

A practical Treatise on propelling Vessels by Steam &c. by Robertson Buchanan. Glasgow 1816. 8.

Rob. Buchanan, über die Erfindungen durch Dampf und andere neue Mittel, Schiffe in Bewegung zu setzen; a. d. Engl. von E. Iken. Bremen 1817. 8.

J. S. Peschel, Ansicht der Dampfmaschine und ihre Verbesserung. Dresden 1817. 8.

J. H. M. Poppe, Encyclopädie des gesammten Maschinenwesens. Th. I. Neue Aufl. 1820. 8. Art. Dampfmaschinen, Dampfschiffe und Dampfwagen (Auch erster und zwepter Supplementband der ersten Aufl. 1816. 1818. Art. Dampfmaschinen.)

Dreyzehnter Abschnitt.
Die Maschinen zur Zeiteintheilung oder die Uhren.

§. 286.

Die Maschinen zur Zeiteintheilung, namentlich die Räderuhren, welche entweder durch ein trocknes Gewicht (ein Bleygewicht) oder durch eine elastische Stahlfeder in Bewegung gesetzt werden, gehören ohnstreitig unter die sinnreichsten Maschinen, welche es giebt. Die Uhren sollen den Tag regelmäßig in diejenige Anzahl gleicher Theile theilen, welche man Stunden, Minuten und Sekunden nennt. In dieser Absicht muß ein aus Stirnrädern, Kammrädern und Getrieben bestehendes Räderwerk, womit noch Hebel, Rollen und manche andere Theile verbunden sind, so in Bewegung gesetzt werden, daß dadurch Wellen mit Zeigern in eine langsame, aber sehr gleichförmige Umdrehung kommen. Diese Zeiger müssen auf den in gleiche Theile (für die Stunden, Minuten und Sekunden) getheilten Kreisen des Zifferblatts in den abgemessenen Zeiträumen herumgehen. Es giebt aber nicht blos Gehuhren, d. h. solche, welche die Zeit auf dem Zifferblatte zeigen, sondern auch Schlaguhren, welche dieselbe Zeit schlagen oder durch einen Klang bemerklich machen.

Sonnenuhren, Wasseruhren und Sanduhren (die ältesten unter allen Maschinen zur Zeiteintheilung, zu welchem erst vom 11ten Jahrhundert an die Räderuhren kamen) übergehe ich hier; eben so auch diejenigen künstlichen Uhren, welche nicht zur Zeiteintheilung, sondern zu andern Zwecken bestimmt sind; z. B. die Planetenmaschinen, die Spieluhren, Automaten, u. d. gl.

§. 287.

Man kann alle Uhren 1) in große, unbewegliche Uhren oder Gewichtuhren und 2) in kleine, tragbare Uhren oder Federuhren eintheilen. Die erstern bleiben an der ihnen einmal angewiesenen Stelle und können nicht ohne Störung des Ganges von einem Orte zum andern gebracht werden. Ein trocknes Gewicht (ein Bleygewicht) setzt sie in Bewegung. Zu ihnen gehören die Thurmuhren und die Wanduhren. Die tragbaren Uhren, die eine zusammengewickelte elastische Stahlfeder in Bewegung setzt, sind entweder Tischuhren (Tafeluhren, Standuhren) oder Taschenuhren (Sackuhren) und Stutzuhren.

Man kann die Uhren aber auch in Pendeluhren und in Unruhuhren eintheilen. Bey den Pendeluhren ist die Hemmung (d. h. die Vorrichtung, welche das langsame Umdrehen des Räderwerks bewirkt) mit dem Pendel oder Perpendikel, als Regulator des Ganges, verbunden; bey den Unruhuhren mit der Unruhe oder dem kleinen Schwungrade. Zu den Pendeluhren gehören die Thurmuhren, Wanduhren und Tisch- oder Standuhren; zu den Unruhuhren die Taschenuhren und die Stutzuhren. Nur die Unruhuhren können in alle mögliche Lagen gebracht werden, man kann mit ihnen gehen, laufen, fahren, reuten rc. ohne daß dadurch ihr Gang gestört wird. Mit den Pendeluhren kann man dies nicht, weil das Pendel stets in einer vertikalen Fläche hin- und herschwingen muß.

I.

Das Gehwerk der großen Uhren.

§. 288.

Mehrere Stirnräder und Getriebe, die in einander greifen, machen das Haupt-Räderwerk einer großen Uhr aus. Sie drehen sich in einer vertikalen Fläche um horizontale Wellen, deren Zapfen ihr Lager in dem Gestelle haben, wovon das Werk umschlossen wird.

Das erste Rad, worauf die bewegende Kraft zunächst wirkt, ist das größte und stärkste; die übrigen nehmen an Größe und Stärke immer mehr ab. An der Achse des großen Rades befindet sich eine hohle metallene Walze, von kleinerem Durchmesser als der Durchmesser des Rades. Diese Walze dreht sich um die Achse des Rades. Sie sitzt nämlich fest auf einer Welle, welche durch die Mitte des Rades geht. Die eine Grundfläche der Walze, welche auf die Fläche des Rades zu liegen kommt, enthält fest auf sich ein concentrisches Sperr-rad, wie a Fig. 2. Taf. VI. Dies dreht sich also zugleich mit herum, wenn sich die Walze um jene Welle dreht. Auf der Fläche des Rades aber sitzt der bewegliche Sperrhaken oder Sperrkegel b, der von der Feder c gedrückt wird, so fest, daß der Sperrkegel in die Zähne des Sperrrades zu liegen kommt, und daß der Sperrkegel von Zahn zu Zahn fällt, wenn man die Walze mit dem Sperrrade von der Rechten nach der Linken zu dreht. Von der Linken nach der Rechten (also den verkehrten Weg) kann man das Sperrrad und die Walze nicht drehen, ohne daß man das Hauptrad (das Walzenrad) mit herumdreht, weil der Sperrhaken b dies verhütet.

An die Walze ist das Ende einer Schnur oder einer Darmsaite befestigt, woran das, die Uhr treibende Bley-gewicht hängt. Steckt man den Uhrschlüssel auf das vierkantige Ende des verlängerten Zapfens der Walze und dreht man die Walze von der Rechten zur Linken um, so windet sich die Schnur um die Walze, und dadurch wird das Gewicht aufgezogen. Hört man auf mit Drehen, so kann die Walze, vermöge der Schwere des Gewichts, nach der andern Richtung nur

sammt dem Walzenrade sich herumdrehen. Das
Walzenrad greift in ein Getriebe; dieses Getriebe ent-
hält wieder ein Rad, das in ein Getriebe greift; u. s. w.
So wird durch das aufgezogene Gewicht das ganze
Räderwerk umgetrieben.

Viele Pendeluhren haben, statt der Walze, nur eine auf
dem ersten Rade concentrisch sitzende Rolle, um deren Peripherie die Schnur geschlagen ist, welche an ihrem einen Ende das Gewicht trägt. Das andere Ende der Schnur, woran man das Aufziehen verrichtet, enthält ein kleines Gegengewicht. Durch ein Gesperre, wie bey der Walze, läßt sich
die Rolle nur nach einer Seite auf ihrem Rade umdrehen.

§. 289.

Aber ohne weitere Vorrichtung würde das Räderwerk mit beschleunigter Bewegung umgedreht werden
und in wenigen Sekunden würde das Gewicht abgelaufen seyn. Soll die Maschine zur Zeitmessung geschickt werden, so muß das Räderwerk ganz langsam
sich bewegen und das Gewicht nur allmählig (wenigstens erst in 24 Stunden) ablaufen, ehe es von neuem
braucht aufgezogen zu werden. Die Vorrichtung, welche dies bewirkt, ist die Hemmung, das Stoßwerk
(Echappement).

Die Welle des letzten Getriebes *a* Fig. 3. Taf. VI.
enthält ein Rad *bb* mit schrägen Zähnen, das sogenannte Steigrad. In die Zähne dieses Steigrades
greift von oben ein ankerähnlicher stählerner Theil *de*,
der an einer Welle *c* festsitzt, welche um ein Paar Zapfen
beweglich ist. Fig. 4. sieht man den Anker von der
Seite sammt seiner Welle *ef*.

25

Die Haken *d* und *e* der Ankerarme liegen auf folgende Art zwischen den Zähnen des Steigrades. Wenn
der eine Haken bis auf dem Grunde der Zähne liegt,
so steht der andere über den Spitzen hinaus. Dreht
sich nun das Steigrad *bb*, mittelst der übrigen Räder
durch die bewegende Kraft getrieben, um, so wird dadurch der Anker stets zum Hin- und Herwiegen gebracht.
Das Steigrad wirft nämlich den e i n e n Haken stets
aus seinen Zähnen heraus, während der andere auf
der entgegengesetzten Seite des Rades hineinfällt. Wird
z. B. *d* herausgeworfen, so fällt *e* wieder ein; und
umgekehrt. Das Rad findet also an dem Anker ein
beständiges Hinderniß, das die Bewegung des Rades
nicht ganz aufhebt, sondern nur seine Freyheit sich
schnell umzudrehen einschränkt. Es bewegt sich also
langsam herum und macht eben dadurch mehrere Rad-
Wellen geschickt, für die Zeitbestimmung Zeiger zu tragen. — Man nennt übrigens den Anker *ede* englischen Haken, weil ihn der Engländer C l e m e n t
(im Jahr 1680) erfand. Früher hatte man auch bey
großen Uhren blos diejenige Steigrads-Hemmung, welche wir bey den Taschenuhren (§. 299.) kennen lernen
werden.

<h3 style="text-align:center">§. 290.</h3>

Aber auch jetzt würde die Uhr noch zu schnell ablaufen, wenn mit dem Anker nicht noch das P e n d e l
oder P e r p e n d i k e l verbunden wäre. Die Welle *ef*
des Ankers Fig. 4. enthält nämlich auf der dem Anker
gegenüber liegenden Seite *f* einen herunterhängenden
Arm *fh*, welcher unten bey *h* rechtwinklicht gebogen
ist. Dieser Theil *h* hat in seiner Mitte, der Länge nach,

einen Einschnitt, und deswegen wird er auch Gabel genannt. In dieser Gabel h liegt die Stange hi des Pendels.

Das Pendel (§. 22.) besteht bey der Uhr aus der Pendelstange und der Pendellinse. Erstere ist gewöhnlich von Eisen oder Stahl; letztere, welche das Gewicht des Pendels darstellt, von Bley, mit Messing eingefaßt. Die linsenförmige Gestalt des Pendelgewichts hat den Zweck, daß es so leichter oder mit geringerm Widerstande die Luft durchschneidet, weil es sich mit der schmalen Kante (der Schärfe) durch die Luft hin- und herbewegt. Oben bey g hat das Pendel seinen Umdrehungspunkt auf einem festen Lager des Gestelles. Entweder hängt nämlich die Pendelstange (namentlich bey kleinern Pendeluhren) an einem seidenen Faden, der bey g seine Befestigung hat; oder an einer dünnen elastischen Stahlfeder hg, welche mittelst eines Knopfes bey g befestigt ist; oder sie geht bis an's Ende als Stange fort, wo sie eine kleine glatte messingene Kugel (eine Nuß), auch wohl einen andern sehr wenig reibenden Theil enthält, der auf einer eignen glatten stählernen Unterlage ruht.

Wenn also der englische Haken, folglich auch der Theil fk, auf die bewußte Art zum Hin- und Hergange gebracht wird, so muß auch das Pendel gi, nachdem man ihm nur einen Seitenstoß gegeben hatte, hin- und herschwingen, und zwar desto langsamer (§. 23 f.), je länger es ist. Dadurch wird nun der Gang des Steigrades aufgehalten, aber auch zugleich der Gang der Uhr regulirt. Denn wirkten auch Ungleichheiten des Räderwerks auf die Bewegung des

25 *

Ankers, so würde das Pendel diese Ungleichheiten durch seine Schwingungen verbessern. Ein Pendel nämlich, das zum Hin- und Herschwingen einen Antrieb erhalten hat, setzt seine Schwingungen auch ohne neuen Antrieb noch immer eine Zeitlang mit gleicher Geschwindigkeit fort.

Das Pendel ist gewöhnlich so eingerichtet, daß sich seine Länge verändern, daß es sich verlängern oder verkürzen läßt, wenn die Uhr langsamer oder geschwinder gehen soll. Der untere Theil der Pendelstange enthält nämlich eine Schraube mit einer Mutter *t*, und auf dieser Mutter ruht das Pendelgewicht oder die Linse. Schraubt man nun die Mutter höher, so kommt auch die Linse höher hinauf, das Pendel wird verkürzt und die Uhr geht geschwinder. Schraubt man die Mutter herunter, so kommt auch die Linse tiefer herab, das Pendel wird länger und die Uhr geht langsamer. Setzte man die Schwere der Pendelstange bey Seite, so würde die Länge des Pendels von dem Aufhängepunkte *g* bis zur Mitte der Pendellinse gerechnet werden. Diese Mitte wäre dann der Mittelpunkt des Schwunges. Da aber auch die Pendellinse aus materiellen Theilen besteht, so fällt der Mittelpunkt des Schwunges etwas höher hinauf.

§. 291.

Was die Anzahl der Räder und Getriebe der Uhr und die Anzahl der Zähne und Triebstöcke betrifft, so richtet sich diese nach der Zeit, welche die Uhr in einem Aufzuge gehen soll und nach der Art der Umdrehung, welche man gewissen Wellen geben will. Dem Steigrade giebt man gewöhnlich 30 Zähne und richtet die Länge des Pendels so ein, daß dieses Rad in einer Minute einmal herumkommt, folglich seine Welle geschickt sey, über dem Zifferblatte den Sekundenzeiger

zu tragen. Wenn die Uhr nun alle 24 Stunden aufge=
zogen werden soll, so braucht man, außer dem Steig=
rade, nur noch zwey Stirnräder und zwey Getriebe.
Das Walzenrad greift dann in das Getriebe des
zweyten Rades oder sogenannten Mittelrades, und
dieses greift in das Getriebe des Steigrades.

Gesetzt, die Uhr solle 30 Stunden gehen, bis sie
ganz abgelaufen ist. Man schließt dann so: 30 Stun=
den sind 1800 Minuten. Wie vielemal soll das in
1 Minute herumkommende Steigrad umlaufen, wäh=
rend das erste Rad, das Walzenrad sammt der Walze,
einmal sich umdreht (§. 70 f.)? Gehen 18 Umwickelun=
gen der Schnur um die Walze, so macht diese und ihr
Rad bis zum Ablaufen 18 Umdrehungen. Diese 18
Umdrehungen dauern 1800 Minuten; folglich dauert
eine Umdrehung der Walze und des Walzenrades
100 Minuten. Das Steigrad muß also 100mal herum=
kommen, während das Walzenrad einen Umgang
macht. Man kann diese 100 in die Faktoren 10 . 10 =
$\frac{10}{1} \cdot \frac{10}{1}$ zerfällen. Wählt man nun zwey Getriebe von

8 und von 6 Triebstöcken, so bekommt man Räder von
80 und von 60 Zähnen (Walzenrad und Mittelrad).
Alsdann ist

$$\frac{80}{8} \cdot \frac{60}{6} = 100.$$

Da nun das Walzenrad in 100 Minuten eine Umdre=
hung macht, und die Schnur sich 18mal um die Walze
wickelt, so geht die Uhr 100 . 18 = 1800 Minuten oder
$\frac{1800}{60}$ = 30 Stunden in einem Aufzuge.

Die Uhr muß immer etwas länger gehen, als die bestimmte Zeit des Aufzugs ist, damit sie nicht in Stillstand komme, wenn man auch einmal eine Stunde oder ein Paar
Stunden über die bestimmte Zeit vorübergehen läßt.

§. 292.

Die Achttageuhr oder diejenige Uhr, welche
in einem Aufzuge acht Tage geht, hat ein Zusatzrad nöthig. Das Walzenrad (auch wohl Bodenrad genannt) greift in das Getriebe des zweyten Rades, des Minutenrades (dessen Welle den Minutenzeiger tragen soll); dieses greift in das Getriebe des
dritten Rades oder Mittelrades, welches wieder in
das Getriebe des Steigrades greift. Bedenkt man wieder, daß 8 Tage = 192 Stunden = 11520 Minuten
sind, und läßt man beym Aufzuge die Schnur 16mal
um die Walze sich wickeln, so macht ein Umgang der
Walze und des Walzenrades $\frac{11520}{16}$ = 720 Minuten.
Da nun das Steigrad in einer Minute herumkommt,
so macht es 720 Umläufe während einer Umdrehung
der Walze und des Walzenrades.

Zerfällt man z. B. die 720 in die drey Faktoren

$$10 \cdot 9 \cdot 8 = \frac{10}{1} \cdot \frac{9}{1} \cdot \frac{8}{1}$$

und nimmt man drey Getriebe von 8, 7 und 6 Triebstöcken an, so bekommt man drey Räder von 80, 63,
und 48 Zähnen; denn

$$\frac{80}{8} \cdot \frac{63}{7} \cdot \frac{48}{6} = 720.$$

Aber das zweyte Rad, welches man in die Mitte
des Uhrgestelles (der Uhrplatte) setzt, würde nun nicht

in 60 Minuten (1 Stunde) sondern in 72 Minuten

$(= \frac{63}{7} \cdot \frac{48}{6} = 9 \cdot 8)$ herumkommen. Soll es genau

in 60 Minuten einen Umgang vollenden, damit seine
Welle den Minutenzeiger tragen könne, so muß man
720 durch 60 dividiren, damit der Faktor für das Wal-

zenrad übrig bleibe. Dieser wäre hier also 12 $(= \frac{720}{60})$.

Zerfällt man nun 60 in die Faktoren 10 . 6; so hat

man $\frac{12}{1} \cdot \frac{10}{1} \cdot \frac{6}{1}$; und nimmt man etwa lauter Ge-

triebe von 8 Triebstöcken, so bekommt man drey Räder
(Walzenrad, Minutenrad und Mittelrad) von 96,
von 80 und von 48 Zähnen. Denn

$$\frac{96}{8} \cdot \frac{80}{8} \cdot \frac{48}{8} = 720.$$

Das Walzenrad kommt demnach in 720 Minuten = 12
Stunden einmal herum, und wegen der 16 Umwickelungen geht die Uhr 12 . 16 = 192 Stunden = 8 Tage
in einem Aufzuge.

§. 293.

Eine Monatsuhr, die man nur alle Monat einmal aufzuziehen braucht, erfordert zwey Zusatzräder.
Bedenkt man z. B., daß 30 Tage = 720 Stunden sind,
und nimmt man 12 Umwickelungen der Schnur um die
Walze an, so kommt auf eine Umwickelung, folglich
auf einen Umgang der Walze und des Walzenrades

$\frac{720}{12} = 60$ Stunden = 3600 Minuten. Daher macht

das Steigrad 3600 Umdrehungen, während einem

Umgange des Walzenrades. Zerfällt man 3600 in vier Faktoren, etwa in

$$10 \cdot 6 \cdot 10 \cdot 6 = \frac{10}{1} \cdot \frac{6}{1} \cdot \frac{10}{1} \cdot \frac{6}{1}$$

und wählt man für die ersten beyden Getriebe 10, für die letzten beyden 6 Triebstöcke, so bekommt man von dem Walzenrade an, vier Stirnräder mit 100, 60, 60 und 36 Zähnen. Alsdann ist

$$\frac{100}{10} \cdot \frac{60}{10} \cdot \frac{60}{6} \cdot \frac{36}{6} = 3600.$$

Das Walzenrad kömmt also in 3600 Minuten = 60 Stunden = 2 Tagen 12 Stunden einmal herum, und die Uhr geht, wegen der 12 Umwickelungen der Schnur um die Walze 12mal 2 Tage und 12mal 2 Stunden oder 30 Tage. — Hätte man der Schnur 13 Umwickelungen gegeben, so würde die Uhr 32 Tage 12 Stunden in einem Aufzuge gegangen seyn.

Die Welle des dritten Rades kann den Minutenzeiger tragen, weil sie in 60 Minuten einmal herumkommt. Denn

$$\frac{60}{6} \cdot \frac{36}{6} = 60; \text{ und } \frac{3600}{60} = 60.$$

§. 294.

Wenn man die Schnur, woran das Gewicht hängt, öfter um die Walze gehen läßt, so kann man den Gang der Uhr verlängern, ohne das Räderwerk zu vermehren. Freylich wird dann auch der Fallraum des Gewichts größer. Indessen pflegt man diesen Fallraum dadurch zu verringern, daß man das Gewicht mittelst eines Flaschenzuges aufhängt, d. h. mittelst einer oder mehrerer Zugrollen (§. 47 f.) und zwar so, daß das eine Ende der Schnur um die Walze geschlagen, das andere aber an das Uhrgehäuse (den Uhrkasten) befestigt wird. Eine Rolle verdoppelt, zwey Rollen vervierfachen den Gang der Uhr und zugleich die Schwere des Gewichts so, daß letzteres, zu einerley Wirkung nur halb so schwer oder nur ein Viertel so schwer, als ohne die Rollen zu seyn braucht.

Damit die Uhr beym Aufziehen nicht in Stillstand gerathe, so bringt man an guten Pendeluhren folgenden leichten Mechanismus an, den die Franzosen Remontoir nennen. Neben dem einen Rade, und zwar bey der Monatsuhr neben dem dritten, liegt ein Arm, auf den eine Feder drückt. Diesen Arm kann man zur Zeit des Aufziehens so zwischen ein Paar Zähne des Rades schieben, daß er durch den Druck seiner Feder das Rad eben so eine Strecke weit umdreht, als wenn man dies mit dem Finger thäte. Dadurch bleibt die Uhr während des Aufziehens im Gange, auch wenn das Gewicht eine kurze Zeit aufhörte, auf das Räderwerk zu wirken.

§. 295.

Jetzt kommt es noch darauf an, daß die Minuten und Stunden aus einer und derselben Mitte des Zifferblatts von den Zeigern gewiesen werden. Der eine Zapfen des Minutenrades, oder desjenigen in der Mitte zwischen den Uhrplatten liegenden Rades, welches in 60 Minuten = 1 Stunde einmal herumkommt, ist so lang, daß er noch eine Strecke über dem Zifferblatt hervorragt. Unter dem Zifferblatte, auf der äußern

Seite der sogenannten Pfeilerplatte, wird auf diesen
langen Zapfen ein Rohr *a* Fig. 5 geschoben, woran
unten ein Getriebe (oder ein kleines Stirnrad) festsitzt.
Die untere Hälfte dieses sogenannten Minutenrohrs
ist cylindrisch rund, die obere Hälfte (oder auch wohl
nur das obere Drittel) ist vierkantig. Dieses vierkantige Ende trägt eigentlich den Minutenzeiger mit seinem
viereckigten Loche. Das Getriebe dieses Minutenrohrs
greift in ein um einen Stift bewegliches Stirnrad *b*,
das Wechselrad. Dieses enthält auf seiner Mitte ein
Getriebe, welches in das Stundenrad *c* greift. Letzteres bewegt sich concentrisch mit dem Minutenrohre.

Das Minutenrohr sitzt blos mittelst der Friktion so
fest auf dem langen Zapfen des Minutenrades, daß es
sich mit dem Zapfen zugleich umdreht. Das Stundenrad *c* aber hat in seiner Mitte eine Röhre, welche über
das Rohr *a* paßt, und zwar ganz lose mit solchem
Spielraume, daß es um *a* gedreht werden kann, ohne
sich darauf zu reiben. Die Röhre des Stundenrades
trägt unter dem Minutenzeiger den Stundenwei-
ser. Daher muß sie kürzer seyn, als das Rohr *a*, und
das Stundenrad selbst muß genau in 12 Stunden einmal herumkommen, um den Stundenzeiger geschickt zu
machen, auf dem Zifferblatte die Stunden zu weisen,
sowie der Minutenzeiger die Minuten angiebt.

Man muß also das Räderwerk Fig. 5., welches
man Weiserwerk (auch Vorgelege der Uhr)
nennt, so einrichten, daß *c* in 12 Stunden herumkommt,
daß es folglich eine Umdrehung macht, während das
in einer Stunde einmal herumkommende Minutenrohr

12 Umdrehungen vollendet. Zerfällt man 12 in die Faktoren $4 \cdot 3 = \frac{4}{1} \cdot \frac{3}{1}$ und giebt man sowohl dem Getriebe des Minutenrohrs a, als auch dem Getriebe des Wechselrades b 10 Triebstöcke, so bekommt das eine Rad 40, das andere 30 Zähne; denn

$$\frac{40}{10} \cdot \frac{30}{10} = 12.$$

Wollte man dem einen Getriebe 12, dem andern 10 Triebstöcke geben, so hätte man zwey Räder von 48 und von 30 Zähnen erhalten.

Unter den größten Uhren sind für den Staatswirth, namentlich für den polizeybeamten, die Polizeyuhren oder Sicherheitsuhren, wodurch das Rufen und Blasen (auch pfeifen und Klappern) der Nachtwächter abgestellt werden soll, sehr bemerkens- und beachtenswerth. Von den zwölf Fächern eines in 12 Stunden umgehenden Rades, wird nach geendigter Stunde eins immer so vor die Oeffnung eines Gehäuses geführt, daß der Nachtwächter ein Zeichen hineinwerfen kann. Solche Uhren, die, weil sie blos ein einfaches Gehwerk enthalten, sehr wohlfeil (hauptsächlich wenn man sie in größerer Menge verfertigen läßt) geliefert werden können, sind stationenweise in der Stadt vertheilt. Der Polizeybeamte, welcher den Schlüssel zu den Gehäusen hat, sieht an den eingeworfenen Zeichen, ob der Nachtwächter seine Schuldigkeit gethan hat.

II.

Das Gehwerk der kleinen Uhren.

§. 296.

Unter den kleinen Uhren, welche durch eine spiralförmig zusammengewickelte Stahlfeder in Bewegung

gesetzt werden, sind die im Jahr 1500 von dem Nürn-
berger Künstler Peter Hele erfundenen Taschenuhren die allernutzbarsten und wichtigsten. Die bewegende Kraft und das Haupt-Räderwerk der Uhr sind
zwischen ein Paar durch Pfeiler parallel vereinigte kreisrunden Platten in folgender Ordnung eingeschlossen.

Die dünne ohngefähr Strohhalms breite, gehärte-
te und blau angelassene, in spiralförmigen Gängen um
sich selbst herumlaufende Stahlfeder ist in dem Gehäuse
A Fig. 6. der sogenannten Trommel eingeschlossen.
Beym Aufziehen wird sie noch enger, ohngefähr noch
vier- bis fünfmal um sich selbst, herumgewunden. Indem sie sich hierauf vermöge ihrer Elasticität wieder
ausbreiten will, so wirkt sie zunächst auf ihr Gehäuse
und dreht dieses von der Rechten zur Linken um. Mit
dem Gehäuse ist die beym Aufziehen um die Schnecke B gewickelte Kette verbunden. Das sich umdrehende Federhaus zieht daher die Kette nach sich hin und
um sich herum, dreht daher auch die Schnecke und das
concentrisch auf derselben sitzende Schneckenrad C
um. Dieses greift in das Getriebe c, woran das Rad
D, das Minutenrad oder große Bodenrad,
festsitzt. Letzteres greift in das Getriebe d des kleinen
Bodenrades oder Mittelrades E, welches wie-
der das Getriebe e des Kronrades F in Bewegung
setzt. Das Kronrad F greift in das liegende Getriebe f,
des Steigrades G, welches mit der die Unruhe
H tragenden Spindel die Hemmung der Uhr ausmacht. — Zieht also die Feder vermöge des Bestrebens,
sich wieder auszubreiten, so dreht sie mittelst der Kette
die Schnecke und das ganze Räderwerk um und die

Hemmung vermindert, die Geschwindigkeit der Drehung
wieder eben so, wie bey den großen Uhren.

§. 297.

Damit aber die Feder ihr Gehäuse umdrehen könne, so muß ihr inneres Ende an die unbeweglich stehende Federwelle; ihr anderes Ende an die innere Seitenwand des Gehäuses befestigt seyn. Die Federwelle,
welche durch die Mitte der Trommel geht, wird auf der
äußern Seite der einen Uhrplatte (Platte des Gestelles)
durch ein Sperrrad mit Sperrhaken, auch wohl durch
eine kleine Schraube ohne Ende unbeweglich fest gehalten. Inwendig hat die Welle einen kleinen Haken,
welcher in das im innern Ende der Feder befindliche
Loch eingreift.

Die aus lauter feinen stählernen zusammengenieteten
Gliedern bestehende Kette hat an jedem Ende ein kleines
Häkchen, durch welches man die Kette mit der Trommel A und mit der Schnecke B in Verbindung setzt.
Das eine Häkchen wird in ein kleines Löchelchen oben
nahe am Rande des Federhauses gesteckt; hierauf wird
durch Umdrehung der Trommel die Kette um dieselbe
gewickelt, und zuletzt wird das andere Kettenhäkchen in
ein Löchelchen unten am Rande der Schnecke eingehängt.
Nun muß aber die Kette, auch wenn die Schnecke ganz
von ihr entblößt und nur der Haken mit ihr verbunden
ist, immer noch angespannt (nicht schlaff) auf der
Trommel liegen. Dies bewirkt man durch das vorhin
erwähnte mit dem Federstifte verbundene Gesperre. Man
dreht die Federwelle mit dem Sperrrade noch einen halben, auch wohl einen ganzen Umgang herum, und
drückt dann den Sperrkegel fest in die Zähne ein.

Wenn man nun, beym Aufziehen der Uhr, den Schlüssel auf den vierkantigen Zapfen der Schnecke steckt und die Kette von der Trommel auf die Schnecke windet, so wird die Feder an ihrem innern Ende von der unbeweglichen Federwelle vermöge des Häkchens, fest gehalten und nur die Trommel dreht sich durch den Zug der Kette um, wodurch sich die Feder in der Trommel enger zusammenwickelt.

§. 298.

Die Schnecke, welche die Ungleichheiten im Zuge der Feder corrigirt (§. 85.), darf sich begreiflich nur nach derjenigen Richtung, nach welcher sich die Kette um ihre Gänge windet, umdrehen. Nach der andern Richtung, wo die Feder sie mittelst der Kette zieht, muß sie mit ihrem Rade C einen einzigen gemeinschaftlich wirkenden Theil bilden, so, daß die Schnecke nicht umgedreht werden kann, ohne ihr Rad mit herum zu nehmen. Sie muß deswegen (wie die Walze §. 288.) mit einem Gesperre versehen seyn. Nämlich unter der Grundfläche, oder auch an der Kante der Grundfläche, befindet sich ein Sperrrad, wie a Fig. 2, und auf der Fläche des Schneckenrades ein Sperrkegel b mit der Sperrfeder c, welche den Sperrkegel in die Zähne des Sperrrades drückt. Die Welle der Schnecke geht willig durch die Mitte des Schneckenrades. Beym Aufziehen der Uhr erlaubt also nun das Gesperre die Umdrehung der Schnecke nach der bewußten Richtung. Nach der andern Richtung aber stemmen sich die Zähne des Sperrrades gegen den Sperrkegel und wenn sich nun die Schnecke durch den Zug der Feder allmälig herum dreht, so muß sie das Schneckenrad mit herumnehmen; folglich bewegt sich das ganze Räderwerk sammt der Hemmung. Ist die Schnecke von der Kette entblößt, und hat sie sich ganz um das Federhaus gewunden, so ist die Uhr abgelaufen. Dahin darf man es aber nicht kommen lassen.

Nun muß man beym Aufziehen der Uhr aber auch ein Merkmal haben, woran man erkennt, daß aufgehört werden muß, weil man sonst Kette oder Feder, oder beyde zusammen, zerreißen würde. Dazu dient folgende in der That sehr sinnreiche und einfache Vorrichtung. Die Schnecke hat oben auf ihrer schmälsten Fläche eine festgeschraubte stählerne schnabelartige Platte, wie a Fig. 7., die sogenannte Schneckenschnauze. Neben der Schnecke ist oben in einem an der Uhrplatte befestigten ganz kleinen Klöbchen e ein kleiner stählerner Hebel b, der Vorfall, um einen dünnen Stift auf und nieder beweglich. Eine dünne Feder d, die Vorfallfeder, drückt so unter den Vorfall b, daß dieser dadurch von der Fläche der Uhrplatte so abgehalten und niedergedrückt wird, daß die ziemlich nahe an jener Fläche hinstreifende Schnauze unter ihm hinweggehen kann. Dies geschieht nun beym Aufziehen der Uhr wirklich so lange, bis man damit zu Ende gekommen ist. Sobald der Vorfall b nahe an der Fläche der Uhrplatte und zwar in derselben Fläche liegt, in welcher sich die Schnauze bewegt, so muß die Schnauze vorn an ihn anstoßen, folglich kann man dann die Schnecke nicht weiter umdrehen und das Aufziehen ist zu Ende.

Die Kette f geht über dem Vorfalle hin, ohne ihn zu berühren, so lange sie sich noch um die untersten

Gänge windet. So wie sie in die höhern Gänge kommt, so nähert sie sich dem Vorfalle immer mehr und mehr. Endlich streift sie nahe an ihm heraus. Sie drückt ihn zuletzt nieder, und immer mehr nieder. Kommt sie in den letzten halben Gang, so drückt sie ihn ganz nahe an die Fläche der Platte, und nun muß der Vorfall gegen ihn stoßen, wodurch dem Aufziehen Gränzen gesetzt wird. Beym allmäligen Ablaufen der Uhr entfernt sich die Kette immer mehr von der Fläche der Platte und schon nach dem Zurückgange der Kette aus dem obersten halben Schneckengange muß der Vorfall mittelst des Drucks seiner Feder schon so weit von der Fläche der Platte hinweggekommen seyn, daß die Schnauze wieder ungehindert unter ihm hingehen kann.

§. 299.

Zu der Hemmung der Taschenuhr gehört das kronenförmige Steigrad G und die Spindel mit der Unruhe H. Das Steigrad läuft zwischen ein Paar an die eine Uhrplatte geschraubte Klöbchen. Das vordere enthält zugleich einen Vorsprung für das Zapfenloch des untern Spindelzapfens. Der obere, aus der Mitte der Unruhe ragende Spindelzapfen läuft in dem Loche eines größern Klobens, des Unruhklobens, weil unter ihm die Unruhe zu ihrem Hin- und Herschwingen Raum haben muß. Dieser Kloben, mit seinen Füßen (auch wohl nur mit einem Fuße) auf die Uhrplatte geschraubt, ist hübsch verziert und vergoldet.

Die Unruhe H ist fest auf die zarte Spindel genietet. Letztere hat zwey flügelartige Theile, Lappen, welche beyde in verschiedenen Flächen liegen, so daß sie mit der Spindel wenigstens einen Winkel von 90 Graden (einen rechten Winkel) bilden. Diese Lappen liegen zwischen den Zähnen des Steigrades. Die obern Zähne des Steigrades müssen den einen, die untern den andern Lappen ergreifen. Da nun der eine Lappen nach dieser, der andere nach jener Richtung hinsteht, so können nicht zwey Zähne des Steigrades beyde Lappen zu gleicher Zeit in Bewegung setzen. Denn während der untere Zahn den untern Lappen zur Seite wirft, fällt der obere Lappen in einen obern Zahn und umgekehrt. Diese Bewegung dauert beständig so fort, wenn das Aufziehen der Uhr immer zur gehörigen Zeit vorgenommen und der Gang nicht durch einen fremden Umstand unterbrochen wird. Das stete Herauswerfen eines Lappens und Wiederhineinfallen des andern in die Zähne des Steigrades bewirkt denjenigen Zeitverlust, welcher die Maschine zum Zeitmesser brauchbar macht. Auch die Unruhe trägt dazu als Schwungrad das ihrige bey.

Die besten Unruhen sind die goldenen und die von Platin, weil sie dann für einerley Gewicht am dünnsten gemacht werden können und so, bey ihren Schwingungen hin und her, den geringsten Widerstand der Luft finden. Stählerne Unruhen taugen nichts, theils wegen ihres geringern specifischen Gewichts, theils wegen des leichten Rostens, dem sie ausgesetzt sind, vorzüglich aber wegen des Magnetismus, wovon sie zum Nachtheil ihrer Schwingungen afficirt werden.

§. 300.

Die Anzahl Räder und Getriebe, sowie deren Zähne und Triebstöcke, bestimmt man bey den Taschenuhren auf dieselbe Weise (§. 291 f.), wie bey den großen

Uhren. Die gewöhnlichen Taschenuhren gehen 28 bis 30 Stunden in einem Aufzuge, wenn man sie auch alle 24 Stunden aufzieht.

Richtet man die Uhr so ein, daß das Kronrad F Fig. 6. in einer Minute einmal herumkommt, und muß das Minutenrad D, dessen verlängerte Welle über dem Zifferblatte den Minutenzeiger tragen soll, in der Stunde 60mal sich umdrehen, so kann man leicht dessen Zähne und die Zähne des Mittelrades E, sowie die Triebstöcke der Getriebe d und e bestimmen. Man zerfällt nämlich wieder den Exponenten des Verhältnisses $1 : 60$ oder $\frac{60}{1}$ (des Verhältnisses der Anzahl Umläufe des Kronrades und des Minutenrades) in zwey Faktoren, z. B. in $10 . 6 = \frac{10}{4} . \frac{6}{1}$. Wählt man nun für jedes der Getriebe d und e sechs Triebstöcke, so bekommt das Minutenrad 60 Zähne, das Mittelrad 36 Zähne; und

$$\frac{60}{6} . \frac{36}{6} = 60.$$

Giebt man dem Getriebe e des Minutenrades 10 Triebstöcke und dem Schneckenrade C 60 Zähne, so kommt jenes Getriebe $\frac{60}{10} = 6$mal herum, während das Schnerad einen Umgang macht. Da nun das Getriebe e in einer Stunde einmal herumkommt, so braucht das Schneckenrad, folglich auch die Schnecke, 6 Stunden zu einem Umgange. Windet sich die Kette 5mal um die Schnecke, so macht die Schneck während eines

Aufzugs. 5 Umdrehungen und die Uhr geht 5mal
6 = 30 Stunden.

Auch hier ordnet man die Räder so, daß das Minutenrad in die Mitte der Uhrplatten kommt.

§. 301.

Taschenuhren, welche 8 Tage in einem Aufzuge
gehen, sind selten. Indessen kann man sie leicht dazu
einrichten, wenn man ihnen ein Zusatzrad giebt. Wenn
z. B. das Schneckenrad von 60 Zähnen in das Getriebe
des Zusatzrades greift, wenn dieses Getriebe 12 Triebstöcke, das Zusatzrad 60 Zähne hat, und wenn dieses
Zusatzrad das zehnstockige Getriebe des Minutenrades
herumtreibt, so macht das Minutenrad 30 Umdrehungen, während einem Umgange des Schneckenrades; denn

$$\frac{60}{12} \cdot \frac{60}{10} = 5 \cdot 6 = 30.$$

Das Schneckenrad vollendet also mit der Schnecke sei-
nen Umgang erst in 30 Stunden. Hat nun die Schnecke
6½ Gänge, auf die sich die Kette wickelt, so geht die
Uhr 6½ · 30 = 195 Stunden = 8 Tage 3 Stunden.
— Wäre die Zahl der Ketten-Umwickelungen um die
Schnecke 6⅘ gewesen, so hätte man für die Zeit des
Ganges gerade 8 Tage bekommen.

Das Welferwerk der Taschenuhr ist ganz so
eingerichtet, wie bey den großen Uhren (§. 295.). Es
besteht aus dem Minutenrohr mit seinem Getriebe, dem
Wechselrad mit seinem Getriebe und dem Stundenrade.
Auch die Berechnung dieses Räderwerks muß auf dieselbe
Art vorgenommen werden.

§. 302.

Was das Pendel bey den großen Uhren thut, nämlich die Gleichförmigkeit der Schwingungen erhalten,
wenn auch einige Ungleichheiten im Räderwerk Veran-
derungen im Gange erzeugen wollen, das thut bey den
Taschenuhren die mit der Unruhe verbundene Spiralfeder, eine haardünne spiralförmige Feder, welche mit
ihrem innern Ende vermöge eines kleinen Röllchens an
die Mitte der Unruhe, mit ihrem äußeren Ende vermöge eines kleinen Klößchens und Stiftchens an die
Uhrplatte befestigt ist. Wenn nun die Unruhe schwingt,
so zieht sich die Spiralfeder abwechselnd aus einander
und wieder zusammen, und durch ihre Elasticität erhält
sie die Unruhe stets in gleichförmigen Schwingungen,
so daß augenblickliche Ungleichheiten nicht auf sie wirken können.

Kann man die Spiralfeder der Taschenuhr verlängern, so geht die Uhr langsamer; kann man sie verkürzen, so geht sie geschwinder. Durch die sogenannte
Stellung läßt sich dies auf folgende Art ins Werk
richten.

Ein kleines Rädchen d Fig. 8. Taf. VI. das
Stellrädchen, das sich in einem Loche der Uhrplatte
um ein kleines Zäpfchen dreht, greift mit seinen Zähnen
in einen gezahnten bogenförmigen Theil a, den Stel-
lungsbogen. An dem Rücker sitzt eine kleine Klam-
mer e, das Rückklöbchen, worin der äußerste Gang
der Spiralfeder (oft nur zwischen zwey Stiftchen) zu
liegen kommt. Ein silbernes fest geschraubtes Blättchen
f, die Stellscheibe, bedeckt gewöhnlich das Stellrädchen d und läßt blos den viereckigten Zapfen des

Räbchens hindurch gehen. Ueber dem Rücker a liegt ein bogenförmiger mit Schrauben festgeschraubter Theil, der sogenannte Stellungsflügel. Dieser hat auf seiner Unterfläche hohle bogenförmige Rinnen, woran sich der Rücker hin- und herschieben läßt, wenn man das Stellrädchen dreht.

Die Länge der Spiralfeder, welche mittelst eines Borsteckstifts unverrückt fest in dem Spiralfederklößchen c steckt, ist nur von dem Rückklößchen e an bis zu ihrem innern Ende wirksam. Das Stück von diesem Klößchen bis zu dem Spiralfederklößchen c schwingt nicht mit, wenn die Uhr in Bewegung ist. Gesetzt, die Uhr gehe zu langsam und man wolle die Spiralfeder verkürzen. Man steckt dann auf den Zapfen des Stellrädchens, welcher über der Stellscheibe hervorragt, und daselbst den Stellzeiger trägt, einen Uhrschlüssel und schiebt den Stellungsrücker a so herum, daß das Rückklößchen e sich weiter von dem Spiralfederklöbchen c entfernt. Dadurch wird die Spiralfeder verkürzt und der Uhr ein geschwinderer Gang verschafft. Soll die Uhr langsamer gehen, so schiebt man den Rücker durch dasselbe Mittel nur nach der andern Richtung hin, wo dann eine Näherung des Rückklößchens e an das Spiralfederklößchen c, folglich eine Verlängerung der Spiralfeder entsteht. — Uebrigens erfolgt (bey bedeckten Stellrädchen und Rücker) das Herumschieben des Rückers mittelst des Uhrschlüssels, wenn man den Zeiger der Stellscheibe, folglich auch das Stellrädchen, nach derjenigen Seite hindreht, wo das Wort Avance oder ein bloßes A auf der Stellscheibe eingestochen ist, sobald die Uhr zu langsam geht; nach der andern Richtung hingegen) wo das Wort Retards oder ein bloßes R sich findet, sobald die Uhr zu geschwind geht.

Wie viel man beym Stellen zu drehen hat, läßt sich wegen der Verschiedenheiten der Uhren nicht bestimmen. Es ist aber immer gut, man dreht nicht gleich zu viel, sondern sucht die Spiralfeder allmählig auf den Punkt zu bringen, wo die Uhr akkurat geht.

§. 503.

Wenn die Uhr geht und die Unruhe hin und her schwingt, so würde es sich, beym Schütteln der Uhr, beym Laufen und Reiten mit derselben, oft ereignen, daß sich die Spindellappen aus den Zähnen herausdrehten (ausschwenkten). Alsdann würde die Hemmung in eine solche Unordnung versetzt werden, daß die Uhr nicht mehr gehen könnte. Dies zu verhindern dient folgende einfache Vorkehrung.

An dem Rande der Unruhe sitzt ein kleiner herunterwärts gekehrter Stift, der sogenannte Anschlagstift. Dieser schreibt der Unruhe die Größe ihres Hin- und Herschwingens dadurch vor, daß er gegen die beyden Enden des Stellungsflügels schlagen kann. Dies geschieht nun immer, wenn die Unruhe auf irgend eine Art stark geschüttelt wird; folglich ist nun das Ausschwenken nicht mehr möglich. Jetzt wurde aber beym ununterbrochenen Schütteln durch das Gegenprallen des Anschlagstifts die Unruhe schneller hin- und hergeworfen, als es beym ruhigen natürlichen Gange der Fall ist; und dies war auch der Grund, warum man für die Taschenuhr neue Hemmungsarten, namentlich die Cylinderhemmung erfand, welche jenen Fehler nicht an sich trug, dafür aber wieder andere Fehler hatte, so daß die erfahrensten Künstler die Steigradshemmung doch immer noch für die beste halten. — Wann ereignet es sich auch wohl einmal, daß die wohleingerichtete Uhr in ein so ununterbrochenes gewaltsames Schütteln versetzt wird, daß dadurch eine merkliche Veränderung im Gange sich zeigt!

Die Stutzuhren (Reiseuhren, Kutschenuhren) unterscheiden sich von den Taschenuhren blos durch ihre Größe. Die Standuhren (Tafeluhren) haben mit den Wanduhren mehr Aehnlichkeit. Sie haben nur statt des Bleygewichts, eine Feder; auch wohl eine Schnecke und Kette. Ihr Pendel ist klein, d. h. der Größe der Uhr selbst und dem Stande derselben angemessen.

§. 304.

Die Räder der Uhren (in der neuesten Zeit sogar die Räder der Thurmuhren) werden von geschlagenem Messing, die Getriebe von Stahl gemacht. Denn Messing auf Stahl, oder auch Messing auf Eisen, reibt sich weniger und bewirkt daher eine leichtere Bewegung, als Messing auf Messing, oder als Stahl auf Stahl, Eisen auf Eisen 2c. Aus demselben Grunde läßt man die stählernen Wellzapfen auf Messing laufen oder in Löchern, die in Messing gebohrt sind. Daher sind die Platten des Gestelles der Uhr von Messing; oder wenn sie von Eisen sind, so müssen sie doch an allen denjenigen Stellen ein messingenes Futter haben, wo die Löcher in ihnen laufen sollen. Auch der englische Haken, welcher von dem Steigrade in Bewegung gesetzt wird, ist von gutem gehärtetem Stahl und blank polirt; eben so in Taschenuhren die Spindel. Bey ganz vorzüglichen

Uhren läßt man die stählernen Spindelzapfen in Löchern laufen, die in harte Steine, z.B. in Diamant, gebohrt sind. Ueberhaupt ist die Reibung immer geringer, wenn die auf einander und an einander sich bewegenden Theile recht hart und von verschiedenartigem Material verfertigt sind. Mit gereinigtem Baumöhl oder Mandelöhl schmiert man die Well-Zapfen ein, wenn sie in Messing oder überhaupt in Metall laufen. Gehen sie in Diamant, so ist das Schmieren unnöthig, ja sogar schädlich.

Man durchbricht die Räder der Uhren, etwa das erste Rad, woran die bewegende Kraft zunächst wirkt (das Walzenrad der großen Uhren und das Schneckenrad der Taschenuhren) ausgenommen. Man läßt sie nämlich blos aus einem mittlern Ringe, worin die Welle befestigt ist, aus dem Kranze, woran die Zähne sitzen und aus Armen bestehen, die Ring und Kranz mit einander zusammenhalten. Dadurch verringert man den Druck auf die Wellzapfen und erleichtert also den Gang der ganzen Maschine. Dasjenige Rad kann am dünnsten und leichtesten seyn, das von der bewegenden Kraft am entferntesten ist. — Auch je nach der größern Entfernung von der bewegenden Kraft macht man die Wellen und Wellzapfen dünner und dünner, versteht sich, ihrer erforderlichen Stärke unbeschadet.

Kein Rad darf an dem andern oder an Wellen oder an sonstigen Theilen herausstreifen. Damit dies, namentlich bey flachen Taschenuhren nicht geschehe, so legt man manche Räder in Versenkungen und bringt für die Wellzapfen eigne Stege oder Kloben an. Es ist immer gut, wenn das Rad in der Mitte seiner Welle, oder doch dieser Mitte so nahe wie möglich sitzt, damit der Druck auf die Wellzapfen so gleichförmig wie möglich vertheilt werde.

Die Datumsuhren.

§. 305.

Sowohl die großen Uhren, als auch die kleinen Uhren richtet man oft so ein, daß sie den Monatstag oder das Datum zeigen. In dieser Absicht bekommen sie noch folgendes mit dem Weiserwerke verbundenes Räderwerk.

Auf dem Stundenrade (welches alle 12 Stunden einmal herumkommt und den Stundenzeiger trägt) sitzt concentrisch noch ein anderes kleineres Rad fest, welches wieder in ein eignes größeres Stirnrad eingreift. Letzteres Datumsrad muß genau in 24 Stunden einmal herumkommen; daher muß es doppelt so viele Zähne haben, als ersteres Rad, welches mit dem Stundenrade zugleich (in 12 Stunden) einen Umgang vollendet. Nun liegt noch ein drittes Datumsrad über dem Stundenrade, und also auch über dem Datumsrade, concentrisch. Dies dritte Datumsrad enthält in seiner Mitte eine Röhre, die mit hinlänglichem Spielraume die Stundenröhre umfaßt, aber nicht völlig so weit, als die Stundenröhre, über dem Zifferblatte hervorragt, damit sie, unter dem Stundenzeiger, den Datumszeiger zu tragen im Stande sey, ohne daß sich ein Zeiger auf dem andern festsetzen kann. Dasselbe dritte Datumsrad hat 31 schräge Zähne, wie ein Sperrrad. Nicht weit von ihm ist ein besonderer Haken oder Einfall so um einen Zapfen beweglich, daß sein vorderer Theil in die Zähne jenes Rades einfallen und von hinten mittelst einer Druckfeder darin festgehalten werden kann. Wenn man dann das Rad herumdreht, so fällt der Haken immer wieder von selbst in die Zähne des Rades und bestrebt sich das Rad fest zu halten.

§. 306.

Oben auf der Fläche des zweyten Datumsrades (oder desjenigen, welches genau in 24 Stunden einmal herumkommt) ist senkrecht ein kleiner Stift eingenietet. Dieser schiebt beym jedesmaligen Umgange des Rades, mithin alle 24 Stunden, einen schrägen Zahn vom dritten Rade weiter; und nach jedesmaligem Fortschieben um einen Zahn, wird das dritte Datumsrad so lange wieder in unverrücktem Stande erhalten, biß der erwähnte kleine Stift des zweyten Datumsrades nach 24 Stunden einen neuen Zahn des dritten Rades wieder herumführt. — Und so geht das Spiel beständig fort.

Auf dem Zifferblatte ist ein Kreiß, über welchem der Datumszeiger sich herumdreht, für die Monatstage in 31 gleiche Theile getheilt. Ist nun der auf dem Rohre des dritten Datumsrades sitzende Datumszeiger genau auf eine Datumszahl gestellt, so wird er alle 24 Stunden von einer Zahl zur andern fortspringen, bis er nach 31 Tagen einen ganzen Umgang vollendet hat. Hernach fängt er wieder von 1 an, denselben Weg zurückzulegen.

Nun enthalten aber nicht alle Monate 31 Tage. Daher muß man bey Monaten, die weniger Tage haben, den Zeiger mittelst der Fingerspitze oder eines kleinen Hölzchens wieder auf den ersten Tag des Monats springen lassen, sobald er auf dem letzten Tage (z. B. im Februar auf den 28sten) gestanden hat.

Soll der Zeiger immer des Nachts von 12 bis
1 Uhr weiter springen, so muß man dieß auf folgende
Art bewirken. Man setzt den Datumszeiger erst ganz
allein (nach Entfernung des Stunden = und Minuten=
zeigers) auf die Datumszahl. Alsdann dreht man
das Minutenrohr (worauf der Minutenzeiger kommt)
mit einem Schlüssel so lange herum, bis der Datums=
zeiger um eine Zahl weiter fortspringt. Ist dies ge=
schehen, so setzt man den Stundenzeiger sogleich auf die
Zahl 1 der Stundenabtheilungen und den Minutenzeiger
auf die Zahl 60 der Minutenabtheilungen. Nun dreht
man die Zeiger mittelst des Schlüssels so weit herum,
als Stunden und Minuten seit 1 Uhr des Nachts ver=
flossen sind. Alsdann wird das Datumswerk alle Nacht
von 12 bis 1 Uhr ausschieben.

Bey ältern Uhren, auch wohl bey manchen neuern, ist das
Datumswerk so eingerichtet. Die untere Kante eines unter
dem Zifferblatte liegenden Ringes enthält 31 sägenförmige
Zähne. Er ist auf seiner Oberfläche für die Tage des Monats
in 31 gleiche Theile eingetheilt, und auf diesen Theilen mit
1, 2, 3, bis 31 bezeichnet. Die so eingetheilte Fläche des
Ringes streicht unter dem Zifferblatte vor einer Oeffnung des=
selben hin, welche so groß ist, daß man durch sie eine Zahl
des Rings genau sehen kann. Vor diese Oeffnung tritt nun
alle 24 Stunden eine andere Zahl, wenn der Stift des
zweyten Datumsrades einen Zahn weiter schiebt. — Der
gezahnte Ring wird ebenfalls durch einen Einfall unverrückt
erhalten.

Aehnlich mit der Vorrichtung zum Datumszeigen ist das=
jenige Werk, welches die Tage der Woche anzeigt. Für den
Wochentagszeiger braucht man nur ein Rad mit 7 schrägen
Zähnen, das alle 7 Tage einmal herumkommt und auf ähn=
liche Art, wie das Datumsrad, alle 24 Stunden um einen
Zahn herumgeschoben wird.

IV.

Verschiedene neue Hemmungsarten.

§. 307.

Die Ankerhemmung (§. 289.) und die Steigrads-hemmung (§. 299.) bilden die sogenannte zurückfallende Hemmung, oder diejenige, bey welcher der Zahn des Hemmungsrades genöthigt ist, stets der Richtung der bewegenden Kraft zu folgen. Der Zahn muß hier aber allemal wieder zurückgehen, ehe er dem Pendel oder der Unruhe von neuem eine Bewegung mittheilen kann. Wegen des dadurch hervorgebrachten Verlustes an Kraft und der durch die vielen Anreibungen erzeugten Abnutzungen ist diese Hemmung bey denjenigen Uhren mangelhaft, welche eine besonders große Genauigkeit des Ganges voraussetzen, wie bey den astronomischen Uhren und geographischen Uhren. Der Engländer Graham erfand deswegen die ruhende Hemmung oder diejenige, bey welcher der Zahn des Hemmungsrades, während der Regulator (z. B. das Pendel) seinen Bogen beschreibt, unverrückt stehen bleibt, ohne daß vor Vollendung der Schwingung (Vibration oder Oscillation) das Räderwerk weiter auf ihn wirken kann. — In der Folge ist diese Hemmung von andern Künstlern noch bedeutend verbessert worden.

Man erfand aber auch eine solche Hemmung, bey welcher das Bestreben des Rades sich herumzubewegen von einem besondern Ausfalle aufgehalten wurde, den der Regulator auslößt. Dadurch mußte nothwendig die Friktion des Regulators so sehr vermindert werden, daß

man gar kein Oehl oder doch nur sehr wenig nöthig
hatte. Die übrig bleibende Reibung wirkte zugleich
sehr gleichförmig, und der möglich genaueste und
gleichförmigste Gang war die Folge von allem diesem.
— Weil der Regulator seine Schwingungen fortsetzt,
während der Einfall das Rad aufhält, so nannte man
diese von dem Engländer Mudge höchst scharfsinnig
ausgedachte Hemmungsart die freye Hemmung.

Die Cycloide, als beste Krümmung für die Zähne der
Kronräder, und die Epicycloide als diejenige für die Stirnräder, ist auch beym Bau der Uhren wohl zu beachten. Der
Uhrmacher hat gewöhnlich sehr sinnreiche Maschinen, womit
er die Zähne der Räder nicht blos einschneidet, sondern
auch abründet. Ueberhaupt giebt es zur schnellen Bildung
der verschiedenen Uhrentheile mancherley künstliche Werkzeuge
und Maschinen.

§. 308.

Unter den verschiedenen neuen Hemmungsarten für
Taschenuhren ist die Cylinderhemmung (welche
gegen das Ende des siebzehnten Jahrhunderts der Engländer Tompion erfand) am bekanntesten geworden.
In den Cylinderuhren, wie man die Uhren mit
einer solchen Hemmung nennt, befindet sich, statt der
Spindel, ein kleiner hohler, stählerner Cylinder mit der
Unruhe verbunden. Dieser Cylinder hat Einschnitte,
welche Ränder oder Lippen bilden, und in diese Lippen greifen die Spitzen der dreykantigen Zähne eines
eigen gestalteten Rades, des Cylinderrades oder
Hakenrades, welches die Stelle des Steigrades vertritt. Das Hakenrad dreht sich, wie alle übrigen Räder, in einer Horizontalfläche um sein Gerüste wird

von dem Mittelrade in Bewegung gesetzt. Es ist also auch kein Kronrad da. Die Zähne, von oben angesehen, präsentiren lauter spitzwinklichte Dreyecke, die mit ihrem spitzigsten Winkel in die Höhlung des Cylinders eingreifen, und diesen zum Hin- und Hergange bringen.

Ein Ausschwenken und ein Gegenprallen des Anschlagstifts kann bey diesen Cylinderuhren nicht statt finden. Daher verändert sich auch ihr Gang beym Schütteln, Laufen, Reiten 2c. nicht. Aber die Reibung ist bey den Cylinderuhren größer und sie müssen immer in frischer Schmiere erhalten werden, wenn sie auf die Dauer gleichförmig fortgehen sollen.

V.
Die Compensationspendel und die Längenuhren.

§. 304.

Höchst merkwürdig und sinnreich war die Erfindung der Compensationspendel für große Uhren, d. h. solcher Pendel, deren Veränderung durch Wärme und Kälte nicht auf den Gang der Uhr wirken kann. Bekanntlich wird das Pendel, wie alle Körper, in einer höhern Temperatur länger, in einer niedrigern Temperatur kürzer. In jenem Falle muß die Uhr langsamer, in diesem geschwinder gehen. Bey Uhren zum gewöhnlichen Gebrauch nimmt man auf Veränderungen von einigen Sekunden im Tage keine Rücksicht; aber bey astronomischen und geographischen Uhren werden sie von großer Bedeutung.

Der Engländer Graham versuchte es zuerst, das Pendel so zusammenzusetzen, daß die veränderliche Wir-

kung der Wärme und Kälte, z. B. in den verschiede-
denen Jahreszeiten, keinen veränderlichen Effekt auf das
Pendel äußern konnte. Er machte zuerst hölzerne Pen-
delstangen (aus Ebenholz, oder Fichtenholz, oder Tannenholz, oder Nußbaumholz), weil das Holz nach der
Länge der Fibern durch die Wärme nicht merklich aus-
gedehnt und durch die Kälte nicht merklich zusammen-
gezogen wird. Da er aber fand, daß die Feuchtigkeit,
welche sich in die Poren des Holzes zieht, neue Unrichtig-
keiten zuwege brachte, so legte er solche hölzerne Pendel wieder bey Seite. Später hat man die hölzernen
Pendel aber doch wieder in Anwendung gebracht. Das
Eindringen von Feuchtigkeiten verhütete man dadurch,
daß man die hölzernen Stangen mit einem Firniß über-
strich.

§. 310.

Nachdem Graham seine hölzernen Pendel bey
Seite gelegt hatte, so erfand er die Roststendel.
Er setzte nämlich mehrere Stangen, z. B. messingene
und eiserne, mittelst eigner Querstäbe so zusammen,
daß sie eine Compensation bewirken oder die durch die
Veränderung der Temperatur hervorgebrachten Unvollkommenheiten gegenseitig corrigiren mußten. Dies geschah auf folgende Art.

Die eisernen Stangen sitzen blos oben, die messingenen blos unten unverrückt fest. Während nun die eisernen
Stangen, durch Wärme hinunterwärts verlängert,
den Mittelpunkt des Schwunges, der doch die Länge
des Pendels bestimmt, tiefer hinabsenkten, so mußten
die messingenen (nach ihrer Ausdehnungsfähigkeit gegen
die eisernen von verhältnißmäßiger Länge) diesen Punkt

wieder um eben so viel hinaufbringen, weil sie sich um
eben so viel hinaufwärts verlängerten, als dies die
eisernen Stangen herunterwärts thaten. Daburch mußte
der Mittelpunkt des Schwunges immer an einer und
derselben Stelle erhalten und die Compensation so her-
vorgebracht werden, daß der Gang der Uhr unveränderlich blieb. — Nach und nach vervollkommete man
diese Roftpendel, und erfand auch noch manche andere
neue Compensationsvorrichtungen, selbst für Taschenuhren zur Compensation der Wärme und Kälte, welche
die Länge der Spiralfeder und dadurch auch den Gang
dieser Uhren verändern.

Unter den verschiedenen Compensationspendeln, die keine
Roftpendeln sind, empfiehlt sich besonders dasjenige des
Schweden Faggot durch seine Einfachheit.

§. 311.

Die astronomischen Uhren sind Pendeluhren; die geographischen Uhren, welche tragbar
seyn müssen, sind Unruhuhren mit der Spiralfeder.
Die geographischen Uhren, welche zur Bestimmung der
geographischen Länge auf der See und auf dem Lande
dienen und welche man gewöhnlich Chronometer,
Zeithalter oder Längenuhren nennt, sind die vollkommensten Uhren, welche es giebt. Sie müssen äußerst
genau verfertigt seyn und die Zeit so unveränderlich
wie möglich angeben. Diejenigen, welche man zur See
gebraucht und welche den Namen Seeuhren führen,
sind die vollkommensten und kostbarsten von allen. Der
englische Zimmermann Harrison erfand sie zu Anfange des achtzehnten Jahrhunderts. Diejenigen, wel-

che man zur Längenbestimmung auf dem Lande anwendet, nennt man Taschenchronometer.

Die Erfindung der Seeuhren, wofür Harrison eine Prämie von 20,000 Pfund Sterlingen erhielt, war von sehr großer Wichtigkeit. Wenn man nämlich Länge und Breite eines Orts kennt, so kann man auf akkuraten Charten auch leicht den Ort selbst aufsuchen, wo man sich befindet; und dann kann man sich leicht vor unbekannten Stellen, z. B. vor Klippen, Sandbänken ıc. in Acht nehmen. Die Seeuhr muß aber, wenn sie vom richtigen Gange nicht abweichen soll, das Rütteln und Schwanken des Schiffes ertragen können; die veränderliche Schwere in den verschiedenen Breiten auf der Erdkugel darf nicht auf ihren Gang wirken; Reibung und Widerstand der Luft an ihren sich auf einander bewegenden Theilen muß äußerst geringe seyn; die schädliche durch allmäliges Vertrocknen des Oehls entstehende Wirkung darf nicht bey ihnen statt finden; veränderliche Wärme und Kälte in den verschiedenen Zonen, durch verschiedene Jahrszeiten und verschiedene Witterung darf an dem Regulator (Pendel oder Unruhe mit der Spiralfeder) gar nicht verspürt werden, der Eingriff der Räder und Getriebe in einander muß recht vollkommen, der Zug der bewegenden Kraft (der Feder) recht gleichförmig seyn; u. s. w.

§. 312.

Die Theile des Regulators einer Seeuhr sind: Unruhe, Aufhängungsfeder zur Verminderung des Reibens, Spiralfeder, Friktionsröllchen zur Verringerung des Reibens an den Unruhzapfen, und Compensationsvorrichtung an der Spiralfeder bey veränderlicher Wärme und Kälte. Die Unruhe muß so eingerichtet seyn, daß sie ihre Schwingungen, auch abgesondert vom Räderwerke, lange beybehält. Sie muß immer Bögen von gleicher Dauer hin und her schwingen, das Oehl mag frisch oder vertrocknet seyn. Gewöhnlich läßt man die Unruhzapfen in Löchern von Edelsteinen laufen, und dann haben diese Zapfen kein Oehl nöthig. Große Unruhen haben Vorzüge vor kleinen; man läßt sie über keine zu schnelle Vibrationen machen und wegen Verminderung des Widerstandes der Luft, um sie möglichst schmal machen zu können, von Gold oder Platin seyn. Die Spiralfeder, von gutem Stahl und gut gehärtet, muß gegen den Mittelpunkt zu eine größere Stärke als außerhalb besitzen; sie muß enge Windungen, aber die gehörige Länge haben, damit sie auch viele Windungen erhalte, welches für die Größe der Schwingungsbögen und für die freyen Vibrationen vortheilhaft ist. Man verbindet sie mit der Unruhe gleich so, daß man sie nie wieder abzunehmen braucht. Die Spindel darf zwischen den Friktionsrollen nie schwanken; u. s. w.

Das Aufhängen der Seeuhr muß mit größter Sorgfalt, nach Art des Seekompasses, geschehen, und zwar so, daß das Zifferblatt in eine horizontale Fläche kommt. Man wählt dazu auch die beste und bequemste Stelle des Schiffs, wo die wenigste Feuchtigkeit ist und die geringste Schwankung statt findet.

Die Taschenchronometer sind kleiner als die Seeuhren. Die englischen Künstler Arnold, Kendal, Mudge und Emmery, sowie die französischen Le Roy, Ferdinand und Louis Berthoud haben die Chronometer

überhaupt sehr vervollkommnet. — Die Compensationsvorrichtung für die Spiralfeder besteht aus gebogenen
Metallstäbchen, welche so mit der Spiralfeder verbunden
sind, daß sie, welche die Spiralfeder in einem Klämmerchen
(wie die Rücklöbchen) aufgenommen haben, sich durch Wärme und Kälte nach einer Richtung verlängern und verkürzen, welche der Verlängerungs- und Verkürzungsrichtung der
Spiralfeder entgegengesetzt ist.

VI.
Die Schlaguhren.

§. 313.

Schlaguhren geben die Stunde (auch die Halbe-
stunde und Viertelsstunde) durch Schläge an, die ein
Hammer auf die Glocke thut. Gewöhnlich enthält das
Schlagwerk mehrere gezähnte Räder, die neben den
Rädern des Gehwerks zwischen den Uhrplatten einen
eignen Platz haben und gleichfalls von einem Gewicht
oder von einer Feder in Bewegung gesetzt werden.
Bey großen Uhren wird das Gewicht ebenfalls auf
eine Walze gewunden (wie §. 288.), die durch ein Gesperre mit einem Walzenrade in Verbindung steht. Bey
Tischuhren und andern kleinen Uhren, liegt die Feder,
wie bey dem Gehwerke der Taschenuhr, in einem Gehäuse. Oft wirkt die Feder sogleich auf ein unmittelbar
mit dem Federhause verbundenes Rad; oft ist aber auch
eine Schnecke, vermöge der Kette mit ihr verbunden.

Das eine von den Rädern des Schlagwerks, z. B.
das zweyte, enthält auf der einen Seite seines Kranzes
eine Anzahl perpendikulär auf der Fläche stehender fest-
genieteter Stiftchen, z. B. wie a Fig. 9. Taf. VI.

27 *

Auf diese Stifte lehnt sich ein Arm *b*, der an einer kleinen Welle *c* festsitzt. Dieselbe Welle hat noch zwey andere Arme *ce* und *cd*. An letzterem, welcher der längste ist, befindet sich der Hammer, welcher die Schläge an die Glocke verrichten soll. Läuft nun das Räderwerk, durch Gewicht oder Feder getrieben, in der Richtung von *b* nach *a* zu um, so fällt der Arm *b* von einem Stifte auf den andern, folglich bewegt sich der Arm *bd* (der Schlagarm) mit dem Hammer *d* beständig zurück; er wird aber immer eben so bald durch die Feder *f* wieder vorwärts auf die Glocke getrieben.

Aber so würden die Schläge gar zu schnell hinter einander erfolgen, so schnell, daß man sie nicht zu zählen vermöchte. Damit nun zwischen je zwey und zwey Schlägen eine kleine Pause entsteht, so greift das letzte Rad in ein Getriebe und an der Welle dieses Getriebes sind ein Paar Flügel von dünnem Blech (Messingblech) angebracht, welche in der Luft einen Cylinder beschreiben. Dreht sich nun das Räderwerk um, so finden jene Flügel des **Windfangs** einen bedeutenden Widerstand an der Luft und dieser Widerstand mäßigt ihre Geschwindigkeit und die Geschwindigkeit des umlaufenden Räderwerks so sehr, daß man nun die Schläge recht gut von einander unterscheiden kann.

§. 314.

Zu jeder Stunde müssen begreiflich so viele Schläge geschehen, als die Anzahl der Stunden beträgt, die der Zeiger auf dem Zifferblatte angiebt; und in demselben Augenblicke, wo diese Schläge geschehen sind, muß das ganze Schlagwerk in Ruhe kommen und so

lange in Ruhe bleiben, bis wieder zum Schlagen einer
Stunde die Zeit da ist. Man bewirkt dies durch folgenden sinnreichen Mechanismus.

An der verlängerten Welle des einen zum Schlagwerk gehörigen Rades, z. B. des dritten oder vierten,
ist auf der äußern Seite der nicht von dem Zifferblatte
bedeckten Platte ein Getriebe angebracht. Dieses Getriebe greift in ein Rad, welches innerhalb 12 Stunden einmal herumkommen muß, wenn das zum Schlagen bestimmte Laufwerk von Stunde zu Stunde in
Thätigkeit kommt. Fest auf dem Rade und concentrisch
sitzt die Schloßscheibe oder das Schloßrad. Hierunter versteht man eine Scheibe mit zwölf gleich tiefen,
aber ungleich weit von einander abstehenden Einschnitten, welche zur Regulirung der Schläge dienen.
Die Zwischenräume zwischen den ungleich weit von einander abstehenden Einschnitten bilden nämlich zwölf Erhöhungen von ungleicher Breite. Auf der Peripherie dieser Erhöhungen liegt das eine Ende eines um
einen gewissen Punkt beweglichen Armes; das andere
Ende aber geht durch eine in der Uhrplatte befindliche
Oeffnung und enthält über der innern Fläche der Platte
einen perpendikulären um sein unteres Ende beweglichen
Hebel, dessen oberes Ende zu einem Haken rechtwinklicht gebogen ist. Dieses Ende lehnt sich gegen einen
auf der Fläche des dritten Rades, des sogenannten Anlaufrades fest genieteten Stift, sobald das Ende des
innern Armes in einen Einschnitt der Schloßscheibe fällt.
Wenn aber das in einem Einschnitte der Schloßscheibe
liegende Ende des Armes in die Höhe gehoben wird,
und sich auf den Rand oder Umfang dieser Scheibe stützt,

so geht auch das andere Ende in die Höhe; es weicht
folglich von dem Anschlagstifte des Anlaufrades hinweg
und das Räderwerk bekommt so lange Freyheit, sich
zu bewegen, bis das äußere Ende des Armes wieder
in einen Einschnitt der Schloßscheibe fällt. Alsdann
fängt das innere Ende des Armes plötzlich den Anschlagstift auf und bringt wieder das Anlaufrad und die übrigen dazu gehörigen Räder so lange in Ruhe, bis abermals das Emporheben des Armes geschieht. Es bewegen sich also die Räder des Schlagwerks nur so lange, als der Arm emporgehoben ist und auf der Peripherie der Schloßscheibe liegt. Alsdann schlägt auch
der Hammer an die Glocke. So lange der Arm in
einem Einschnitte der Schloßscheibe liegt, so lange ruht
das ganze zum Schlagen bestimmte Räderwerk. Dauert
die Bewegung des Räderwerks länger, so thut der Hammer auch mehr Schläge an die Glocke. Durch die Bewegung des erwähnten Räderwerks wird nun auch vermöge des oben erwähnten Getriebes dasjenige Rad ganz
langsam um seine Achse gedreht, welches mit der Schloßscheibe in 12 Stunden einmal herumkommen soll.

§. 315.

Die eine Erhöhung der Schloßscheibe ist so breit,
daß der Hammer nur einen Schlag thun kann,
weil der bewußte Arm nur während der Dauer des einen Schlages auf der Erhöhung liegen bleibt und hernach gleich in den Einschnitt fällt. Die darauf folgende
Erhöhung ist ohngefähr noch einmal so breit; daher
geschehen zwey Schläge, ehe der Arm wieder in einen
Einschnitt sich legt. Jede der folgenden Erhöhungen

ist immer um eins breiter, als die kurz vorhergehende; deswegen geschieht auch immer ein Schlag mehr. Da nun zwölf Erhöhungen die Schloßscheibe bilden und die erste für den Schlag 1, die zweyte für den Schlag 2, die dritte für 3 ꝛc. bestimmt ist, so muß die letzte oder zwölfte dem Schlage 12 zugehören. Stellte man den Zeiger eben auf 1, als die Uhr eins schlug, so wird sie bey 2 zwey, bey 3 drey ꝛc. bey 12 zwölf schlagen. Es müßte nur dafür gesorgt seyn, daß der in einem Einschnitte der Schloßscheibe liegende Arm jedesmal nach verflossener Stunde aus dem Einschnitte herausgehoben und auf die folgende Erhöhung gelegt wurde.

Wirklich erfolgt das Ausheben des Arms aus dem Einschnitte der Schloßscheibe jedesmal nach verflossener Stunde. Auf dem Getriebe des Minutenrohrs (a Fig. 5.) welches innerhalb einer Stunde herumkommt, sitzt ein Stift fest, der folglich ebenfalls in einer Stunde einen Umgang macht. Dieser Stift hebt nach jeder zurückgelegten Stunde und zwar gerade dann, wenn der Stundenzeiger genau auf seiner Stundenziffer, der Minutenzeiger auf 60 seiner Abtheilungen steht, einen Hebel in die Höhe, welcher mit dem auf der Schloßscheibe liegenden Arme in Verbindung steht. Der Hebel hebt diesen Arm in die Höhe, so wie er selbst emporgehoben wird. Das Räderwerk, welches durch den Anschlagstift des Anlaufrades und jenen Arm aufgehalten wurde, bekommt dadurch Freyheit sich zu bewegen; und beym Emporheben des Arms hat die Schloßscheibe vermöge des an ihr befestigten gezahnten Rades sich schon so weit herumbewegt, daß der Arm nicht in den

Einschnitt zurückfallen kann; er legt sich daher auf den
Rand einer Erhöhung, und bleibt darauf bey fortwäh-
render Umdrehung des Laufwerks, wobey der Hammer
schlägt, so lange, bis unter ihm ein Einschnitt hinge-
schoben ist. Alsdann fällt er in denselben; und sogleich
ruht das Schlagwerk.

Das Schlagwerk läßt sich aber auch nach Art des folgenden Repetirwerks mit der Schnecke, der Staffel, statt des
Schloßrades einrichten, wie es bey den meisten neuern Schlagwerken auch wirklich der Fall ist. — Uebrigens sind die
Schlagwerke bey den Thurmuhren besonders wichtig. Zu
Wand- und Tischuhren möchten wohl die Repetirwerke nützlicher seyn, als die Schlagwerke.

VII.
Die Repetiruhren oder Wiederholungsuhren.

§. 316.

Die Repetiruhren oder Wiederholungsuh-
ren, welche zu jeder beliebigen Zeit die verflossene
Stunde (auch Viertelstunden und halbe Viertelstunden)
wiederholen, wenn man bey großen Uhren (Wand-
und Tischuhren) eine Schnur zieht und bey Taschenuhren ein Knöpfchen des Gehäuses drückt, erfand der Engländer Barlow im Jahr 1676. Ein anderer Engländer Quare verbesserte sie nachher bedeutend. Denn
man sah bald ein, wie nützlich solche Uhren besonders
zur Nachtzeit waren.

Bey den Repetiruhren findet sich ein eben solches
Räderwerk oder Laufwerk, wie bey den Schlaguhren.
Ein schneckenförmiger stählerner Theil d Fig. 10. Taf. VI.

die Staffel, vertritt bey den Repetiruhren die Stelle des Schloßrades. Diese Staffel hat zwölf Stufen, wovon eine immer niedriger ist, als die andere. Sie bewegt sich auf der Uhrplatte unter dem Zifferblatte um ihren Mittelpunkt. Sie hat ein rundes Loch in ihrer Mitte, womit sie sich auf einem kleinen runden Stifte dreht. Alle zwölf Stufen der Staffel, wovon eine immer niedriger ist, als die andere kommen in 12 Stunden einmal herum.

§. 317.

Auf die Stufen der Staffel wird ein herunterwärts gehender Arm gedrückt, welcher nach jeder Stunde von einer Stufe zur andern fällt, bis er auf die niedrigste kommt. Das Herumdrehen der Staffel verrichtet ein am Minutenrohr-Getriebe befindlicher Stift, welcher jede Stunde den Zahn eines unter der Staffel concentrisch befestigten Sterns von zwölf Zähnen weiter schiebt. Dadurch geräth nun auch jener Arm in eine andere Stufe.

Mit demselben Arme, der sich um einen Stift drehen läßt, ist bey großen Uhren gewöhnlich noch ein anderer etwas schräg heraufwärts gehender Arm verbunden, an dessen Ende ein bogenförmiger Theil sitzt. Dieser, Rechen genannt, hat 13 oder 14 schräge sägenförmige Zähne. Ein kleiner Haken, der Schöpper oder Schöpfer, der an der verlängerten Welle eines Rades, des Schöpfrades fest gemacht ist, setzt jene Zähne des Rechens in Bewegung. Denn während sich das Schöpfrad einmal herumdreht, macht auch der Schöpfer eine Umdrehung. Bey jeder Umdrehung aber schiebt der Schöpfer einen Zahn des Rechens weiter. Der Hammer, welcher mit dem Schöpfer in Verbindung steht, thut nun bey jedem Umlaufe des Schöpfers einen Schlag auf die Glocke.

Wenn demnach der Arm des Rechens auf der höchsten Stufe der Staffel steht, so fällt er nach geschehener Auslösung nicht weit zurück. Er muß nur so weit zurückfallen, daß der Schöpfer ihn um einen Zahn zu sich hin schöpfen kann. Es geschieht dann ein Schlag. Kommt jener Arm des Rechens auf die zweyte Stufe der Staffel, so fällt der Rechen (beym Ziehen oder Drücken) um zwey Zähne zurück, die von dem Schöpfer wieder geholt werden, und zwey Schläge geschehen; u. s. w. Fällt der Arm des Rechens auf die niedrigste Stufe der Staffel, so fällt der Rechen so weit zurück, daß zwölf Zähne des Rechens geschöpft werden können. Alsdann geschehen zwölf Schläge. — So dienen also die Stufen der Staffel zur Regulirung der Schläge für die zwölf Stunden.

Ein schwanzartiger an dem Schöpfer befindlicher Theil setzt dem Zurückweichen des Rechens die gehörigen Gränzen, indem er sich, wenn der Rechen nach dem Zurückfallen auf die bestimmte Weite vorwärts geschöpft ist, an einen besondern Stift anlehnt. Alsdann hört natürlich auch das Schlagen bis zum nächsten Ausheben und Zurückwerfen des Rechens auf.

§. 318.

Die Taschen-Repetiruhren sind wohl die nützlichsten unter allen; und ihr Mechanismus ist ohnstreitig einer der allerschönsten, den es nur giebt. Zu

den Repetiruhren gehören erst wieder eine Anzahl neben
dem Gehwerke zwischen den Platten liegende Räder und
Getriebe, die von einer eignen Feder in Bewegung gesetzt werden, und das sogenannte Laufwerk bilden. Die
dazu gehörigen Räder, wie sie auf einander folgen, heißen: Federhausrad, großes Bodenrad, klei-
nes Bodenrad, Mittelrad, und Anlaufrad.
Das letztere greift noch in ein bloßes Getriebe, das
Windfangsgetriebe (aber ohne Flügel).

Das Federhaus steht unbeweglich, indem es inwendig an die eine Uhrplatte festgeschraubt ist. Aber
der Federstift (die Federwelle) läßt sich umdrehen.
An diesen Federstift ist das Federrad befestigt. An derselben Welle befindet sich aber auch das Heberad
Fig. 10. Taf. VI., ein Rad, wovon nur die Hälfte
gezahnt ist und zwar zwölf Zähne enthält. Diese Zähne setzen den Schöpfer oder Hammerzug k, folglich auch den mit l verbundenen Hammer in Bewegung.
Der Hammer schlägt dann an eine in dem Uhrgehäuse
liegende Glocke, oder an eine klingende elastische Stahlfeder. — Es kommt also nun noch auf das Reguliren
der Schläge an.

§. 319.

Durch Drücken an der Stange a des Uhrgehäuses (woran bey Taschenuhren die Uhrkette oder das Uhr-
band festgemacht ist) wird der Rechen bc mit seinem
einen Arme c an die Staffel d gepreßt. Der andere
Arm e des Rechens enthält ein Stück Uhrkette, welches
über die kleine um einen Stift bewegliche Rolle f hinweg
bis zu einer andern Rolle g hingeht, die auf dem ver-

längeten vierkantigen Zapfen des Federstifts *i* steckt. Drückt man nun den Rechen *bc* hinunter, so werden vermöge der Kette die Rollen *f* und *g* herumgezogen; also bewegt sich auch der Federstift *i* herum, wodurch die Feder sich spannt oder enger zusammenwickelt. Beym Wiederausdehnen derselben wird das Federrad mit den übrigen Rädern des Laufwerks nach der entgegengesetzten Richtung herumgetrieben. Dadurch kommen auch die Zähne des Heberades *h* in Bewegung. Fiel der Arm *c* des Rechens auf die höchste Stufe der Staffel, so wurde das Heberad nur so weit herumgezogen, daß beym Zurücklaufen ein Zahn auf den Schöpfer wirkte, daß folglich nur ein Schlag geschah. Fiel der Arm *c* auf die nächst niedrigere Stufe, so wurde das Heberad um zwey Zähne herumgezogen; zwey Zähne wurden also zurückgeschöpft und zwey Schläge geschahen; u. s. w. Fiel der Arm *c* auf die niedrigste Stufe, so wurden alle 12 Zähne des Heberades herumgezogen, folglich 12 Zähne zurückgeschöpft und es schlug zwölf.

Es ist also leicht einzusehen, daß durch das mehr oder weniger tiefe Hineindrücken des Rechens bis an die zugehörige Stufe die Stundenschläge regulirt werden. Um Alles auf das vollkommenste zu begreifen, muß man nur noch den Mechanismus kennen, wodurch von Stunde zu Stunde eine andere und zwar eine tiefere Stufe der Staffel unter den bewußten Arm *c* des Rechens gebracht wird.

§. 320.

Concentrisch mit der Staffel *d* und fest auf ihr sitzt ein Stern, wie *a* Fig. 11., mit zwölf Zähnen oder

Zacken. Stern und Staffel drehen sich um einen gemeinschaftlichen auf der Uhrplatte fest genieteten Stift.
In den Stern fällt ein Haken b, der an dem Ende einer
elastischen Stahlfeder sich befindet. Diese Feder ist mit
ihrem andern Ende c fest an die Uhrplatte geschraubt.
Stern und Staffel sind so eingerichtet, daß letztere um
eine Staffel herumgedreht wird, wenn der Stern um
einen Zahn herumspringt. Dies geschieht von Stunde zu Stunde. Es kommen also Stern und Staffel zusammen in 12 Stunden einmal herum.

Das Herumschieben des Sterns um einen Zahn
verrichtet alle Stunden das Minutenrohrgetriebe und
zwar mittelst eines auf seiner Fläche befestigten Stifts.
Dreht man das Minutenrohr vermöge eines aufgesteck-
ten Uhrschlüssels so lange, bis der Stift eine Zacke des
Sterns fortspringen läßt, und merkt man sich, welche
Stufe von der Staffel unter dem bewußten Arme des
Rechens sich befindet, ob es die für die Stunde 1, oder
2, oder 3 rc. ist, so braucht man nur, nach aufgesetz-
tem Zifferblatte, die Zeiger auf eben diese Stunde zu
stellen. Alsdann wird die Uhr jede zurückgelegte Stunde ordentlich repetiren.

§. 321.

Soll die Uhr auch Viertelstunden repetiren,
so hat sie eine eigne Viertelstundenstaffel nöthig, die concentrisch an das Minutenrohr befestigt seyn
muß. Diese Viertelstundenstaffel enthält vier Stufen
für die vier Viertel. Zu ihr gehört auch ein Viertelstunden-Rechen, der durch denselben Druck, der
den Stundenrechen hinab auf seine Staffel schiebt, auf

eine Stufe seiner Staffel kommt, die übrigen Theile auslößt und von einem Viertelstunden-Schöpfer wieder zurückgeführt wird. Gewöhnlich sind zwey Hammerzüge da, welche nach einander von dem Viertelstunden-Rechen zurückgeführt werden, weil zwey Hammer die Viertelstunde durch Doppelschläge bemerklich machen sollen. Für ein Viertel, zwey Viertel und drey Viertel hat der Viertelstunden-Rechen drey Zähne, welche den Schöpfer in Bewegung setzen.

Die ältern Repetiruhren hatten den Fehler, daß sie falsch repetirten (zu wenige Schläge thaten), wenn man den Drücker nicht genug hineinschob. Dadurch konnte man leicht in der Zeit irre werden. Diese Unvollkommenheit half man durch einen eignen Mechanismus ab, welcher Alles oder Nichts, Vollzieher genannt wurde. Mit der Viertelstunden-Staffel ist nämlich concentrisch ein, etwas hin und her beweglicher, wie die höchste Stufe der Staffel gestalteter, mit einer stählernen Druckfeder versehener Theil verbunden, welcher sich vorwärts stemmt, und nur dann zurückspringt und den Aushebe-Vorrichtungen Platz macht, wenn der Rechen-Arm durch hinreichend tiefes Drücken ordentlich auf eine Stufe der Staffel gekommen ist. Wo nicht, so erfolgt die Auslösung nicht, und die Uhr kann nicht schlagen.

Die nicht zum Laufwerke der Repetiruhr gehörenden Theile, meistens von polirten gut gehärtetem Stahl verfertigt, liegen unter dem Zifferblatte der Uhr. — Durch die Anwendung von elastischen Stahlfedern, woran die Hämmer schlagen, spart man einen bedeutenden Raum in dem Uhrgehäuse, den sonst die Glocke einnahm. Diesen Raum kann man besfer für das Räderwerk benutzen, um nicht nöthig zu haben, die Uhr zu groß zu machen, oder die Theile des Räderwerks zu nahe auf einander zu packen. Schon vor Erfindung der klingenden Federn (vor 20 Jahren) ließ man oft die Glocke hinweg und die Hämmer blos an ein Knöpfchen schlagen, welches freylich für das Ohr nicht angenehm lautete.

§. 322.

Einfacher, aber nicht so bequem, als die gewöhnlichen Repetiruhren, sind die von dem Franzosen Julien le Roy erfundenen Zugrepetirwerke. Mit dem Nagel des Zeige- oder Mittelfingers muß man ein Häkchen fassen, welches zwischen der ersten und zweyten Stundenzahl an der Seite des Uhrgehäuses hervorragt. Dies Häkchen zieht man langsam und behutsam heraus. Alsdann hört man ein Schnappen, welches die Stelle der Schläge vertritt. Hat man diesen Zieher so weit heraus, als es gehen will (welches eine staffelähnliche Vorrichtung regulirt) so ist das Schnappen oder Schlagen zu Ende, und man weiß nun die verflossene Stunde. Nun drückt man ihn wieder langsam hinein, und dieselben Schläge geschehen dann noch einmal.

Die Drehrepetirwerke des Würtembergischen Künstlers Hahn haben eine ähnliche Einrichtung. Man dreht den Knopf an dem Gehänge des Uhrgehäuses so weit rechts herum, als geschehen kann. Man hört dann so viele Mal schnappen, als der Zeiger auf dem Zifferblatte Stunden angiebt. Dreht man hernach den Knopf links herum, so kommt alles wieder in die vorige Lage. Immer erfährt man die verflossene Stunde, wenn man den Knopf rechts herumdreht.

Für taube Menschen hat man die Repetiruhren auch so eingerichtet, daß man die Zahl der Schläge durch ein leises Stechen an dem Finger spürt, wenn man diesen an ein kleines am Uhrgehäuse hervorstehendes Stiftchen hält.

VIII.
Die Weckuhren.

§. 323.

Die Weckuhren, d. h. die mit einem Wecker versehenen (meistens großen) Uhren können allerdings von großem Nutzen seyn. Der Wecker ist eine mit der gewöhnlichen Uhr verbundene Vorrichtung, welche zu einer bestimmten Zeit durch ein anhaltendes Schlagen an eine Glocke einen großen Lärm erregt, so daß dadurch Schlafende, in deren Nähe sich die Uhr befindet, geweckt und ermuntert werden müssen.

Die Haupt-Vorrichtung bey einem solchen Wecker ist ein kronenförmiges an einer besondern Stelle zwischen den Uhrplatten angebrachtes Steigrad (von Gestalt desjenigen in einer Taschenuhr.), welches in eine Spindel greift und diese vermöge der Lappen hin und her zu werfen vermag. Auf der Welle des Steigrades sitzt eine concentrische Rolle, welche sich um die Welle drehen läßt, aber vermöge eines Gesperres (§. 248.) nur nach derjenigen Gegend herum, welche der Bewegung des Steigrades, wenn es die Spindel hin und her wirft, entgegen ist. Nach der andern Richtung darf sie sich, mittelst des Gesperres, nicht anders herumbewegen, als daß sie auch das Steigrad mit herum nimmt, welches dann die Spindel hin und her wirft, folglich auch den oben an der Spindel festsitzenden Hammer, welcher dadurch anhaltend an die über ihm hängende Glocke schlägt.

Ueber die Rolle ist eine Schnur geschlagen, woran auf derjenigen Seite, nach welcher hin die Rolle sammt dem Steigrade sich umdreht, ein Gewicht, nach der andern Richtung ein kleines Gegengewicht hängt. Wird das Hauptgewicht nach dieser Richtung hin aufgezogen, so setzt es nach der andern Richtung hin das Steigrad in Umdrehung, folglich die Spindel und den Hammer in die bewußte Bewegung, und dieser Lärm des Hammers an die Glocke dauert vielleicht ein Paar Minuten oder so lange fort, bis das Gewicht abgelaufen ist.

§. 324.

Nun muß aber, nach dem Aufziehen des Gewichts, das Steigrad so lange ruhen, bis die für das Wecken bestimmte Zeit erschienen ist. In dieser Absicht sitzt auf der Fläche des Steigrades ein Stift fest, gegen den ein Arm oder Hebel sich lehnt, welcher das Rad so lange unbeweglich fest hält, bis der Arm um die bestimmte Zeit auf folgende Art ausgelößt wird.

Eine Scheibe ist unter dem Zifferblatte concentrisch mit dem Stundenrade (welches den Stundenzeiger trägt) verbunden. Sie dreht sich mit diesem Rade innerhalb 12 Stunden zugleich einmal um. Auf ihrer Peripherie, die einen Kerb oder Einschnitt hat, ruht ein Haken, der mit demjenigen Arme verbunden ist, dessen eines Ende nach der Fläche des Steigrades hinreicht und daselbst das Steigrad vermöge des vorhin erwähnten Stiftes anhält. Dies Anhalten des Steigrades geschieht,

28

nun immer so lange, als einer Haken auf der Peripherie
der Weckscheibe liegt. Sobald aber der Haken in den
Einschnitt fällt, so hebt sich das am Stifte des Steigrades befindliche Ende des Auslösungsarms in die Höhe.
Er verläßt dann den Stift des Steigrades; dadurch bekommt dieses, von der Schwere des Gewichts gezogen,
freyen Lauf, folglich können nun die Zähne des Rades
ungehindert auf die Spindel wirken und diese, sowie
den Hammer, in die bewußte Bewegung setzen.

§. 525.

An der Weckscheibe sitzt eine Röhre, mit welcher
sie fest auf das Rohr des Stundenrades geschoben wird,
und zwar so, daß sie sich mit wenig angewandter Kraft
um dieses Rohr drehen läßt. Außerhalb des Zifferblatts
ragt jene Röhre etwas hervor; sie trägt da eine andere
Scheibe, welche, wie ein Zifferblatt, in 12 gleiche Theile
für die Stunden eingetheilt ist. Mit der Weckscheibe
dreht sich diese Scheibe zugleich um. Dem Stundenzeiger der Uhr gerade gegenüber ist an dem Rohre desselben eine Spitze angebracht, welcher zum Zeiger für die
eingetheilte Weckerscheibe dient.

Der Gebrauch der ganzen Vorrichtung wird nun
leicht einzusehen seyn. Gesetzt, man wollte sich zu einer gewissen Zeit, z. B. um 3 Uhr wecken lassen, und
die Stunde, wo man das Stellen des Weckers verrichtet, wäre etwa Abends 10 Uhr. Man dreht dann die
eingetheilte Weckerscheibe so herum, daß der Wecker-
zeiger, d. h. die oben erwähnte Spitze am Stundenzeiger, auf 3 zu stehen kommt, wobey aber der Stundenzeiger selbst nicht verrückt werden darf. Die Scheibe

kommt also durch dieses Drehen um 5 Stunden weiter, nachdem der Haken des Weckerarms aus dem Kerbe herausgegangen war und sich auf den Umfang der Scheibe gelegt hatte. Das andere Ende des Arms stützt sich, nach geschehenem Aufziehen des Gewichts gegen den Stift am Umfange des Steigrades. Dadurch wird das Steigrad so lange aufgehalten, bis die bestimmte Stunde herangekommen ist, in welcher man geweckt seyn will, nämlich 3 Uhr. Bey wirklich herangerückter Stunde hat sich die Weckscheibe um $\frac{5}{12}$ ihres ganzen Umfangs mit dem Stundenrade zugleich herumgedreht. Der Haken des bewußten Arms fällt dann in den Einschnitt der innern Scheibe, das andere Ende des Arms hebt sich wieder aus dem Stifte des Steigrades, das Steigrad bekommt freyen Lauf und der Hammer macht ein lautes Geräusch an die Glocke.

Wird der Wecker, statt des Gewichts, von einer eignen Feder in Bewegung gesetzt, so spart man den Raum, den sonst das Gewicht und die Schnur nöthig hat. Es ist dann an dem Steigrade ein Federhaus befestigt, worin die Feder mit ihrem Federstifte auf die gewöhnliche Art liegt. Mit dem Federstifte ist ein Gesperre so verbunden, daß mittelst eines Schlüssels, den man auf den vierkantigen Zapfen des Federstifts setzt, die Feder nach der einen Richtung aufgewunden wird. Nach der andern Richtung sucht sie sich wieder auszubreiten, wird aber durch das Gesperre so lange daran verhindert, bis auf die oben beschriebene Art der Arm oder Hebel sich um die zum Wecken bestimmte Zeit von dem Stifte des Steigrades entfernt. Nun erst kommt der Wecker durch die Kraft der Feder in Thätigkeit.

28 *

§. 326.

Folgender Wecker, der mit jeder Taschenuhr in Verbindung gesetzt werden kann, hat seinen Nutzen durch viele tausendfache Anwendung bewährt. Eine Vorrichtung mit Steigrad, Spindel, Hammer ꝛc. (wie §. 321 f.) muß von den Zeigern der Taschenuhr, entweder von dem Stundenzeiger oder von dem Minutenzeiger, um die bestimmte Zeit ausgelößt und in Bewegung gesetzt werden. Dies geschieht durch folgenden Mechanismus.

Man legt die Taschenuhr, die etwa durch ihren Stundenzeiger das Auslösen des Weckers verrichten soll, in ein kleines auf dem Tische stehendes Gestelle, nachdem man nicht weit davon den Wecker (wenn er durch ein Gewicht bewegt werden soll) an die Wand gehängt hatte. Das kleine Gestelle kann etwa drey Fuße enthalten. In vertikaler Richtung läßt sich in diesem Gestelle ein kleiner Schieber mit einer ohngefähr ½ Quadratzoll breiten Oberfläche auf und nieder bewegen. Blos durch seine Reibung in der Schieböffnung kann er an jeder beliebigen Stelle stehen bleiben. Man kann ihn also auch so stellen, daß seine Oberfläche mit der Fläche des Zifferblatts der Uhr, deren Deckel man geöffnet hat, in einer und derselben horizontalen Ebene sich befindet. Auf dieser Oberfläche des Schiebers ist ein kleiner dünner (etwa aus einer Stecknadel verfertigter) zweyarmiger Hebel um einen Punkt beweglich. Mit dem längern Arme reicht dieser Hebel so bis an den Stundenzeiger der Uhr, daß dieser ihn mit seiner Spitze treffen und fortschieben kann. Der Minutenzeiger der Uhr muß über ihm hinweggehen. Der kurze

Hebelsarm ragt etwas über den Rand der Oberfläche
des Schiebers hervor. In der Nähe dieses Randes
steckt, parallel mit der Oberfläche, ein kleiner Stift,
an welchem ein kleines aus einem Drahtstücke bestehendes Gewichtchen eingehängt werden kann. Deswegen
hat auch dieses Gewichtchen einen kleinen Einschnitt
oder Kerb. Es darf an jenem Stiftchen nur so fest
hängen, daß ein leiser Stoß es schon abwirft; und
zwar muß es an derjenigen Seite hängen, daß der
kurze Arm des dünnen Hebels es abwerfen kann,
wenn der längere Arm desselben von dem Stundenzeiger fortgeschoben wird, weil sich dann der Hebel um
seinen Unterstützungspunkt dreht.

An dem untern Ende des Gewichtchens sitzt eine
Schnur fest, welche nach dem Auslösungshebel des
Weckers hingeleitet wird. Dieser Hebel ist in der Nähe
des Steigrades so angebracht, daß sein kurzer Arm sich
an den Stift auf der Fläche dieses Rades anlehnen und
dadurch das Steigrad festhalten kann. An das Ende
des langen Arms ist die Schnur geknüpft. Die Schnur
muß so lange schlaff seyn, als das Steigrad ruhen soll;
sie muß aber durch das Gewichtchen angezogen und
angespannt werden, sobald dieses von seinem Stiftchen
herabfällt.

§. 327.

Gesetzt, man wolle sich um 4 Uhr wecken lassen.
Man dreht dann die Uhr in dem Gestelle, worin sie
steht, mit geöffnetem Deckel so lange herum, bis der
eine Arm des dünnen Hebelchens auf die Zahl 4 des
Zifferblatts gestellt werden kann. Man zieht das Gewicht des Weckers auf, stellt das Steigrad mittelst des

Auslösungshebels fest, und hängt das Abwerfgewicht-
chen vermöge seines Kerbs an das bewußte Stiftchen
des Schiebers. Wenn dann der Stundenzeiger die
Zahl 4, folglich den daselbst liegenden Hebelsarm erreicht hat, so stößt er an ihn, dreht ihn und dadurch
bewegt er auch den andern Hebelsarm so, daß er das
Gewichtchen, das in seiner Nähe sich befindet, von dem
Stiftchen wirft. Das Gewichtchen zieht beym Herabfallen die Schnur an (weil es nicht auf den Boden
kommt); dadurch wird der lange Arm des Auslösungs-
Hebels niedergedrückt und der kurze Arm aus dem Steig-
rads-Stifte gehoben; das Steigrad wird frey, dreht sich
durch die Schwere seines Gewichts um, setzt die Spindel in Bewegung und der Hammer schlägt nun so lange
ununterbrochen an die Glocke, bis das Gewicht des
Weckers abgelaufen ist.

Natürlich mußte hier vorausgesetzt werden, daß
der Minutenzeiger über dem dünnen auf dem Zifferblatte liegenden Hebel hinwegging. Der Hebel mußte
also hier sehr dünn und der Minutenzeiger etwas in die
Höhe gebogen seyn. Da hieraus allerdings mancher
Uebelstand entstehen kann, so möchte man wohl lieber
dem Minutenzeiger das Auslösen überlassen. Alsdann
muß, statt des einfachen Hebels, ein leichter metallener
Stern mit 12 Zacken auf der Oberfläche des Schiebers
so angebracht seyn, daß er sich leicht um seinen Mittelpunkt dreht, und daß die Zacken bis an die Minutenabtheilungen des Zifferblatts reichen. Aber nur eine
einzige Zacke muß so lang seyn, daß sie das hinten
an dem bewußten Stiftchen hängende Gewichtchen abwerfen kann.

Man überlegt nun, wie viele Mal der Minuten=
zeiger bis zu der zum Wecken bestimmten Stunde noch
herumkommen oder wie viele Mal er noch den auf der
Fläche des Zifferblatts liegenden Stern treffen muß.
Gesetzt, dies wäre von der Zeit an, wo man den We=
cker anstellt, fünfmal. Man hält zur Probe die lange
Zacke über den Stift, woran das Abwerfegewicht ge=
hängt wird, und nun dreht man ihn rückwärts um
5 Zacken oder um so viele Zacken herum, als der Mi=
nutenzeiger bis zum Abwerfen des Gewichts noch Zacken
treffen muß. Er schiebt dann beym jedesmaligen Her=
umkommen eine Zacke auf dem Zifferblatte weiter.
Schiebt er nach der fünfmaligen Umdrehung die fünfte
Zacke weiter, so muß die große Zacke an das Gewicht=
chen gekommen seyn; sie muß es dann abwerfen und
der Wecker muß auf die oben beschriebene Art in Be=
wegung kommen.

Es läßt sich sogar eine Vorrichtung treffen, daß ein sol=
cher Wecker nicht durch den Lärm des Hammers an eine
Glocke, sondern durch gewaltsames Ziehen an Arm oder Bein
weckt. Zuweilen ist mit dem Wecker auch eine eigne Vor=
richtung verbunden, wodurch in dem Augenblicke des We=
ckens zugleich ein Licht angezündet wird.

IX,

Vom Stellen der Uhren und von den Aequa= tionsuhren.

§. 328.

Man muß die Uhr stellen, d. h. ihren Gang nach
der Bewegung irgend eines Gegenstandes einrichten

können, deren Gleichförmigkeit bekannt ist. Ein solcher Gegenstand ist die Sonne, vermöge ihrer täglichen scheinbaren Bewegung um die Erde. Hat die Sonne am Tage ihre größte Höhe an unserm Horizonte erreicht, so ist Mittag. Dieser Punkt, wo die Sonne am höchsten steht, liegt in der Mitte des Bogens, welchen sie vom Aufgange bis zum Untergange beschreibt; er ist also ein beständiger Punkt. Stellt man die Zeiger der Uhr auf 12, sobald die Sonne in diesen höchsten Punkt getreten ist, so muß sie alle Tage auf 12 stehen, wenn die Sonne eben Mittag anzeigt. Ist dies der Fall, so ist ihr Gang eben so akkurat, als der Gang der Sonne.

Man kann jenen höchsten Stand der Sonne, oder den Mittagspunkt an dem Schatten eines perpendikulär aufgerichteten Stabes beobachten. Denn am kürzesten ist dieser Schatten zu Mittage, wo die Sonne am höchsten steht. In gleichen Entfernungszeiten vom Mittage ist der Schatten gleich lang. Beobachten wir also auf einer Ebene gleich lange Schatten, erst des Vormittags und hernach auch des Nachmittags, so erhalten wir durch Halbirung des Zwischenraums der beyden Richtungen oder eines Bogens, auf welchen man die Enden des Schattens fallen ließ, die Richtung für die sogenannte durch den Punkt des aufgerichteten Stabes gezogene Mittagslinie. Eine solche Mittagslinie kann recht gut zum Stellen der Uhr dienen. Es ist nämlich genau 12 Uhr oder Mittag, wenn die Sonne, oder vielmehr der Schatten des von der Sonne beschienenen perpendikulär aufgerichteten Stabes in dieser Linie steht.

Besonders nothwendig ist es, die Thurmuhren oder öffentlichen Uhren, wonach sich alle Geschäfte eines Ortes richten und wonach auch alle übrigen Uhren regulirt zu werden pflegen, immer genau zu stellen.

§. 529.

Den Zeitraum von einem Mittage bis zum andern pflegt man den astronomischen Tag zu nennen. Man theilt ihn in 24 Stunden = 24 . 60 . 60 = 86400 Sekunden ein. Bestimmt man diesen Tag nach der Sonne, so heißt er Sonnentag. Indessen sind diese Tage das ganze Jahr hindurch nicht immer von gleicher Länge. Beobachtet man den Gang einer genauen astronomischen Pendeluhr, auf deren Gleichförmigkeit man sich verlassen kann, so findet man, daß bey ihr der Zeitraum von einem Mittage bis zum andern immer von gleicher Größe ist. Man nennt die Zeit, welche eine solche Uhr angiebt, mittlere Zeit. Wäre nun der Gang der Sonne stets gleichförmig, so würde sie dieselbe Zeit angeben. Wenn man aber die astronomische Uhr z. B. den 23sten December zu Mittage genau mit der Sonne übereinstimmend stellt, so wird sie den folgenden Tag, den 24sten December, um dieselbe Zeit mit der Sonne verglichen, schon 30 Sekunden mehr zeigen. Dieses Voreilen der Uhr (eigentlich Zurückbleiben der Sonne) nimmt bis zum 11ten Februar täglich zu; es beträgt an diesem Tage schon 14 Minuten 39 Sekunden. Von da an vermindert sich dieses Voreilen wieder bis zum 14ten April; u. s. w.

Die scheinbare Bewegung der Sonne am Himmel rührt bekanntlich von der täglichen Umdrehung der

Erde um ihre Achse her. Hätte die Erde keine andere Umdrehung als diese, so wären alle Sonnentage gleich groß, oder sie hätten zu ihrem Maaß die Zeit der Umdrehung des Erd-Aequators. Allein außer dieser täglichen Achsen-Umwälzung hat sie noch eine jährliche Bewegung um die Sonne. Vermöge dieser Bewegung geht sie täglich eine bedeutende Strecke vorwärts, so daß derjenige Mittagskreis, welcher heute zu einer gewissen Minute, der Sonne zunächst stand, morgen entweder schon vor oder zurück ist. Bald ist die Erde der Sonne näher, bald ist sie weiter von ihr entfernt, weil ihre Bahn kein Kreis ist, in dessen Mittelpunkte die Sonne sich befindet, sondern eine Ellipse, in deren Brennpunkte die Sonne steht. Daher rührt denn das abwechselnde Voreilen und Zurückbleiben.

§. 330.

Da nun die Uhren nicht der ungleichförmigen Bewegung der Sonne folgen, so haben sich die Astronomen eine gewisse gleich bleibende Zeit erdacht, woraus sich die wahre Zeit bestimmen läßt. Sie nehmen an, eine andere Sonne bewege sich gleichförmig von Abend gegen Morgen in dem Aequator und durchlaufe diesen Kreis genau in ebenderselben Zeit, in welcher die wahre Sonne mit einer ungleichförmigen Bewegung ihre Bahn durchläuft. Auch stellen sie sich vor, die erdichtete Sonne gehe, wie die wahre, täglich durch den Mittagskreis. Die Zwischenzeiten von einem Durchgange der fingirten Sonne bis wieder zu dem nächstfolgenden werden mittlere Sonnentage genannt die von diesem Durchgange, selbst gezählte Zeit aber heißt mittlere Sonnenzeit. Der Unterschied der mittlern und wahren Zeit, wird Aequation oder Zeitgleichung genannt. Vermöge derselben lassen sich alle mittlern Zeiten in die wahren Sonnenzeiten verwandeln.

Man hat nicht blos Tafeln, Aequations-Tafeln entworfen (wie man sie in manchen astronomischen Kalendern und in verschiedenen Werken über die Uhrmacherkunst findet), welche die Zeitgleichung für jeden Tag im Jahre angeben, sondern auch eigene sehr künstliche Uhren, Aequationsuhren, gebaut, welche die Aequation zeigen. Den wesentlichsten Mechanismus bey diesen Uhren macht eine besondere Scheibe aus, die sich einer elliptischen in Hinsicht ihrer Gestalt am meisten nähert, eigentlich aber nach der Aequation gebildet ist. Diese Scheibe, welche in einem Jahre einmal herumkommt, ist mit dem für die wahre Zeit bestimmten Minutenzeiger in Verbindung gesetzt, und die Räder der Uhr selbst sind so eingerichtet, daß ein gewisses Rad in einem Jahre nur einen Umgang macht, und jene Scheibe mit herumnimmt. Die Tage des Monats richtig anzugeben, dienen verschiedene mit einem Rade verbundene Stifte (wie bey der Datumsuhr), welche das Monatszifferblatt am Ende jes des Monats weiter schieben.

Die sogenannten Sternentage sind von gleicher Dauer. Die Größe des Sternentages ist die Zeit, binnen welcher irgend ein Firstern bey seinem scheinbaren Umlauf um die Erde von irgend einer Stelle am Himmel wieder an dieselbe Stelle kommt. Durch solche Sternentage kann man den Gang der Pendeluhren am leichtesten untersuchen.

X.

Die Perpetualuhren.

§. 331.

Die Perpetualuhr soll gleichsam ein Perpetuum mobile seyn, d. h. eine Maschine, welche die Ursache ihrer Bewegung immer durch ihren eigenen Mechanismus zu erneuern vermag, deren bewegende Kraft ununterbrochen und ohne einen neuen Antrieb von Aussen so lange fortwirkt, bis der Stillstand nur allein entweder durch gewaltsames Anhalten einer fremden Kraft oder durch Abnützung der Maschinentheile erfolgt. Bis jetzt giebt es eine solche Maschine noch nicht, die allen diesen Erfordernissen in gehörigem Grade entspricht, obgleich die Erfindung derselben wohl nicht unmöglich ist.

Die in Deutschland sehr bekannt gewordene Trisetsche Pendeluhr (von Geiser zu Chaux de Fond erbaut) schien allen jenen Bedingungen zu einem Perpetuum mobile ein Genüge zu leisten. Aber es war doch nicht der Fall. So sinnreich sie auch ausgedacht war, so hatte sie doch nicht Kraft genug in sich selbst, um sich ohne fremde Beyhülfe im Gange zu erhalten.

Ein großes ungezahntes messingenes Rad, 1¼ Fuß im Durchmesser, welches sich um eine stählerne Welle dreht, hat an seinem Umfange 39 hohle etwas über 1 Zoll lange messingene Cylinder, die an der Peripherie des Rades in gleicher Entfernung so um Zäpfchen beweglich sind, daß sie sich sowohl perpendikulär st e.

fen, als auch horizontal von der Peripherie des Rad des hinweg legen können. Wenn sie liegen, so ist ihre Materie weiter von dem Mittelpunkte des Rades entfernt, als wenn sie stehen, folglich ist dann ein längerer Hebelsarm da. Auf der einen Seite liegen nun immer 20 Cylinderchen, auf der andern stehen 19. Auf jeder Seite hat das Rad ein merkliches Uebergewicht. Es muß sich also daselbst, in der Richtung von oben nach unten, umdrehen! Dadurch stößt nun von selbst der unterste Cylinder an höchst sinnreich angebrachte Hebel und stellt sich dadurch, während bey derselben Rad-Bewegung oben ein Cylinder durch ein eben solches Anstoßen sich liegend macht. Die Ueberwucht bleibt hierdurch immer auf derselben Seite und die Umdrehung geschieht ununterbrochen aus demselben Grunde, warum ein oberschlächtiges Wasserrad, auf der einen Seite durch das Gewicht in den Zellen schwerer, beständig in Umdrehung bleibt, wenn die obere Zelle sich immer wieder mit Wasser füllt, während die unterste ihr Wasser ausgießt.

Die Welle jenes mit den Cylindern besetzten Hauptrades enthält ein gezahntes Rad, welches auf andere gezahnte Räder und Getriebe hinwirkt, und so eine schöne astronomische Uhr mit Aequation (§. 328.) in Bewegung setzt. — Leider war aber hier die Ueberwucht der liegenden Cylinder nicht stark genug gewesen, die Uhr gehörig in Bewegung zu erhalten, und um die Uhr doch produciren zu können, hatte der Erfinder auf die allertäuschendste Art noch eine zusammengewickelte elastische Stahlfeder in einer schmalen Stütze

des Gestelles versteckt, welche jener Ueberwucht zu
Hülfe kommen mußte.

§. 332.

Die Uhr des Engländers Cox war auch eine
Art Perpetuum mobile. Die Feder dieser Uhr wurde durch das Fallen des Quecksilbers eines mit der
Uhr verbundenen Barometers immer wieder von neuem
aufgezogen, nämlich vermöge eines auf dem Quecksilber schwimmenden Gewichts, dessen Schnur um ein
Röllchen gieng, das mit der Feder so in Verbindung
stand, daß es sie spannen konnte. Das Barometer
enthielt 200 Pfund Quecksilber in sich.

Weniger verdienten die von dem Schweizer Re-
corder erfundenen Taschenuhren, welche sich von selbst
aufziehen, den Namen Perpetuum mobile. Die Haupt-
feder einer solchen Uhr wurde durch ein kleines im Innern der Uhr sehr künstlich angebrachtes Gewicht von
Zeit zu Zeit wieder gespannt. Man mußte sie aber
binnen 24 Stunden wenigstens einmal getragen haben,
oder sie in der hängenden Lage einmal schütteln.

§. 333.

Weit eher ist Ramis elektrische Pendeluhr ein Perpetuum mobile. Sie besteht aus der Verbindung eines Uhrwerks mit der Zambonischen
Säule.

Die vor etlichen Jahren von dem Physiker Zam-
boni zu Verona erfundene sogenannte trockne Gal-
vanische Säule zeigt an beyden Enden elektrische
Kraft genug, um ein leicht bewegliches Pendel, wel-

nigstens dem Anscheine nach, ganz gleichförmige und
beständig dauernde Schwingungen ertheilen zu können.
Einige tausend Scheiben von ungeleimtem Silberpapier
sind auf der Papierseite mit einem Gemenge aus Ho-
nig und Braunstein dünn bestrichen und dann sind sie
in einer außen und innen mit Siegellack überstrichenen
Glasröhre gleichförmig aufeinander gepreßt. Die Röhre ist oben und unten in eine messingene mit den äuß-
ersten Scheibchen durch einen Draht in Verbindung
stehende Kappe eingefaßt. Oben trägt sie einen wohl
abgedrehten Knopf von Messing. Von solchen Glas-
röhren mit Scheibchen stehen nun z w e y in einer Entfernung von ein paar Zollen neben einander. In der
einen Röhre ist die Silberseite, in der andern die
Braunsteinseite aller Papierscheibchen oben. In der Mitte zwischen ihnen ist auf einem kleinen Stative, das
mit den Säulen eine gemeinschaftliche Basis hat, eine
dünne messingene Nadel, die S c h w i n g u n g s n a d e l,
in perpendikulärer Lage so angebracht, daß sie sich
um dünne Zäpfchen in pfannenförmigen polirten Unterlagen, (ohngefähr wie ein Waagbalken um seine
Zapfen) sehr leicht hin und her bewegen läßt. Ihr
oberes in einen Ring gebogenes Ende befindet sich in
einerley Höhe mit dem Mittelpunkte der messingenen
Säulen-Köpfe. Ihre Länge u n t e r dem Umdrehungspunkte (den Zäpfchen in den Pfannen) ist fast eben so
groß, als über demselben. Unten ist ein verschiebbares Gegengewicht angebracht, um die Nadel in senk-
rechter Richtung zu erhalten und die Geschwindigkeit
der Schwingungen zu reguliren.

Wenn man nun den Ring der Nadel mit einem

der Knopfe in Berührung bringt, so wird er augenblicklich abgestoßen, aber auch sogleich von dem gegenüber stehenden bis zur Berührung angezogen, wieder bis zum entgegengesetzten Knopfe abgestoßen ꝛc.
So kommt also die Nadel in ähnliche Schwingungen,
wie ein Pendel; und diese Schwingungen dauern ununterbrochen fort.

Ist alles sehr kräftig eingerichtet, so kann man
einem verlängerten Zapfen der Schwingungsnadel einen Hemmungshaken (wie §. 289.) geben, der in ein
Steigrad greift und dieses in Bewegung setzt. Die
Welle des Steigrades kann man dann mittelst anderer
Räder und Getriebe (nach §. 291 f.) auf Zeiger hinwirken lassen, welche auf einem Zifferblatte die Zeit
(Stunden, Minuten ꝛc.) angeben müssen. — Alle Hindernisse der Bewegung, hauptsächlich die Reibung müssen
nur von den Wellzapfen, Rädereingriff ꝛc., auf das
Beste entfernt seyn. Zwar hat man gefunden, daß
die Gleichförmigkeit der Bewegung einer solchen elek-
trischen Uhr nicht recht der Erwartung entsprochen
hat. Indessen zum gewöhnlichen Gebrauch möchte
doch wohl ihre Anwendung nicht unwerth seyn.

J. G. Leutmann, vollständige Nachricht von Uhren.
2 Theile. Halle 1718—1722, 8.

J. Alexander, ausführliche Abhandlung von den Uhren überhaupt, aus dem Französ. übers. von E. Ph. Mar-
ter, Lemgo 1738, 8.

Heinr. Sully Unterricht von Eintheilung der Zeit und
der verschiedenen Einrichtung großer und kleiner Uhren; a.
d. Französ. übers. von A. Charles. Lemgo 1754, 8.

Le Paute, Traité d'Horlogerie. Paris 1755. 4.

J. G. Hartmann, nöthiger Unterricht von Verbesserung aller Uhren. 2 Theile. Halle 1756. 8.

Ferd. Berthoud, Essai sur l'Horlogerie. 2 Vol. Paris 1763. 4.

F. Berthoud, Traité des Horloges marines etc. Paris 1773. 4

Alex. Cummings Elements of Clock — and Watch Work. London 1766. 4.

C. F. Vogel, praktischer Unterricht von Taschenuhren, sowohl für Verfertiger, als Liebhaber. Leipzig 1774. 8.

F. Berthoud, Anweisung zur Kenntniß, Gebrauch und guten Haltung der Wand- und Taschenuhren; a. d. Franz. Meissen 1791. 8.

F. Berthoud, de la mesure du temps par les Horloges dans l'usage civile etc. Paris 1797. 4.

F. Berthoud, Histoire de la Mesure du temps par les Horloges. 2 Vol. Paris 1804. 4.

J. G. Geißler, der Uhrmacher oder Lehrbegriff der Uhrmacherkunst, aus den besten englischen, französischen und andern Schriften. 10 Theile. Leipzig 1798—1799. 4.

J. H. M. Poppe, theoretisch-praktisches Wörterbuch der Uhrmacherkunst ꝛc. 2 Theile. Leipzig 1799—1800. 8. Neue Auflage 1810.

Dessen (J. Auch) Anleitung zur Kenntniß und Behandlung der Taschenuhren für Uhren-Besitzer und Verfertiger. Neue Aufl. Gotha 1810. 8.

Th. Martin, die englische Uhrmacherkunst; a. d. Engl. übers. von Poppe. Pesth 1819. 8.

(Verschiedene neue Arten von Hemmungen, Compensationspendeln und andere neue Uhrtheile findet man vorzüglich noch im Repertory of Arts, im Magazin der Erfindungen und andern ähnlichen Journalen beschrieben und abgebildet.)

Vierzehnter Abschnitt.

Hindernisse der Bewegung bey Maschinen.

§. 334.

Wenn sich der Bewegung der Maschinen gar keine Hindernisse entgegensetzten, so würde blos zur Ueberwindung der Trägheit (§. 7.) aller bewegbaren Maschinentheile eine Kraft nöthig seyn, keineswegs aber zur Unterhaltung der Bewegung. Hätte die Maschine nur einen Antrieb erhalten und sie bewegte sich mit einer gewissen Geschwindigkeit, so würde sie sich mit dieser Geschwindigkeit beständig ohne neuen Antrieb fortbewegen, vorausgesetzt, daß die bewegenden Theile gar keine Hindernisse fänden. Aber solche Hindernisse sind nun einmal immer da, welche sich den bewegenden Theilen entgegensetzen und welche die Maschine sehr bald in Stillstand bringen würden, wenn sie nicht von der bewegenden Kraft stets einen neuen Antrieb erhielte. Diese Hindernisse sind vorzüglich die Reibung, der Widerstand der Luft und bey manchen Maschinen auch die Unbiegsamkeit oder Steifheit der Seile.

Ganz entfernen lassen sich diese Hindernisse nicht; aber sie lassen sich durch verschiedene Mittel viel geringer machen. Je mehr man sie verringert, desto leichter bewegt sich die Maschine und desto geringer kann auch die bewegende Kraft seyn.

I.

Die Reibung oder Friktion.

§. 335.

Die Reibung oder Friktion ist das vornehmste Hinderniß der Bewegung bey den Maschinen. Wenn auf einem horizontalen Boden eine Last liegt, so trägt der Boden die Last ganz. Wollte eine Kraft die Last auf dem Boden fortbewegen, so brauchte diese Kraft nach Ueberwältigung der Trägheit nur unendlich geringe zu seyn, weil sie mit der Erhaltung der Last gar nichts zu thun hat. Aber dies ist in der Natur nicht der Fall. Die zum Fortschieben nöthige Kraft ist immer beträchtlich; in den meisten Fällen, wenn der Boden nicht zu ungleich ist, macht sie ein Drittel der Last aus. Man hat nämlich beym Fortbewegen der Last denjenigen Widerstand zu überwältigen, welcher durch die Rauhheiten der auf einander liegenden Flächen entsteht. Hervorragende Theile oder Erhöhungen des einen Körpers setzen sich immer in Höhlen oder Vertiefungen des andern hinein. Die Erhöhungen müssen nun bey der wirklichen Fortbewegung des einen Körpers auf dem andern entweder abgebrochen, oder umgebogen, oder gänzlich aus den Vertiefungen herausgezogen werden. Hieraus entsteht nun eben für die bewegende Kraft derjenige Widerstand, welcher Reibung oder Friktion genannt wird. Ohne diese Reibung würde jeder Körper auf der horizontalen Fläche mit einer sehr geringen Kraft in Bewegung erhalten werden; auf einer schiefen Ebene würde er bey der geringsten Neigung von selbst herabgleiten; bey Bewegungen um Achsen würde

29 *

das geringste Uebergewicht auf der einen Seite die Drehung der Welle, Rolle u. d. gl. erzeugen ꝛc.

Die Friktion, welche man bey Bewegungen so viel wie möglich zu verringern sucht, hat in vielen Fällen auch wieder großen Nutzen. Seilräder, Flaschenzüge und andere Maschinen, welche mittelst Seilen oder Schnüren (und zwar mittelst der Friktion derselben) herumgetrieben werden, könnten ohne Reibung gar nicht existiren. Das Festhalten durch Schrauben und Schlicker würde ohne Friktion entweder gar nicht, oder sehr unvollkommen geschehen können. Treträder und Laufräder könnte man ohne Friktion gar nicht anwenden, weil man keinen sichern Tritt haben würde. u. d. gl. m.

§. 336.

Die Größe oder Stärke der Reibung ist bey verschiedenen Körpern, hauptsächlich bey der verschiedenen Gestalt und Glätte der sich auf einander bewegenden Flächen sehr verschieden. Sie läßt sich nur durch Versuche und Erfahrungen bestimmen. Schleift man die Flächen, d. h. schneidet man die Rauhheiten oder Erhabenheiten ab, oder polirt man sie, d. h. drückt man die Erhabenheiten mit einem harten blanken Körper (einem Polirstahle oder Polirsteine), nieder; oder schmiert man sie, d. h. füllt man die Höhlen und Vertiefungen mit einer fetten, schlüpfrigen Materie aus; so verlängert man dadurch die Friktion oft ungemein.

Körper verschiedener Art mit verschiedenen Unterflächen kann man folgendermaßen auf verschiedenen Körpern hinbewegen lassen, um die Stärke der Friktion zu bestimmen. Man läßt Seile oder Schnüre von den Körpern aus horizontal fortgehen, am Ende der Bahn

schlägt man sie um Rollen, damit sie von da an senkrecht herabhängen und einen Kasten tragen, in welchen
man Gewichtstücke legen kann. Man legt so viele Gewichtstücke hinein, bis die Bewegung des Körpers so
eben erfolgt. Vergleicht man nun die Gewichtstücke
(sammt dem Gewicht des Kastens) mit dem Gewicht
des Körpers, so erhält man die Stärke der Reibung des
bewegenden Körpers. — Eine solche Vorrichtung bildet
das Tribometer oder den Friktionsmesser, wie
ihn schon Anontons, Muffchenbroek und späterhin auch Ximenes gebraucht haben, die Stärke der
Friktion unter mancherley Umständen zu bestimmen.

Die genauesten Versuche stellte der Franzose Coulomb darüber an. Schlitten, deren Unterflächen durch
angebrachte Lamellen vergrößert und verkleinert werden
könnten, ließ Coulomb auf einem unbeweglichen Tische
hinrutschen. Die Lamellen bestanden bald aus verschiedenen Holzarten, bald aus verschiedenen Gattungen
von Metall. Bald waren sie flach, bald abgerundet,
bald glätter; bald weniger glatt; bey Metallen bald
geschmiert, bald ungeschmiert. Mit ähnlichen Lamellen
wurde auch die Oberfläche des Tisches belegt. Eine
Rolle war von dem einen Ende des Tisches in einer
Höhe über dem Tische angebracht, die mit dem Schwerpunkte des Schlittens übereinkam. Ueber diese Rolle
wurde eine Schnur gelegt, wovon das eine Ende an
dem Schlitten befestigt war, das andere über der Rolle
senkrecht herabhängende eine Waagschaale trug. In
diese Waagschaale wurde so viel Gewicht gelegt, bis
die Bewegung des Schlittens erfolgte. Die Gewichte

geben dann wieder die Stärke der Reibung und zwar unter den mancherley veränderten Umständen an.

Auch mit Zapfen, die in Futtern (Löchern, Pfannen ꝛc.) verschiedener Art liefen, hat man Versuche angestellt. Um die Welle schlug man eine Schnur, die an ihrem einen Ende eine Waagschaale enthielt. Man erforschte das zur anfangenden Drehung der Welle nöthige Gewicht durch allmähliges Zulegen in die Waagschaale.

§. 337.

Gesetzt, ein Körper drücke mit einem Gewicht $= Q$ auf eine Ebene und eine Kraft $= P$ suche ihn nach einer mit der Ebene parallelen und durch den Schwerpunkt des Körpers gehenden Richtung (etwa wie bey dem Tribometer (§. 336.) fortzubewegen. Gesetzt ferner, die Kraft P sey gleich der Waagschaale mit dem hineingelegten Gewicht, wenn der Körper sich eben auf der Ebene fortzubewegen anfängt. Als $P = \frac{1}{n} Q$ war, bewegte sich der Körper noch nicht; dies geschah erst, als noch ein kleines Gewicht $= r$ zugesetzt wurde. Nun ist $P = \frac{1}{n} Q + r$. Folglich muß die Friktion einer Kraft gleich seyn, welche zwischen die Gränzen $\frac{1}{n} Q$ und $\frac{1}{n} Q + r$ fällt. Vermehrt man das zugelegte Gewicht immer nur sehr wenig, so kann man jene Gränzen so nahe zusammenbringen, daß man ohne merklichen Fehler die eine oder die andere (entweder $\frac{1}{n} Q$, oder $\frac{1}{n} Q + r$) für die Reibung annehmen kann.

— 455 —

So hat man denn gefunden, daß die Friktion bey horizontaler Fortbewegung und bey mittelmäßiger Glätte, wo man auf keine besondere Mittel zur Verminderung des Reibens Bedacht genommen hatte, ein Drittel des Drucks gleichgesetzt werden kann. Durch Verminderungsmittel der Friktion, kann man diese so schwächen, daß sie nur noch $\frac{1}{4}$, oder $\frac{1}{7}$, oder $\frac{1}{10}$ des Drucks der an einander reibenden Körper ausmacht; oft sogar noch viel weniger.

§. 338.

Zu dem ersten Verminderungsmittel des Reibens gehört die Verringerung des Gewichts und der Fläche der auf einander reibenden Körper. Ist das Gewicht größer, so drücken sich die Erhabenheiten fester in die Vertiefungen hinein und dann gehört begreiflich mehr Kraft dazu, die Erhabenheiten aus den Vertiefungen herauszureißen. Ist die Fläche größer, so sind mehr Berührungspunkte da, folglich giebt es auch eine größere Summe von Rauhheiten (Erhabenheiten und Vertiefungen), die von der Kraft überwältigt werden müssen. Daher macht man Räder, Wellen und Wellzapfen nicht überflüssig stark und schwer; daher macht man die Räder der Maschinen selten massiv, sondern durchbricht sie gewöhnlich, oder läßt sie nur aus dem Kranze, den Radarmen oder Speichen und dem mittlern Ringe bestehen, welcher Kranz und Felgen mit der Welle verbindet.

Oft rundet man einen Körper auf derjenigen Fläche ab, welche sich auf einer andern Fläche bewegt, und vermindert dadurch die Summe der Berührungspunkte,

folglich auch die Größe der Reibung. Das Abrunden
von Schleifen, von Wagenfelgen, von Zähnen der
Räder, von Däumlingen u. d. gl. gehört unter andern
hierher.

§. 339.

Körper von verschiedenartigen Materien
reiben sich weniger auf einander, als Körper von
einerley Materien. So reibt sich Eichenholz auf Buchenholz weniger, als Eichenholz auf Eichenholz, oder
als Buchenholz auf Buchenholz. So reibt sich Stahl
auf Stahl, Eisen auf Eisen, Messing auf Messing stärker, als Stahl auf Messing oder als Eisen auf Messing ꝛc. Versuche mit Tribometern haben dies deutlich
genug dargethan. Es ist dies auch ganz natürlich;
denn bey einerley Art von Materie ist auch die Struktur
der Theilchen einerley, die Rauhheiten fassen besser und
tiefer in einander, folglich muß auch die Friktion stärker ausfallen, als bey Materien von verschiedener Art.
— Daher sollte man auch nie stählerne oder eiserne
Wellzapfen in eisernen oder stählernen Pfannen oder Lagern laufen lassen, sondern in messingenen. Deswegen
ist es nie gut, wenn eiserne Räder in eiserne Getriebe
greifen: sondern messingene Räder müssen in eiserne,
oder besser in stählerne Getriebe eingreifen; u. s. w.

Zu diesem zweyten Verringerungsmittel
des Reibens rechnet man noch das dritte: daß die
aneinander reibenden Körper recht hart seyn müssen. Alsdann fügen sich die Rauhheiten weniger leicht in einander. So reibt sich z. B. Weißdorn und wilder Apfelbaum, oder Horn und Weißbuchen wenig auf einan-

der. Man kann dies bey der Bildung von hölzernen gezahnten Rädern und hölzernen Trillingen beachten. Eben so ist die Reibung gering, wenn gehärteter Stahl auf Glockenmetall oder auf Achat oder auf einem andern harten Steine läuft, welches man bey manchen Wellzapfen und Zapfenlagern berücksichtigen sollte. Wellzapfen in guten Uhren läßt man zuweilen in Diamant oder in andern Edelsteinen laufen.

Holz auf Holz sollte nie nach der Quere seiner Fasern, sondern immer nach der Länge derselben sich bewegen. Am stärksten reibt sich Tannenholz auf Tannenholz nach der Quere seiner Fasern.

§. 340.

Noch ein nützliches Verminderungsmittel des Reibens ist das Schleifen und Poliren oder Glätten derjenigen Flächen, welche sich auf einander bewegen. Je blanker diese Flächen sind, desto geringer ist die Reibung. Aber auch das Schmieren vermindert die Friktion oft sehr bedeutend. Zu Metallen nimmt man reines Baumöhl; zu Holz nimmt man Seife oder Talg; oder auch wohl Reißbley (Graphit) und Wasserbley (Molybden), womit man die Holztheile so bestreicht, daß sie ein glattes metallisches Ansehen bekommen.

Durch längern Gebrauch verlieren die Oehle und andern Fette ihre Flüssigkeit, werden oft fest und harzig und auch durch Winterkälte werden sie dick. Dadurch wird die Friktion wieder stärker und die Bewegung schwerfälliger. Bey Metallflächen kommen hierzu noch abgerissene Metalltheile, welche sich mit dem Oehle verbinden. Eine solche dick gewordene Schmiere muß man ja bey Zeiten hinwegschaffen und ihre Stelle mit frischem Oehl vertauschen.

Baumöhl nimmt man eigentlich nur zum Schmieren dünnerer Maschinenzapfen, z. B. der Uhren. Zum Schmieren dickerer Zapfen, z. B. der Mühlen, Bergwerksmaschinen, nimmt man zähere Arten. Letztere Maschinenschmieren sind oft kostspielig: Lampadius in Freyberg hat folgende wohlfeile Maschinenschmiere angegeben, welche seit dem Jahre 1805 im Erzgebirge zu allen Bergwerksmaschinen nützlich gebraucht wird. Zu einer Abkochung von 45 Theilen schwarzem Pech und 20 Theilen Leinöhl mischt man über Feuer eine Composition von 12 Theilen grüner Seife, 25 Theilen Seifensieder-Mutterlauge und 31 Theilen Wasser. Man rührt alles allmählig bis zur Consistenz eines dünnen Breyes unter einander. Die neue englische Maschinenschmiere des Erichton, welche in Deutschland (auch als die vortrefflichste Wagenschmiere) sich bewährt hat, erhält man, wenn man mit der gewöhnlichen Wagenschmiere so viel zerstossenes und gesiebtes Wasserbley mischt, daß sie die Consistenz einer Pommade annimmt. Sie verringert nicht blos die Friktion sehr, sondern hält sich auch zwey- bis dreymal so lange, als die gewöhnliche Schmiere. Am wirksamsten ist sie, wenn Achsen oder Zapfen von Eisen und Büchsen oder Zapfenlager von Messing sind.

§. 341.

Ist von einer Kraft zur Ueberwältigung der Friktion die Rede, so muß man darunter die absolute Kraft verstehen, d. h. eine Kraft, welche unmittelbar an der Stelle wirkt, wo die Reibung statt findet. Wirkt aber die Kraft an dem Ende eines Hebels oder an der Peripherie eines Rades, einer Rolle u. d. gl.;

so kommt die Hebelkraft dazu, und diese Kraft (die re=
lative Kraft) braucht dann in den bekannten Ver=
hältnissen (§. 38 f.) geringer zu seyn. Gesetzt, die Achse
einer Rolle reibt sich und man nehme die Stärke der
Reibung zu $\frac{1}{6}$ des Druckes an. Alsdann verhält sich
die relative Kraft (welche den Widerstand des Reibens
am Ende des Halbmessers der Rolle überwindet) zur
absoluten Kraft, wie der Halbmesser der Achse zum
Halbmesser der Rolle.

Wäre z. B. der Halbmesser der Achse = 1, der
Halbmesser der Rolle = 8, der Druck auf die Achse
= 1000 Pfund; so ist die absolute Kraft für die

Reibung $= \frac{1000}{6} = 166\frac{2}{3}$ Pfund; die relative Kraft

aber $= \frac{1000}{8 \cdot 6} = \frac{1000}{48} = 20\frac{5}{6}$ Pfund. Die Reibung wird

also geringer, je größer die Halbmesser der Rollen und
je kleiner die Halbmesser der Achsen sind.

§. 342.

Dasselbe gilt natürlich auch von den Wellzapfen
und Rädern an der Welle. Kennt man die Dimensio=
nen dieser Theile und das drückende Gewicht, sowie
das Material und den Grad der Glätte, so kann man
ziemlich genau die zur Ueberwältigung des Reibens
erforderliche (relative) Kraft bestimmen.

Die Kraft vermehrt aber selbst die Reibung, weil
auch sie einen Druck auf die Zapfen veranlaßt, wel=
cher mit zu demjenigen Drucke gerechnet werden muß,
den die Last bewirkt, wenn man den gesammten Wi=
derstand der Zapfenreibung bestimmen will.

Setzt man bey einem Rade, dessen Welle sich um Zapfen bewegt,

den Halbmesser des Zapfens $= 1$

das Gewicht des Rades sammt der

Welle . . . . . . $= 1200$ Pfund

die Last, welche durch Umdrehung

des Rades überwältigt werden soll $= 2000$ Pfund

die dazu nöthige Kraft . . . . $= 600$ Pfund

so ist das Moment der Friktion, wenn man die Reibung zu ¼ des Druckes annimmt

$$= \frac{1200 + 2000 + 600}{4} = 950 \text{ Pfund.}$$

Wäre der Halbmesser des Zapfens noch einmal so groß, also $= 2$, so würde das Moment der Reibung

$$= \frac{2 \cdot (1200 + 2000 + 600)}{4} = 2 \cdot 950 = 1900 \text{ Pfund}$$

seyn; folglich noch einmal so groß.

Je dünner also der Zapfen ist, desto geringer ist das Moment der Reibung, folglich desto weniger Kraft hat man zur Bewegung des Rades nöthig. So kann man nun bey allen Maschinen, wo Zapfen-Bewegungen vorkommen, die Größe der Reibung aller umlaufenden Theile bestimmen, z. B. bey Mühlrädern, Kunsträdern, Haspeln, Göpeln ꝛc. Meistens ist die Friktion die größte Hinderniß, welche die bewegende Kraft überwältigen muß. Zur Bestimmung dieser Kraft ist daher die Berechnung der gesammten Friktion an den bewegenden Theilen ein Haupt-Erforderniß.

Bei der Verminderung der Friktion durch Schwächung des Gewichtes und der Größe der Maschinentheile darf man nicht die Grenzen der Festigkeit überschreiten, wie sie nöthig

ist, um kein Brechen oder Biegen zu beforgen. Nach Ver=
fuchen des Mufchenbroek, Sickingen und Achard
zerrifen gleich lange Parallelepipeden, im Querfchnitt 0,25
rheinl. Decimal Zolle ins Gevierte (an einem Ende befeftigt
und am andern nach und nach mit Gewichten befchwert):
aus Buchenholz und aus Efpenholz von 1250 Pfund;
aus Eichenholz von 1150 Pfund; aus Lindenholz
und aus Erlenholz von 1000 Pfund; aus Ulmenholz
von 950 Pfund; aus Tannenholz von 600 Pfund; aus
Fichtenholz von 550 Pfund. Gegoffene metallene, 0,17
rheinl. Dec. Zoll ins Gevierte haltende Parallelepipeden aus
Kupfer zerbrachen von 638 Pfund; aus deutfchem Ei=
fen von 1930 Pfund; aus Zinn von 150 Pfund; aus
Silber von 1156 Pfund; aus englifchem Bley von 25
Pfund. — Hieraus ergiebt fich ohngefähr, wie ftark manche
Mafchinentheile, ohne zu zerbrechen oder ohne fich zu bie=
gen, feyn müffen.

§. 343.

Sind während einer Bewegung immer einerley rei=
bende Stellen der Friktion unterworfen, oder gleitet ein
Körper über den andern hin, fo wird die Friktion eine
rutfchende oder gleitende genannt. Erleiden aber
in jedem Augenblicke andere Stellen des Körpers die
Reibung, fo nennt man fie rollende, drehende
oder wälzende Friktion. Findet bald die gleitende
be, bald die wälzende Reibung ftatt, fo wird fie eine
gemifchte genannt. So ift die Friktion der Kübel
auf dem Tonnenfache (auf der fchiefen Ebene), die
Friktion der Pumpenkolben in den Kolbenröhren xc.
rutfchend. Bey dem Fortrollen einer Walze und
einer Kugel auf einer Ebene, beym Drehen der Well=
zapfen in ihren Pfannen, beym Drehen des Wagenra=

des um seine Achse, beym Eingriff der Zähne in einander ꝛc. ist sie wälzend. Bey einem Kunstgezeuge ist sie gemischt, nämlich beym Rade rollend und in den Sätzen gleitend.

Die wälzende Reibung ist, unter gleichen übrigen Umständen, gewöhnlich kleiner, als die rutschende. Lasten rollt man viel leichter auf Walzen und auf Kugeln fort, als man sie auf der bloßen Ebene hinschiebt. Und wie sehr erleichtert man die Bewegung durch das Fortziehen einer Last auf einem Wagen!

Wenn eine Maschine anfängt, sich zu bewegen, so ist die Friktion immer größer, als nach einiger Zeit, wo die Maschine erst zu einer gewissen Geschwindigkeit, oder in einen gewissen Beharrungsstand gekommen ist. Alsdann werden schon manche Rauhheiten übersprungen, andere umgebogene in der umgebogenen Lage erhalten ꝛc.

§. 344.

Bey Zapfen- und Achsen-Bewegungen sucht man die Kraft so weit wie möglich von den reibenden Flächen zu entfernen, wenn es darum zu thun ist, Kraft zu sparen und die Bewegung so viel es geht, zu erleichtern. Deswegen legt man zuweilen Zapfen und Achsen von Rad-Wellen, statt in gewöhnliche Zapfenlager, auf die Peripherie anderer kleinerer ungezähnter Räder oder Scheiben, welche dünnere Zapfen oder Achsen haben, um die sie sich drehen. Man nennt diese Räder oder Scheiben Friktionsräder, Friktionsrollen, Friktionsscheiben oder Tragscheiben.

Durch eine solche Einrichtung vermindert man die Friktion sehr. Denn der Wellzapfen hat auf den Peripherien zweyer Scheiben, zwischen welchen er liegt, nur wenige Berührungspunkte; und wenn er auch einmal durch eine unmerkbare Rauhheit auf diesen Peripherien ein leichtes Hinderniß findet, so hält ihn dieß nicht im mindesten auf, weil sich die Scheiben selbst sehr leicht um ihre dünnen Zapfen drehen. Je größer bey einer und derselben Kraft die Friktionsscheiben sind, desto dünner können auch die Zapfen seyn, desto geringer ist die Reibung, und desto leichter geht die Bewegung. — Es versteht sich hierbey wohl von selbst, daß Zapfen, Wellen, Scheiben und Räder recht rund, glatt und polirt sind. Zum Lager dürfen die Zapfen keine weichere Materie als geschlagenes Messing haben. Sonst ist hartes Holz (wilder Apfelbaum, Weißdorn ꝛc.) zu Zapfenlagern fast immer besser, als gewöhnliches Eisen.

§. 345.

Jeder Zapfen liegt natürlich so zwischen zwey gleich großen neben einander laufenden Friktionsscheiben, daß er nicht durch ihre Vereinigungslinie hindurchfallen kann. Damit er sich nicht emporhebe, so ist über dem Zapfen zuweilen noch eine dritte Friktionsscheibe angebracht. Die drey wie ein Dreyeck gestellten Scheiben haben also den Zapfen zwischen sich, der sich folglich nur an einer Stelle jeder Scheibe ein wenig reibt. Aber auch diese Reibung wird sogleich durch die Scheibe selbst, welche sich um ihre Achse dreht, beinahe ganz aufgehoben.

Der Druck der Zapfen vertheilt sich auf den beyden Scheiben, worauf er liegt. Ist nun der Halb-

messer jeder Scheibe 10 mal, 12 mal, 20 mal ꝛc. so
groß, als der Halbmesser des Zapfens, so ist schon
dadurch zur Ueberwältigung des Reibens eine 10 mal,
12 mal, 20 mal ꝛc. geringere Kraft nöthig. Legt man
nun gar die Zapfen jeder Friktionsscheibe wieder zwischen zwey Friktionsscheiben, so wird dadurch die Reibung (in Hinsicht der bewegenden Kraft) beynahe auf
Nichts gebracht.

§. 346.

Begreiflich muß die Stärke der Friktionsscheiben
und ihrer Achsen dem zu tragenden Gewichte angemessen, und damit sie sich an ihrer Peripherie nicht
leicht auslaufen, so müssen sie möglichst hart (z. B.
von sehr stark geschlagenem Messing) seyn. Schon vor
etlichen 70 Jahren waren die Friktionsscheiben bekannt.
Der Engländer Fitzgerald zeigte ihre Anwendung
bey Haspeln, Spulen, Mühlen und andern Maschinen,
besonders bey denen, wo die bewegende Kraft nur
schwach war. So hat man sie bey solchen Wassermühlen anzuwenden gesucht, denen nur wenig Wasser zu Gebote steht, und bey Windmühlen, wo die
Flügelwelle immer sehr dick, folglich die Reibung der
Wellzapfen gewöhnlich recht stark ist. Fitzgerald
schlug zu den Zapfen dieser Flügelwelle Scheiben von
5 bis 6 Fuß im Durchmesser vor. — Auch bey Wagenrädern hat man sie angewendet.

Mit ganz vorzüglichem Nutzen bedient man sich
der Friktionsscheiben bey den See- oder Längenuhren (§. 341.), von deren Gange man die möglich
größte Genauigkeit erwartet. Heinrich Sully schlug

sie zuerst für solche Uhren vor. Zwischen drey solchen Scheiben von großen Durchmessern sollten die Zapfen der Unruhe laufen, statt daß sie, wie gewöhnlich, in zwey runden Löchern giengen. Die größten mechanischen Künstler der neuesten Zeit, z. B. Berthoud, le Roy, Arnold, Mudge, Emery ꝛc. ahmten diese Methode bald mit größtem Glücke nach.

So viel ist freylich ausgemacht, daß die Friktionsscheiben bey kleinen Maschinen, welche (wie die Uhren) einen sehr leichten Gang haben müssen, nützlicher wie bey großen Maschinen (bey Fuhrwerken, Mühlen ꝛc.) sind, wenn man nur dafür sorgte, daß ihre eigene Bewegung mit der größten Leichtigkeit geschieht. Bey großen Maschinen vermehren sie allerdings die Baukosten und wenn die umlaufenden Theile einer großen Maschine von beträchtlichem Gewicht sind, so laufen die Friktionsscheiben an ihrer Peripherie durch das stete Reiben der Zapfen ziemlich schnell aus. Dies mag auch wohl die Ursache seyn, warum man die Friktionsscheiben bey großen Maschinen so selten findet.

Manche Maschine, bey der man glaubt, Friktionsscheiben anwenden zu können, dürfte auch wohl bey einer etwas ungleich wirkenden bewegenden Kraft eine zu schnelle Bewegung bekommen, die schädlich seyn könnte. Alle solche mögliche Fälle muß man freylich in Ueberlegung ziehen.

§. 347.

Je mehr bewegliche Theile die Maschine enthält, desto größer ist auch die Summe der Reibung. Daher muß bey einer mehr zusammengesetzten Maschine die bewegende Kraft in einem größern Verhältnisse verstärkt werden, um die Last in Bewegung zu setzen oder sonst

einen Widerstand mit der Maschine zu überwältigen.
Die Kraft selbst (ohne Rücksicht auf die Reibung) ver=
ringert man freylich, durch eine größere Zahl von Rä=
dern und Getrieben, die in einander greifen (§. 46.);
aber was man dadurch gewinnt, geht mit noch einem
Ueberschusse durch die größere Summe von Reibung
an den Zapfen und Zähnen wieder verloren.

Gesetzt, an einer aus zwey Rädern und Getrieben
componirten Maschine ständen 50 Pfund Kraft mit
1000 Pfunden Last im Gleichgewicht und die Reibung
betrüge 10 Pfund. Gesetzt ferner, man brächte noch
ein drittes Rad und Getriebe an, durch welches der
Kraft eine fünfmal größere Geschwindigkeit mitge=
theilt würde; alsdann hätte man für die Reibung nicht
10, sondern $\frac{10}{5} = 2$ Pfund zu rechnen. Aber dies
dritte Rad verursacht wieder eine neue Reibung, die
besonders geschätzt, noch $\frac{1}{4}$ Pfund mehr erforderte, um
in der Bewegung überwunden werden zu können. In
der That ist jetzt die Friktion verhältnißmäßig
stärker geworden, als vorhin bey den zwey Rädern.
Weil nämlich das dritte Rad die erforderliche Kraft von
50 Pfund auf $\frac{50}{5} = 10$ Pfund herabbringt, so sind
$2\frac{1}{4}$ Pfund Friktion gegen 10 Pfund Kraft mehr als
10 Pfund Friktion gegen 50 Pfund Kraft. — Man
thut daher immer besser, die verlangte Wirkung durch
die möglich einfachste Maschine hervorzubringen. Was
z. B. ein Rad leistet, dazu braucht man keine zwey
zu nehmen. Wenn man bey einem Flaschenzuge mit
zwey beweglichen Rollen ausreicht, so braucht man
keine drey zu nehmen; u. s. f.

Daß ein gewisses Klemmen die Friktion sehr vermehrt, ist leicht einzusehen. Beym Auf- und Niederbewegen der Stampfer in Stampfmühlen zwischen den Scheidelatten, beym Auf- und Niedersteigen des Sägegatters in Sägemühlen zwischen den Nuthen der Gattersäulen ꝛc. kommt ein solches schädliches viele Kraft hinwegnehmendes Klemmen öft vor. Man sucht es gewöhnlich durch Schmieren zu verhüten. Sicherer entfernt man es durch angebrachte um ihre Achse laufende Röthgen oder Scheibchen, an denen die auf- und niedersteigenden Theile herausstreifen.

§. 348.

Wenn ein Rad, das in ein Getriebe greift, wenige Zähne hat, so ist die durch den Eingriff bewirkte Friktion größer, als bey einem Rade von mehr Zähnen. Dort ist natürlich der Führungsbogen des Zahns (oder der Bogen, den der Zahn vom Anfange bis zum Ende seines Eingriffs beschreibt) größer, wodurch die Summe der Reibung sich vermehrt und die Directionslinien des Eingriffs schiefer werden. Zu viele Zähne darf man dem Rade freylich auch nicht geben, weil sie sonst an ihrer Stärke leiden. Auf jeden Fall sind kürzere Zähne besser, als längere, weil sie nicht so leicht abbrechen und deswegen eine größere Anzahl am Rade verstatten. Genau wälzend wird das Fortschieben der Zähne beym Eingriff, folglich die Friktion sehr verringert, wenn man ihnen für Kammräder die Gestalt der Cycloide, für Stirnräder die Gestalt der Epicycloide giebt.

Die Friktion bey Räderwerken wird auch desto geringer und die Bewegung desto leichter und sanfter, je größer der Durchmesser der Räder und je kleiner die Schrift oder die Eintheilung der Zähne ist. Dies er-

30 *

giebt sich eigentlich schon aus obigem, weil Anzahl der Zähne und Durchmesser des Rades mit Berücksichtigung des eingreifenden Getriebes immer in einem Verhältniß stehen (§. 71.). Bey einem größern Rade haben auch die Zähne, wegen ihrer größern Entfernung vom Mittelpunkte (unter gleichen übrigen Umständen) weniger Druck auszustehen, folglich sind sie auch deswegen der Gefahr des Abbrechens und der schnellen Abnutzung weniger ausgesetzt, als die kleinern Räder, deren Zähne näher an der Achse liegen. Auch muß die Einrichtung zwischen Zähnen und Triebstöcken so gemacht seyn, daß in dem Augenblicke, wo ein Zahn einen Triebstock verläßt, der folgende Zahn den folgenden Triebstock auch wieder zu ergreifen anfängt.

In den englischen Mühlwerken und überhaupt in den englischen Maschinen, welche ein gezähntes Räderwerk enthalten, sieht man jetzt keine kleine, schnell sich abnutzende Trillinge (von 5 oder 6 Triebstöcken) mehr; die kleinsten Getriebe (von Eisen oder Stahl) haben wenigstens 12 Triebstöcke.

II.
Der Widerstand der Luft.

§. 349.

Der Widerstand der Luft schwächt die Bewegung aller Maschinen; hauptsächlich bemerkt man dies bey denjenigen Maschinen, denen (wie den Uhren) keine große bewegende Kraft zu Gebote steht. Die bewegenden Theile einer Maschine müssen nämlich bey ihrer Bewegung die Luft vor sich hin und her oder zur Seite treiben und dieses raubt ihnen allerdings immer einige Kraft, und zwar um so mehr, je größer die Geschwin-

digkeit des bewegten Körpers und je größer derjenige
Theil seiner Oberfläche ist, welcher sich der Luft entgegenbewegt.

Die Lufttheilchen, welche vor der sich gegen sie
andrängenden Fläche des bewegenden Körpers liegen,
widerstehen begreiflich der Bewegung des Körpers.
So lange nun bey einerley Geschwindigkeit die Fläche
des Körpers, welche sich der Luft entgegenbewegt, einerley Größe hat, so lange ist auch der Widerstand der
Luft einerley (vorausgesetzt, daß auch die Dichtigkeit
oder Elasticität der Luft selbst sich nicht merklich ändert).
Natürlich werden dann immer gleich viele Lufttheile
zur Seite getrieben. Wenn aber derselbe Körper mit
derselben Fläche durch einen doppelt so großen Raum
sich bewegt, so muß er nicht bloß zweymal so viele
Lufttheile, sondern auch jeden derselben zweymal so geschwind aus der Stelle bewegen. Daher nimmt der
Widerstand der Luft bey bewegten Körpern (z. B. bey
Maschinentheilen) eben so zu, wie das Quadrat
der Geschwindigkeit. Er wird also bey doppelter
Geschwindigkeit viermal, bey dreyfacher Geschwindigkeit neunmal ꝛc. stärker seyn.

Der fortreibenden Luft selbst muß wieder die anliegende
ausweichen und selbst dieses verstärkt den Verlust an Kraft
noch ein wenig. Auch die Adhäsion der Lufttheilchen an dem
festen Körper, welcher sie hinwegschiebt, muß beym Fort-
stoßen aufgehoben werden. Dies erzeugt wieder einigen Verlust an Kraft, wenn auch einen ganz unbedeutenden.

Uhrpendeln, die hin- und herschwingen, läßt man
(wenigstens bey astronomischen Uhren) ganz kleine Bögen
beschreiben, damit sie einen möglichst geringen Widerstand
der Luft finden.

§. 350.

Je größer die bewegende Fläche eines Körpers ist, desto größer ist der Widerstand der Luft, welchen er erleidet. Bietet er der Luft bey einerley Geschwindigkeit die doppelte, dreyfache ꝛc. Fläche dar, so findet er auch den doppelten, dreyfachen ꝛc. Widerstand der Luft. Man muß daher die Fläche, womit ein bewegender Körper die Luft durchschneidet, so geringe wie möglich machen.

Wenn man an eine Welle, die horizontal zwischen einem Gestelle liegt, und mit ihren beyden Zapfen in Pfannen läuft, vier Flügel so befestigt, daß sie sich in der Welle drehen lassen, so kann man sich von der Schwächung der bewegenden Theile durch den Widerstand der Luft einen deutlichen Begriff machen. Dreht man die Flügel so, daß ihre Flächen gerade gegen die Luft stehen, und schnellt man mit einer gewissen Kraft die Welle um, so wird sie bis zum Stillstande nur wenige Umdrehungen machen. Stellt man die Flügel schief, so macht sie schon mehr Umdrehungen. Richtet man sie aber so, daß sie nur ihre schmalen Kanten der Luft darbieten, so ist die Anzahl der Umdrehungen der Welle, die man mit derselben Kraft herumgeschnellt hat, viel größer.

Den Pendeln in großen Uhren giebt man eine linsenförmige Gestalt, damit sie mit einer sehr geringen Fläche, nämlich der scharfen Kante der Linse, die Luft durchschneiden. Auch den Unruhen in Taschenuhren giebt man eine so schmale Kante, wie möglich; und damit dieses ohne Beeinträchtigung ihres erforderlichen Gewichts geschehen könne, so macht man sie von Gold oder Platin, dem specifisch schwersten Metalle.

Der Widerstand der Luft hat aber auch wieder manchen Nutzen bey Maschinen, z. B. bey den Windmühlen; beym Windfange der Schlaguhren zur Mäßigung der Geschwindigkeit des umlaufenden Räderwerks; bey Windrädern in Getraidereinigungsmaschinen, Grütz- und Graupenmühlen zum Hinwegwehen der Hülsen und anderer leichter Theile; bey den Wettermaschinen oder Luftwechselmaschinen ꝛc.

III.
Die Steifheit oder Straffheit der Seile.

§. 351.

Die Steifheit oder Straffheit der Seile (auch der Ketten), womit sie einer Kraft widerstehen, welche sie um Wellen, Rollen, Scheiben ꝛc. biegen will, ist eine bedeutende oft viele Kraft raubende Hindernißlast bey solchen Maschinen, welche zu ihrer Betreibung Seile nöthig haben. Die zum Biegen des Seils erforderliche Kraft muß desto stärker seyn, je mehr das Seil bey seiner Verfertigung zusammengedreht worden ist, je dicker es ist, je stärker es von einer Last gespannt wird und je kleiner der Durchmesser des Cylinders (der Welle, Rolle, Scheibe) ist, um den es sich krümmt.

Amontons, Desaguliers, Musschenbroek, van Swinden und einige andere Männer stellten über die Steifheit der Seile mehrere Versuche an. Sie fanden, daß die Straffheit trockener und gleich stark gedrehter Seile in geradem Verhältniß ihrer Dicke und der sie spannenden Lasten und im umgekehrten der Durchmesser der Cylinder stehe, um die sie gebogen werden. So wäre demnach bey Seilen, die noch einmal so dick, noch einmal so stark gespannt und über einen halb so dicken Cylinder gebogen sind, als andere, die Steifig-keit achtmal größer; aber nur zweymal, wenn der Cylinder ebenfalls doppelt so dick ist. Dort wären die Verhältnisse

$$
\begin{aligned}
&1 : 2\\
&1 : 2\\
&\underline{1 : 2} \quad (= \tfrac{1}{2} : 1)\\
&1 : 2^3 = 1 : 8
\end{aligned}
$$

Hier wären sie

$$
\begin{aligned}
&1 : 2\\
&1 : 2\\
&\underline{2 : 1}\\
&2 : 2^2 = 2 : 4 = 1 : 2.
\end{aligned}
$$

Auch Coulombs Versuche stimmten hiermit in der Hauptsache überein.

§. 352.

Setzt man die Seils-Dicke $= \tfrac{1}{11}$ des Cylinder-Durchmessers, so ist, nach Amontons Versuchen, bey einer Spannung

von	Pfund	die Straffheit	Pfund
von	100 Pfund	die Straffheit	$4\frac{1}{2}$ Pfund
	110		$5\frac{1}{7}$
	120		$5\frac{5}{7}$
	130		$6\frac{1}{7}$
	140		$6\frac{5}{7}$
	150		7
	200		$9\frac{3}{4}$
	300		$14\frac{1}{10}$

Diese Tafel kann man bey Haspeln anwenden. Sie setzt voraus, daß sich der Cylinder um eine bewegliche

Achse drehen läßt, d. h. um eine Achse, die ihre Lage unverändert beybehält. Für Göpel, bey welchen man dieselbe unbewegliche Achse annimmt, ist folgende Tafel brauchbarer, die sich aber auf eine Seilsdicke von $\frac{1}{72}$ des Cylinder-Durchmessers bezieht. Es ist da bey einer Spannung

von	Centnern die Straffheit	Pfund
von 8	Centnern die Straffheit	9½ Pfund
9		10¹
10		11½
11		12¾
12		13½
13		15½
14		16¼
15		17⅜
16		18½

Bey gleich stark gedrehten trockenen Seilen ergab sich aus den Versuchen obiger Männer für den Straffheitswiderstand an Rollen, Flaschenzügen, Winden 2c. folgende Regel: Man drücke die Seildicke, sowie den Durchmesser des Cylinders, um welchen die Biegung geschieht, in Zollen aus, dividire jene Dicke durch diesen Durchmesser, multiplicire den gefundenen Quotienten mit der Anzahl Pfunde der spannenden Last und nehme von diesem Producte drey Viertel. Setzt man jenen Widerstand $= Q$, die Seildicke $= a$, den Durchmesser des Cylinders $= d$, die Pfundezahl der spannenden Last $= p$; so ist

$$Q = \frac{3}{4}\left(\frac{a}{d} \cdot p\right).$$

Wäre z. B. $a = 1''$, $d = 20''$, $p = 2000$ Pfund; so erhielte man

$$Q = \frac{3}{4}\left(\frac{1}{20} \cdot 2000\right) = \frac{3}{4} \cdot \frac{2000}{20}$$

$$= \frac{3}{4} \cdot 100 = \frac{300}{4} = 75 \text{ Pfund.}$$

§. 353.

Das beste und für Maschinen, welche Seile nöthig haben, vortheilhafteste Seil ist dasjenige, welches bey einerley Stärke das geringste Gewicht hat, und am biegsamsten ist oder die geringste Steifheit besitzt. Dickere Seile sind nicht blos unbiegsamer, als dünnere, sondern ihr Gewicht ist auch größer, folglich belasten sie die Welle, Rolle, Scheibe ic. mehr und verursachen also an den Zapfen eine stärkere Reibung. Das Seil zu einer Maschine sollte daher nie dicker seyn, als zur Erhaltung oder Hebung einer Last oder zur Ueberwindung irgend eines andern Widerstandes nöthig ist. Zu schwach darf es freylich auch nicht seyn. Man kann die erforderliche Stärke einigermaßen nach folgender Tafel, die aus den Versuchen des Musschenbroek entstand, beurtheilen:

Ein gut gearbeitetes Seil

dessen Durchmesser in Rheinl.	zerriß von folgenden Pfunden,
Maaß betrug	Cöln. Gewichts
6 Linien	190
8	330
10	540
12	750
16	1030
20	2050
24	3000

Dickere Seile von einerlei Material und auf einerley Art verfertigt, sind daher allerdings fester, als dünnere, und man kann hierbey als Regel annehmen: die Festigkeiten zweyer Seile verhalten sich beynahe wie die Quadrate der Durchmesser oder Peripherien ihrer Querschnitte, oder vielmehr der dünnsten Querschnitte, wenn ja die Seile nicht durchaus gleich dick seyn sollten.

Schon du Hamel und Musschenbroek machten die Bemerkung, daß jedes Seil am besten geräth, wenn es durch das Zusammenseilen der Litzen um ⅕ kürzer wird. Wenn also die Litzen 500 Fuß lang sind, so muß das daraus verfertigte Seil eine Länge von 400 Fuß bekommen, vorausgesetzt, daß die Fäden gleichförmig dicht und fest gesponnen sind.

§. 354.

Je stärker die Seile gedreht werden und je gröber die Fäden sind, woraus man sie verfertigte, desto schwächer sind die Seile. Von zwey Seilen, die einerley Dicke besitzen, ist dasjenige das festeste, welches aus den feinsten Fäden zusammengedreht ist; und von zwey Seilen, die aus einerley Anzahl Litzen bestehen, ist auch dasjenige das festeste, welches am schwächsten zusammengedreht wurde. Dasselbe ist auch zugleich das biegsamste.

Schon Musschenbroek hat über die Stärke verschiedenartig verfertigter Seile sehr lehrreiche Versuche angestellt. Er fand, daß die gedrehten Seile eine geringere Festigkeit besaßen, als die wie ein Zopf geflochtenen; diese wieder eine geringere Stärke, als die ganz ungedrehten. Die letztern erhielt er auf eine sehr mühsame Weise dadurch, daß er um gerad-

linichte parallele Fäden andere Fäden so herumschlän-
gelte, daß daraus ein cylinderförmiges Seil entstand.
In der Folge ließ er das Seil bandförmig weben. Jeder von 9 parallelen Fäden, die er zu diesem Seile
nahm, trug ein Gewicht von 20 Pfund; das ganze
Seil hingegen trug 175 Pfund. Wie ein Zopf geflochten trügen dieselben 9 Fäden 170 Pfund, und auf Seilerart gedreht, nur 155 Pfund.

In der neuern Zeit webte man zu Stuttgart
und zu Calw im Würtembergischen runde schlauch-
förmige Seile, welche sich durch Festigkeit und
Biegsamkeit sehr auszeichneten. Diese bestanden aus geraden parallelen schwach gezwirnten Fäden, die ein Ein-
schlagfaden umschlang und in ihrer geraden Richtung
zu bleiben nöthigte. Ein einzelner Faden eines solchen
Seils trug 3½ Pfund. Ein Seilchen von ⅞ Pariser Zoll
im Durchmesser aus 54 jener Fäden gemacht, trug ein
Gewicht von 213 Pfund, ohne zu zerreißen. Dieselben
54 Fäden wie ein Zopf geflochten trugen nur 171 Pfund,
und nach Seilerart gedreht noch viel weniger. — Schade!
daß diese gewebten Seile, welche so viele treffliche Eigenschaften besitzen, nicht allgemeiner in Gebrauch gekommen sind.

Die gewebten Seile haben, außer ihrer größern Biegsamkeit und Festigkeit bey einer gewissen Dicke, noch den Vortheil, daß sie wegen des freyen Durchzugs der Luft nicht so
leicht faulen, und daß Feuchtigkeiten sie lange nicht so merklich in der Länge verändern, als andere Seile.

§. 355.

Dünne feuchte Seile haben mehr Biegsamkeit,
als trockene; dicke hingegen weniger. Letzteres kommt

ohnstreitig von der ungleichen Spannung der Fasern, weil die Feuchtigkeit nicht gleichförmig bis in die Mitte des dicken Seils eindringen kann. Aus demselben Grunde sind auch wohl dicke getheerte Seile unbiegsamer als ungetheerte. Getheerte Seile sind auch nicht so haltbar als ungetheerte, obgleich sie freylich immer noch haltbarer sind, als wenn ungetheerte Seile abwechselnd der Nässe und Trockenheit ausgesetzt werden. Im Winter bey Frostwetter soll die Unbiegsamkeit getheerter Seile, vornehmlich bey dickern $\frac{1}{2}$ größer seyn, als im Sommer. — Graue Seile sind immer dauerhafter als weiße, die einen gewissen Grad von Bleiche erhalten haben.

Durch das Befeuchten der Seile kann man sich beym Emporziehen schwerer Lasten zuweilen einen Vortheil verschaffen, wenn die Seile dem Zuge nicht mehr nachgeben wollen. Wenn nämlich die Seile an den Maschinen so weit angezogen sind, daß man dadurch zur Bewegung der Last nichts mehr gewinnen kann, obgleich der Last nur noch wenige Zolle an der zu erreichenden Höhe fehlen, so ziehen sie sich durch die Befeuchtung so viel, daß die Last noch an die verlangte Stelle zu bringen ist.

IV.

Noch einiges Allgemeine über die Hindernißlast.

§. 356.

Bey größeren Maschinen pflegt man den Widerstand der Luft als unbedeutend zur Seite zu setzen, wenn man die Hindernißlast bestimmt. Man bleibt also nur bey der Friktion und bey der Steifigkeit der Seile stehen. So findet man z. B. bey einem Haspel die Hindernißlaft, wenn man die Friktion der Zapfen in den Pfadeisen (oder Lagern) und der Kübel oder Tonnen auf dem Tonnenfache, sowie die Steifigkeit des vollen und leeren Seiltrums beym Auf- und Abwickeln auf dem Rundbaume und bey seinem Gange über Scheiben und Walzen bestimmt und auf den Punkt der Laft oder leidenden Punkt (den Punkt, wo die Häuptlaft zur Umdrehung des Rundbaums wirkt) reducirt. So erhält man bey einem Pferdegöpel die Hindernißlaft aus der Friktion der stehenden Welle am untern und obern Zapfen, der Seilscheiben an ihren Zapfen, der Tonnen an ihren Straßbäumen und aus der Steifigkeit der beyden Seiltrümer, sowohl, wenn sie sich am Korbe auf- und abwickeln, als auch, wenn sie über Scheiben und Walzen gelegt wirken; versteht sich, alles wieder auf den Punkt der Laft reducirt.

Oft besteht die Hindernißlaft blos aus der Friktion. So besteht sie bey einem Kunstgezeuge aus der Reibung der Kolben und übrigen beweglichen Theile, vornehmlich der Zapfen des Kunstrades und der Gestängzapfen, um welche sich das Gestänge hin und her schwingt. Wenn das Gestänge auf der einen Seite schwerer als auf der andern ist, eben so, wenn das Rad auf der einen Seite schwerer, als auf der andern ist, und wenn die Pumpenstangen nicht recht senkrecht auf- und niedersteigen, so entsteht dadurch eine schädliche Reibung. Bey der Mahlmühle macht die Reibung aller Wellzapfen und aller Zähne beym Eingriff die Hindernißlaft aus. Dazu rechnet man noch den Widerstand, den der Läufer bey der Bewegung

des Getraibes findet, und den Belidor im Allgemeinen zu $\frac{1}{57}$ des Läufergewichts annimmt. Bey einem
Stampfwerke macht ebenfalls die Reibung des gang-
baren Zeugs die Hindernißlast aus; u. s. w.

Außer Leupolds, Belidors, Mönnichs, Kästners, Klügels, Boffüts, Lempe's, Langsdorfs bekannten mechanischen Werken und meiner Encyclopädie des
Maschinenwesens, Th. II. V. VI. Art. Friktion, Widerstand der Luft, Seile und Steifigkeit der Seile,
führe ich über die Hindernißlast noch folgende Schriften an.

P. van Musschenbroek, introductio ad philosophiam
naturalem. Tom. I. Lugd. Bat. 1762. 4. Cap. IX.

K. Fitzgerald's method of lessening quantity of Friction
in Engines, in den Philosophical Transactions Vol. LIII.
for 1763. S. 139 f.

Lambert sur le frottement; in den Nouv. Mémoires de
l'Acad. de Berlin. 1772. S. 9 f.

Coulomb, sur la Théorie des Machines simples en ayant
regard au frottement de leur parties et à la roideur des
cordages; in Rozier's Journal de Physique 1785. Sept.

Teoria e Pratica delle resistenze de' solidi ne' lore Attriti
dall L. Ximenes. Pisa 1782. 4.

J. H. van Swinden Positiones physicae. Harder. Geir.
1786. 8. Tom. I.

S. Vince, on the motion of bodies affected by friction;
in den Philosophical Transactions of the society at London.
Vol. LXXV. for 1785. S. 165 f.

Berechnung der Friktion eines pferdegöpels; in J. F. Lempe's Magazin für die Bergbaukunde. Th. II. Dresden 1786.
8. S. 239 f.

M. Metternich, vom Widerstande der Reibung; Eine von der Fürstl. Jablonowskyschen Gesellschaft der Wissensch. zu Leipzig gekrönte Preisschrift. Frankfurt u. Mainz 1789. 8.

M. Metternich, über die Straffheit der Seile; ein Anhang zu seinem Buche: von dem Widerstande der Reibung. Frankfurt u. Mainz 1789. 8.

W. G. Rappolt, über die Stärke rund gewobener Seile, wie sie, nach Musschenbroekschen Grundsätzen, auf dem Bühlhof bey Calw verfertigt werden. Tübingen 1795. 8.

Fussells and Douglass, apparatus for lessening Friction; im Repertory of Arts and Manufactures. Vol. XII. London 1800. 8. S. 330 f.

J. H. M. Poppe, praktische Abhandlung über die Lehre von der Reibung, in Hinsicht auf das Maschinenwesen. Göttingen 1801. 8.

Register.

— 486 —

R.

In der Ostermesse 1821 sind beim Verleger dieses Buches noch folgende Schriften erschienen und in allen Buchhandlungen Deutschlands zu haben:

Belehrung, deutliche u. faßliche, über Sonnen- und Mondsfinsternisse. Nebst einem Anhang über die Verfinsterungen anderer Himmelskörper, und die Durchgänge des Merkurs und der Venus durch die Sonne. Mit einer Steintafel. 8. 27 kr.

Bengel's, Dr. E. G., Archiv für die Theologie und ihre neuste Literatur. IVr Band. 6 fl.

Dresch, L. v., Die Schluß-Acte der über Ausbildung und Befestigung des deutschen Bundes zu Wien gehaltenen Ministerial-Conferenzen in ihrem Verhältnisse zur Bundes-Acte und dem früheren öffentlichen Rechte des deutschen Bundes überhaupt.

Auch unter dem Titel:

Oeffentliches Recht des deutschen Bundes. Erste Fortsetzung. gr. 8. 45 kr.

Index rerum et verborum ad D. Julii Fridrici Malblanc, Professoris Tubingensis principia juris romani secundum ordinem digestorum. edid. M. F. J. Buzorini. 8maj. 27 kr.

Juvenalis, des Decimus Junius, Satiren, in der Versart der Urschrift verdeutscht von J. J. C. Donner, 1 fl. 30 kr.

Kerner, D. J., Neue Beobachtungen über die in Würtemberg so häufig vorfallenden tödtl. Vergiftungen durch den Genuß geräucherter Würste. gr. 8. 48 kr.

Krehl, D. C. H. F., Ueber die Aufhebung der Grundgefälle. gr. 8. 27 kr.

Leutwein, D. Chr. Phil. Fr., Die Nähe der großen allgemeinen Versuchung u. der sichtbaren Ankunft unsers Herrn zur Errichtung seines sichtbaren Reiches auf Erden. Eine Erklärung der sieben Siegel, Trommeten und Schalen in der Offenbarung Johannis. gr. 8. 2 fl. 15 kr.

Pape, E. E., Gedichte. Begleitet mit einem biographischen Vorworte von Fried. Baron de la Motte Fouqué. 8. 1 fl.

Schickard's, Heinr., Baumeisters von Herrenberg, Lebensbeschreibung, entworfen von dem Regierungs-Präsidenten Eberhard von Gemmingen. Herausgegeben und mit einem Entwurf einer Geschichte der Fortschritte der bildenden Künste in Würtemberg von Schickards Zeiten bis auf das Jahr 1815 begleitet von *** Mit einer Vorrede von Professor Conz zu Tübingen und einer Abbildung des neuen Baues zu Stuttgart. gr. 8. 1 fl. 24 kr.

Eigwart, H. E. W., Antwort auf die Recension meines Handbuches der theoretischen Philosophie, in der allgemeinen Jenaischen Literatur-Zeitung October 1820. No. 183. gr. 8. 18 Fr

Strubel, Dr. J. E. F., Ruf zu Jesu, zu dessen Bekenntniß und Nachfolge. In einigen Vorträgen, vor der Gemeine Tübingens gehalten. gr. 8. 27 Kr

Im Laufe dieses Jahres wird noch erscheinen:

Bengel's, D. E. G., Archiv für die Theologie und ihre neueste Literatur. Vr Bd. gr. 8. 6 fl.

Osiander's, Hofr. F. B., Handbuch der Entbindungskunst. IIr Bd. 2te Abthlg. gr. 8.

Derselbe über die Entwickelungskrankheiten in den Blütenjahren des weiblichen Geschlechts. 2r Theil von der medicinischen und psychologischen Behandlung dieser Krankheiten. 2te verbess. u. verm. Aufl. gr. 8.

Beschreibung und Geschichte der Stadt u. Universität Tübingen, herausgegeb. in Verbindung mit mehreren Gelehrten von Dr. J. F. Eisenbach, Privatd. der württemb. Geschichte. Mit einigen Ansichten und einer Charte. 8.